Susan Pollak

Selbstmitgefühl *für Eltern*

Susan Pollak

Selbstmitgefühl *für Eltern*

Sorge für dein Kind, indem du für dich selbst sorgst

Mit einem Vorwort von Christopher Germer
aus dem amerikanischen Englisch übertragen von Christine Bendner

Arbor Verlag
Freiburg im Breisgau

Für Adam, Nathaniel und Hillary;
für das Lachen, die Freude und Schönheit, die ihr in unser Leben bringt

Die Originalausgabe erschien 2019 unter dem Titel: *Self-Compassion for Parents – Nurture Your Child by Caring for Yourself* bei Guilford Publications, Inc. 370 Seventh Avenue, Suite 1200 New York, NY 10001–1020 USA

Deutsche Erstausgabe
1. Auflage 2021

Published by arrangement with The Guilford Press
Lektorat: Georg Grässlin
Titelfoto: © Amy Treasure / unsplash.com
Umschlaggestaltung und Satz: mediengenossen.de
Druck und Bindung: Kösel, Krugzell

Dieses Buch wurde auf 100 % Altpapier gedruckt und ist alterungsbeständig. Weitere Informationen über unser Umweltengagement finden Sie unter www.arbor-verlag.de/umwelt

www.arbor-verlag.de

ISBN 978-3-86781-279-5

Inhalt

Vorwort

Hast du als Mutter oder Vater jemals den Wunsch verspürt, eine weise und mitfühlende Person möge auf deiner Türschwelle auftauchen, wenn du sie gerade am dringendsten brauchst – wenn dein Kleinkind einen Wutanfall hat, deine Tochter in der Schule schikaniert wird, wenn du dich mit deinem Partner oder deiner Partnerin nicht über den Erziehungsstil einigen kannst, wenn der Ferienstress überhandnimmt oder du einfach überfordert bist? Wenn ja, dann ist dieses Buch für dich geschrieben worden.

Susan Pollak ist seit über 30 Jahren Mutter und sogar noch länger als klinische Psychologin tätig. Sie meditiert seit Jahrzehnten regelmäßig und ist eine Vorreiterin bei der Integration von Achtsamkeit und Selbstmitgefühl in die Psychotherapie (und den Alltag). Anhand von überzeugenden Beispielen macht Susan Pollak klar, dass sie die Herausforderungen der Elternschaft in- und auswendig kennt, und sie führt ihre Leserinnen und Leser behutsam zu einer neuen Beziehung zu sich selbst und ihren Familien – eine Beziehung, die von Liebe und verbundener Präsenz getragen wird. Das ist Selbstmitgefühl.

Wenn Eltern zum ersten Mal von Selbstmitgefühl hören, sagen sie oft: »Oh, genau das brauche ich!« Eltern stoßen oft an die Grenzen ihrer Fähigkeit, freundlich und mitfühlend mit ihren Lieben umzugehen, und sie verstehen instinktiv, dass sie sich selbst fürsorglicher behandeln müssen, um anderen mehr geben zu können. Doch vieles hindert uns am Selbstmitgefühl – daran, genauso freundlich und verständnisvoll mit uns selbst umzugehen, wie wir es so bereitwillig mit anderen tun. Es gibt falsche Vorstellungen über Selbstmitgefühl, beispielsweise, dass es eine Menge mit Selbstmitmitleid, Selbstverhätschelung und Selbstsucht gemein habe, oder uns schwach und unmotiviert mache. Die wissenschaftliche Forschung weist allerdings zunehmend genau auf das Gegenteil hin: nämlich, dass sich selbstmitfühlende Menschen anderen gegenüber mitfühlender verhalten, dass sie besser für sich sorgen, dass sie emotional stabiler sind, ihre Probleme eher mit Abstand betrachten können und motivierter sind, ihre Ziele zu erreichen. Andere Hindernisse im Hinblick auf Selbstmitgefühl sind persönlicher Natur, beispielsweise Botschaften aus der Vergangenheit, die uns sagen, dass wir uns selbst keine Aufmerksamkeit schenken, sondern uns nur um andere kümmern sollten – insbesondere innerhalb der Familie – oder dass wir es einfach nicht verdient haben, einmal inne zu halten und uns um uns selbst zu kümmern, weil es so viel zu tun gibt.

Die gute Nachricht ist, dass jede und jeder lernen kann, selbstmitfühlender zu werden. Kristin Neff, eine an der University of Texas in Austin forschende Psychologin und ich haben ein achtwöchiges Trainingsprogramm entwickelt, das 2010 an den Start ging und heute überall auf der Welt gelehrt wird: *Mindful Self-Compassion* oder *MSC* (Achtsames Selbstmitgefühl). Das Interesse an diesem Thema ist riesengroß – vielleicht, weil die Wirkung von Selbstmitgefühl fast unmittelbar spürbar ist. Es kann auch eine Offenbarung sein, zu entdecken, dass wir alle die Fähigkeit haben, uns selbst zum großen Teil die Freundlichkeit und das Verständnis entgegen zu bringen, die wir oft vergeblich von anderen zu bekommen hoffen.

Susan Pollak hat schon früh erkannt, welche Kraft im Selbstmitgefühl liegt. Sie war eine der ersten MSC-Lehrerinnen und ist inzwischen MSC-Ausbilderin. Ich bin sehr glücklich darüber, dass Susan in diesem Buch ihre tiefen Erkenntnisse über Selbstmitgefühl und ihr Wissen über MSC weitergibt. Eltern sind ganz besonders »reif« für Selbstmitgefühl: Sie kennen die Kämpfe und sie kennen Mitgefühl. Sie müssen im Hinblick auf ihr Mitgefühl einfach gelegentlich einen Richtungswechsel vornehmen und entdecken, welche positiven Auswirkungen das auf sie selbst und ihre Familien haben kann.

Dieses Buch ist eine der niederschwelligsten Einführungen in Selbstmitgefühl, die ich kenne. Es lehrt nicht *über* Selbstmitgefühl, sondern stellt mithilfe von detaillierten Beispielen, persönlichen Anekdoten und intelligenten Übungen, (die zeigen, wie man elterliche Konflikte durch Achtsamkeit und Selbstmitgefühl transformieren kann,) eine direkte Verbindung zur täglichen Aufgabe des Elternseins her. Es ist tatsächlich so, als hätte man eine weise und mitfühlende Freundin an der Seite. Aber, was noch besser ist: das Buch zeigt den Leserinnen und Lesern, wie sie selbst zu ihrer/ihrem weisen und mitfühlenden Freundin/Freund werden können. Man muss nicht einmal eine Minute darauf warten, dass er oder sie auftaucht.

Dieses Buch lädt dich ein, all jene Verhaltensweisen aufzugeben, die die Erziehungsaufgabe noch schwieriger machen, als sie bereits ist: sich selbst mit anderen Eltern vergleichen, deine Kinder mit anderen Kindern vergleichen, sich selbst für unvermeidliche Fehler anklagen oder unnötigerweise mit deinen Kindern oder deinem Partner, deiner Partnerin zanken. Du wirst stattdessen eingeladen, inmitten der ganzen Schwierigkeiten auf eine authentische Weise mit dir selbst in Kontakt zu treten, neugierig wahrzunehmen, was du fühlst und dich dann um dich selbst zu kümmern – um dein Herz zu kümmern – und dir in diesem Moment zu erlauben, einfach so zu sein, wie du bist.

Christopher Germer, PHD
Harvard Medical School/Cambridge Health Alliance

Einleitung

Kürzlich half ich einigen Cousinen bei den Vorbereitungen für eine Hochzeitsfeier meiner Familie auf dem Land. Eine von ihnen war eine junge Mutter von drei kleinen Kindern, einschließlich eines Neugeborenen. Wir fingen an, über Elternschaft und Erziehung zu sprechen. »Also, wie gut mache ich es?«, fragte Emma geradeheraus und sah angespannt aus. »Ich bin die Letzte, die das zu beurteilen hat«, beruhigte ich sie. Während eines der Kinder um Aufmerksamkeit heischend an ihrem Bein zog, gab ich eine Zeile aus einem meiner Lieblingstexte der Schriftstellerin Tillie Olsen wieder: »Mutter zu sein bedeutet, ständig unterbrechbar zu sein.«[1] Sie lachte und erwiderte: »Und ununterbrochen korrigierbar zu sein. Und ständig kritisiert zu werden. Ich habe nie das Gefühl, dass ich es richtig mache. Wenn meine Kinder außer Rand und Band geraten, starren mich die Leute an, als würde ich jugendliche Straftäter heranziehen. Ich weigere mich, sie in Zwangsjacken zu stecken und ihnen einen Schnuller in den Mund zu schieben oder sie wie abgerichtete Hündchen an der kurzen Leine zu führen. Als ich klein war, hatte ich die Freiheit, zu rennen, zu klettern, zu schreien und wild zu sein. Heute scheint es, als sei es nicht in Ordnung, wenn Kinder Lärm machen und Spaß haben. Es kommt mir so vor, als sollten sie stets still und zurückhaltend sein. Das ist unmöglich.«

Emmas Worte beschäftigten mich noch länger und beunruhigten mich. Sie hatte etwas ausgesprochen, das ich von fast allen Eltern höre, die ich kenne. Elternschaft ist für niemanden leicht. Wir fühlen uns nie gut genug. Die Dinge laufen fast nie nach unserer Vorstellung. Und wenn sie es nicht tun, dann geben wir uns die Schuld, kritisieren unsere Kinder, strengen uns noch mehr an und versuchen, noch mehr Kontrolle auszuüben. Wir werden angespannt und deprimiert. Unsere Kinder werden angespannt und deprimiert. Wir schauen über die Schulter, vergleichen uns mit unseren Freundinnen, Familien, Nachbarinnen. Wir schlafen schlecht. Was machen wir falsch? Kann man diesem endlosen, freudlosen Kreislauf entkommen?

Halte inne. Atme. Lausche. Hör auf, auf dir herumzuhacken. Sei ein bisschen nachsichtiger mit dir. Hör auf, mit deinen Kindern oder deinem Partner / deiner Partnerin zu zanken. Sigmund Freud hatte recht, Emma ebenso – Elternschaft ist ein »unmöglicher Beruf«. Der Versuch, unsere Kinder zu dominieren oder ihnen einen Maulkorb zu verpassen, ist ein vergebliches Unterfangen. Expert:innen sagen uns, dass letztendlich kaum etwas vorhergesagt oder kontrolliert werden kann.

Wir alle sind erschöpft, angespannt und besorgt. Und wir sind damit nicht allein. Ein Historiker, der sich mit der amerikanischen Kultur auseinandergesetzt hat, bemerkte einmal, »In keinem anderen Land existiert eine so allumfassende gesellschaftliche Anspannung im Hinblick auf das Aufziehen von Kindern«.[2] Wir fragen uns, ob es irgendjemand irgendwo besser macht. Haben französische Eltern ein Geheimrezept? Beziehen »Löwenmütter« eine bessere Rendite aus ihrer Investition? Anthropolog:innen erzählen uns, dass japanische Babys durchschlafen und mexikanische Geschwister nicht streiten – sollten wir vielleicht umziehen?

Mach eine Kehrtwende

Nein. Beginne da, wo du bist. Dieses Buch bietet auf der Basis jahrzehntelanger Forschung über Achtsamkeit und Mitgefühl einen radikalen Perspektivwechsel an. Der Samen für eine glücklichere und weniger konfliktbeladene Art der Elternschaft liegt in uns selbst, nicht auf einem anderen Kontinent. Wir müssen uns nicht wütend oder hilflos fühlen und unsere Kinder und uns selbst in einen Erschöpfungszustand treiben. Es gibt einen anderen Weg. Anstatt sich dauernd bei dem Versuch aufzureiben, deine Kinder in Ordnung zu bringen oder zu ändern, versuche es mit einer Kehrtwende. Bring dir selbst etwas Freundlichkeit und Mitgefühl entgegen. Fang an, dich selbst zu nähren, damit deine Kinder aufblühen können. Wie bitte? Du schüttelst den Kopf. Du verdrehst die Augen. Du hast zu tun. Du hast keine Zeit für so etwas. Es klingt zu egoistisch und albern. Das antworten mir die meisten Eltern.

Als in Harvard ausgebildete Psychologin mit zwei erwachsenen Kindern und über dreißig Jahren klinischer Erfahrung, habe ich mit vielen Eltern und Kindern gearbeitet. Und ich habe eine Menge Erziehungsratgeber gelesen. Hier liegt das Hauptaugenmerk oft auf der Frage, wie wir unsere Kinder »zur Räson« bringen, wie wir sie dazu bringen können, sich zu benehmen, wie wir sie zum Einschlafen bringen können, wie wir erreichen können, dass sie ein gutes Abitur machen und garantiert erfolgreich werden. Kurz, wie wir sie zu dem machen können, was sie unserer Meinung nach sein sollten. Aber nur selten erhalten wir die gewünschten Resultate.

Was ist aus der Freude geworden? Dem Glück? Der Begeisterung? Wir müssen nicht so hart zu ihnen oder uns sein. Neuere Forschungsergebnisse weisen darauf hin, dass wir sie viel eher mit Mitgefühl motivieren können als durch Kritik. Ja, wirklich. Wir können unseren Fokus vom ständigen Tun auf das Sein umlenken. Einfach sein. Wir können aufhören, herumzurennen und hektische, wütende Eltern zu werden, die mit ihren Kindern im Feierabendverkehr zum Fußballtraining oder zum Ballett rasen, während diese sich auf der Rückbank beißen und boxen. Das ist keine Verurteilung – ich habe es auch so gemacht. Ich war die hektische Mutter im Auto, dünnhäutig, total erschöpft, die stets versuchte, viel zu viel zu tun – und den Kampf verlor. Das tat niemandem gut. Und dann versuchte ich, zum inneren Gleichgewicht und zur Vernunft zurückzufinden.

Das Fundament dieses Buches sind über drei Jahrzehnte Elternschaft, klinische Arbeit und Meditation. Die theoretische und wissenschaftliche Grundlage des Buches ist die bahnbrechende Arbeit meiner Kolleg:innen Chris Germer und Kristin Neff, die den bahnbrechenden Kurs für Achtsames Selbstmitgefühl (Mindful Self-Compassion – MSC), entwickelt haben, den ich seit der Einführung 2010 lehre.[3] Neben MSC, das inzwischen zehntausenden Menschen in aller Welt vermittelt wurde, ist dieser Elternratgeber vollgepackt mit Geschichten und Beispielen aus meiner langjährigen klinischen Arbeit mit Eltern und Kindern und meiner eigenen Erfahrung als Mutter. (Die Beispiele bestehen aus zusammengesetzten Texten, um die Vertraulichkeit zu wahren). Ich habe diese Geschichten mit Übungen und Reflexionen kombiniert, die sich aus meinem Verständnis darüber, was effektiv ist, sowie aus den Erfahrungen vieler Menschen herauskristallisierten, denen diese Übungen geholfen haben.

Ich hoffe, dass dich dieses Buch dort abholt, wo du gerade stehst und dir eine Hilfe bei deinen Erziehungskonflikten ist. Es muss nicht so schwer sein und wir müssen nicht so sehr leiden. Und unsere Kinder auch nicht. Möge dieses Buch etwas Freude, Glück, Lachen und Mitgefühl in dein Leben und das deiner Familie bringen.

Wie man das Buch nutzt

Es gibt keine »richtige« Art und Weise, dieses Buch zu nutzen. Du musst es nicht von vorne bis hinten lesen. Spring einfach rein, finde ein Kapitel oder eine Geschichte, die dich anspricht, und fange da an. Falls das Thema Achtsamkeit neu für dich ist, findest du in den ersten Kapiteln Übungen für Anfänger:innen. Ich habe versucht, Achtsamkeits- und Mitgefühlsübungen mit Reflexionsübungen zu kombinieren, um das Material für alle Leserinnen und Leser zugänglich zu machen. Diese Reflexionen sollen dir helfen, dich auf das zu fokussieren, was du brauchst; nimm also Stift und Notizblock zur Hand oder halte deine Antworten auf deinem Smartphone oder Tablet fest, falls das einfacher für dich ist. Du hast keine Zeit zum Lesen? Das verstehe ich – ich hatte auch keine, als meine Kinder klein waren. In dem Fall gehst du einfach ins Arbor Online Center (siehe den Link auf Seite 371) und lädst die ausgewählten Audio-Dateien herunter (die Nummern der Aufnahmen sind bei den Übungsanleitungen in den folgenden Kapiteln angegeben). Du kannst diese Aufnahmen anhören während du Geschirr spülst, deinen Morgenkaffee trinkst, das Schulvesper für deine Kinder richtest oder Auto fährst (halte aber bitte die Augen offen). Steckst du in einer Krise? Schau in der »Werkzeugkiste« am Ende des Buches nach, um dir sofort Hilfe zu holen: bei Koliken, Wutanfällen, Geschwisterrivalitäten, einem kranken Kind, einem Machtkampf mit einer/einem Teenager:in und anderen häufigen Herausforderungen. Aber das Wichtigste ist, wie mir vor Jahren eine meiner Achtsamkeitslehrerinnen sagte: »Man kann es nicht falsch machen.« »Oh, wirklich?«, erwiderst du. Ja, wirklich. Ich habe mein Leben damit zugebracht, mich für die kleinsten Fehler zu bestrafen. »Man kann es nicht falsch machen«, würde sie uns sagen. War diese Lehrerin von einem anderen Stern? Was hatte sie eingenommen? (Und würde sie es uns verraten?) Während ich in ihrem Mitgefühl, ihrem Humor und ihrer Weisheit badete, musste ich an die unvergessliche Zeile aus »Harry und Sally« denken: Ich beschloss, dass ich »haben will, was sie hat«.

Die gute Nachricht ist: Achtsamkeit und Mitgefühl stehen uns allen zur Verfügung – und wir können sie mit den Menschen in unserer Umgebung teilen. Es sind Qualitäten, die du entwickeln kannst. Die Übungen sind nicht für heiter-gelassene Menschen gedacht, bei denen schon alles perfekt ist. Du musst nicht gut im Stillsitzen sein. Du musst nicht vegan, zucker- oder koffeinfrei leben. Du kannst genau so sein, wie du bist: überarbeitet, angespannt, neurotisch, unter Schlafmangel leidend und kaum in der Lage, alles zusammenzuhalten. Es ist in Ordnung, »ein Durcheinander« zu sein. Ich war das auf jeden Fall. Wenn du atmen kannst (und schau jetzt nicht nach – du tust es bereits), dann kannst du auch das hier schaffen. Willkommen.

1 »Bitte lass es aufhören – ich kann nicht mehr!«

ERZIEHUNGSARBEIT IST EINE ÜBERWÄLTIGENDE AUFGABE

Der Tank ist leer

Es war einer jener Morgen. Das Baby hatte nicht geschlafen, Amélies Mann war auf Geschäftsreise und die dreijährige Sophie bestand darauf, im Kindergarten ihr neues Ballettröckchen anzuziehen, während sich an diesem Januarmorgen in Neuengland draußen der Schnee auftürmte. Und außerdem waren sie zu spät dran. Natürlich waren sie zu spät dran. Amélie hatte Zeit gehabt, den Kindern etwas zu Essen zu geben, aber keine Zeit mehr, selbst etwas zu essen.

»Du kannst dein Ballettröckchen und die Ballerinas heute nicht anziehen«, insistierte Amélie. »Es schneit.«

»Das ist mir egal«, gab Sophie zurück und drehte Pirouetten. Amélie war nicht nach streiten zumute. »Liebes, wir sind spät dran«, sagte sie bittend mit höher werdender Stimme.

»Spät dran, spät dran«, äffte Sophie nach und imitierte den hohen Ton ihrer Mutter.

»Genug jetzt, keine Widerrede, wir gehen. JETZT. Zieh deine Jacke an,« sagte Amélie und versuchte, bestimmt aber ruhig zu klingen, wie es in allen guten Erziehungsratgebern empfohlen wird.

»Du kannst mich nicht zwingen, du kannst mich nicht zwingen,« erwiderte Sophie in einem Singsang. Sie hörte auf zu tanzen, ließ sich trotzig zu Boden fallen und streckte die Zunge heraus.

Amélie war wütend. »Genug! Ich habe genug«, schrie sie, schnappte sich beide Kinder und zerrte sie zum Auto, während ihr Anoraks aus den Händen rutschten. Mit einer Hand öffnete sie die Autotür, um das Baby in seinen Sitz zu verfrachten und warf Sophie ihre Jacke zu. Sophie nahm sofort eine neue Möglichkeit wahr, Widerstand zu leisten, während die Entschlossenheit und das Mitgefühl ihrer Mutter schwanden und von kochender Wut abgelöst wurden: Prompt weigerte sie sich.

»Du bist nicht mein Boss«, spottete sie.

»Du kannst ruhig frieren, schau, ob mir das was ausmacht« konterte Amélie, während sie beide Kinder in ihren Kindersitzen anschnallte und losraste.

Sophie begann zu jammern und das Baby schloss sich an.

»Hör sofort damit auf«, zischte Amélie und fühlte sich überfordert und hilflos. Das war eindeutig keiner der schöneren Momente ihrer Mutterschaft.

»Ich will zu meinem Papa«, schrie Sophie. »Er ist nicht so gemein wie du.« Es war eine Erleichterung für alle, am Kindergarten anzukommen. Die Erzieherin war sehr verständnisvoll bei der Begrüßung, wischte Sophies Tränen weg, ließ sie herein und schenkte Amélie ein mitfühlendes Lächeln. Innerhalb von Minuten begann Sophie mit ihren Kindergartenfreund:innen zu malen und zu lachen.

Amélie ging, winkte beschämt zum Abschied und hatte das Gefühl, eine schreckliche Mutter zu sein. Während Sophie die Sache schon vergessen hatte, fiel Amélies Wut wie ein Bumerang aus Scham, Schuld und Bedauern auf sie zurück. Sie begann sich auszuschimpfen. »Ich mache das wirklich ganz schlecht. Ich bin eine furchtbare Mutter.«

Auf der Heimfahrt fing der Motor an zu stottern und das Auto blieb schließlich stehen. »Oh, Mist«, dachte Amélie, Normalerweise sorgte ihr Mann Tom dafür, dass das Auto betankt war, aber da er unterwegs war, hatte sie überhaupt nicht daran gedacht, die Tankanzeige zu überprüfen, die natürlich auf »leer« stand.

Amélie seufzte, packte das Baby in sein Tragegestell und lief in Richtung einer Tankstelle. Inzwischen schneite es heftiger. »Großartig, das ist genau, was ich verdammt nochmal jetzt brauche«, dachte sie, als sie zu weinen begann. Die Intensität ihres Schluchzens überraschte sie selbst. »Wie kann ich das schaffen? Wie kann ich die nächsten 15 Jahre überstehen, ohne mich selbst und die Kinder in den Wahnsinn zu treiben?«

Alle haben es schwer

Vielleicht war dein schrecklicher, furchtbarer, sehr schlechter Tag nicht so dramatisch wie derjenige von Amélie, vielleicht war er auch schlimmer, aber wir alle haben mindestens eine Geschichte über »jenen Tag« zu erzählen. Wir sind alle schon mal hungrig, wütend, einsam und müde mit leerem Tank oder etwas Schlimmerem dagesessen. Mutter oder Vater sein ist schwer für alle, aber besonders schwer ist es, wenn Angehörige weit weg sind und die Umgebung sie ersetzen soll, voller Idioten ist, oder anderen Eltern, die keine Zeit für uns haben. Und so erleben die meisten von uns heutzutage ihre Elternschaft – ohne ein Netzwerk und ohne Netz, das uns auffängt oder eine helfende Hand, wenn etwas unweigerlich schief geht. Die Verheißung der Elternschaft war Verbundenheit und Liebe, und doch finden wir uns einen Großteil der Zeit einsam und überfordert wieder. Und selbst wenn wir Hilfe haben, müssen wir immer einen Preis dafür zahlen. Es kann so leicht passieren, dass man ohne »Sprit« dasitzt. Wie können wir ohne Vollbremsung auftanken? Wird sich die Qualität unserer Erziehungsarbeit verbessern, wenn wir dafür sorgen, dass es uns selbst wieder gut geht? Mit diesem Buch möchten wir dir eine »Werkzeugkiste« voller Techniken, Anekdoten, Humor, Unterstützung und Rat anbieten, um dir zu helfen, gesund durch die Jahre der Kindererziehung zu kommen und dabei auch selbst Freude zu haben. Und wir werden dir helfen, die Probleme zu erkennen, die nicht als Eingriffe in oder Unterbrechungen deines früheren kinderlosen Lebens auftauchen, sondern als Chancen für Wachstum und Weisheit.

»Ja klar, Auftanken,« spottest du. »Wie wäre es mit Wut-Management? Oder ein paar Beruhigungspillen? Oder einem doppelten Martini?«

Ich verstehe. Wir alle waren schon an diesem Punkt. Was ich dir in diesem Buch aber hoffentlich vermitteln kann, ist, dass es dir leichter fallen wird, deine Wut in den Griff zu bekommen, Verantwortung zu übernehmen, emotional stabil zu bleiben und dich an deinem Kind (oder deinen Kindern) zu erfreuen, wenn du gut für dich selbst sorgst. Die Autorin Audre Lorde drückte es prägnant in einem Satz aus: »Selbstfürsorge ist keine Selbstverhätschelung, sondern Selbsterhaltung.«

Dir selbst Achtsamkeit und Mitgefühl entgegenzubringen ist kein Freibrief, faul zu sein, sich vor Verantwortung zu drücken oder auf einem Kissen zu sitzen und Nabelschau zu betreiben, während deine Kinder streiten und die Wohnung demolieren. Es hat nichts damit zu tun, sich selbst gegenüber zu nachgiebig zu sein. Im Gegenteil, Achtsamkeit hilft uns, klar zu sehen und aus einer Position der Freundlichkeit und Weisheit heraus zu handeln. Eine Definition von Achtsamkeit ist »klar sehen«.

Was also ist »Achtsamkeit«? Es gibt viele Definitionen aber die eine, die mich als Mutter und Psychologin stets geleitet hat, ist eine sehr einfache, unaufgeregte, schnörkellose Definition: »Gewahrsein des gegenwärtigen Moments mit Freundlichkeit und Akzeptanz.« Angesichts der ständigen Stresssituationen und Belastungen der Elternschaft, seien es schlaflose Nächte, kindliche Wutanfälle, Geschwisterrivalitäten, schwierige Schwiegereltern oder ein(e) kritische(r) Partner:in – wir brauchen eine warmherzige und mitfühlende Antwort auf unsere jeweilige Erfahrung.

»Klingt gut«, wendest du vielleicht ein, »aber das ist nicht realistisch. Die Welt ist ein rauer Ort; wir alle werden ständig beurteilt. Es ist lebensfremd, zu denken, man könne immer freundlich und akzeptierend sein. Manchmal werde ich einfach wütend. Und wie bringt man Kindern bei, was richtig und was falsch ist? Wie kann man sie motivieren, ihr Bestes zu geben, wenn man keinen Druck macht? Und wir müssen an die Zukunft denken. Es ist einfach nicht machbar.«

Das sind alles sehr gute Fragen, denen ich mich noch widmen werde. Was ich vorschlage, ist ein radikal anderer Ansatz, Kinder zu erziehen, Mutter oder Vater zu sein: eine andere Art, mit unseren Kindern und uns selbst zu sein. Die meisten von uns sind daran gewöhnt, sich durch Kritik zu motivieren, und meinen, dass wir, wenn wir uns selbst anschreien und ausschimpfen, besser, effektiver, glücklicher und erfolgreicher sein werden.

Tatsächlich funktioniert Selbstkritik so gut wie nie. Kristin Neff, weithin bekannt für ihre umfassende Forschung über Selbstmitgefühl (siehe Kapitel 2), hat viel zu diesem Thema geschrieben. Selbstmotivation mit Freundlichkeit und Mitgefühl ist tatsächlich effektiver als der Einsatz von Kritik.[4]

»Ja klar, noch mehr Psycho-Blabla,« protestierst du und willst das Buch schon weglegen. Warte einen Moment! Diese Ideen haben auch einen Einfluss auf die Geschäftswelt. Der Wirtschaftswissenschaftler, Unternehmer und Philanthrop Charles Schwab schrieb: »Ich muss erst noch den Menschen finden, wie hochrangig seine Position auch sein mag, der in einem Klima der Zustimmung nicht besser arbeiten und sich stärker bemühen würde als in einem Klima der Kritik.«[5]

Wenden wir uns, um dies zu veranschaulichen, noch einmal Amélie zu, die mich nicht wegen einer Therapie konsultierte, sondern um »bei Verstand« zu bleiben, wie sie es ausdrückte. »Ich brauche keine Therapie«, protestierte sie, »sondern einen Eltern- und Erziehungscoach. Ich weiß nicht, was ich machen soll, meine Geschwister, die auch kleine Kinder haben, und meine Eltern sind viele Flugstunden entfernt. Ich habe keine Hilfe und ich will nicht die neuen Freundschaften mit anderen Eltern strapazieren, die sowieso rar sind.«

Im weiteren Verlauf des Gesprächs wurde Amélies Geschichte greifbarer. Sie war wegen des Jobs ihres Mannes an die Ostküste gezogen und hatte Freunde und Familie zurückgelassen. »Die Menschen hier sind so kalt wie das Wetter«, sagte sie traurig. »Und alle wirken so ausgeglichen. Ich fühle mich wie ein einziges Durcheinander«. Sie begann zu weinen. »Wir sind wegen Toms Arbeitsstelle hierher gezogen – nicht, dass er je da ist; er muss zweimal im Monat auf Geschäftsreise.

Und wenn er nach Hause kommt, ist er müde und hungrig und will, dass die Kinder nur Freude machen und das Haus picobello ist und dabei vergisst er, dass das Haus kein Hotelzimmer ist und es hier keinen täglichen Zimmerservice gibt …« Sie hielt inne und holte tief Luft. »Es funktioniert einfach nicht.« Sie schwieg einen Moment. »Ich kümmere mich um alle, ich schlafe nicht, ich bin einsam, ich esse, was die Kinder übriglassen, weil ich so viel zugenommen habe, aber jetzt laufe ich meistens hungrig durch die Gegend. Manchmal habe ich das Gefühl, so schnell durch meinen Alltag zu hetzen, dass ich kaum Luft holen kann. Aber was mir am meisten Angst macht, ist das Gefühl, dass ich mich selbst verliere und mein Gehirn nur noch Brei ist. Ich habe mein altes, kompetentes Selbst verloren. Niemand kümmert sich um mich. Ich brauche Hilfe – und zwar jetzt. An diesem schrecklichen Morgen, als mir das Benzin ausging und ich im Schnee zu einer Tankstelle laufen musste, sah ich das Schild, auf dem ›Rundum-Service‹ stand und ich fragte mich, ›werde ich mich je wieder *ganz* fühlen?‹ Oder werde ich mich für immer so ausgelaugt fühlen?«

Ich probierte die folgende Reflexionsübung mit Amélie aus, die ihr half, sich wieder mit dem Gefühl, kompetent zu sein, zu verbinden.

Reflexion: Zu dir finden

Hast du das Gefühl, dich verloren zu haben als du Mutter (Vater) wurdest? Nimm dir einen Augenblick Zeit und frage dich: »Wer bin ich?« Frage dich das wieder und wieder. Kam das Wort »Mutter« (Vater) in einer der ersten Antworten vor? Das ist wunderbar, aber wer bist du AUSSERDEM? Wir können diese unsere Essenz auch dann nicht verlieren, wenn uns das Elternsein überfordert.

Im Laufe der weiteren Arbeit fügte ich noch folgende Übung hinzu (angeregt von Christopher Germers Buch *Der achtsame Weg zum Selbstmitgefühl)*, die Amélie morgens nach dem Aufwachen praktizierte. Das ist eine großartige Ausgangsposition. Wir wissen, dass du viel zu tun und keine freie Zeit hast. Keine Sorge. Stell dir einen Küchenwecker, die Übung dauert nur drei Minuten. (Bitte erzähl mir nicht, du hättest keine drei Minuten).

Sich um sich selbst kümmern

Aufnahme 1

- Nimm dir einen Moment Zeit, um eine bequeme Sitzhaltung zu finden.
- Komm zur Ruhe.
- Nimm deinen Atem wahr. Manchmal sind wir so beschäftigt, dass wir gar nicht realisieren, dass wir atmen. Wo ist der Atem? Wo nimmst du die Empfindung des Atmens am stärksten wahr? Konzentriere dich auf diese Stelle und spüre, wie der Atem ein- und ausströmt.
- Lass dich einen Atemzug voll spüren.
- Frage dich: »Wie merke ich, dass ich atme?«
- Nimm die Empfindungen in deinem Körper wahr.
- Was bemerkst du? Bist du hungrig? Müde? Welcher Emotionen bist du dir bewusst? Was fühlst du?
- Genauso, wie du dein Kind in den Armen hältst oder wiegst, lass dich sanft von jedem Ein- und Ausatmen wiegen und halten.
- Lass dich vom Ein- und Ausströmen des Atems beruhigen, trösten und erden.
- Wenn du magst, kannst du eine Hand auf den Brustkorb legen oder je eine Hand auf Brustkorb und Bauch.
- Spüre die angenehme Wärme der Berührung.
- Atme fünfmal tief ein und aus. Ja, du hast Zeit für fünf Atemzüge. Du atmest ja sowieso.
- Gib dir die Erlaubnis, dich um dich selbst zu kümmern, freundlich zu dir zu sein. Du verwendest soviel Zeit darauf, dich um andere zu kümmern, um die Bedürfnisse anderer. Nimm dir einen Moment für dich selbst. Was brauchst du?
- Gib dir die Erlaubnis, zu essen, zu duschen, dich auszuruhen, innezuhalten und zu atmen.

Amélie probierte das ein paar Wochen lang aus. An manchen Tagen gelang es ihr nur für drei Atemzüge, aber auch das schien bereits zu helfen. Obwohl es ihr so simpel vorkam, hatte sie das Gefühl, dass es sie erdete.

»Manchmal bin ich so hektisch, dass ich vergesse zu essen oder keine Zeit zum Duschen finde. Ich war völlig ausgepowert. «Und jetzt erkenne ich, wie wahr die Redensart ist, mit der ich im Süden aufgewachsen bin: ›Wenn Mama nicht glücklich ist, ist niemand glücklich‹», sagte sie lachend. Ich kann nicht ohne Schlaf oder Essen auskommen und dann erwarten, dass es in der Familie gut läuft. Wenn ich nichts zu geben habe, leiden alle darunter. Ich habe erkannt – und das war ein Durchbruch für mich – dass ich nicht von anderen abhängig sein muss, um meine Batterien aufzuladen. Ich kann es selbst tun. Ich brauche weder meinen Mann, noch meine Geschwister oder Eltern, um mich zu stärken. Das war sehr befreiend.«

Es gibt viele Möglichkeiten, Achtsamkeit und Mitgefühl zu praktizieren. Nicht alle wollen still sitzen und nach innen schauen. Kein Problem. Eine Größe passt nicht für alle. Ich werde dir helfen, herauszufinden, was für dich funktioniert. Ich vermittele den Leuten gerne kurze Reflexionen, bei denen man sich einen Moment Zeit für sich selbst nimmt (vielleicht wenn die Kinder im Bett sind), und sich Gedanken über die eigenen Bedürfnisse und Wünsche macht. Nach dieser Übung kannst du notieren, was bei dir dabei aufgetaucht ist.

Reflexionsübung: Was brauche ich?

Finde einen ruhigen Augenblick, vielleicht am frühen Morgen oder Abends, nachdem die Kinder zu Bett gegangen sind. Stell dir, wenn du magst, vor deinem inneren Auge einen mächtigen Baum mit tiefen Wurzeln und einem starken Stamm vor. Nimm wahr, dass die Zweige des Baumes sich so hoch gen Himmel strecken, wie die Wurzeln tief sind. Du könntest dir sogar vorstellen, dass du durch deine Schädeldecke einatmest und dann durch deine »Wurzeln« oder Füße ausatmest.

Frage dich »Was brauche ich?«

Halte inne und achte auf Worte oder Bilder, die eventuell auftauchen.

Frage noch einmal »Was brauche ich wirklich?«

Nimm dir ein paar Minuten Zeit, um dich für alles zu öffnen, was hochkommt.

Schreib auf, was du entdeckt hast.

Als Amélie diese Übung ausprobierte, bemerkte sie, dass sie sich innerlich mit dem Bild des tief verwurzelten Baumes verband. »Ich habe meine Familie und meine Geschwister und meinen Freundeskreis verlassen, um hierher zu kommen und ich vermisse dieses Gefühl der Verbundenheit wirklich. Irgendwann hatte ich die Vorstellung, dass ich eines Tages einen Partner, ein Zuhause und Kinder haben würde und dass alles wundervoll sein würde und ich alles hätte, was ich brauchte; dass ich mich erfüllt fühlen würde. Wie ich mich getäuscht habe! Ich fühle mich hier so isoliert, so allein. Und ich dachte, ich könnte das alles schaffen, aber ich schaffe es nicht. Ich brauche eine Auszeit. Ich kann nicht sieben Tage die Woche 24 Stunden am Tag für alle da sein. Dieser Baum braucht Sonne, Wasser und ein bisschen Dünger!«

Damit ist Amélie nicht allein. Viele von uns fühlen sich isoliert. Im Laufe der vergangenen 30 Jahre habe ich mit so vielen Eltern gesprochen und habe so viele Wege gesehen, die in die Isolation führten. Manchmal warten wir, bis wir meinen, alle Puzzlestücke am richtigen Platz zu haben: Die Karriere, das Haus oder die Wohnung, ein anständiges Einkommen, und wir denken »Ja, das ist der richtige Zeitpunkt«. Aber dann klappt es vielleicht nicht mit der Schwangerschaft, und wenn wir dann endlich Kinder bekommen, haben die meisten unserer Freundinnen ihre Kinder schon gehabt oder sind wieder in den Beruf zurückgekehrt. Anstatt mit unseren Freundinnen Zeit zu verbringen und unsere Kinder im goldenen

Sonnenlicht auf der Schaukel anzustoßen, sind wir auf der Suche nach Babysitter:innen und Kindermädchen. Plötzlich haben wir das Gefühl, aus dem Tritt zu sein. Oder das Unternehmen, für das wir arbeiten, hat uns in ein anderes Bundesland oder sogar ins Ausland versetzt. Soviel zu diesem Traum. Vielleicht hat auch unsere Partnerin das Gefühl, dass sie nun an der Reihe ist, sich auf ihre Karriere zu konzentrieren und wir sind an den meisten Tagen der einzige Mann auf dem Spielplatz, und die Mütter und Babysitterinnen sind nicht sehr freundlich und es gibt niemanden, mit dem wir uns unterhalten können. Wie sehr wir uns auch anstrengen, wie viel wir auch planen: Es ist nie perfekt, und wir erkennen, wie wenig Kontrolle wir über die Dinge haben. (Falls du dich in dieser oder einer ähnlichen Situation befindest, gefällt dir vielleicht die Übung »Du musst nicht alles kontrollieren« in Kapitel 5, Seite 214).

Lernen, inne zu halten

Die Leute beklagen sich oft darüber, dass sie keine Zeit für eine Achtsamkeitspraxis haben, insbesondere mit kleinen Kindern. Keine Sorge: Ich verstehe das sehr gut. Ich hatte auch keine. Deshalb sind die von mir vorgeschlagenen Übungen – besonders die in den ersten Kapiteln – für Eltern gedacht, die zu viel zu tun haben, und denen es an Zeit für sich selbst mangelt. Die meisten dieser Übungen dauern nur drei Minuten oder weniger. Forscher:innen sagen uns, dass es auf die Regelmäßigkeit ankommt, nicht auf die Dauer der Übung oder Meditation. Denk mal darüber nach: Was würde dein Zahnarzt empfehlen? Einmal pro Woche die Zähne 40 Minuten lang zu putzen oder zweimal täglich drei Minuten lang? Und du musst auch nicht stillsitzen, um Achtsamkeit praktizieren zu können. Man kann das im Gehen, im Stehen, beim Autofahren (halte die Augen offen!), im Bett liegend und sogar beim Windelnwechseln tun (siehe die Übungen »Achtsamkeit im Alltag«).

Achtsamkeit muss nicht etwas sein, das du allein in der Stille eines Meditationsraums oder auf einem entgelegenen Berggipfel tust, sondern kann Teil deines verrückten, geschäftigen Lebens als hektische Mutter (oder Vater) werden, die oder der versucht, zu viel auf einmal unter einen Hut zu bringen. Und genau dann brauchst du sie am meisten.

Eine der einfachsten Übungen ist die »Elternpause«, die von der Psychologin und Meditationslehrerin Tara Brach adaptiert wurde. Tara Brach lehrt, dass eine simple ein- oder zweiminütige Pause den Ton und die Richtung einer Interaktion verändern kann – eine Fertigkeit, die sich bei der Kindererziehung und in allen Beziehungen (insbesondere engen Beziehungen) als sehr wertvoll erweist.[6]

Warum kannst du, verd... nochmal, nicht einschlafen!?

Leon hatte einen sehr stressigen Job im Verkauf. Bevor er und Kyra heirateten, hatten sie sich darauf geeinigt, die Kinderbetreuung halbe-halbe untereinander aufzuteilen. Theoretisch hatte sich das gut angehört aber Tim war eine Frühgeburt und hatte Atemprobleme. Es wurde zwar besser, aber sowohl Kyra als auch Leon machten sich weiterhin Sorgen um ihn. Als Tim sieben Monate alt war und nachts immer noch nicht durchschlief, schlief niemand im Haus nachts durch.

Kyra arbeitete im Einzelhandel, was bedeutete, dass sie lange Arbeitstage hatte und manchmal auch am Wochenende arbeiten musste. In den ersten Monaten, als Kyra im Mutterschutz war, hatten sie das Baby nach Bedarf gefüttert und sich über jeden Schrei Sorgen gemacht. Nach ihrer Rückkehr an ihren Arbeitsplatz war Kyras Chef nicht gerade begeistert darüber, dass sie tagsüber abpumpte. Und das Baby nachts alle zwei Stunden zu füttern war zusätzlicher Stress.

Leon war sicher, dass er es besser machen könne und bot großzügig an, das nächtliche Füttern zu übernehmen. »Kein Problem, ich hab das im Griff«, versicherte er Kyra. Doch es war nicht so einfach wie er gedacht hatte. Beim Versuch, es »richtig« zu machen und Kyra zu zeigen, wie kompetent er war, stand er jedes Mal auf, wenn Tim einen Laut von sich gab, fütterte ihn und versuchte, ihn wieder schlafen zu legen. Doch Tim genoss es, mitten in der Nacht seinen Papa zu sehen und beschloss, dass jetzt »Partyzeit« war: Er weigerte sich, wieder einzuschlafen. Die nächtlichen Fütterungen dehnten sich von fünf Minuten auf 50 Minuten aus und Leons Erschöpfung begann sich am Arbeitsplatz bemerkbar zu machen, was sich auch in Flüchtigkeitsfehlern niederschlug.

Die Nächte wurden schlimmer, nicht besser. »Wir müssen mit einem Schlaftraining anfangen«, sagte Leon, »Mein Job steht auf der Kippe. Ich mache Fehler und schlafe bei der Arbeit ein.«

»Auf keinen Fall«, insistierte Kyra. »Das ist missbräuchlich und sadistisch. Wir werden das unserem Kind nicht antun.«

Als Leon und Kyra zur Beratung kamen, sprachen (oder schliefen) sie kaum noch. Ihre Uneinigkeit über Tims Schlafgewohnheiten hatte zu einer tiefen Kluft in ihrer Ehe geführt. Sie litten nicht nur unter erheblichem Schlafmangel, das Problem hatte auch alte Probleme aus Kyras Familie zutage gefördert. Sie war sicher, dass es Tim schaden würde, wenn man ihn schreien ließ. Leon war der festen Überzeugung, dass es Tim prima ging und dass sie »übertrieben emotional« sei. Und das sagte er ihr auch. Diese Missachtung ihrer Gefühle erinnerte Kyra daran, wie ihr Vater ihre Mutter behandelt hatte, und sie revanchierte sich, indem sie ihn als unsensibel bezeichnete. Sie waren in einem Teufelskreis gefangen und weder er noch sie konnten nachgeben. Zu diesem Zeitpunkt war Tim fast ein Jahr alt.

Nachdem ich dieses Muster eines eskalierenden Konflikts eine Weile beobachtet hatte, fragte ich: „Können wir an dieser Stelle etwas anderes ausprobieren? Wir drehen uns immer wieder im Kreis. Darf ich euch eine Achtsamkeitsübung zeigen, die dazu beitragen könnte, den Teufelskreis zu durchbrechen?

»Auf keinen Fall«, erwiderte Kyra und ging in die Defensive. »Das ist uns zu esoterisch. Wir sind schon in einer Kirche. Ich will keinen trendigen Quatsch. Das machen wir nicht.«

»Okay, was ich euch beibringen will, hat mit all dem nichts zu tun. Es geht ausschließlich darum, euren Stress zu reduzieren, die ständigen Streitereien zu verringern und euch zu etwas Schlaf zu verhelfen.«

»Nun, das wäre nichts Geringeres als ein Wunder«, erwiderte Kyra sarkastisch.

»Ein Versuch kann nicht schaden. Wenn es nicht funktioniert, müsst ihr es ja nicht machen.«

In Ihrer Verzweiflung willigten Kyra und Leon ein, es zu versuchen.

Es ist eine sehr wirkungsvolle Übung für Paare, aber sie ist auch hilfreich bei Spannungen zwischen einem Elternteil und einem Kind. Stelle den Küchenwecker auf fünf Minuten ein.

 **_Die Elternpause_**

- Setz dich bequem hin und atme ein paarmal tief ein und aus.
- Falls du und dein Partner oder deine Partnerin eine Auseinandersetzung hatten, ist es gut, in separate Zimmer zu gehen.
- Komm zur Ruhe. Sitz einfach da und gönne dir eine Pause. Versuche nicht, jetzt etwas in Ordnung zu bringen.
- Falls du bemerkst, dass du zu grübeln anfängst, dass sich deine Gedanken im Kreis drehen oder du noch vor Wut schäumst, erkenne das einfach an.
- Was du auch fühlst, bleib einfach dabei, auch wenn es schwierig ist.
- Du kannst zu dir sagen »Das ist hart; das tut weh«.
- Pause. Es ist nicht nötig, jetzt zu handeln. Es ist nicht nötig, jetzt zu streiten.
- Spüre deine Fußsohlen auf dem Boden und nimm die Empfindungen in deinem Körper wahr.
- Mach dir bewusst, dass alles, was du fühlst, was es auch sei, vorbeigehen wird.
- Versuche dir ein bisschen Freundlichkeit entgegenzubringen.
- Nimm noch ein paar tiefe Atemzüge, um dich zu erden und in deine Mitte zu kommen.
- Schau, ob du wahrnehmen kannst, was du jetzt brauchst, bevor du dich wieder dem Alltagsgeschehen zuwendest.
- Mach im Laufe des Tages immer dann eine Pause, wenn du das Gefühl hast, dich erden zu müssen und etwas Abstand zu brauchen.

»Was habt Ihr also festgestellt?«, fragte ich.

Kyra lachte: »Ich bin eingeschlafen. Im Sitzen. Ist das zu glauben?«

»Ich bin auch weggedöst,« witzelte Leon. »He, das könnte im Hinblick auf den Schlafmangel hilfreich sein.«

Die beiden konnten sich nun eingestehen, wie erschöpft sie waren, während sie das zuvor geleugnet und darüber gestritten hatten. Ihre Hausaufgabe bestand darin, drei Minuten pro Tag die »Elternpause« zu praktizieren. Sie erinnerten sich gegenseitig daran, eine Pause einzulegen, wenn sie zu streiten anfingen, und das schien ein bisschen Humor und Abstand in die Kommunikation zu bringen. Tara Brach schreibt: »Wenn wir innehalten, wissen wir nicht, was als nächstes passieren wird. Indem wir unsere gewohnten Verhaltensweisen unterbrechen öffnen wir uns für die Möglichkeit, auf eine neue, kreative Art und Weise mit unseren Wünschen und Ängsten umzugehen.«[7]

Ich betrachte die Elternpause als eine Art Rettungsweste, die mich und meine Klientinnen und Klienten davor bewahrt hat, unterzugehen. Ich habe sie in Situationen angewendet, in denen die Kinder miteinander stritten und anscheinend nicht aufhören konnten und ich mehr als genug hatte.

Sie war ein Lebensretter, als mein alternder Vater immer und immer wieder dieselben törichten Fragen stellte und ich kaum noch an mich halten konnte und einfach schreien wollte: »Warum fragst du mich das noch einmal. Ich habe es dir doch gerade gesagt.« Es ist auch eine meiner Lieblingsübungen, wenn ich am Ende meiner Kräfte bin.

Tatjana wandte diese Übung an, als ihre Mutter sie vor ihren eigenen Kindern demütigte, indem sie über all die Fehler sprach, die Tatjana in ihrer Jugend gemacht hatte und betonte, was für ein schwieriges Kind sie doch gewesen sei. »Ich hatte das Gefühl, nur einen winzigen Schritt davon entfernt zu sein, sie zu verstoßen und ihr für immer den Umgang mit ihren Enkeln zu verbieten. Glücklicherweise gelang es mir, inne zu halten und mich zu sammeln, bevor ich vielleicht großen Schaden angerichtet hätte.« Jonathan griff auf die Übung zurück, wenn die Kinder ihn piesackten, weil sie Spielsachen oder süße Frühstücksflocken gekauft haben wollten, die sie gerade im Fernsehen gesehen hatten. Albert, dessen

Schwiegereltern ihn wie einen inkompetenten Vater behandelten, fand heraus, dass diese Übung seine erste Wahl war, wenn seine Schwiegermutter seinen Erziehungsstil kritisierte und ihm sagte, wie er es richtig machen müsse. »Es half mir wirklich, mich zusammenzureißen. Es wäre einfach für mich gewesen, einen Wutanfall zu bekommen und zu sagen ›Wie kannst du es wagen, mir Ratschläge zu erteilen, in Anbetracht dessen, was du für eine Mutter für Diane warst!‹ Das hätte allerdings katastrophale Konsequenzen gehabt. Ich bin so froh, dass ich mich beherrscht habe. Ich betrachte dieses Innehalten als meine ›Superpower‹, auf die ich zurückgreife, wenn ich leerlaufe.«

Nach ein paar Wochen des Übens machte ich Kyra und Leon einen Vorschlag: »Ich weiß nicht, ob ihr offen dafür seid, aber ihr könntet die Übung mit Tim ausprobieren.«

»Das ist absurd«, erwiderte Kyra. »Er kann kaum sprechen.«

»Aber Babys verstehen eine Menge, mehr als uns bewusst ist.«

»Was können wir ihm also sagen?«, spottete Kyra. »Nimm einen tiefen Atemzug, Tim und halte inne? Willst du mich veräppeln?«

Alle lachten. »Lass uns darüber sprechen. Ich höre deine Einwände, Kyra,« erwiderte ich.

»Wie wäre es, Leon, wenn du in der nächsten Woche die Elternpause machen würdest, bevor du in sein Zimmer gehst? Selbst wenn er unruhig ist und jammert. Es ist in Ordnung. Babys machen einfach einen Aufstand, das ist einfach so. Es bedeutet nicht, dass etwas verkehrt ist. Ihr wollt ja, dass er lernt, sich selbst zu beruhigen.«

»Du kannst mir glauben, dass das nicht passieren wird«, gab Leon zurück. »Nicht mit diesem Kind.« »Ich höre, was du sagst. Mir ging es genauso,« sagte ich. »Ich möchte euch eine Geschichte erzählen. Eines meiner Kinder wachte so oft auf – nahezu alle zwei Stunden – dass ich anfing, bei den Therapiesitzungen einzuschlafen! Ich war so erschöpft, dass ich meine Augen nicht offenhalten konnte. Kein guter Stil. Eine schnarchende Therapeutin ist nicht sehr hilfreich und meine Patientinnen und Patienten fanden das nicht lustig. Ich musste eine Lösung finden, bevor ich Gefahr lief, meinen Job zu verlieren!«

Die Beiden nickten.

»Betrachtet es als etwas, das ihr ihm beibringt, so wie ihr ihm bald beibringen werdet, Fangen zu spielen.«

»Ich werde nicht zulassen, dass er sich die Lunge aus dem Hals schreit«, insistierte Kyra. »Sonst breche ich das hier ab«, sagte sie warnend.

Kein trendiger »Bullshit«.

Im Laufe der nächsten paar Wochen arbeiteten alle zusammen, um Tim zu helfen, nachts durchzuschlafen. Sie begannen sanft und langsam. Anstatt ihn hochzunehmen und zu füttern, kam Leon ins Zimmer und legte seine warme Hand auf den Rücken des Babys.

»Es ist Okay, Großer, du brauchst jetzt keine weitere Mahlzeit. Es geht dir gut. Ich bin hier, ich liebe dich.«

Manchmal sang Leon. Oft waren es die Lieder, die seine Mutter und Großmutter einst für ihn gesungen hatten, oder Lieder, die er in der Kirche gelernt hatte. Wenn Leon sang, lächelte Tim und kuschelte sich in seine Decke und an seinen Teddybär. Nachdem Tim sich daran gewöhnt hatte, brauchte er manchmal nur noch einen kleinen Klaps auf den Rücken und sanft gesprochene Worte. »Ich bin hier, du kannst wieder einschlafen. Es ist alles in Ordnung. Mama und Papa lieben dich.«

Auch wenn Tim manchmal noch jammerte und es nicht jede Nacht funktionierte, so wurde es doch besser. Die Sache lief in die richtige Richtung. Tim lernte, dass er wieder einschlafen konnte, ohne gehalten und gefüttert zu werden.

»Es sieht so aus, als ob er seinen eigenen Rhythmus findet. So als ob er den Rhythmus der Lieder in sich aufnimmt, die Worte und Klänge, und sie in seinem Körper fühlt. Wirklich, ich schwöre,« lächelte Leon stolz. »Ich komme aus einer Musikerfamilie, er hat das im Blut.«

Nachdem Tims Eltern durch unsere Arbeit im Laufe der folgenden Wochen gelernt hatten, seine natürlichen Schlafzyklen zu verstehen und zu respektieren, und dass er nicht mehr nach Bedarf gefüttert werden musste, fiel es ihnen leichter, loszulassen. Und als Kyra und Leon anfingen, sich selbst Pausen zu gönnen, zur Ruhe zu kommen und gemeinsam am Schlafproblem zu arbeiten, hörten sie auf, ständig zu zanken, und begannen, die Gegenwart des jeweils anderen allmählich wieder zu genießen. Und am Ende schliefen alle nachts durch – meistens jedenfalls. »Also anfangs dachte ich, das funktioniert nie«, sagte Leon, »aber dieser Kram hat wirklich geholfen.«

»Mami liebt mich nicht mehr«

Es war ein hartes Jahr gewesen. Margot hatte die letzten Monate ihrer Hochrisikoschwangerschaft im Bett verbracht, worauf eine komplizierte Geburt folgte. Sie und das Baby überlebten nur durch eine Notfallbehandlung. Sowohl sie selbst als auch Lila hatten danach weiterhin mit gesundheitlichen Problemen zu kämpfen und Margot hatte kaum genug Energie, sich selbst zu versorgen, geschweige denn, dieses zarte Baby und ihren widerspenstigen fünfjährigen Hannes.

Zu allem Unglück litt Margot auch noch sehr unter dem Tod ihrer Mutter, die während Margots Schwangerschaft gestorben war. Weil Margot damals strikte Bettruhe einhalten musste, hatte sie ihre Mutter nicht mehr besuchen können, um sich zu verabschieden. Sie hatten ein sehr ambivalentes Verhältnis gehabt und nun war Margot überrascht, wie sehr die Trauer sie überwältigte. Sie hatte sich nicht vorstellen können, dass sie ihre Mutter jemals so sehr vermissen würde und wünschte sich oft, ihre Mutter würde wie durch ein Wunder plötzlich auftauchen, um ihr zu helfen – besonders jetzt.

Tatsächlich musste sie eines Abends, als sie versuchte, ein Abendessen zuzubereiten, an ihre Mutter denken. Ihr Mann war bei der Arbeit, denn er hatte einen zusätzlichen Job angenommen, damit sie die Rechnungen für Margots medizinische Behandlung bezahlen konnten. Die Versicherung hatte nur einen kleinen Teil der Kosten übernommen. Er tat, was er konnte, aber auch er war erschöpft und reizbar. Sie hatten sich vorgestellt, dass es schön für Hannes wäre, ein Geschwisterchen als Spielkameraden zu haben und dass auch ihr Leben dadurch leichter würde. Niemand hatte mit diesem Albtraum gerechnet.

»Hannes, könntest du bitte ein bisschen mit Lila spielen, während ich das Abendessen mache?«, fragte Margot.

»Was soll ich tun?«, fragte er zurück.

»Oh, erzähl ihr einfach eine Geschichte oder singe ihr ein Lied vor; alles ist okay«, erwiderte Margot.

Hannes begann seine Lieblingslieder zu singen, war aber schon bald mit seinem Repertoire am Ende. Das Baby fing an zu weinen. Zu allem Unglück litt es unter Koliken und schrie ständig. Das brachte alle an ihre Grenzen.

»Versuche etwas anderes,« schlug Margot vor. »Das Essen ist fast fertig. Nur noch ein paar Minuten.«

»Können wir sie nicht zurück ins Krankenhaus bringen?«, fragte Hannes. »Ich mag sie nicht, sie macht zu viel Krach.«

»Hör auf, das ist deine Schwester und sie war krank. Sie ist hier und wird bleiben.« Hannes warf seiner Mutter ein boshaftes Grinsen zu und erfand sein eigenes Lied, das er in einem Singsang zum Besten gab.

Mami liebt dich
Mich liebt sie nicht
Aber das ist mir egal
Ich brauche Mami nicht mehr
Du kannst die grantige Mami haben
Ist mir egal
Sie gehört ganz dir
Ich brauch keine Mami mehr.

Margot war sprachlos. Sie wusste nicht, was sie tun oder sagen sollte. Sie hätte am liebsten losgeschrien und Hannes aus dem Zimmer geschickt. Sie wollte ihn sogar versohlen, obwohl sie sich geschworen hatte, das niemals zu tun, aber sie hatte keine Kraft mehr für irgendetwas – außer sich ins Bett zu legen. Und er hatte getan, worum er gebeten worden war. Allerdings hatte sie nicht um Aggression gebeten. »Wow«, dachte Margot, »jetzt verstehe ich, warum unsere Mutter uns so oft geschlagen hat. Ich hätte nie gedacht, dass ich so wütend auf mein eigenes Kind werden könnte.«

»Aber ich liebe dich doch«, protestierte sie. Hannes wirkte nicht überzeugt. Und in Wahrheit war sie wütend auf ihn.

Sie verharrten in eisigem Schweigen, der einzige »Soundtrack« war das Schreien des Babys.

Margot brachte die Kinder zu Bett und ging dann in ihr Zimmer. Ihr war eiskalt und sie fühlte sich wie abgestorben. Als ihr Mann von der Arbeit nach Hause kam, konnte sie kaum sprechen. Sie hatte stundenlang geweint, in Wolldecken gehüllt, zitternd, mit einem Stofftier des Babys im Arm.

»Schon wieder ein schwerer Tag? Was ist los?« Margots Mann versuchte kaum, seine Gereiztheit zu verbergen.

»Ich bin am Ende. Ich bin am Boden zerstört. Und ich habe Hannes Schaden zugefügt. Er hasst mich. Ich schaffe das nicht – es ist einfach zu viel«, schluchzte Margot. »Ich bin eine furchtbare Mutter.«

In der Klinik wurde Margot eine postnatale Depression diagnostiziert und eine Medikation begonnen. Nachdem sie sich allmählich stabilisiert hatte, arbeiteten wir daran, ihre Gesundheit wieder herzustellen, ihre Mutter zu betrauern und mehr Unterstützung zu bekommen.

Margot hatte keine Zeit und kein Interesse an einer formellen Achtsamkeitspraxis. Einfach nur den Tag zu überstehen war bereits ein Sieg, aber sie war offen für alle informellen Übungen, die ihr helfen könnten, die Dinge wieder »in den Griff zu bekommen« – besonders an Tagen, an denen Hannes schwierig war und das Baby unter Koliken litt.

Gemeinsam dachten wir uns folgende Übung aus. Wie bereits erwähnt, musst du dich nicht aufs Meditationskissen setzen, um Achtsamkeit zu praktizieren; du kannst das auch im Gehen, Stehen oder Liegen tun.

Meditation »Mit dem Baby schwingen«

- Stell dich hin und spüre den Boden unter deinen Füßen.
- Finde eine angenehme Position, um das Baby zu halten.
- Wiege dich von einer Seite zur anderen und vor und zurück.

- Spüre den warmen Körper des Babys an deinem Körper.
- Drück das Baby an dein Herz, lass es deinen Herzschlag spüren.
- Beuge die Knie und schwinge das Baby auf und nieder.
- Fühle dich von der Erde getragen und nimm eure beiden Körper im Raum wahr.
- Du kannst ein bisschen tanzen oder auch singen, wenn du magst.
- Stimme dich auf deinen Atem ein, vielleicht in Einklang mit den sanften Bewegungen.
- Wiege das Baby auf deinem Atem.

Vielleicht magst du dem Baby ein paar Sätze vorsingen. Du kannst deine eigenen Sätze erfinden. Margot hat sich Folgendes ausgedacht, das sie und das Baby beruhigte: »Du bist mein Baby und ich liebe dich wie verrückt.« Die anderen hilfreichen Sätze lauteten: »Ich bin für dich da; es war schwer, aber wir werden es schaffen. Ja, zusammen werden wir es schaffen. Wir finden einen Weg.«

Du kannst dabei hin und her gehen oder tanzen und diese Praxis zu deiner eigenen machen, indem du sie an deine Vorlieben und Bedürfnisse anpasst.

Die Ärztin hatte recht: Die Koliken ließen innerhalb von wenigen Monaten nach. Als Margot sich erholte, widmete sie ihre Aufmerksamkeit teilweise wieder der Beziehung zu Hannes, aber sie war immer noch wütend.

»Ich weiß, es ist schrecklich, das zu sagen – bitte sperrt mich nicht dafür ein – aber ich mag ihn nicht mehr. Ich möchte nicht mit ihm zusammen sein. Er ist irgendwie … ein Idiot! Manchmal zwickt er das Baby, nur um mich zu ärgern. Sie schreit und ich bekomme einen Wutanfall.« Sie hielt inne. »Ich bin ein ziemlich schlechtes Beispiel als Mutter,« sagte sie und schüttelte den Kopf.

Das ist etwas, worüber Eltern nur selten außerhalb des Therapieraums sprechen, aber es gibt oft Phasen in der Eltern-Kind-Beziehung, in denen

Spannungen und Wut vorherrschen – lange Phasen. Doch in allen Beziehungen sind harte Zeiten ein unvermeidlicher Teil des menschlichen Daseins. Während wir an die Konflikte und Spannungen mit pubertierenden Kindern gewöhnt sind und sie sogar erwarten, können zu jedem Zeitpunkt negative Gefühle auftauchen. Es ist vollkommen normal, verärgert über sein Kind (oder seinen Partner, seine Partnerin) zu sein. Doch wir fühlen uns schuldig, wenn wir solche Gefühle haben und verleugnen oder unterdrücken sie, weil wir glauben, mit uns stimme etwas nicht.

Reflexion: Was drückt deine Knöpfe?

Nehmen wir uns einen Moment Zeit, um zu schauen, welche Dinge oder Situationen typischerweise auftreten und bei Eltern negative Gefühle auslösen.

- Halte einen Moment inne. Ahhhh. Du brauchst diesen Moment der Reflexion und hast ihn verdient.
- Atme ein paarmal tief ein und aus oder lausche den Umgebungsgeräuschen. Nimm das in dich auf. Tanke auf.
- Manchmal ist es am einfachsten, sich zunächst an die Dinge zu erinnern, die unsere Eltern »ausrasten« ließen. – War es, wenn du …
    - nicht im Haushalt geholfen hast?
    - nach dem Essen den Tisch nicht abgeräumt hast?
    - den Eltern widersprochen hast?
    - Milch oder Essen verschüttet hast?
    - dein Zimmer nicht aufgeräumt hast?
    - mit deinen Geschwistern gestritten hast?
    - in der Schule in Streitigkeiten mit anderen Kindern verwickelt warst?

- deine Hausaufgaben nicht gemacht hast?
- keine guten Noten nach Hause gebracht hast?

- Wie sieht es bei dir aus? Was macht dich wütend? Was löst bei dir negative Gefühle aus? Schreib es auf und achte darauf, ob du bestimmte Muster erkennen kannst.
- Bring dir zum Schluss ein bisschen Mitgefühl entgegen (und sogar deinen Eltern, wenn du kannst). Wir alle sind nur Menschen und verlieren manchmal die Beherrschung.

Forscher:innen sagen uns *»what we resist persists«*, das heißt, alles, wogegen wir inneren Widerstand leisten, verhärtet sich. Wenn du bei dir also Ärger wahrnimmst, dann kämpfe nicht dagegen an. Registriere diese Gefühle, erkenne sie an und lass sie dann los. Gedanken und Gefühle dauern selten länger als 30 Sekunden an. Versuche nicht, dir eine Geschichte dazu auszudenken oder mehr daraus zu machen als einen vorübergehenden menschlichen Moment der Verärgerung. Wenn es weiterhin an dir nagt, dann übe, was wir das mitfühlende **NAG** nennen.

Nimm das Gefühl oder die Empfindung wahr.
Akzeptiere, dass es da ist, ohne dagegen anzukämpfen,
beobachte, wie es sich auflöst, und lass es schließlich
Gehen.

Dem eigenen Kind immer wieder mit einer Haltung zu begegnen, die von Meditationslehrern »Anfängergeist« genannt wird, kann zu einem Neustart in der Beziehung beitragen. Es ist sehr leicht, in negativen Verhaltensmustern stecken zu bleiben. Glücklicherweise können wir solche Betrachtungsweisen und Beziehungsmuster ändern. Probiere folgende Reflexionsübung aus, wenn du dir einen Neuanfang wünschst und die Beziehungsdynamik verändern willst.

Reflexion: Mit freundlichen Augen schauen

Versuche diese Übung zu machen, wenn dein Kind schläft.

- Setz dich still neben dein Kind, ohne seinen Schlaf zu stören.
- Beobachte, wie dein Kind atmet. Wenn du magst, kannst du dein Ein- und Ausatmen mit dem deines Kindes in Einklang bringen.
- Denke, ohne dich zu kritisieren, ehrlich darüber nach, wie du dein Kind siehst. Welche Gedanken und Gefühle tauchen jetzt, in diesem Moment, auf?
- Oft sind unsere Gedanken neutral oder kritisch. Sagst du häufig »Warum ziehst du das heute in der Schule an?«, »Warum bist du so schlampig?«, »Musst du dich über alles beschweren, was ich sage oder tue?«, »Warum isst du dein Gemüse nicht?«
- Wie reagierst du auf dein Kind, wie ist die Interaktion zwischen euch? Verurteile dich nicht, hacke nicht auf dir herum, sondern werde neugierig. Bemerkst du den Fleck auf einem T-Shirt oder das Feuerwehrauto, das noch im Wohnzimmer herumliegt?
- Versuche, dein Kind zu sehen, als sei es das erste Mal so, als hättest du es noch nie zuvor gesehen. Verweile dort.
- Was nimmst du wahr? Schau, ob du im Gesicht deines Kindes etwas Neues sehen kannst.
- Bleib einen Moment bei der Verletzlichkeit deines Kindes. Sieh die Stärken und die Schwächen.
- Was könnte sein Leiden verursachen?
- Denk darüber nach, dass dein Kind, wie alle Wesen, glücklich sein möchte.
- Kannst du zulassen, dass dein Herz weicher wird, wenn du dein Kind aus dieser neuen Perspektive siehst?

Margot praktizierte das ein paarmal und stellte fest, dass es ihr half, sich wieder mit den Dingen zu verbinden, die sie an Hannes liebte. Sie begann die Situation aus seiner Perspektive zu sehen – wie schwer muss es für ihn gewesen sein, als sie die strenge Bettruhe einhalten musste, als seine alte Familienstruktur aus den Fugen geriet oder als er sich deplatziert fühlte? Natürlich war er wütend und schlug über die Stränge. Jetzt konnte sie das sehen und wurde sanfter. Zum ersten Mal sah sie die Möglichkeit, dass ihr Ärger nicht Hannes ganzes Leben lang andauern würde.

Ich schlug vor, etwas gemeinsam zu unternehmen – nur zu zweit. Könnte der Papa das Baby am Wochenende ein oder zwei Stunden hüten, während sie besondere Zeit miteinander verbrachten?

Es bedurfte einiger Verhandlungen aber Hannes gefiel die Idee und er trug dazu bei, dass es klappte. Zuerst gab es zum Mittagessen eine Pizza, sein Lieblingsessen, in der Pizzaria um die Ecke. Danach spielten sie zusammen Fußball auf dem Spielplatz. Margot hatte in der Schule Fußball gespielt und konnte Hannes ein paar Tricks bei der Fußarbeit zeigen, die er nachzuahmen versuchte. Für sie fühlte es sich gut an, wieder einmal körperlich aktiv zu sein und Hannes war beeindruckt.

»Cool, Mama«, sagte er voller Bewunderung. »Das ist toll!« Die Zeichen standen auf Besserung.

Nur eine schlimme Erkältung

Es schien nur eine schlimme Erkältung zu sein. »Mach dir nicht so viele Sorgen, Valerie,« schimpfte ihr Mann. »Kinder kriegen laufend Erkältungen. Du überreagierst ständig.« Dem vierjährigen Matthis ging es allerdings miserabel. Er war so verschleimt, dass ihm das Atmen schwerfiel, er konnte nicht schlafen, hatte Schmerzen und war reizbar. »Schick ihn einfach in den Kindergarten. Das ist keine große Sache – mach keine Memme aus ihm.« Matthis war ihr erstes Kind und Valerie bekam schon ihr Leben lang zu hören, dass sie zu emotional sei. Also steckte sie Matthis in einen warmen Pullover, zog ihm Schal und Handschuhe an und brachte ihn in die Tagesbetreuung. Er hatte kaum Temperatur und sie musste arbeiten gehen. Ein paar Stunden später rief die Erzieherin an:

»Matthis hat sich gerade übergeben. Sie müssen ihn abholen«, insistierte sie. »Großartig«, dachte Valerie, »soviel zu einem erfolgreichen Arbeitstag.« Als sie im Kindergarten ankam, war Matthis Temperatur erhöht. Er wirkte ungewöhnlich blass und apathisch, schien sich aber sehr zu freuen, sie zu sehen.

Sie gab ihm ein Mittel gegen das Fieber aber die Temperatur sank nicht. Sie stieg sogar noch. »Das ist nicht in Ordnung«, sagte sie zu ihrem Mann, »ich bringe ihn zum Arzt, da stimmt etwas nicht.« »Meine Güte, Valerie. Lass ihn sich gesund schlafen. Du kannst doch nicht spätabends die Ärztin anrufen. Und wir beide brauchen auch unseren Schlaf. Belästige sie nicht so spät, es ist doch nur eine Grippe.«

Als das Fieber am nächsten Morgen immer noch nicht gesunken war, musste Valerie bei ihrer Arbeitsstelle anrufen, um einen weiteren Tag frei zu nehmen. »Wie um Himmelswillen können die Leute ihre Jobs behalten, wenn sie Kinder haben?«, fragte sie sich. Sie war wütend, hatte das Gefühl, in der Falle zu sitzen und machte sich Sorgen. Das Fieber stieg weiter und Valerie brachte Matthis zur Kinderärztin. Er war apathisch, rang um jeden Atemzug und sein Herz raste. Die Kinderärztin untersuchte ihn und sagte in ruhigem aber ernstem Ton: »Fahren Sie mit ihm ins Krankenhaus, wir geben ihm sofort Medikamente. Und Valerie –«, die Ärztin hielt inne und legte eine Hand auf Valeries Schulter, »ich will Ihnen keine Angst einjagen, aber fahren Sie bitte direkt ins Krankenhaus, fahren Sie nicht erst zu Hause vorbei.«

Natürlich bekam Valerie Angst. Sie packte Matthis ins Auto und fuhr so schnell sie konnte ins Kinderkrankenhaus in der Innenstadt. Sie hasste es, durch den Stadtverkehr zu fahren, besonders im Berufsverkehr, aber sie hatte keine Wahl.

Als sie im Krankenhaus ankamen, war sein Fieber auf 39,5 Grad gestiegen. Und das Atmen fiel ihm immer noch schwer. Die Wartezeit schien sich endlos hinzuziehen. Valerie fühlte sich so allein. »Bitte, er bekommt kaum Luft. Könnte vielleicht schon jemand nach ihm schauen?« Valerie schnappte sich eine Krankenschwester in einem Versuch, Hilfe zu bekommen. Nach wenigen Augenblicken standen sie in der Notfallambulanz. Matthis lag auf einem Metalltisch über dem grelle Lampen hingen und wurde von Ärztinnen, Schwestern und jungen Assistenzärzten umringt. Plötzlich war sein kleiner Körper an Maschinen, Schläuche, Monitore angeschlossen. Alles ging so schnell. Es wirkte so unwirklich.

»Es ist gut, dass Sie ihn jetzt hergebracht haben«, sagte die diensthabende Ärztin. »Ihr kleiner Junge hat eine schwerwiegende Atemwegsinfektion. Ich möchte ihn heute Nacht hierbehalten, damit wir ihn unter Beobachtung haben.«

Valerie war außer sich aber auch erleichtert, dass Matthis in guten Händen war und dass ihre Sorgen ernst genommen wurden. Sie hatte es mit Achtsamkeitsübungen probiert, aber es war ihr unmöglich, sich auf ihren Atem zu konzentrieren, während Matthis nach Luft rang. Als sie versuchte, sich auf ihren Atem zu fokussieren, konnte sie an nichts anderes denken als an seine Schmerzen, sein Leiden und seinen Kampf um jeden Atemzug. Aber sie brauchte etwas, um diese Tortur durchzustehen. Sie war erschöpft, ihr ganzer Körper zitterte und sie würde die Nacht auf einem Krankenhausstuhl neben seinem Bett verbringen und versuchen etwas zu schlafen.

Valerie mochte es, Umgebungsgeräuschen zu lauschen – ebenfalls eine beliebte und praktische Meditationsform – und stellte fest, dass das für sie besser funktionierte als die Konzentration auf den Atem. Sie passte diese Grundübung an die Situation im Krankenhaus an.

♥ Die Klänge des Lebens

- Du kannst die Übung im Sitzen, Liegen oder Stehen machen. Die Position spielt keine Rolle. Mach es dir so bequem wie möglich.
- Beginne den Klängen in deiner Umgebung zu lauschen. Das können die Geräusche der Heizung oder der Klimaanlage, des Windes, des Regens oder des Straßenverkehrs sein.
- Du musst die Geräusche weder benennen, noch an ihnen festhalten oder versuchen, sie auszublenden. Erlaube dir, den Klängen, so, wie sie sind, zu lauschen.

- Stell dir vor, dass du mit deinem ganzen Körper zuhörst und die Geräusche aus allen Richtungen aufnimmst von oben, unten, vorne und hinten.
- Nimm wahr, dass jedes Geräusch, jeder Klang so wie jede Geschichte einen Anfang, einen mittleren Teil und ein Ende hat.
- Vielleicht empfindest du manche Geräusche als lästig oder nervig, während andere keine Reaktion auslösen. Beurteile die Geräusche nicht, lausche einfach.
- Es ist kein Problem, wenn du gedanklich abschweifst; lenke die Aufmerksamkeit einfach wieder auf die Geräusche im Raum und den gegenwärtigen Moment.
- Schau, ob du dir erlauben kannst, bei den momentanen Klängen zu verweilen so wie sie sind.
- Auch wenn das ein schwieriger Moment ist: Mach dir bewusst, dass diese Komposition von Klängen und Geräuschen nie wieder genauso auftreten wird.
- Wenn du bereit bist, nimm einen tiefen Atemzug, bewege leicht die Hände und Beine und öffnen die Augen, falls du sie geschlossen hattest.

Als Valerie ihre Erfahrung reflektierte, erkannte sie, dass es ihr half, den Geräuschen in Matthis Zimmer zu lauschen: So konnte sie eher präsent bleiben und vermeiden, sich in Ängsten oder Katastrophendenken zu verlieren, was normalerweise ein Leichtes für sie war. »Normalerweise hätten mich diese Töne genervt, das Pipsen der Monitore, die Geräusche des Sauerstoffgeräts, der Infusion, aber jetzt hatten sie etwas Beschützendes. Ich wusste, dass ihn die Maschinen mit ihren blinkenden Lämpchen und ihrer Aktivität am Leben hielten. Und dieses Wissen hielt mich davon ab, zu einem hysterischen Nervenbündel zu werden.«

Diese Praxis half Valerie, eine dramatische Situation zu überstehen, aber sie ist auch im Alltag sehr nützlich. Obwohl sich Meditations- und Yoga-Lehrerinnen und -Lehrer meistens auf den Atem konzentrieren, ist das vielleicht nicht für alle der beste Weg. Sich auf die Innenwelt statt auf die äußere zu fokussieren kann unangenehme Emotionen und Erinnerungen hochbringen. Für Menschen mit einer von Ängsten und

Traumata belasteten Vorgeschichte ist ein sanfter Weg, Achtsamkeit ins tägliche Leben zu bringen, die Aufmerksamkeit auf die Klänge und Geräusche der Umgebung zu richten. Viele Leute, die Vorbehalte gegenüber Meditation haben, finden leichter Zugang zu dieser Praxis. Und sie ist einfach. Wir müssen nichts dazu tun, dass die Geräusche kommen und gehen. Wir müssen sie nicht manipulieren. Wir können Geräuschen und Klängen ohne jede Anstrengung lauschen. Das Geräusch taucht auf, wir hören es und wir sind präsent.

Rosa kam zu mir, weil sie Hilfe suchte, um ihren stressigen Alltag mit drei kleinen Kindern und einer betagten Mutter, die nach einer Knieoperation Pflege brauchte, bewältigen zu können. Sie glaubte nicht, dass Achtsamkeit für jemanden mit einem so stressigen Leben funktionieren würde. Ich sagte ihr, die Praxis sei wie ein Welpen-Training, denn sie erfordere Geduld, eine Portion Humor und Selbstakzeptanz. Sie hielt sich dafür nur drei Minuten täglich frei und stellte fest, dass sie »mit einem Geräusch nach dem anderen« in den gegenwärtigen Moment zurückkehren konnte. Indem sie sich auf die Geräusche in ihrer Umgebung fokussierte, während sie zwischen dem Fußballtraining der Kinder und der Pflege ihrer Mutter hin und her raste, nahm ihre innere Unruhe ab.

Alexandra hatte eine traumatische Vorgeschichte mit sexuellem Missbrauch. Sie wollte es mit Achtsamkeit probieren aber sie wurde unruhig, wenn sie versuchte, ihren Atem zu spüren. Umgebungsgeräuschen zu lauschen wurde für sie zu einem Weg, sich zu stabilisieren und in den gegenwärtigen Moment zu kommen. Immer wenn sie das Gefühl hatte, von Erinnerungen überwältigt zu werden, oder von der Angst, dass ihrer Tochter etwas Schlimmes zustoßen würde, halfen ihr das Summen der Klimaanlage oder die Geräusche des Straßenverkehrs, ihr Gewahrsein im Moment und in ihrem gegenwärtigen Leben zu verankern – Geräusche, die sich so sehr von denen in ihrem einstigen ländlichen Zuhause unterschieden, wo der Missbrauch stattgefunden hatte. Nach einer längeren Zeit des Übens, bei der sie sich immer wieder auf die Geräusche und Klänge ihres hart erkämpften neuen Lebens und ihr Kind fokussierte, ließen ihre Grübeleien über das Trauma allmählich nach. Wir können auch Umgebungsgeräuschen lauschen und uns dabei noch auf unsere anderen Sinne einstimmen, zum Beispiel beim Gehen oder wenn wir im Bus sitzen, oder beim Geschirrspülen. Während unsere Gedanken in die Zukunft eilen oder in der Vergangenheit hängen bleiben, sind unsere Sinne immer in der Gegenwart.

Achtsamkeit und Mitgefühl sind nicht nur Praktiken für erschöpfte, gestresste Eltern, die versuchen, mit zu vielen Bällen zu jonglieren, ohne sie fallen zu lassen. Sie sind Werkzeuge fürs Leben. Es sind Fertigkeiten, die dir helfen können, die Folgen der wahrlich herausfordernden Situationen zu bewältigen, mit denen wir alle konfrontiert sind: Familien, die unsere Bedürfnisse ignorierten oder in denen Missbrauch geschah, der emotionale Stress durch Krankheit, finanzielle Belastungen, die Härten als Alleinerziehende, Traumata und die Folgen von Suchterkrankungen. Achtsamkeit und Mitgefühl vermitteln uns eine neue Einstellung zu unseren Belastungen und die Freiheit, nicht durch unsere Vorgeschichte und die Ereignisse unseres Lebens definiert zu werden.

»Ich ertrinke«

Robert wurde dazu erzogen, nicht über Probleme zu sprechen. Hilfe zu benötigen galt in seiner Familie, in der man auf Eigenständigkeit setzte, als Zeichen von Schwäche. Seine Frau sah, dass er am Ende war und Hilfe brauchte, um mit seinem Stress fertig zu werden. Er war ein harter Arbeiter, der Älteste von fünf Geschwistern. »Ich bin loyal. Ich versuche, derjenige zu sein, der immer da ist, jemand, dem man vertrauen kann. Ich lasse niemanden im Stich«, sagte er zu mir.

»Ich beklage mich nicht; das wäre meiner Meinung nach respektlos. Meine Mutter war Krankenschwester. Sie ist eine taffe, pragmatische Person. Wenn man krank war, musste man trotzdem zur Schule gehen, es sei denn, man blutete aus dem Kopf. Sie ist eine gute und ehrliche Frau. Mein Vater arbeitete im Baugewerbe. Er ist stolz. Ein harter Knochen. Als ich ein Teenager war, hatte er einen Arbeitsunfall und musste Erwerbsunfähigkeitsrente beantragen. Das zog ihn runter und er fing an zu trinken. Meine Mutter übernahm das Ruder und begann Extraschichten zu arbeiten. Ich sprang auch in die Bresche, trug Zeitungen aus und fing an, im örtlichen Lebensmittelladen Einkäufe einzupacken. Mit fünfzehn kann man nicht viel Geld verdienen. Ich musste auch bei der Betreuung der kleineren Kinder einspringen, wenn meine Mutter bei der Arbeit war. Wir aßen Frühstücksflocken zum Abendessen und dann beschloss ich, zu lernen, wie man eine Mahlzeit zubereitet. Nichts Besonderes, aber ich kann Wasser zum Kochen bringen«, lächelte er. »Vater ist jetzt die meiste Zeit bettlägerig und hat eine beginnende Demenz. Traurig, wirklich traurig.« Er schüttelte den Kopf und blickte zu Boden. »Ich versuche immer noch, auszuhelfen und sie zu unterstützen; seine Behandlung ist mit hohen Kosten verbunden. Meine Geschwister versuchen auch zu helfen. Aber wir alle haben auch unsere eigenen Familien und finanziellen Verpflichtungen. Die Erwerbsunfähigkeitsrente kann man vergessen.«

»Nach der Schule trat ich ins Möbelgeschäft der Familie ein. Ich hatte gehofft, dass sie es mir übergeben würden. Ich lernte Buchführung. Es war ein sicherer Arbeitsplatz. Und sie haben mich gut behandelt; für eine Weile lief alles wirklich gut. Ich gründete eine Familie und hatte das Gefühl, vorwärts zu kommen. Aber dann wurde mein Onkel krank – Krebs – und konnte den Laden nicht mehr am Laufen halten. Und ich hatte kein Geld, um das Unternehmen zu kaufen. Das war's dann. ›Tut mir leid, Junge‹, sagte er ›ich wünschte, ich hätte mehr für dich tun können.‹«

»Ein Dutzend Jahre harter Arbeit und nichts war dabei herausgekommen. Nicht mal eine anständige Abfindung. Ich stehe auf der Straße. Ich habe eine Frau und drei kleine Kinder. Ich bin stolz darauf, ein guter Versorger zu sein. Ich habe nach einem neuen Job gesucht. Bewerbungen verschickt, das Internet durchforstet, Freunde angerufen – nichts. Und das geht schon seit Monaten so. Ich mache mir Sorgen. Das Geld ist knapp, also fahre ich für das Taxiunternehmen Uber. Die Leute behandeln mich wie einen Dienstboten. Meine Eltern und meine Familie sind auf meine Hilfe angewiesen. Meine Frau arbeitet im Kindergarten, aber das reicht nicht, um über die Runden zu kommen. Ich fühle mich nutzlos. Manchmal wache ich nachts voller Panik schweißgebadet auf und kann kaum atmen. Und wenn es an manchen Tagen richtig schlimm ist, habe ich das Gefühl, zu ertrinken.«

»Und manchmal hasse ich mich«, sagte Rob. »Ich bin unkonzentriert, wütend, habe das Gefühl, nichts richtig machen zu können. Ich hacke auf mir herum, wenn ich vergesse, Milch aus dem Supermarkt mitzubringen.«

Es war offensichtlich, wie hingebungsvoll sich Robert um seine Familie kümmerte und wie sehr er sich anstrengte. Und auch, wie hart er mit sich ins Gericht ging, wenn die Dinge nicht wie geplant liefen. Man hat herausgefunden, dass 75 % von uns härter mit sich selbst umgehen, als sie mit einem Freund oder einer Freundin umgehen würden. Um ihm zu helfen, ein bisschen Abstand zu gewinnen, fragte ich ihn, was sein bester Freund sagen würde.

»Oh, er würde wahrscheinlich sagen, dass ich eine schwere Zeit durchmache, dass es aber wieder besser werden wird.«

»Okay, wie wäre es, wenn wir eine Übung ausprobieren würden, die helfen könnte, diese Sichtweise beizubehalten?«, schlug ich vor.

»Du meinst, eine Übung könnte helfen? Wie könnte sie denn helfen? Wird sie mir helfen, eine neue Arbeitsstelle zu finden und meine Familie zu ernähren? Mir geht es nicht um irgendwelche ›Alles-wird-gut‹-Versprechen«, erwiderte er skeptisch.

»Das ist wissenschaftsbasiert. Einen Versuch ist es doch wert. Ich werde sie zusammen mit dir machen«, sagte ich.

Die folgende Reflexionsübung ist eine adaptierte Version aus dem Selbstmitgefühlskurs *(Mindful Self-Compassion)* von Christopher Germer und Kristin Neff. Sie kann uns beruhigen und uns helfen, die schwierigeren Prüfungen des Lebens durchzustehen.

Reflexion: Was würde deine beste Freundin (dein Freund) sagen

- Nimm dir einen Moment Zeit und setz dich still hin. Denke an eine freundliche, liebevolle Freundin oder einen Freund. Es könnte auch eine Lehrerin, ein Mentor, eine Angehörige oder sogar ein Tier oder ein spirituelles Wesen sein.
- Nimm wahr, wie du dich in der Gegenwart der Freundin, des Freundes körperlich und geistig fühlst.
- Erzähle dieser Freundin oder diesem Freund, was du durchmachst und wie schwer das für dich ist.
- Was würde dieser Freund oder diese Freundin zu dir sagen? Stell dir die Worte, den Ton und sogar den Gesichtsausdruck vor. Du kannst die Worte in Form eines Briefes oder als Notiz festhalten.
- Sei offen für alle Worte, Bilder und Gefühle, die auftauchen.
- Was würde er oder sie tun? Vielleicht würde sich ein Schulterklopfen, eine Umarmung oder ein sanftes Drücken der Hand gut und richtig anfühlen.
- Falls du es hilfreich findest, kannst du auch diese Reaktion auf einen Zettel schreiben und ihn in deiner Brieftasche oder deinem Geldbeutel bei dir tragen, und sie jedes Mal anschauen, wenn du etwas Unterstützung oder Trost brauchst.

Robert stellte sich Jakob, seinen besten Freund aus Schule vor, der sein Kletterpartner und immer noch ein guter Freund war, aber nicht mehr in der Nähe lebte.

»Als ich diese Übung machte, hörte ich ihn sagen ›Kumpel, es ist nicht deine Schuld. Mach es dir nicht so schwer, Mann. Halte einfach ein bisschen durch, bleib dran. Du kannst das Leben nicht kontrollieren. Du bist ein guter Kerl. Ich habe dir beim Bergsteigen immer mein

Leben anvertraut und du hast mich nie hängen lassen. Du wirst die Sache drehen. Wenn es jemanden gibt, auf den du zählen kannst, dann bist du es.‹ Es fühlte sich an wie das Freundlichste, das jemand seit Jahren zu mir gesagt hatte.« Aus Robs Augenwinkel rollte eine Träne. »Vielleicht bin ich am Ende gar nicht so schlecht.« Er hielt inne. »Und es fühlt sich gut an, nicht alles für sich zu behalten. Diese Sorgen haben mich bei lebendigem Leib aufgefressen.«

»Robert«, sagte ich, »was Jakob zu dir gesagt hat, ist fast wörtlich das Gleiche, was der Meditationslehrer Wes Nisker lehrt und ich finde, es ist absolut wahr.« Er sagt zu den Leuten »Du bist nicht schuld an dir.«[8]

»Ich habe das Gefühl, dass ich einen Fehler gemacht habe. Ich hätte nicht im Familienunternehmen arbeiten sollen. Aber ich habe es nicht gewusst; es hat sich wie eine sichere Entscheidung angefühlt. Ich kann meinem Onkel keine Schuld geben. Ich habe das Gefühl, dass ich die Verantwortung dafür übernehmen muss, wenn etwas nicht funktioniert.« Er hielt wieder inne. »Manchmal fühle ich mich wie ein Idiot.«

»Robert, wir treffen unsere Entscheidungen nach bestem Wissen und Gewissen. Wir wissen nicht, was die Zukunft bringt. Du konntest das nicht kommen sehen. Wenn wir einmal darüber nachdenken, erkennen wir, dass wer wir sind und was uns widerfährt, von einer ganzen Reihe von Faktoren abhängt: von unseren Eltern, unseren Genen, dem Kulturkreis, in dem wir aufwuchsen, unserer finanziellen Situation, den Entwicklungen in der Welt. Das bedeutet nicht, dass wir keine Verantwortung für unser Verhalten und unser Handeln übernehmen müssen, aber es bedeutet auch nicht, dass wir uns für jede Kleinigkeit, jede Unzulänglichkeit, jeden Fehler, jedes Mal, wenn wir die Milch vergessen, beschuldigen müssen.

Wir können nicht vorhersagen, welcher Job bestehen bleiben wird, wir können nicht vorhersagen, wer krank werden wird, wir können weder die Entwicklungen auf dem Aktienmarkt vorhersehen, noch das Wetter oder das Eintreten von Naturkatastrophen.«

Die folgende, von Mark Coleman inspirierte Übung, die Robert nun täglich praktizierte, half ihm, allmählich den Druck von seinen Schultern zu nehmen.

 ***Du bist nicht schuld an dir***

- Setze dich bequem hin und versuche, zur Ruhe zu kommen. Du kannst diese Übung im Sitzen, Stehen oder Liegen machen.
- Denke darüber nach, dass du nicht deine Schuld bist. Hast du diesen Körper bestellt? Hast du nach diesem kritischen Verstand verlangt? Deiner ethnischen Zugehörigkeit? Deiner Persönlichkeit?
- Hast du diese dysfunktionale Familie im Internet bestellt?
- Unser Leben wird von so vielen Variablen und Faktoren bestimmt, über die wir keinerlei Kontrolle haben.
- Betrachte die Dinge mit soviel Abstand, wie du kannst. Das Gesamtbild kann uns helfen, Mitgefühl für unsere Macken und Herausforderungen zu entwickeln.
- Der Psychologe C. G. Jung hat einst gesagt »Ich bin nicht das, was mir passiert ist, ich bin, was ich beschließe, zu werden«.
- Wie wäre es, wenn wir uns angesichts unserer Herausforderungen und Probleme, anstatt uns zu verurteilen, zu beschuldigen und auszuschimpfen, etwas Freundlichkeit und Mitgefühl entgegenbrächten?
- Überlege dir, wie es wäre, dein Leben aus einer umfassenderen Perspektive zu sehen.

Achtsamkeit im täglichen Leben

Natürlich geht bei unserer Elternschaft meistens nicht um entzückend lächelnde Babys, ungeachtet dessen, was wir alle uns in den Jahren, bevor wir uns auf diesen Weg begaben, vorgestellt hatten. Sigmund Freud bezeichnete die Erziehungsaufgabe nicht ohne Grund als einen »unmöglichen Beruf«. Glücklicherweise haben die in diesem Buch vorgestellten Übungen das Potenzial, den physischen und emotionalen Tribut, den das Elterndasein von uns fordert, zum großen Teil umzukehren. Indem wir unseren Geist trainieren – so wie wir unseren Körper im Fitnesscenter trainieren – sind wir für die alltäglichen Anforderungen und Aufgaben gerüstet, die so wichtig für unsere Elternschaft sind: Entscheidungsfindung, emotionale Flexibilität, Empfänglichkeit und Verständnis. Ein Training in Aufmerksamkeit, das uns hilft, bewusst im gegenwärtigen Moment zu sein, anstatt uns in Gedanken über die Vergangenheit oder Sorgen über die Zukunft zu verstricken, fördert ebenfalls Qualitäten, die ganz wesentlich für das Glück und Wohlergehen einer Familie sind: Resilienz, Ruhe, Gelassenheit, Mitgefühl und Verbundenheit. Richard Davidson, ein Neurowissenschaftler und Pionier auf diesem Forschungsgebiet, betont, dass es möglich ist, unsere Emotionen zu trainieren.[9]

Und das gilt genauso für die Plackerei der Erziehung. Ich denke nicht, dass wir jeden Aspekt der Elternschaft bedingungslos lieben müssen (es nicht so einfach, Windeln und Toilettentraining zu lieben) aber ich möchte darauf hinweisen, dass wir die Wahl haben, wie wir auf die unerfreulichsten Aspekte reagieren wollen.

Die meisten Eltern von kleinen Kindern wechseln mindestens sechs bis acht Windeln pro Tag. Nach einer Schätzung verbrauchen Kinder insgesamt ungefähr 8.000 Windeln … wenn du mehrere Kinder hast, kannst du die Gesamtmenge ausrechnen.

Kein Quantum an Achtsamkeit und Mitgefühl wird unangenehme Dinge aus unserem Alltagsleben zum Verschwinden bringen. Vollgekackte Windeln werden sich nicht wie durch Zauberhand in Luft auflösen oder in Gold verwandeln. Aber was geschieht, wenn wir Gewahrsein in die Aufgabe des Windelwechselns hineinbringen? Wie wir auf die täglichen Mühen des Elterndaseins reagieren, kann einen großen Einfluss darauf haben, wie wir unseren Tag erleben. Während wir die unangenehmen Aufgaben der Elternschaft und Kindererziehung nicht zum Verschwinden bringen können, haben wir eine Wahl im Hinblick auf unsere innere Einstellung dazu. Die Achtsamkeitslehrerin Sharon Salzberg betont, dass es bei Achtsamkeit nicht darauf ankommt, was passiert, sondern »wie wir auf das, was passiert, reagieren«. Was zählt, ist der Unterschied zwischen einem Gedanken wie: »Mein Leben ist beschissen, war es immer schon und wird es immer sein – das hier ist nur noch eine Steigerung«

und dem Gedanken: »Das hier ist eine unangenehme Aufgabe aber es ist notwendig und wohltuend für mein Kind. Ich tue es einfach.«

Wenn sich die täglichen Anforderungen der elterlichen Fürsorge für das eigene Kind überwältigend anfühlen und dich niederdrücken, dann probiere es in deinem Alltag einmal mit den folgenden Achtsamkeitsübungen. So wie man einen Muskel trainiert, können wir bei einfachen Handlungen wie dem Windelwechseln trainieren, mit dem anderen, nicht sprichwörtlichen »Scheiß« zu sein, der im Laufe unserer Elternschaft zutage treten wird.

Schmutzige Windeln

- Halte kurz inne, bevor du die Windel wechselst.
- Atme durch. Spüre deine Füße auf dem Boden.
- Schau dein Baby an. Schau ihm in die Augen. Lächle.
- Schau, ob du auf eine akzeptierende, nicht-reaktive Weise bei dem bleiben kannst, was während dieser Aufgabe auftaucht Empfindungen, Gedanken, Gefühle, Gerüche.
- Wenn wir Dinge mögen, wollen wir daran festhalten. Dinge, die wir nicht mögen, wollen wir gereizt oder verärgert wegschieben.
- Eine angemessene Reaktion ist es, anzuerkennen, dass dies nicht verschwinden wird, ob es mir passt oder nicht.
- Nimm die einzelnen Schritte des Windelwechselns bewusst wahr das Aus- und Anziehen der Kleidung, die Benutzung von Feuchttüchern, Öl, Puder.
- Vielleicht schreit das Baby, windet und wehrt sich. Das tun Babys eben. Atme tief ein und aus, bleib geerdet. Dieser Moment wird vorbeigehen.
- Schau, wie es ist, die Dinge so sein zu lassen, wie sie sind und nicht davon abgestoßen zu werden.

- Das gehört zum Leben. Der Zen-Meister Thich Nhat Hanh hat oft gesagt »Kein Schlamm, kein Lotos«.
- Während du diese Tätigkeit beendest, ist dir bewusst, dass du dein Baby sauber und zufrieden hältst.
- Wenn du magst, kannst du das Ganze mit einem Lächeln und einer Umarmung abschließen.
- Wiederhole das 8.000 Mal.

Viele Meditationslehrer und -lehrerinnen weisen darauf hin, dass man nicht viel Zeit im Tagesablauf einplanen muss, um still zu sitzen – welche Eltern können sich diesen Luxus schon leisten? Sehr hilfreich ist die Vorstellung, dass zahlreiche achtsame Momente im Laufe des Tages einen riesigen Unterschied in Bezug auf das eigene Wohlbefinden und die Fähigkeit, mit Stress umzugehen, ausmachen können. Eine meiner Lehrerinnen brachte es auf den Punkt – »Kurze Momente – oft«. Achtsamkeit zu praktizieren muss keine große Sache sein. Du kannst das immer und überall machen und dabei tun, was du sonst auch tust. Ziel dieser Übungen ist es, zu lernen, auch während einer profanen oder unangenehmen Tätigkeit präsent zu sein. Bei der informellen Praxis geht es darum, zu tun, was wir immer tun, dabei aber zu wissen, dass wir es tun – vielleicht indem wir versuchen, die Dinge etwas mehr mit unseren Sinnen wahrzunehmen.

Probiere die folgende Übung einmal morgens aus, wenn es hektisch zugeht und du kaum Zeit zum Frühstücken hast (keine Sorge, ich werde jetzt keinen Vortrag über die gesundheitlichen Vorzüge von Kräutertee halten). Das erinnert mich an einen Spruch, den ich kürzlich im Internet gelesen habe: »Da sitzt ein Typ im Café, hängt nicht am Handy, hackt nicht auf seinen Laptop ein; trinkt einfach nur Kaffee. – Was ein Psycho.« Wie oft trinkst du einfach nur deinen Kaffee, wenn es Zeit ist, deinen Kaffee zu trinken? Achtsamkeit muss nicht 10 Minuten lang auf einem Meditationskissen stattfinden, sie kann 10 Minuten lang beim Kaffeetrinken stattfinden. Okay, vielleicht 5 Minuten. Denn du brauchst wirklich zwei Dinge, um als Mutter oder Vater bei Trost zu bleiben: Deinen Kaffee und deine fünf Minuten.

Meditation »Kaffeetrinken«

- Falls du deinen Kaffee selbst zubereitest: Halte inne und atme tief durch, bis das Wasser kocht.
- Lausche den Geräuschen des sich erhitzenden Wassers oder der Kaffeemaschine.
- Rieche den Kaffee; nimm den Duft in dich auf.
- Achte beim Einschenken des Kaffees auf alle Sinneseindrücke: Nimm aufmerksam die Farbe, den Geruch und den Dampf wahr, der aus der Tasse aufsteigt.
- Falls du Milch, Sahne oder Zucker hinzufügst, nimm auch das aufmerksam wahr. Achte bewusst auf die Tätigkeit des Umrührens.
- Halten inne, bevor den ersten Schluck nimmst. Inhaliere das Aroma.
- Spüre die Wärme der Tasse.
- Genieße den ersten Schluck. Ahhh.
- Schmecke den Kaffee wirklich.
- Was bemerkst du? Wie fühlt sich das auf deiner Zunge an? Lass dich die Empfindung des Schluckens spüren.
- Nimm dir eine Minute Zeit, um dort zu sitzen (oder zu stehen falls es einer dieser Morgen ist), halte inne, während du den Kaffee trinkst und nimm so viele Momente wahr, wie du kannst.
- Schau, ob du diese Aufmerksamkeit und dieses Gewahrsein in deine alltäglichen Aktivitäten hinüber retten kannst. Versuche, alle paar Wochen eine neue Aktivität hinzuzufügen, der du totale Aufmerksamkeit schenkst.

Lästige Aufgaben

So wie Achtsamkeit uns helfen kann, unsere Kinder mit neuen Augen zu sehen, kann sie uns auch helfen, Dinge, die wir normalerweise im Autopilot-Modus erledigen oder die wir als lästig oder mühsam empfinden, mit einer neuen Einstellung zu tun. Wir haben nicht gezählt, wie viele Wäscheladungen wir zusammengelegt oder wie viele Töpfe und Pfannen wir gespült und abgetrocknet haben, aber glaub mir, es sind sogar noch mehr als die Windeln, die wir gewechselt haben. Jahrelang war Hausarbeit eine ungeliebte, lästige Pflicht, unangenehm aber notwendig. Und wie immer haben wir keine Wahl im Hinblick auf das Geschirrspülen, Wäschewaschen oder Windelwechseln. Es muss getan werden. Aber wir haben die Wahl, mit welcher Einstellung wir diese Aufgaben erledigen wollen. Wir können murren und uns beklagen oder wir können versuchen, etwas Neues oder sogar Vergnügliches in der jeweiligen Aufgabe zu entdecken. Eine andere Möglichkeit, mehr Achtsamkeit ins Alltägliche hineinzubringen, ist, diese Dinge bewusst zu einer Entdeckungsreise zu machen und neugierig zu werden. Kannst du, während du etwas Bestimmtes zum x-ten Mal machst, etwas Neues darin entdecken? Schau, ob du etwas wahrnehmen kannst, was du bisher noch nie an einem Wäscheberg, an den Farben des Geschirrs und … Okay vielleicht oder vielleicht auch nicht an dieser Windel wahrgenommen hast. Unsere Kinder sind von Natur aus neugierig, besonders, wenn sie klein sind, und sie drücken das jederzeit aus. Bitte sie, dir Gesellschaft zu leisten und die Empfindungen und Erfahrungen während der Hausarbeit wahrzunehmen. Sie drücken ihre Sinneserfahrung oft unmittelbar aus »Ohhh, das Wasser ist warm, die Seife kitzelt, die Blasen sind lustig.« Versuche, dieses Wunder im Alltäglichen zu entdecken. Wenn die Kinder das können, kannst du es auch.

Viele Lehrerinnen und Lehrer vermitteln eine bestechend einfache Übung, bei der man der eigenen Hände gewahr wird. Ich habe sie zuerst von Tara Brach gelernt. Hier eine Version, die ich für Eltern kreiert habe:

 *Achtsamkeit für die Hände*

- Erlaube dir zunächst einmal, einen Moment innezuhalten, bevor du den Haufen Geschirr im Spülbecken spülst oder den Berg Wäsche zusammenlegst, vor dem du dich den ganzen Tag gedrückt hast.
- Betrachte deine Hände. Fang an, mit den Fingern zu wackeln und lass behutsam die Handgelenke kreisen. Werde der Bewegungen gewahr.
- Balle die Hände zu Fäusten und öffne sie wieder. Spüre deine Hände von innen nach außen.
- Nimm die Empfindungen in deinen Händen wahr das Pulsieren und Vibrieren. Du musst das nicht benennen, einfach nur fühlen.
- Werde jedes einzelnen Fingers gewahr, der Handflächen und Handrücken.
- Schau, wie es sich anfühlt, deine Hände zu »bewohnen«. Vielleicht stellst du fest, dass andere Bereiche deines Körpers anfangen, sich zu entspannen und loszulassen.
- Nimm deinen Nacken deine Schultern, deinen Kiefer wahr. Hat sich da etwas geändert?
- Bleib mit deiner Aufmerksamkeit bei deinem Körper, bevor du mit der nächsten Tätigkeit beginnst.

Diese Übungen können aufeinander aufbauen. Probiere die folgende kurze Reflexionsübung aus.

Reflexion: Seifenblasen

- Versuche dich zu erinnern, wann du das erste Mal in Seifenwasser geplanscht hast.
- Für manche kleinen Kinder haben Seifenblasen etwas Magisches. Kinder entdecken oft Regenbögen darin, die Erwachsene aufgrund der ganzen Plackerei gar nicht mehr sehen.
- Wenn du anfängst, die Töpfe und Pfannen vom Mittagessen zu spülen, betrachte die Seifenlauge einmal mit neuen Augen.
- Stell dir vor, du sähest diese Seifenblasen zum ersten Mal, was du ja eigentlich auch tust.
- Werde deiner Hände gewahr, spüre die Wärme des Wassers, rieche das Spülmittel, richte deine ganze Aufmerksamkeit auf deine Tätigkeit.
- Mach dir bewusst, mit welcher Einstellung du an diese Aufgabe herangehst. Ist es dir lästig, einen Berg Geschirr zu spülen und abzutrocknen? Was geschieht, wenn du an diese Aufgabe herangehst, als würdest du das zum ersten Mal machen?
- Schau, ob du dieses Gewahrsein deiner Einstellung zu einer bestimmten Tätigkeit im Laufe des Tages auch in andere Aufgaben hineinbringen kannst.

Einmal wurde der Zen-Meister Thich Nhat Hanh gefragt, wie man Achtsamkeit praktizieren könne. »Soll ich euch mein Geheimnis verraten? Ich versuche, den angenehmsten Weg zu finden, Dinge zu tun. Es gibt verschiedene Möglichkeiten, eine anstehende Aufgabe zu erledigen – aber bei der, die mir am meisten Spaß macht, kann ich meine Aufmerksamkeit am besten aufrechterhalten.«[10] Das ist simple Neurowissenschaft, wenn man mal darüber nachdenkt. Thich Nhat Hanh empfiehlt uns immer, beim Atmen zu lächeln. Warum sollte man das Atmen nicht genießen? Und ich gehe noch weiter: Warum sollte man beim Geschirrspülen nicht zumindest lächeln? Dasselbe gilt für die Elternschaft und die damit verbundenen Aufgaben. Wenn wir innere Widerstände gegen das Windelwechseln, Geschirrspülen und Wäschewaschen haben und diese Dinge als lästige Pflichten empfinden, können wir wütend und gereizt werden und uns durch die mit der Führung eines Haushalts und der Fürsorge für eine Familie verbundenen Aufgaben belastet fühlen. Aber wenn wir selbst bei profanen Tätigkeiten frische Impulse bekommen können, kann das unser Erleben im Hinblick auf die Aufgaben des täglichen Lebens verändern.

2 »Warum ist das so schwer?«

SELBSTMITGEFÜHL ALS RETTUNGSINSEL NUTZEN

Hast du dich jemals für etwas gehasst, das du zu deinem Kind gesagt oder ihm angetan hast? Hast du je die Beherrschung verloren? Hast du je Verhaltensweisen an den Tag gelegt, an die du nicht einmal denken willst und von denen möglichst nie jemand erfahren soll? Voller Verzweiflung und Angst, dass die »Elternpolizei« (die es zum Glück natürlich nicht gibt) kommen und dich für irgendeinen Verstoß festnehmen würde?

Wir sind alle unvollkommene Eltern

Keine Sorge, damit bist du nicht allein. Niemand ist eine perfekte Mutter oder ein perfekter Vater und wir alle bauen auch Mist. (Ich auch … frag meine Kinder). Dies ist eine urteilsfreie Zone. Deine Geheimnisse sind hier sicher. Dieses Kapitel soll dir helfen, deine Unzulänglichkeiten mit etwas Abstand zu betrachten, und zeigen, wie man mit Freundlichkeit darauf antworten kann (anstatt mit Selbstverachtung, einer Flasche Schnaps, einer Großpackung Eiscreme oder Beruhigungspillen, nicht wahr …)

Ich spreche nicht davon, die Dinge zu beschönigen oder sich aus der Verantwortung zu stehlen. Selbstmitgefühl zu lernen ist kein »Freibrief«. Es geht darum, zu akzeptieren, dass wir alle unvollkommene Eltern sind.

Es gibt keinen Grund, auf den Fehlern herumzureiten, sie im Geiste ewig wiederzukäuen oder am Ende in einem schwarzen Loch der Scham und des Bedauerns zu versinken. Es ist niemandem gedient, wenn du auf dir herumhackst.

Chrissies Konflikte mit ihrer neuen Stieftochter zeigen, wie Selbstmitgefühl in Aktion aussehen kann.

Nervenzusammenbruch

Als Chrissie, eine geschiedene Frau mit einem vierjährigen Sohn, den verwitweten Johann heiratete, der eine Siebenjährige mit in die Beziehung brachte, schien alles gut zu laufen. Offensichtlich aber nicht für Johanns Tochter Jenny, die nicht damit einverstanden war, dass ihr Vater sich nicht mehr auf Verabredungen beschränkte, sondern eine neue Ehe einging. Es machte sie wütend, bei den Großeltern zurückgelassen zu werden, während er mit seiner neuen Frau in die Flitterwochen fuhr. Sie betrachtete das als persönliche Beleidigung. »Du fährst mit ihr weg?«, protestierte sie.

Als die beiden zurückkehrten, ließ Jenny keine Gelegenheit aus, Chrissie zu zeigen, wie miserabel es ihr mit einer neuen Mutter ging. Sie wurde zunehmend unverschämt und bockig. Jeden Tag ein neuer Kampf. Wenn Chrissie Jenny bat, ihre Spielsachen wegzuräumen, ignorierte sie sie einfach oder stellte ihre Autorität infrage. Chrissie konnte nichts richtig machen und so verlor sie rasch die Geduld und ihre Zuversicht.

»Meine Freundinnen sagen mir, ich solle mich entspannen, das sei nur eine schwierige Phase«, erklärte Chrissie, »und dass sie schon einlenken würde. Ich weiß bloß nicht, wie lange ich noch warten kann. Dieses Wochenende war echt krass. Johann war auf Geschäftsreise und ich war mit den Kindern allein. Ich habe mich so angestrengt, damit alle Spaß haben. Wir schauten einen Film, den sie Kinder sehen wollten, Jenny durfte eine Freundin zum Übernachten einladen. Und Abends aßen wir Spaghetti, ihr Lieblingsessen.

Aber sobald die Freundin am nächsten Morgen abgeholt worden war, rastete Jenny aus. Die Mädchen hatten nicht viel geschlafen und sie war übermüdet. Sie fing an, Steffen zu schikanieren; zuerst neckte und beschimpfte sie ihn und später versteckte sie seine Lieblings-Actionfiguren. Aber dann brachte sie das Fass zum Überlaufen, indem sie einen Legoturm zerstörte, an dem wir den ganzen Tag gearbeitet hatten – stundenlange Arbeit. Nun rastete er völlig aus und ich war auch kurz davor.

Aber ich versuchte mich daran zu erinnern, was die Stiefeltern-Bücher in so einem Fall raten, und so sagte ich zu ihr ›Jenny, so geht es nicht. Sieben Minuten Auszeit‹ (eine Minuten für jedes Lebensjahr, wie die Expert:innen empfehlen).

Zuerst stand sie bockig da. Als ich den Küchenwecker stellte, wusste sie, dass ich es ernst meinte und ging in ihr Zimmer, aber vorher versetzte sie mir noch einen Stich ins Herz, indem sie schrie ›Ich hasse dich! Du bist nicht meine Mutter. Du wirst nie meine Mutter sein. Ich wollte, du wärst tot.‹«

Wir alle haben negative Emotionen

Chrissie erzählte diese Geschichte in meiner Praxis, während sie eine Box mit Kleenex-Tüchern umklammerte, sich die Tränen abwischte und beschrieb, wie sehr sie sich eine Tochter gewünscht und sich auf das Leben mit ihrer Patchworkfamilie gefreut hatte.

Ich antwortete mit einer eigenen Geschichte und erzählte ihr, wie mein Mentor mich nach der Geburt meines ersten Kindes beiseite genommen und zu mir gesagt hatte: »Niemand wird das zu dir sagen. Hör bitte zu und vergiss es nicht. Im Moment ist alles wunderbar und du merkst den extremen Schlafmangel kaum. Du siehst nur Rosen und Regenbogen und hörst Babyglucksen. Aber an einem bestimmten Punkt, denke an meine Worte, wirst du dein Kind hassen. Das garantiere ich dir.« Ich war wie vom Donner gerührt. Das würde mir nie passieren, nie. Wie konnte er es wagen, so etwas zu sagen! Er fuhr fort: »Und wenn das passiert – vielleicht erst in vielen Jahren – dann erinnere dich daran: Du bist auch nur ein Mensch. Es passiert uns allen.«

Chrissie hörte auf zu weinen, als ich erklärte: »Damals empfand ich das fast wie einen Fluch, wie eine Szene aus einem dieser Märchen, in dem alle dem Täufling ein wunderbares Geschenk geben und eine Person ihm ein Stück Kohle schenkt. Aber es hat sich als eines der nützlichsten Dinge erwiesen, die je jemand zu mir gesagt hat. Es half mir, auch den Wutgefühlen Raum zu geben und mich nicht so sehr dafür schämen zu müssen.«

»Und wo ich gerade von Märchen spreche«, fuhr ich fort, „Ich habe kürzlich gelesen, dass es in den frühen Versionen der Märchen nicht die Stiefmutter war, die die Kinder zu töten versuchte. Es war die biologische Mutter, die den Tod des Kindes wünschte. Die böse Stiefmutter wurde ein literarisches Ausdrucksmittel für diese Aspekte der Mutterschaft, die wir uns nicht gerne eingestehen: Wut, Aggression, Grausamkeit, Hass. Es ist einfacher, das abzuspalten, als einzuräumen, wie komplex die Gefühle einer Mutter für ihr Kind sind und umgekehrt.[11]

»Mein Mentor gab mir die Erlaubnis, negative Gefühle zu haben – natürlich nicht, aus diesen Gefühlen heraus zu handeln, aber aufzuhören, ihretwegen Schicht um Schicht von Schuld und Scham aufzutürmen und zu glauben, ich sei eine schlechte oder gestörte Mutter.«

Reflexion: Wann hast du eine Rettungsinsel gebraucht?

Elternschaft ist ein schwieriges Geschäft und wir alle hegen negative Gefühle gegenüber unseren Kindern; wir alle hatten schon Zeiten, in denen wir uns überfordert und unzulänglich gefühlt, die Beherrschung verloren und uns nicht wie Mutter Theresa verhalten haben. Damit bist du nicht allein. Wie oft bist du bei all den kleinen Katastrophen explodiert?

- Hast du jemals die Beherrschung verloren, wenn sich dein Kind auf deine Kleidung übergeben hat?
- Hast du je einen Wutanfall bekommen, wenn deine Kinder Traubensaft auf einem schönen neuen Kleid verschüttet haben, als du dich auf den Weg zu einer Hochzeitsfeier machen wolltest?
- Bist du jemals ausgeflippt, wenn dein Kind einen Trotzanfall hatte und im Restaurant mit Essen um sich warf, oder im Haus der Oma oder im Wohnzimmer deiner Freundin (wo immer alles picobello ist) und alle sich nach dir umdrehten und dich anstarrten?
- Bist du jemals ausgerastet, wenn dein Kind sich nicht anziehen wollte?
- Bist du je wütend geworden, wenn dein Kind ein Geschwisterkind gekratzt oder gebissen hat? Oder das Kind einer Freundin?
- Hast du jemals gedacht, du würdest verrückt, weil dein von Koliken geplagtes Kind drei Monate lang gefühlt Tag und Nacht geschrien hat?
- Hattest du je das Gefühl, in der Falle zu sitzen, wenn die Kinder an Weihnachten Windpocken bekamen und du deine Pläne für die Feiertage aufgeben musstest aber dringend eine Pause brauchtest?
- Hast du dich jemals geschämt, wenn dein Kind nach einem unentschiedenen Fußballspiel andere Kinder geschlagen hat? Oder Beim Basketball den entscheidenden Wurf vermasselt hat?
- Hattest du je das Gefühl, das falsche Kind zu haben oder im falschen Leben zu stecken?
- Hast du jemals daran gedacht, die Kinder zur Adoption freizugeben und auf eine idyllische griechische Insel zu flüchten?

Füge jene Momente hinzu, in denen DU wirklich eine Rettungsinsel gebraucht hast.

Ja, **natürlich** regen wir uns auf. Und wir alle verlieren die Beherrschung! Beim Selbstmitgefühl geht es darum, sich selbst eine Pause und einen Neustart zu gönnen. Denk daran: Elternschaft ist ein »unmöglicher Beruf«.

Chrissie nickte wissend und sagte: »Ich glaube, am schlimmsten ist für mich, dass ich anfange, auf mir herumzuhacken und mich zu kritisieren. Wäre ich nur Jennys biologische Mutter – dann würde ich sie nicht anschreien, dann wäre ich eine bessere Mutter. Ich könnte sie lieben. An schlechten Tagen komme ich mir vor wie eine Miesmacherin und habe das Gefühl, dass mein Herz ein paar Nummern zu klein ist.«

Ich fragte Chrissie, was sie an Jenny mochte.

»Da muss ich nachdenken,« erwiderte Chrissie. »Sie hat ihren eigenen Willen. Niemand kann sie herumschubsen. Sie hat eine gewisse Entschlossenheit und ist eine Kämpfernatur. Sie tut mir leid – wirklich. Wenn du mit vier Jahren deine Mutter verlierst, ist das ganz furchtbar. Und ihre Mutter war schon jahrelang krank, bevor sie starb. Und für Johann war es auch sehr schwer«.

Wie schnell wir doch bereit sind, anderen das Mitgefühl entgegen zu bringen, das wir uns selbst vorenthalten.

Reflexion: Wann hast du andere freundlich behandelt?

- Nimm dir einen Moment Zeit und erinnere dich an Situationen, in denen du anderen Kindern oder Eltern, denen es schlecht ging, Mitgefühl entgegen gebracht hast.
- Denk nach: Wähle eine aus und schreibe sie auf.
- Was war die Situation?
- Wie hast du reagiert?
- Was hast du gesagt?
- Was hast du getan?
- Wie hat die andere Person reagiert?

- Was für ein Gefühl hattest du zu dir selbst?
- Lass zu, dass die Situation bei dir »ankommt«. Gib dir einen Moment Zeit, um sie zu verinnerlichen, damit du dich daran erinnerst. Bleib eine Weile dabei.

Uns selbst gegenüber sind wir oft sehr hart und vergessen die Zeiten, in denen wir freundlich, hilfsbereit und liebevoll waren. Oder jemandem weitergeholfen haben.

Eine einfache Methode, in einen achtsamen Zustand zu gelangen, ist, sich an das Gute zu erinnern. Tatsächlich ist Erinnern eine Definition von Achtsamkeit. Erinnere dich an das Gute, das du getan hast, und freue dich daran. Nimm dir einen Augenblick Zeit und versuche das jetzt. Ja. Und dann im nächsten Augenblick und im nächsten.

Das ABC des Selbstmitgefühls

Chrissie ist mit ihrem Problem nicht allein. Fast alle von uns haben das Gefühl, unzulängliche Eltern zu sein. Und deshalb ist Selbstmitgefühl gerade für Eltern so wichtig. Es kann helfen, den inneren Dialog von den ständigen Selbstvorwürfen und der Selbstkritik hin zu Akzeptanz, Freundlichkeit und Verständnis zu verschieben. Es kann uns helfen, zu erkennen, dass wir genauso viel Freundlichkeit und Verständnis verdient haben wie unsere Kinder, Freundinnen und andere geliebte Menschen.

Selbstmitgefühl ist eine gesunde Art, mit sich selbst in Kontakt zu treten, wenn es schwierig wird. Und wenn du Mutter oder Vater bist, kann es sich anfühlen, als wäre es die meiste Zeit über schwierig. Auch wenn es vielleicht Mut erfordert, auf sich selbst zu schauen, die eigenen Unvollkommenheiten einzuräumen und sich selbst so zu akzeptieren wie man ist, kann es auch unser Leben und das unserer Familie verändern.

Kristin Neff, eine führende Expertin auf diesem Gebiet und Vorreiterin in der Selbstmitgefühlsforschung, war die Erste, die Selbstmitgefühl definierte und eine Skala entwickelte, um es zu messen. Der MSC-Kurs ruht auf einem soliden empirischen Fundament. Doch bald nachdem ihr kleiner Sohn eine Autismus-Diagnose bekam, musste sie ihre gesamte Forschung auf den Prüfstand stellen. Im Schock nach der Erstdiagnose erlaubte sie sich, zu fühlen, was sie fühlte: Trauer, Enttäuschung und andere Emotionen, die sie ihrer Meinung nach nicht fühlen »sollte«. Sie kämpfte nicht gegen ihre Gefühle an und lernte, sich selbst zu trösten, wenn es ihr schlecht ging.

Nach dem Schock entschied sie sich dafür, ihren Sohn bedingungslos zu akzeptieren und unter allen Umständen zu lieben. Was sie entdeckte, hat große Bedeutung für alle Eltern: Wenn sie sich selbst Liebe geben konnte, konnte sie auch ihrem Kind Liebe geben. Und das gab ihr die Kraft und die Ressourcen, die beste Mutter zu sein, die sie eben sein konnte – auch in sehr herausfordernden Situationen.

Hast du etwas Ähnliches erlebt? Oder eine gute Freundin? Oder ein Familienmitglied? Die meisten von uns kennen viele Leute, die mit Schwierigkeiten zu kämpfen haben. Vielleicht eine Nachbarin, deren Teenager ein Suchtproblem hat. Oder ein psychisches Problem. Kennst du jemanden, der oder die einen Verlust zu verkraften hat? Mit einer Behinderung klarkommen muss? Einer schweren Krankheit?

Und es sind gar nicht nur die großen Herausforderungen des Lebens, die uns niederdrücken. Die tägliche, profane Plackerei genügt, um uns meschugge (kein klinischer Begriff) zu machen: die hormonalen Schwankungen eines Kindes in der Vorpubertät, das emotional höchst sensible Kleinkind, das einen Anfall bekommt, wenn nicht alles nach seinem Willen geht, die Tragödie in der Mittelschule, wenn die Tochter nicht die Hauptrolle in der Schulaufführung bekommt, oder das emotionale Tief des Sohnes in der Oberstufe, der nicht für die Schulmannschaft ausgewählt wurde, und so weiter. Mit Kindern gibt es immer etwas, das einen in den Wahnsinn treiben kann.

Glücklicherweise kann jede und jeder Selbstmitgefühl lernen. Auch weil wir ja schon wissen, was wir zu anderen sagen müssen und wie wir diejenigen zu behandeln haben, die wir lieben und die uns am Herzen liegen. Wir müssen uns einfach nur die Erlaubnis geben, diese Gefühle auch uns selbst gegenüber zuzulassen. Selbstmitgefühl schließt grundsätzlich drei Aspekte ein:

1. Freundlichkeit gegenüber uns selbst, ohne harsche Kritik, verbunden mit der Motivation, uns selbst zu unterstützen und herauszufinden, was wir brauchen.
2. Die Erkenntnis, dass wir alle unvollkommen sind und alle ein unvollkommenes Leben führen. Dieses Anerkennen unserer gemeinsamen Erfahrung des Menschseins kann uns helfen, uns weniger isoliert und allein zu fühlen und uns tiefer mit anderen, auch anderen Eltern, zu verbinden, die mit ähnlichen Problemen zu kämpfen haben wie wir.
3. Selbstmitgefühl ruht auf dem Fundament der Achtsamkeit. Wir lernen, mit allem präsent zu sein, was geschieht, anstatt es zu verleugnen oder den Kopf in den Sand zu stecken. Das erfordert oft Mut und Kraft. Doch Achtsamkeit gibt uns den Raum, aus unseren unmittelbaren Reaktionsmustern auszuscheren und etwas Abstand zu gewinnen.

Schauen wir, wie Chrissie lernte, Selbstmitgefühl im Hinblick auf ihre Stieftochter anzuwenden.

»Wir alle schreien herum«, erinnerte ich Chrissie. »Wir alle haben unsere Anfälle – Kinder und Erwachsene. Worauf es ankommt, ist doch, dass wir in einen Raum der Freundlichkeit zurückkehren und daran arbeiten, den in der Beziehung angerichteten Schaden zu reparieren. Das ist eine schwierige Situation, und es geht auch nicht jedes Mal schnell vorbei. Darf ich dir etwas zeigen, das helfen könnte, wenn harte Zeiten kommen? Ich nenne es den Selbstmitgefühls-Lebensretter für Eltern. Es geht dabei darum, wie man lernt, freundlich zu reagieren, wenn es sehr schwierig wird.«

»Nein, tut mir leid. Das klingt für mich albern und viel zu nachgiebig und – egoistisch. Ich muss einfach härter werden. Mehr Rückgrat bekommen, eine strengere Stiefmutter sein, die nicht lange fackelt. Null Toleranz für schlechtes Benehmen.«

»Einen Moment. Viele Leute missverstehen das. Selbstmitgefühl hat nichts damit zu tun, zur Memme zu werden, Ausflüchte zu suchen oder sich aus der Verantwortung zu stehlen. Es geht darum, zu lernen, freundlich zu sich selbst zu sein, wenn es problematisch wird.«

Chrissie verdrehte die Augen. »Ja, ja; als ob ich Zeit für so etwas hätte. Ich bin jetzt für drei Leute verantwortlich.«

»Lass es mich noch einmal aus einer anderen Perspektive erklären. Was tust du, wenn du für Jenny Spaghetti kochst und dich dabei verbrennst?«

»Na, zuerst fluche ich wie ein Kesselflicker, dann nenne ich mich eine Idiotin und dann kühle ich die Stelle mit Eis, reibe sie mit Salbe ein und klebe ein Pflaster drauf.«

»Genau. Wir wissen, wie wir freundlich mit unserem Körper umgehen können aber es ist schwieriger, freundlich zu reagieren, wenn wir vom Leben verbrannt werden.«

»Okay, da hast du recht. Ich werde es versuchen, aber ich werde mich keiner «Persönlichkeitstransplantation» unterziehen. Soll ich etwa sagen ›Du armes, armes Kind. Das Leben war so grausam zu dir. Hier, iss ein Stück Schokoladenkuchen und etwas Eiscreme zum Frühstück! Und dann kaufe ich dir noch ein neues Spielzeug! Willst du heute zu Hause bleiben, anstatt in die Schule zu gehen und ein bisschen Fernsehen?‹«

»Mitfühlend zu sein, bedeutet nicht, sich als Fußabtreter anzubieten Natürlich kannst du weiterhin Grenzen setzen, Regeln aufstellen und unangemessenes Verhalten in die Schranken weisen. Kinder brauchen eine Struktur.

Versuchen wir das doch einmal gemeinsam», sagte ich. «Es geht wirklich ganz schnell. Und du kannst eine Hand aufs Herz legen. Die Berührung ist beruhigend und tröstlich.«

Selbstmitgefühls-Lebensretter für Eltern

Aufnahme 2

- Das ist ein Moment des Leidens. Oder: Autsch, das ist wirklich sehr hart.
- Erkenne deine Gefühle an. Die Worte sollen sich ganz natürlich anfühlen.
- Das Elterndasein ist voller schwieriger Momente. Viele Eltern fühlen sich so. Ich bin damit nicht allein. Das gehört zum Leben.
- Füge freundliche Worte hinzu: Möge ich freundlich zu mir sein. Chrissie, ich bin für dich da.
- Du kannst eine Hand auf dein Herz legen.

»So einfach ist das. Probiere es in der Hitze des Gefechts aus, Chrissie. Wenn du das Gefühl hast, dass dir alles zu viel wird. Ich verspreche keine Wunder, aber es hilft. Ich möchte dir helfen, zu lernen, eher auf ihr Verhalten zu antworten als bloß zu reagieren.«

Reflexion: Selbstmitgefühl im eigenen Leben aktivieren

Schau, ob dir auf der Grundlage der Liste, die du in der Übung »Wann hast du eine Rettungsinsel gebraucht?« erstellt hast, Situationen einfallen, in denen dir alles zu viel wird und diese Übung hilfreich sein könnte. Den meisten Leuten fällt etwas ein, das heute passiert ist (oder jetzt gerade passiert?) – ein Streit vor dem Frühstück, ein Vorfall auf dem Weg zur Schule, Geschwisterrivalität, böse Worte, die beim Abendessen gefallen sind.

- Frage dich, was heute schwierig für dich war.

- Was brauchst du jetzt?
- Gab es Momente, in denen du dich allein gefühlt hast? Nicht gewürdigt? Nicht gesehen? Wie eine Angestellte oder Dienstmagd?
- Nimm dir ein paar Minuten Zeit und versuche, die Übung Selbstmitgefühls-Lebensretter für Eltern zu machen.
- Mach dir ein paar Notizen. Wie war das für dich? Wie war es, gut und freundlich zu sich selbst zu sein?

In der folgenden Woche kam Chrissie mit einem Bericht zurück.

»Dieses Selbstmitgefühlszeug hat geholfen. Aber die Worte haben für mich nicht besonders gut gepasst. Also habe ich die Übung ein bisschen umgeschrieben.«

»Prima. Ich möchte, dass sie zu deiner eigenen wird.«

»Jenny hat diese Woche versucht, mich zu provozieren, aber ich bin ruhig geblieben. Ich bin nicht total ausgerastet. Ich glaube, du hast recht. Sie versucht, Aufmerksamkeit zu bekommen, eine Reaktion zu provozieren, Sand ins Getriebe zu werfen. Sie nimmt also Boo-Boo, Steffens Lieblingsteddybär, der, mit dem er schläft, und versteckt ihn. Er ist außer sich. Und Johann macht natürlich Überstunden. Sie fangen an zu streiten, schubsen, schlagen, beißen einander, ziehen einander an den Haaren, die volle Katastrophe. Ich trenne sie. Eine weitere, entspannte Zeit beim Zubettgehen,« sagt Chrissie sarkastisch.

»Also sage ich, HÖRT AUF, auseinander. Jetzt. Auszeit. Geht in eure Zimmer.

Wir gehen alle in unsere Zimmer und ich merke, dass ich wieder ausflippe, ich kann es richtig im Körper spüren. Und ich fange an, auf meine Gedanken zu achten. Ich fange an, Jenny zu hassen, dann hasse ich mich selbst, fühle mich unzulänglich, gebe mir die Schuld und sehe die Scheidung als einzigen Ausweg.

Ich war verzweifelt, also probierte ich dieses Lebensretter-Ding aus. Aber ich habe die Worte geändert, damit es realistischer klingt.

Ich habe den Zuckerguss weggelassen.

- Das ist ein totaler Scheiß-Moment.
- Mutter zu sein kann wirklich nerven. Stiefmutter zu sein, nervt tierisch. Exponentiell. Das ist, verdammt nochmal, unmöglich.
- Möge ich freundlich zu mir sein. Das wird vorbeigehen. Vielleicht noch in diesem Jahrhundert.

Und ich habe eine Hand auf mein Herz gelegt. Es fühlte sich fast an, als würde ich mich selbst umarmen. Es fühlte sich gut an. Ich wurde ein bisschen ruhiger.

Als es vorbei war, sagte ich, ›Okay ihr beiden, wir müssen Boo-Boo finden. Lasst uns zusammen arbeiten. Wir sind jetzt Detektive‹ und ich gab jedem eine Taschenlampe. ›Schnitzeljagd. Ich höre Boo-Boo rufen. Er ruft »Hilfe! Hilfe!« Also los. Er braucht uns.‹

Ich habe sie also dazu gebracht, mitzumachen, anstatt in das übliche sinnlose Streiten zu verfallen. Und rate mal. Boo-Boo war hinter der Toilette versteckt. Ekelhaft. Dort hätten wir nie gesucht. Sie fand ihn natürlich.

Wir haben ihn dann abgewaschen, sauber gemacht und Steffen schlief ein, obwohl der Bär feucht war.

Als ich Jenny ins Bett brachte, gab ich ihr einen Kuss, und statt sie erwürgen zu wollen, dachte ich an alles, was ich an ihr mag. Ich bewunderte ihren Humor, ihren Grips. Und ich sagte zu ihr ›Manchmal ist es schwer, aber wir schaffen das. Ich hab dich lieb.‹

Sie lächelte, umarmte ihr Stofftier und schlief ein.

Die Übung hat mir geholfen, die Sache in den Griff zu bekommen und sie kann mich vielleicht davon abhalten, völlig durchzudrehen und Johann in einem Wutanfall zu verlassen. Ich will nicht noch eine kaputte Ehe. Eine hat mir gereicht.» Sie schüttelte den Kopf. «Er ist nicht objektiv in Bezug auf Jenny. Er fühlt sich so schuldig dafür, dass Karen starb. Er kann kein negatives Wort über sein kostbares Kind hören, ohne total wütend auf mich zu werden.« Sie seufzte. »Ich denke, das wird ein langwieriger Prozess. Und ich werde dabei alle Hilfe und Unterstützung brauchen, die ich kriegen kann.«

Geschickt mit unseren Emotionen arbeiten

Wir alle durchleben die unterschiedlichsten Emotionen, aber vielen von uns wurde nicht gezeigt, wie man kompetent damit umgehen kann. Oft verleugnen wir unsere Gefühle, werden gefühlskalt oder tun so, als würden wir gar keine Traurigkeit oder Wut spüren, insbesondere, wenn wir in einer Familie aufgewachsen sind, in der diese Gefühle tabu waren.

Wie Chrissie suchte auch David nach einem Weg, schwierige Gefühle auszuhalten.

»Standardeinstellungen« vermeiden

Als Jan die Chance bekam, einen neuen, interessanten Job anzutreten, beschlossen sie und David, dass sie nun an der Reihe sei, sich auf ihre Karriere zu konzentrieren. Also arbeitet David zu Hause, während sie außer Haus ist. Aber er fühlt sich einsam – und empfindet es als große Herausforderung, die Hauptbezugsperson zu sein. Das ältere Kind war schon immer »wild und raubeinig«, wie David es ausdrückte, aber der Drittklässler Nathan ist ein »stilles, sensibles Kind«, und David ist unsicher, wie er selbst mit Sensibilität auf ihn reagieren kann.

Das jährliche Schulkonzert steht an und alle Kinder sind deswegen aufgeregt. »Nathan ist nicht wirklich musikalisch«, erzählt sein Papa, »aber er singt gerne für sich selbst beim Spielen und in der Dusche. Und es scheint ihm egal zu sein, dass er keinen Ton halten kann. Unglücklicherweise ist es der Musiklehrerin wohl nicht egal und irgendwann unterbrach sie die Probe und sagte vor allen anderen Schülern: ›Nathan Johnson, ich glaube, es wäre besser, wenn du nur still die Lippen bewegen würdest.‹

Es dauerte eine Weile, bis Nathan mit der Geschichte herausrückte, aber er war völlig am Boden zerstört und beschämt. Zuerst schmollte er nur und wollte nicht darüber sprechen. Als das Problem dann auf dem Tisch war«, erinnert sich David »versuchte ich ihn aufzumuntern und sagte zu ihm, das sei doch keine große Sache und er solle es einfach vergessen. Aber das konnte er nicht. Ich wusste nicht, was ich tun sollte. Mein Versuch, ihn etwas aufzumuntern hatte die Sache noch schlimmer gemacht. Ich fühlte mich nicht nur völlig außerstande, meinem Sohn zu helfen, ich hatte auch wirklich keine Ahnung, was er fühlte. Mein Vater hätte einfach zu mir gesagt, ich solle nicht so ein trübsinniges Gesicht machen und damit wäre die Sache erledigt gewesen. Ich wurde dazu erzogen, nichts Unangenehmes zu fühlen. Meine Mutter war von der Sorte, die nach einer Krebsoperation auf die Frage, wie es ihr ging, antwortete ›es ging mir nie besser‹ – Ich fühle mich nicht darauf vorbereitet, Nathan ein guter Vater zu sein.

Ich hasse es, dass ihn die Lehrerin aufforderte still zu sein. Und ich hasse es, mich so nutzlos zu fühlen. Ich glaube, er vermisst seine Mutter.

Ich fühlte mich immer schlechter, grübelte darüber nach, dass meine Frau der bessere Elternteil ist und dass ich inkompetent bin. Auf dem Spielplatz sind keine anderen Väter, sie haben wichtige Jobs; sie arbeiten nicht zu Hause. Und dann wurde ich wütend auf die Lehrerin, weil sie ihn zum Schweigen gebracht und beschämt hatte; und dann fing ich an, mich selbst dafür zu hassen, dass ich als Vater so ein Versager bin.

Meine Gedanken machten sich selbstständig und ich wurde zu einem wütenden, bitteren Durcheinander. Und als ich dann am Abend, nachdem die Kinder im Bett waren, allein dasaß – Jan war noch bei der Arbeit – holte ich die Flasche Gin heraus und schenkte mit ein paar Drinks ein.« Jammernd sagte er: »Außer einem Kater brachte mir das nichts.«

Wir alle haben innere »Standardeinstellungen«, die einrasten, wenn wir mit unangenehmen Gefühlen konfrontiert werden: Wir laufen weg, flüchten uns ins Fernsehprogramm oder Smartphone, Trinken oder Süßigkeiten.

Reflexion: Was ist deine Standardeinstellung?

- Nimm Papier und Stift zur Hand oder mach Notizen auf deinem Smartphone (Nein, jetzt bitte nicht deine Nachrichten oder deinen Social Media Account checken. Das kann warten.)
- Nimm dir einen Augenblick Zeit, atme ein paarmal tief ein und aus, um in den Moment zu kommen, leg eine Hand auf dein Herz oder umarme dich.
- Stell dir diese Frage: »Was tue ich, wenn ich mich emotional unwohl fühle?«
- Die meisten von uns lenken sich ab, finden Trost in Dingen wie Essen und Trinken, Netflix oder Beruhigungspillen.
- Was ist deine persönliche Standardeinstellung? Schreib das auf.
- Notiere es mit Freundlichkeit und ohne zu urteilen.
- Bring dir ein bisschen Mitgefühl entgegen. Ja, es ist hart, das zu fühlen, mit dieser Situation konfrontiert zu sein. Bleib dabei, auch wenn es nur für eine Minute ist.
- Versuche dir zu sagen: »Es ist in Ordnung; ich will dabei bleiben und das aushalten. Ich will es fühlen, und sei es nur für einen Moment.«
- Nimm ein paar beruhigende Atemzüge und kehre zu deinen Alltagsaktivitäten zurück, wenn du dazu bereit bist.

David wusste, dass seine Art, mit Gefühlen umzugehen, die er nicht ganz verstand und loswerden wollte, ihm nicht half, sich besser zu fühlen, also war er offen für neue Wege des Umgangs mit seinen Emotionen. Bevor er aber lernen konnte, schwierige Gefühle auszuhalten, musste er lernen, freundlich zu sich zu sein, wenn er emotionalen Schmerz verspürte.

Als ich in Ausbildung war, kamen gerade das Medikament Prozac und andere SSRIs (eine bestimmte Sorte von Antidepressiva, A.d.Ü.) auf den

Markt und einer der Psychiater auf der Station begann sie als »Ego-Klebstoff« zu bezeichnen. Uns gefiel dieses Bild, denn es beschrieb den Nutzen, den die Leute durch die Einnahme hatten. Die Menschen hatten das Gefühl, dass diese Medikamente ihnen halfen, besser, das heißt effektiver zu funktionieren, was wiederum dazu führte, dass sie sich mit sich selbst besser fühlten. Achtsamkeit kann ebenfalls helfen und bei manchen Leuten ist sie genauso wirksam wie Medikamente.

Eine meiner Meditationslehrerinnen scherzte einmal, dass Medikation und Meditation nur einen Buchstaben auseinanderliegen. Es gibt viele klassische Meditationsmethoden, die den Atem als Meditationsobjekt nutzen – was in der einen oder anderen Form von fast allen Lehrenden vermittelt wird – aber die folgende Übung ist eine Version mit Selbstmitgefühl, die speziell für Eltern konzipiert wurde.

David und ich machten die Übung gemeinsam in einer Sitzung und dann nahm er sich täglich zu Hause fünf bis zehn Minuten Zeit dafür.

Ego-Klebstoff für Eltern

- Setz dich bequem auf einen Stuhl oder ein Kissen.
- Falls du zu erschöpft bist, um den Kopf aufrecht zu halten, kannst du dich auch hinlegen (bitte keine Schuldgefühle, mir ging es genauso).
- Wenn du das Bedürfnis hast, dich einzurollen oder eine Embryostellung einzunehmen, ist das ebenfalls völlig in Ordnung.
- Nimm zwei tiefe Atemzüge und komm zur Ruhe.
- Du musst jetzt überhaupt nichts tun, auch für niemanden sorgen. Dies ist eine Zeit, in der du dich ausruhen kannst.
- Wirklich. Aaaaaahhh …
- Wenn du magst, kannst du eine Hand aufs Herz legen oder auf eine andere Stelle, wo es sich beruhigend anfühlt, um dich daran zu erinnern, freundlich zu dir zu sein,

- Nimm wahr, dass dein Körper völlig ohne dein Zutun atmet. Lass dich von deinem Körper atmen.
- Du musst deinen Atem nicht »managen«. Du musst ihn nicht kontrollieren.
- Nimm einfach den Atem wahr, spüre, wie er in seinem natürlich Rhythmus ein- und ausströmt.
- Ablenkungen werden auftauchen Gedanken, Gefühle, Sorgen, Unbehagen, Pläne. Lass sie einfach los und kehre zu deinem Atem zurück.
- Mach dir keine Sorgen, falls du wegdöst. Wir sind alle erschöpft.
- Schau an, was hochgekommen ist, ohne zu urteilen; nimm die Gedanken einfach nur wahr. »Ich kriege das überhaupt nicht hin, ich bin eine absolute Niete bei dieser Sache, ich kann nicht mal ausruhen, ich bin eine hoffnungslose Idiotin, ich bin so ein ›Stressbolzen‹.«
- Werde nicht ärgerlich auf dich, weil du einen Gedanken oder Gefühl hast. Registriere es und lass es los.
- Gestehe dir eine neue Reaktion zu, anstatt auf dir herumzuhacken oder dich zu kritisieren. Erlaube dir, von Neuem anzufangen.
- Es geht bei dieser Übung im Grunde nicht darum, beim Atem zu bleiben, sondern mit Freundlichkeit und Herzenswärme neu zu starten. Das versuchen wir zu kultivieren.
- Lass zu, dass dein ganzer Körper vom Atem bewegt wird.
- Erlaube dir, durch das Atmen gewiegt, gehalten, ja sogar innerlich gestreichelt zu werden.
- Lass dich in den letzten paar Minuten einfach spüren, wie dein Atmen dir Trost spendet.
- Dein Atem begleitet dich seit deiner Geburt. Betrachte ihn als Freund.
- Ziehe deine Aufmerksamkeit vom Atem ab und bleib in der Stille der eben gemachten Erfahrung sitzen oder liegen. Lass dich fühlen, was du fühlst und sein, wie du bist.

David hatte schon früher Atemübungen ausprobiert, aber er mochte sie nicht: »Ich habe immer gedacht, es ginge darum, beim Atem zu bleiben und darauf zu achten, dass der Geist nicht abschweift. Deshalb habe ich es gehasst und fand es langweilig und doof. Aber mir gefällt die Vorstellung, zu lernen, von Neuem zu beginnen und mich nicht ständig zu bestrafen, wenn ich patze. Das könnte wirklich nützlich sein. Ich bin es gewöhnt, eine Menge Wut gegen meine Frau, die Lehrer:innen, meine Kinder, mein Leben, aufzustauen …«

»Genau,« erwiderte ich. »Du übst, dir selbst aus dem Weg zu gehen.«

Diese Praxis ist eine Adaption einer zentralen Meditation des MSC-Kurses. Man kann sie in der Hitze des Gefechts anwenden, wenn man das Gefühl hat, von schwierigen Emotionen überwältigt zu werden. Wenn man sie täglich macht, wie ich es David empfohlen habe, trägt sie dazu bei, den »Selbstgefühlsmuskel« zu trainieren und deine Resilienz und Fähigkeit, mit schwierigen Gefühlen umzugehen, zu verbessern.

Selbstmitgefühl: Eine Möglichkeit, sich über Wasser zu halten

Eine Klientin erwähnte einen Gedanken, auf den sie im Internet gestoßen war. Es geht ungefähr so: »Vater oder Mutter zu sein, bedeutet, immer und immer wieder dieselben Dinge zu sagen und stets ein anderes Resultat zu erwarten.« Seltsamerweise ist das auch die Definition für Geisteskrankheit. Zufall? Vielleicht nicht.

Für die meisten von uns kann das Leben ziemlich hart sein. Sogar sehr hart. Und Kinder zu haben macht es oft noch schwerer. Es macht uns verletzlich und ängstlich, wie wir es nie zuvor erlebt haben. Es lässt den Stress exponentiell wachsen. Plötzlich sind wir verantwortlich für einen anderen Menschen, der völlig hilflos und abhängig ist. Er zieht unsere Aufmerksamkeit von unseren Beziehungen, unserer Arbeit und unseren Bedürfnissen ab. Ein einst wohlgeordnetes Leben wird chaotisch und überfordernd. Die meisten Eltern, und nicht nur die »frischgebackenen«, fühlen sich unzulänglich und unvorbereitet. Plötzlich haben wir das Gefühl, in der Falle zu sitzen – mit endlosen Verpflichtungen, mit Krach, Wut, Ärger und finanziellem Druck. Und das nicht nur, wenn unsere Kinder klein sind. Wenn wir Kinder haben, kann so vieles schief gehen. Ein Kind zur Welt zu bringen kann sich tatsächlich anfühlen, als würde man das Schicksal geradezu herausfordern.

Wie reagieren wir, wenn die Dinge nicht wie geplant laufen? Wie Chrissie und David fragen wir uns besorgt, ob wir daran schuld sind und werden selbstkritisch: »Ich begann zu glauben, dass mit mir etwas nicht stimmt. Dass mir irgendein wichtiges Eltern-Gen fehlt, oder ein Softwarechip, den ich unbedingt bräuchte.« Wir begeben uns oft auf eine Mission, bei der wir Dinge in Ordnung bringen wollen, uns selbst oder vorzugsweise unsere Kinder ändern wollen. Wir sagen uns, dass wir »härter werden« müssen, »Rückgrat entwickeln müssen«, »autoritär« sein müssen oder dass die Kinder hören müssen, sich benehmen müssen, sich an die Regeln halten müssen, um »eine Lektion zu lernen«. Doch während wir versuchen, uns zu ändern – oder üblicherweise unsere Kinder – erzielen wir kaum je das gewünschte Ergebnis.

Aber wir können lernen, auf eine neue, gesündere Art Eltern zu sein. Anstatt gegen schwierige Gefühle anzukämpfen, können wir lernen, freundlich und verständnisvoll zu reagieren, können lernen, mit uns selbst so umzugehen, wie wir es mit einem Menschen tun würden, den wir sehr lieben. Und wenn wir gelernt haben, uns selbst Zuneigung zu schenken, stellen wir fest, dass wir mit derselben Freundlichkeit und Wärme auf unsere Kinder und Partner oder Partnerin reagieren können. Es ist ein weitverbreiteter Irrtum, Selbstmitgefühl sei eine Form von Schwäche. Die Forschung beweist exakt das Gegenteil. Stell dir beispielsweise vor, deine Tochter kommt eines Tages mit einer schlechten Note in einer Mathe-Arbeit nach Hause. Wie motivierend wäre es wohl, wenn du zu ihr sagen würdest: »Ich schäme mich so für dich. Du bist eine totale Versagerin. Du wirst es nie auf die Uni schaffen.« Wie fühlt sich das an? Du kannst dir vorstellen, dass sie eine Versagensangst entwickelt, eine »Mathe-Phobie« (wie man es nennt) und Mathematik wahrscheinlich völlig aufgeben wird. Wie wäre es aber, wenn sie hören würde: »Ja, du hast diese eine

Arbeit verhauen, und ich liebe dich trotzdem. Wie kann ich dir helfen? Wie kann ich dich unterstützen, damit du dein Bestes geben kannst?«

In einer Studie nach der anderen finden Forscher:innen heraus, dass Menschen, die selbstmitfühlend mit sich umgehen, weniger gestresst, weniger depressiv, weniger ängstlich und angespannt sind und bessere Bewältigungsstrategien haben. Sie haben ein besseres Verhältnis zu ihrem Körper, weniger Angst, zu scheitern oder zu versagen und haben erfülltere Beziehungen. Wir sind unseren Kindern Vorbild im Hinblick auf Selbstmitgefühl, damit sie lernen können, freundlich mit sich umzugehen, wenn die Dinge nicht gut laufen. Das wird dann zu einer Ressource, auf die sie ihr Leben lang zurückgreifen können, und die ihnen hilft, resilienter und einfallsreicher zu werden.

Anstatt also uns (oder unsere Kinder oder Partnerinnen und Partner) zu beschämen oder zu kritisieren, wenn etwas schiefläuft, können wir Selbstakzeptanz praktizieren. In einem von mir geleiteten MSC-Kurs sagte Teilnehmerin Lorraine: »Ich habe festgestellt, dass es meinen Tag retten kann, wenn ich mir Selbstmitgefühl gebe, nachdem ich gegenüber meiner Teenager-Tochter explodiert bin. Anstatt wie sonst stunden- oder tagelang zu wüten und alles aufzuzählen, was sie je falsch gemacht hat, höre ich einfach auf und sage mir ›Ja, das ist ein schwieriger Moment, lass ihn los‹. Und wenn ich in einer besseren emotionalen Verfassung bin, hilft es ihr auch. Es hat mir geholfen, diese «Wutschiene» zu verlassen, wie ich es nenne. Weißt du, es ist seltsam – meine Mutter hielt über Jahre und Jahrzehnte an Kränkungen fest. Erstaunlich, nicht wahr?«

Und es geht nicht nur um dich. Selbstmitgefühl kann ansteckend sein. Es ist das Fundament für unser Mitgefühl mit anderen.

Wenn du einen harten Tag, eine harte Zeit, ein hartes Jahr, ein hartes Jahrzehnt hattest, probiere es mit dieser Übung:

Reflexion: Wenn du zu kämpfen hast

- Denk an eine Zeit, in der eine gute Freundin mit einem bestimmten Problem in Bezug auf ihre Elternschaft zu kämpfen hatte etwas, das passiert war, ein Missgeschick, ein Versagen oder eine Schwierigkeit, eine Unzulänglichkeit und es dir andererseits gerade ziemlich gut ging. Wie würdest du mit deiner Freundin in dieser Situation umgehen? Was würdest du zu ihr sagen? Welche Worte würdest du benutzen? In welchem Ton würdest du sprechen? Und nonverbale Gesten? Wie wäre deine Körperhaltung? dein Gesichtsausdruck?
- Nimm dir einen Moment Zeit, um deine Reaktionen zu notieren.
- Denk an einen Zeitpunkt, an dem du Probleme als Mutter oder Vater hattest. Irgendetwas, das passiert war ein Missgeschick, ein Versagen, eine schwierige Interaktion oder eine Situation, in der du dich unzulänglich gefühlt hast. Wie reagierst du normalerweise in solchen Situationen? Was sagst du zu dir? Welche Worte gebrauchst du? In welchem Ton sprichst du? Und was ist mit nonverbalen Gesten?
- Nimm dir einen Moment Zeit, um deine Reaktionen aufzuschreiben. Was fällt dir auf? Gibt es Unterschiede?

Wenn wir diese Übung im MSC-Kurs lehren, oder wenn ich sie Eltern vermittle, die sich in Bezug auf Erziehungsfragen etwas Unterstützung wünschen, sind die meisten total überrascht, wenn sie feststellen, wie unterschiedlich sie mit einer Freundin und mit sich selbst sprechen. Maya, eine alleinerziehende Mutter, die sich redlich abmühte und als Krankenschwester arbeitete, stellte fest, dass diese Übung ihr half, wenn sie merkte, dass sie sich für ihr geringes Einkommen niedermachte. »Ich würde nie zu einer Freundin sagen, sie sei eine Versagerin oder eine Idiotin.« Bernhard wandte die Übung an, um sich den Alltag leichter zu machen: »Ich habe mir immer Vorwürfe gemacht, wenn ich nach Feierabend müde war und keine Lust hatte, mit meinem Sohn draußen

Fangen zu spielen. Jetzt kann ich eine Aktivität finden, die für uns beide funktioniert, anstatt das Gefühl zu haben, alles tun zu müssen, was mein Sohn will, um ein guter Vater zu sein.« Und Judith konnte kaum glauben, wie unterschiedlich sie sich selbst und eine Freundin behandelte. »Wenn ich so mit einer Freundin oder einem Freund sprechen würde, hätte ich überhaupt keine Freunde. Meine Güte, nicht mal den Hund behandle ich so! Ich sage zu ihm ›guter Hund‹ und nicht ›du dummer Hund mit einem Spatzenhirn‹. Es half mir, mehr in Frieden mit meinen Kindern zu leben. Und ich bin auch netter zu ihnen!«

Den meisten von uns fällt es leichter, zu anderen freundlich zu sein als zu sich selbst. Aber wir können lernen, freundlich mit uns selbst umzugehen. Kelly McGonigal, eine forschende Psychologin an der Stanford University, argumentiert, unser Gehirn sei so verdrahtet, dass wir uns selbst gegenüber kritisch und anderen gegenüber mitfühlend sind.[12]

Der Trick besteht darin, zu lernen, unser angeborenes Mitgefühl nach innen und außen zu richten. Das kann allerdings eine Herausforderung sein. Manche Leute stellen fest, dass sie nicht unmittelbar Mitgefühl empfinden können. Wenn die eigene Familie dabei nie ein Vorbild war oder nie mitfühlend mit uns umgegangen ist, kann es sich irgendwie unangenehm und befremdlich anfühlen. Es kann ein längerer Prozess sein, diese Qualität zu entwickeln, hab also Geduld mit dir. Falls du es so erlebt hast, könntest du mit Achtsamkeit beginnen und dich dann in Richtung Mitgefühl bewegen. Anton zeigt uns, wie das funktionieren kann.

Wut-Management

Anton hatte einen stressigen Job bei einem Tech-Startup. Das Geld war knapp und er hatte ein hitziges Temperament. Die vielen Arbeitsstunden, die Fahrerei und der Schlafmangel forderten ihren Tribut von seiner Ehe und der Beziehung zu seinen Kindern. »Wenn ich nach Hause komme bin ich reizbar. Ich bin erschöpft, total fertig und ein Nervenbündel. Ich weiß, dass es dann nicht angenehm ist, mit mir zusammen zu sein. Ich blaffe meine Frau an, schreie die Kinder an. Ich neige zum Jähzorn. Ich weiß, ich sollte nicht die Beherrschung verlieren, aber sie regen mich auf.«

»Was bringt dich denn deiner Meinung nach so auf?«, fragte ich.

Anton war bereit, zu reflektieren, warum er so wütend wurde.

»Ich glaube, es ist das ständige Gezänk. Es ist endlos, es hört nie auf. Meine beiden Jungs sind sieben und neun Jahre alt und streiten ununterbrochen, fordern sich heraus, hacken aufeinander herum. Ich will, verdammt nochmal, ein bisschen Ruhe, wenn ich nach Hause komme.«

»Ich bin Tag und Nacht und am Wochenende Gezänk ausgesetzt – auch in der Firma.« Er begann zu lächeln und lachte dann. »Ah, ich habe ständig mit zankenden Jungs zu tun. Das ist es. Ich hatte den Zusammenhang nicht gesehen. Es gibt kein Entkommen.« Er hielt inne. »Wie ist mir zu helfen? Ich bin ein vielbeschäftigter Mann. Ich will dieses Problem lösen.«

Es war klar, dass Anton nicht empfänglich für die Sprache der Achtsamkeit sein würde und er hätte sicher schon auf die Vorstellung von Selbstmitgefühl allergisch reagiert.

»Anton, ich möchte, dass dies effektiv ist und ich möchte nicht deine Zeit verschwenden. Ich schlage vor, dass wir mit Stressreduktion beginnen. Es wird dir im Job helfen und auch zu Hause mit den Kindern. Und es wird der Gesundheit guttun. Ich sehe hier in deiner Patientenakte, dass du hohen Blutdruck hast.«

»Ja, ja,« gab Anton zu, »mein Hausarzt will, dass ich entspanne, Stress abbaue, aber dafür bleibt keine Zeit.«

»Verstehe. Ich möchte dir etwas zeigen, das du in drei bis fünf Minuten tun kannst. Man kann es während eines Meetings machen, beim Telefonieren, beim Abendessen oder sogar beim Autofahren. Diese Übungen können dein Wohlbefinden steigern und sich positiv auf deine körperliche Gesundheit auswirken.«

Die folgende Übung kann gestressten Eltern helfen, inmitten eines verrückten, hektischen Lebens etwas Ruhe zu finden. Dabei bringen wir Gewahrsein in die »Kontaktpunkte« des Körpers – die Augen, die Lippen, die Hände, die Beine, die Füße. Es ist eine Möglichkeit, die Aufmerksamkeit vom ruhelosen Geist abzuziehen und im Körper zu verankern. Die Forschung zeigt auch, dass es wiederum den Geist beruhigt, wenn man die Aufmerksamkeit auf den Körper lenkt.

Kontaktpunkte für gestresste Eltern

- Setz dich bequem hin. Wie erschöpft oder gestresst du auch bist, schau, ob es dir möglich ist, eine würdevolle Haltung einzunehmen. In Kontakt mit deinem essenziellen Wert zu kommen was du verdient hast und was oft im Nebel der Erziehungsaufgabe untergeht ist eine gute Gelegenheit für einen »Neustart«.
- Lass deinen Körper zur Ruhe kommen. Entspanne dein Gesicht, lass die Schultern fallen und den Kopf, den Nacken und Rücken in eine natürliche, entspannte Ausrichtung kommen.
- Nimm drei oder vier Atemzüge, um Geist und Körper zur Ruhe zu bringen. Komm in den gegenwärtigen Moment.
- Nimm die Stellen wahr, an denen der Körper Kontakt hat, und bring allen »Kontaktpunkten« ein bisschen Freundlichkeit entgegen die Augenlider haben Kontakt, die Lippen haben Kontakt, die Hände haben Kontakt, die Sitzknochen haben Kontakt, die Knie haben Kontakt und die Füße sind fest in Kontakt mit dem Boden.
- Finde in einen angenehmen Rhythmus, wiederhole die Sequenz und bring jeder Stelle etwas Wertschätzung entgegen. Nimm den Kontakt der Augen, der Lippen, der Hände, der Sitzknochen, der Knie und der Füße wahr.
- Du kannst diese Stellen still für dich selbst wahrnehmen, um fokussiert zu bleiben.
- Wenn dein Geist abschweift und du abgelenkt wirst, ist das kein Problem. Kritisiere dich nicht dafür. Beginne einfach von Neuem.
- Wenn du bereit bist, nimm einen tiefen Atemzug; streck dich und bewege leicht die Arme und Beine. Versuche, diese fokussierte, freundliche Aufmerksamkeit in deine nächste Aktivität mitzunehmen.

Das ist eine sehr praktische und erdende Übung, die man mitten in Alltag praktizieren kann. Man kann die Sequenz auch umkehren; viele Leute mögen es lieber, bei den Füßen zu beginnen, die Kontakt zum Boden haben. Maria findet, dass die Übung ihr hilft, im Gleichgewicht zu bleiben, wenn sie versucht, Abendessen zu machen, während ihre Kinder um ihre Aufmerksamkeit kämpfen. Richard wendet die Übung am Ende eines langen Tages an, wenn er müde ist und seine vier Kinder auf seinen Nerven herumtrampeln. Er war auf der Suche nach einer einfachen Methode, die ihm helfen würde, nicht auszurasten, wenn sein Dreijähriger seine Milch mal wieder über dem ganzen Küchentisch verschüttete. Wenn diese unvermeidlichen Vorfälle passieren, hält er einen Moment inne, und anstatt seinen Sohn anzubrüllen, er solle doch besser aufpassen, nimmt er seine Kontaktpunkte wahr, seine Füße, seine Knie, seine Sitzknochen und so weiter, bis er sich sagen kann »Das ist Chaos, das Leben ist voller kleiner Katastrophen; wenn man Kinder hat, hat man immer wieder Chaos. Davon geht die Welt nicht unter.«

Essenskämpfe

In der folgenden Woche berichtete Anton von dieser Herausforderung: »Ich hatte keine Zeit zum Praktizieren, und ich wurde durch die ständigen Essenskämpfe zu Hause abgelenkt.

Die Kinder mäkeln immer am Essen herum, vor allem der Jüngste. Er will nichts essen außer purem, langweiligem weißem Zeug. Ich hasse das. Ich habe genug von Reis, Nudeln, Hühnchen, weißem Fisch. Das macht mich verrückt. Meine Frau serviert ihm das, und dann streiten wir. Das ist nicht gut. Sie bereitete also weißen Fisch mit weißen Nudeln zu, und ich vergaß, dass ich etwas Pfeffer darüber gestreut hatte, bevor ich das Essen auf den Tisch stellte. Man könnte meinen, es sei eine Tragödie! Der Weltuntergang! Samir weigerte sich, das Essen anzurühren. Ich war nicht in der Stimmung für trotziges Verhalten. Ich habe die Nase voll davon, wie wählerisch er ist.

›Geh ohne Essen in dein Zimmer‹, schrie ich. Aber meine Frau mischte sich ein. ›Lass es mich abkratzen; er mag keinen Pfeffer‹, sagte sie bittend.

Ich schreie sie an, sie solle aufhören, die Kinder zu verwöhnen. Sie schreit zurück. Also nehme ich meinen Teller, esse im Wohnzimmer und schaue dabei fern. Alle waren sauer auf mich. Ich bin der Böse – zu Hause und auf der Arbeit. Also bitte: Was ist so schlimm an ein bisschen Pfeffer?«

»Was sagt dein Sohn?«, fragte die Therapeutin.

»Er sagt, es brennt im Mund«, erwiderte Anton.

Schweigen.

»Schau, Anton, ich verstehe, dass du die Kinder zu respektvollem Verhalten und gutem Benehmen erziehen willst. Aber ich frage mich, wie du reagieren würdest, wenn man dich zwingen würde, etwas zu essen, das in deinem Mund brennt?«

»Ich will nicht, dass er verweichlicht wird; ich will keine Memme als Sohn. Ich werde keinen verwöhnten Balg akzeptieren. Und meine Frau sieht ihm alles nach.«

Da ich mich nicht in eine Auseinandersetzung mit ihm verstricken wollte, versuchte ich es aus einer anderen Perspektive. »Ich verstehe. Viele Eltern und Kinder streiten wegen des Essens. Fast so viele, wie die Paare, die sich darüber streiten, wer den Müll hinausbringt«.

Anton lachte.

»Und ich weiß, dass du sehr beschäftigt bist. Ich möchte nicht, dass unsere Sitzung zu einer Diskussion über die Vorzüge von Pfeffer ausartet. Mein Interesse gilt dir. Was geht in dir vor? Was passiert bei dir, wenn wir den Pfeffer mal weglassen?«

»Kann das Abendessen nicht einfach friedlich ablaufen? Im Job gibt es ständig Kämpfe, ständigen Hickhack. Warum gibt es immer ein Problem mit allem? Nie ist irgendetwas gut genug!« Er hielt inne. »Ich glaube, das ist die Geschichte meines Lebens.«

»Ich denke, wir sind da auf eine größere Sache gestoßen. Bleiben wir ein paar Minuten dabei.«

Anton war in Bezug auf seine eigenen Reaktionen neugierig geworden. Die Übung »Kontaktpunkte« half ihm, etwas Abstand zu gewinnen und im Laufe der Zeit so ruhig zu werden, dass er wahrnehmen konnte, in welche Richtung sich sein Denken bewegte. Aber würde er auch in der Lage sein, sich ein bisschen Freundlichkeit entgegenzubringen?

Manchmal ist es gut, Übungen zu kombinieren oder aufeinander zu schichten, so wie wir mehrere Schichten von Kleidung anziehen, wenn es kalt ist oder wir uns in einem Raum mit einer Klimaanlage befinden. Ich empfehle die folgende Praxis, die ein bisschen respektlos »Was zur Hölle ist das?« genannt wird. In Kombination helfen uns diese beiden Übungen, schwierige Gefühle zu sortieren und zu bewältigen. Wenn wir erst einmal ein gewisses freundliches Interesse an unserer Erfahrung entwickeln, kann darauf Selbstmitgefühl folgen. Diese Praxis ist eine Adaption eines klassischen Zen-Koans, genannt »Was ist das?« Sie wurde ursprünglich als Methode entwickelt, um mit Wut und Sorgen zu arbeiten. Die folgende Version ist speziell für Eltern gedacht.

Was zur Hölle ist das?

- Setz dich bequem hin. Finde eine Position, die du aufrechterhalten kannst, ohne dich anzustrengen. Wie immer ist es auch völlig in Ordnung, sich hinzulegen.
- Nimm dir ein paar Minuten Zeit, um deine Aufmerksamkeit zu verankern und dich zu erden. Beginne zunächst mit »Kontaktpunkte für gestresste Eltern« oder »Ego-Klebstoff für Eltern.«
- Lenke deine Aufmerksamkeit auf deine gegenwärtige Erfahrung mit deinem Elterndasein.
- Es könnte Wut sein, Selbstzweifel, Sorge, Traurigkeit oder Angst. Schau, was es in deinem Fall ist.
- Nimm neugierig, mit freundlichem Interesse, wahr, was du fühlst. Falls es zu intensiv wird, kehre zu den körperlichen Kontaktpunkten zurück oder konzentriere dich wieder auf den Atem.
- Wenn du magst, kannst du eine Hand aufs Herz legen. Nimm alles, was da ist, freundlich, interessiert und ohne zu urteilen wahr.

Anton berichtete eine Woche später von seinen Erkenntnissen.

»Also, ich habe ›Was zur Hölle ist das?‹ praktiziert und das hat mir geholfen, die Dinge in den Griff zu bekommen. Ich habe festgestellt, dass ich die Übung in drei Minuten machen kann. Und ich habe bemerkt, dass ich beim Thema Essen richtig heftig und stur wurde. Ich habe mich wirklich darin verbissen. Es ging mir nicht um den Pfeffer. Natürlich ging es nicht um den Pfeffer, sondern um die ›Story‹ dahinter. Ums Prinzip. Ich arbeite so hart, reiß mir den Arsch auf, nehme eine Menge Mist in Kauf, damit meine Kinder ein besseres Leben haben können, und was bekomme ich dafür? Der Mangel an Dankbarkeit schmerzt mich. Und dann flippe ich aus. Ich fange an, mir Sorgen darüber zu machen, dass sie meine Autorität nicht anerkennen, dass meine Arbeitskollegen meine Autorität nicht anerkennen, dass meine Frau meine Autorität nicht anerkennt und ich gerate in einen wütenden Zustand. Ich befürchte, kein guter Vater zu sein. Ich bin nicht genug zu Hause. Ich befürchte, dass meine Kinder ein schlechtes Bild von mir haben. Und plötzlich schlage ich im Kopf diese ganzen Schlachten – mit allen. Mit den Kindern, mit meiner Frau, den Kollegen und Kolleginnen. Es war enorm.«

»Klingt so, als hättest du sehen können, was sich hinter der ›Story‹ abspielt«, bemerkte ich.

»Ja, genau,« erwiderte Anton. »Und ich hörte mich mit einer Stimme, die neu für mich ist, sagen ›Anton, es ist nur Pfeffer. Es ist keine Tragödie‹. Und mir wurde bewusst, dass ich keinen Knoblauch mag. Und dass ich rote Beete hasse. Also konnte ich mich ein bisschen entspannen. Jeder von uns mag bestimmte Lebensmittel und andere nicht. Es hat gar nicht viel zu bedeuten. Es war nur ein Gedanke. Ich musste ihn nicht zulassen, ich musste das nicht außer Kontrolle geraten lassen.« Er machte eine Pause. »Vielleicht – nur vielleicht – hast du mir geholfen, einen Herzinfarkt zu vermeiden«.

Was hatte sich für Anton geändert? Er konnte nun erkennen, dass er seine kostbare Zeit mit den Kindern mit unwichtigen Dingen verschwendete. Er erkannte, dass er tatsächlich mit fast allen Leuten in seinem Leben in Streit geriet. Es war weder produktiv, noch effektiv für ihn, andere ständig mit Wut zu lenken. Seine Kolleginnen und Kollegen mieden ihn und seine Familie wollte nicht mit ihm zusammen sein. Als er anfing, sein Verhalten mit freundlicher Neugier zu betrachten, verstand er allmählich, dass sein Jähzorn seine Fähigkeit untergrub, die Gegenwart seiner Kinder zu genießen. Und als er die Abneigung seines Sohnes gegen Pfeffer mit etwas Abstand betrachtete, konnte er zugeben, dass er selbst einige Lebensmittel nicht mochte. Nachdem er den Gedanken zulassen konnte, dass er bestimmte Vorlieben hatte und dass das kein Weltuntergang war, konnte er seine Kinder Kinder sein lassen und über ihre Vorlieben und Abneigungen lächeln. Er war in der Lage, soviel Raum in seinem Inneren zu schaffen, dass er ihnen zugestehen konnte, menschlich zu sein. Im Laufe seiner Praxis entdeckte er allmählich seinen Humor und stieß auf innere Ressourcen, von denen er bis dahin gar nichts geahnt hatte.

Vielleicht möchtest du an einem jener Tage, an denen du ein bisschen Extra-Unterstützung brauchen könntest, ebenfalls versuchen, die Übungen zu kombinieren.

David nahm die Übung ›Was zur Hölle ist das?‹ in seine Praxis auf, wenn seine Frau außer Haus und seine Geduld-Reserve ziemlich aufgebraucht war. »Es fühlt sich an, als würde man noch etwas extra-starken Klebstoff hinzufügen oder Verstärkung durch ein paar Extra-Truppen bekommen, die einem helfen, die Festung zu verteidigen – ich glaube, wir schauen dieser Tage eine Menge alte Filme«, lächelte er. Chrissie machte diese Übung zusätzlich, wenn sie einen schwierigen Tag mit Jenny hatte. »Es fühlt sich an, als würde durch die Kombination der Übungen ein bisschen mehr Raum geschaffen oder mehr Licht hereinkommen. Und wenn gerade ›Alleinerziehenden-Woche‹ angesagt ist, fühlt es sich an, als sei eine Freundin für mich da, die zu mir sagt, ›okay, Mädel, was ist eigentlich hier los?‹ Ich komme dann runter und fühle mich weniger allein.«

Heute kann ich nicht erwachsen sein

Alex betrat meine Praxis in einer Jogginghose und einem T-Shirt, auf dem stand: »Heute kann ich nicht erwachsen sein.« Es zeigte sich, dass ihre äußere Erscheinung exakt ihren inneren Zustand widerspiegelte: »Ich habe alles noch irgendwie geschafft, bis mein drittes Kind geboren wurde. Jetzt mache ich Witze darüber, dass sie ein Karriere-Killer ist. Es gab eine Zeit, da war ich Rechtsanwältin, aber das ist lange, lange her.« Sie machte eine Pause und bemerkte ihre Wortwahl. »Glaubst du, dass ich zu viele Kinderbücher gelesen habe?« scherzte sie.

»Ich habe mich so angestrengt, um alles zu schaffen. Ohne Schlaf zu funktionieren, alles am Laufen zu halten, die Kinder in die Tagesbetreuung zu bringen. Aber es hat nicht funktioniert. Ich konnte es nicht aufrecht erhalten. Ich fing an, am Schreibtisch einzunicken. Meine Freundinnen im Büro haben mich wirklich sehr unterstützt. ›Alex, du musst dich einfach nur reinknien‹, sagten sie. Das kann man vergessen. ›Ich muss einfach nur alle Viere von mir strecken,‹ wie man so schön sagt,« lachte sie.

»Meine Dritte ist erst sechs Monate alt und ich habe noch eine Dreijährige und einen Siebenjährigen. Mein Ältester will in eine Jugendfußballmannschaft eintreten und ich weiß nicht, wie ich das alles unter einen Hut bringen soll – das ganze Training und die Spiele. Ich kann nicht glauben, dass ich eine Fußball-Mama werden soll.«

»Nicht so, wie du es dir vorgestellt hattest?«, fragte ich.

»Nee! Ich wollte keine Mutter sein, die zu Hause bleibt – auf keinen Fall. Ich wollte anders sein als meine langweilige, Plätzchen backende, Schürzen tragende Vorstadtmutter. Ha. Ich wünschte, jemand würde mir ein Plätzchen backen«, sagte sie wehmütig. »Ich habe mir eine Auszeit von der Arbeit genommen Und jetzt bin ich so wütend und ärgerlich und meistens entmutigt. Ich bin depressiv – oder ist das Mutterdasein einfach so?«, fragte sie klagend.

Alex ist mir ihrem Schicksal kaum allein. Für viele von uns ist der überwältigende Stress, mit dem Eltern von Kleinkindern konfrontiert sind, kaum vorherzusehen und noch schwieriger zu bewältigen. Besonders in harten Zeiten. Das Geld ist heutzutage bei vielen Familien knapp und es gibt noch andere Belastungen, einschließlich der Verantwortung für alternde Eltern.

Reflexion: Was überfordert dich?

Nimm dir eine Minute Zeit, um darüber nachzudenken, was zur Zeit zusätzlich zur Fürsorge für kleine Kinder stressig für dich ist. Machst du dir Sorgen wegen

- gesundheitlicher Probleme?
- eines kürzlichen oder drohenden Jobverlusts?
- eines kranken Elternteils?
- einer unsicheren Lebenssituation?
- eines kürzlichen Verlustes oder Todesfalls?
- eines Konflikts bei der Arbeit?

Schreib alles auf, womit du sonst noch konfrontiert bist.

Selten ist es allein der Stress der Elternschaft, mit dem wir fertig werden müssen. Normalerweise ist es die Elternschaft plus der Stress, der mit all den anderen Dingen einhergeht, die uns das Leben vor die Füße wirft. Kein Wunder, dass du dich erschöpft und überfordert fühlst.

»Das Elterndasein simuliert manchmal die Anzeichen einer Depression«, sagte ich und bat Alex, mir mehr darüber zu erzählen, was sie gerade durchmachte.

»Ich bin oft reizbar und mürrisch«, erklärte sie, und ich blaffe die Kinder oft an. Meine Güte, ich habe Sie gerade angeblafft! Und ich weine viel. Ich breche schneller in Tränen aus als je zuvor. Kürzlich habe ich Anna Abends etwas vorgelesen – sie ist meine Älteste. Ich wartete also darauf, ihr aus ›Alice im Wunderland‹ vorzulesen. Wir haben gerade mit dem Buch begonnen. Ich hatte mich darauf gefreut; als Kind war ich eine richtige Leseratte. Also schlage ich das erste Kapitel auf und lese vor, wie

Alice in den Kaninchenbau fällt. Es heißt, Lewis Carroll sei drogenabhängig gewesen und er muss definitiv etwas Starkes genommen haben, als er das Buch schrieb, aber es fühlte sich diesmal so real an. Ich las vor wie Alice fiel und fiel und fiel und fing an zu weinen. Als Kind fand ich das so toll und hielt überall nach Kaninchenbauten Ausschau, damit ich eine andere Welt entdecken könnte. Ich wollte der, in der ich lebte, entfliehen. Aber kürzlich, an jenem Abend erschien es mir erschreckend. Meine Tochter bemerkte, dass ich weinte und fragte, ob mit mir alles in Ordnung sei. Ich hatte das Gefühl, lügen zu müssen, um sie vor meiner Traurigkeit zu schützen – ›Ach, das ist nichts, nur ein bisschen Schnupfen.‹ Aber das stimmt nicht. Ich bin heute hier, weil ich mich im freien Fall befinde. Ich habe Angst, ins Bodenlose zu fallen und meine Familie mit in den Abgrund zu reißen.«

Bin ich depressiv oder ist das einfach nur das Elterndasein

In Phasen der Erschöpfung und Verwirrung – ein Zustand, den Alex als »Elternhirn« bezeichnet –, können uns Achtsamkeit und Mitgefühl helfen, die Dinge wieder in den Griff zu bekommen und in unsere Mitte zu finden. Die Therapeutin und Achtsamkeitslehrerin Sylvia Boorstein hat eine der besten Erläuterungen für Achtsamkeit und Mitgefühl, die ich kenne: »Die Aufmerksamkeit für das wecken, was innen und außen vor sich geht, sodass wir aus einem Raum der Weisheit darauf antworten können«.[13] Und wenn wir wissen, was wir fühlen, ist die Wahrscheinlichkeit geringer, dass wir wütend um uns schlagen – oder in einen Kaninchenbau fallen.

Einer der wichtigsten Vorteile von Achtsamkeit und Mitgefühl für Eltern ist, dass uns beides hilft, mit schwierigen Gefühlen umzugehen. Es ermöglicht uns, etwas Distanz zwischen einer herausfordernden Situation (beispielsweise wenn ein Kind sich weigert zu essen) und unserer gewöhnlichen, konditionierten Reaktion zu schaffen – dem Schreien,

Drohen oder Bestrafen. Wir können diese Pause nutzen, um uns zu sammeln und eine andere Reaktion zu erwägen.

Anstatt um uns zu schlagen, wenn wir müde oder frustriert sind, können wir uns einen Moment Zeit nehmen und versuchen, aus einer Position der Weisheit anstatt der Reaktivität zu antworten. Wenn wir in unserer Achtsamkeitspraxis mit diesen schwierigen Gefühlen arbeiten, kann das dazu beitragen, dass wir ein Gefühl im Entstehen erkennen und nicht erst Tage, Wochen oder Jahre später. Diese Hinwendung zu unseren schwierigen Gefühlen kann vermeiden helfen, dass wir auf unsere Kinder oder Partner losgehen und diese Gefühle aus Angst oder Scham ignorieren.

Bei der folgenden Übung bietet uns der Körper eine Möglichkeit, schwierige Gefühle zu erden und verankern, damit wir effektiv – mit etwas mehr Abstand – mit ihnen arbeiten können, anstatt davon überwältigt zu werden. Diese Übung kann dazu beitragen, während der Stürme der Erziehungsjahre mehr im Gleichgewicht zu bleiben.

Die Winde der Elternschaft

- Setz oder leg dich bequem hin; die Augen sind ganz oder halb geschlossen. Lausche ein paar Minuten den Umgebungsgeräuschen, nimm die Kontaktstellen deines Körpers wahr oder bleib beim beruhigenden Atem. Für welchen »Anker« du dich auch entscheidest: das ist dein Ausgangspunkt, ein Ort der Ruhe und des Trosts.
- Nimm jegliche Spannung, jedes Unbehagen und jede Enge im Körper wahr. Du musst nichts in Ordnung bringen. Nimm einfach wahr, was da ist.
- Schau, wie »das Wetter« in deiner inneren Landschaft ist. Wie fühlst du dich in diesem Moment? Sind da Wutgefühle … Traurigkeit … Enttäuschung … Anspannung … Angst?

- Kehre zu deinem Anker zurück den Umgebungsgeräuschen, den Kontaktpunkten oder dem Atem. Beobachte dann einfach, welcher »Wind« dich davonträgt. Richte deine Aufmerksamkeit darauf.
- Nimm wahr, wo die Gefühle in deinem Körper »sitzen«. Stimme dich darauf ein verspürst du ein Gefühl der Enge im Brustkorb? Presst du die Kiefer aufeinander? Fühlen sich die Schultern verspannt an? Hast du ein hohles Gefühl im Magen? Schmerzt dein Kopf? Rast dein Puls? Nimm alles, was du fühlst und spürst neugierig, mit freundlichem Interesse wahr.
- Geh mit allem, was du fühlst und empfindest, behutsam um. Elternschaft bringt eine Menge hoch. Achte darauf, ob du anfängst, dich selbst auszuschimpfen oder zu kritisieren. Hast du angefangen, darüber nachzudenken, was es zum Abendessen geben soll? Schau, was dich ablenkt.
- Versuche, die Wärme deiner Hand dahin zu bringen, wo die Empfindungen am stärksten sind. Lade diese Stelle ein, weicher zu werden und sich zu entspannen. Vielleicht magst du versuchen, in das unangenehme Gefühl hinein zu atmen. Kämpfe nicht dagegen an, leiste keinen Widerstand. Nimm das Gefühl einfach wahr und erlaube ihm, da zu sein.
- Manchmal hilft es schon, sich des Gefühls freundlich und interessiert gewahr zu werden. Wenn es dich zu überfordern beginnt, du abgelenkt oder unruhig wirst, kehre einfach zu deinem Anker zurück den Umgebungsgeräuschen, Kontaktpunkten oder dem Atem.
- Nimm jegliche Kritik und alle Urteile wahr, die dir vielleicht in den Sinn kommen und lass sie kommen und gehen. Gib ihnen keine Energie, sie werden sich verziehen.
- Wenn du dann bereit bist, nimm einen tiefen Atemzug, bewege leicht deine Finger und Fußzehen, Arme und Beine und öffnen die Augen. Versuche, dieses freundliche Interesse in deine nächste Aktivität mitzunehmen.

Nachdem Alex diese Übung ausprobiert hatte, berichtete sie, ihre Reaktion darauf sei gemischt gewesen: »Manchmal habe ich so viele Gefühle, dass es mich herumschleudert. Manchmal fühle ich mich so überfordert. Dann gibt es Zeiten, in denen ich das Baby anschaue und es gerade zu lächeln beginnt und ich mich so glücklich fühle; und wieder andere Momente, in denen ich weine oder völlig überdreht bin.«

Klingt das vertraut? Das ist das Terrain der frischgebackenen Eltern. Alex hat mit ihren ersten beiden Kindern dieselben Erfahrungen gemacht aber jetzt, so sagt sie, fühle es sich an, als sei es exponentiell angestiegen. »Manchmal fühle ich mich desorientiert. Wo bin ich? Wieso habe ich drei Kinder? Welcher Tag ist heute? Wessen Leben führe ich? Das ist mein Leben!?! Echt? Kann ich mir eine Auszeit von all dem nehmen und auf eine tropische Insel fliegen?«

Eine Freundin sagte einmal zu mir, Kindererziehung sei wie im Dunkeln Autofahren. Alles sieht anders aus, man ist nicht sicher, wo man sich befindet und man kann nur einen kurzen Streckenabschnitt überblicken. Für Alex und vielleicht auch für dich kann es sich anfühlen, als würde dir das Leben weggenommen, das du einmal hattest – und es kann sein, dass du dieses Gefühl nicht magst. »Aber«, fügte Alex betrübt hinzu, »das kann ich niemandem sagen; ich kann das nicht sagen, denn die Leute werden mir einfach erzählen, dass ich dankbar dafür sein sollte, drei gesunde Kinder zu haben. Und dann fühle ich mich schuldig und undankbar. Ein Erste-Welt-Problem.«

Es ist nicht hilfreich, auf sich herumzuhacken und es hat nichts mit Nabelschau zu tun, darüber nachzudenken, darüber zu reden und sich damit zu befassen. Der Psychiater Don Siegel sagt »Du musst es fühlen, um es zu heilen« und »du musst es benennen, um es zu zähmen.« Mit anderen Worten: Die einzige Möglichkeit, mit schwierigen Gefühlen fertig zu werden, besteht darin, sich zu erlauben, sie zu fühlen, und zu realisieren, welche Gefühle man gerade hat. Das ist besonders wichtig für Menschen wie Alex, die sagt »Als wir Kinder waren, erwartete man eigentlich nicht von uns, viel zu fühlen und schon gar nicht, darüber zu reden.« So war es auch bei David, der als Kind normalerweise gescholten wurde, wenn er traurig oder wütend war und aufgefordert wurde, diese oder andere schmerzhafte Gefühle zu ignorieren. Wir können uns so sehr darin verlieren, gute Eltern sein zu wollen und unsere Kinder zu unserer höchsten Priorität zu machen, dass wir uns oft gar nicht die Zeit geben, unsere Gefühle zu identifizieren und zu akzeptieren. Es folgt eine einfache Übung des Benennens, die dabei hilfreich sein kann.

Schwierige Gefühle benennen

Gefühle zu benennen ist ein gut erforschte Meditationspraxis. Im Jahr 2007 fanden David Creswell und Kolleg:innen heraus, dass wir durch das Benennen dessen, was wir erleben, unser Alarmzentrum im Gehirn (die Amélie gdala) deaktivieren und den präfrontalen Kortex aktivieren, der oft als das Kontrollzentrum oder der CEO des Gehirns bezeichnet wird.[14] Er hilft uns, von der Ebene der Reaktivität und Erregtheit auf eine Ebene zu wechseln, auf der wir Abstand gewinnen und unser inneres Gleichgewicht wieder herstellen können. In einem Artikel verglich Matthew Liebermann diese Praxis mit dem Drücken der »Schlummertaste« am Wecker.[15] Und welche Mutter, welcher Vater würde nicht gerne die Schlummertaste drücken?

Die Schlummertaste drücken

- Setz dich bequem hin; die Augen sind ganz oder halb geschlossen. Du kannst dich auch hinlegen, wenn das für dich angenehmer ist. Nimm ein paar beruhigende Atemzüge und komm zur Ruhe.
- Nimm dir einen Augenblick Zeit, um dich mit einem Anker zu verbinden das können die Kontaktpunkte deines Körpers sein, die Umgebungsgeräusche oder der beruhigende Atemrhythmus.
- Wenn du von einem Gefühl »weggetragen« wirst, nimm einfach nur wahr, was für ein Gefühl das ist. Tu das freundlich und mitfühlend. Registriere

beispielsweise »Angst«, »Angst«, »Angst«. Stress dich nicht damit, alles richtig machen zu wollen.

- Schau, wo du es im Körper spürst. Du musst es nicht in Ordnung bringen. Lass es einfach da sein.
- Nimm deine innere Haltung dazu wahr. Verurteilst du dich, wenn du »Wut«, »Wut«, »Wut« registrierst? Sagst du dir, dass du eine schlechte Mutter, ein schlechter Vater bist, weil du dieses Gefühl hast?
- Lass zu, dass ein breites Spektrum von Gefühlen für dich akzeptabel ist. Alle Gefühle sind willkommen. Schau, ob du die Gefühle mit Freundlichkeit und Akzeptanz benennen kannst.
- Falls das Gefühl zu intensiv wird und du anfängst, dich desorientiert oder überfordert zu fühlen, kehre einfach zu deinem Atem, den Kontaktpunkten oder den Umgebungsgeräuschen zurück.
- Es ist nicht nötig, das Gefühl zu analysieren. Es ist nicht nötig, eine »Story« drumherum zu weben. Tauche nicht in die Geschichte ein. Du musst nicht sagen: »Meine Mutter war wütend auf mich, ich bin wütend auf meine Kinder, das wird niemals enden.«
- Benenne das Gefühl und lass es los.
- Bringe soviel Freundlichkeit und Mitgefühl dafür auf, wie du kannst. Falls du der Meinung bist, dass negative Gefühle kein Mitgefühl verdient haben, dann nimm auch das einfach wahr.
- Sei offen für schöne, angenehme Gefühle und benenne auch diese.
- Wechsle zwischen dem Benennen der Gefühle und dem Erden mit Hilfe deines Ankers hin und her.
- Wenn du bereit bist, atme einmal tief ein und aus, bewege leicht die Finger und Fußzehen, Arme und Beine und strecke dich. Öffne die Augen, falls du sie geschlossen hattest.
- Versuche weiterhin, deiner emotionalen Reaktionen gewahr zu sein, während du zur nächsten Aktivität übergehst.

Als ich Alex das nächste Mal sah, trug sie hellgrüne Socken mit der Aufschrift »Mutter in Ausbildung«. Ich konnte mir nicht verkneifen, einen Scherz darüber zu machen und ihr zu sagen, dass ihre Socken eine deutliche Sprache sprachen. Sie lachte mit mir und sagte: ›Ich weiß, es ist ziemlich albern, aber eine Freundin hat sie mir geschenkt. Und sie schenkte mir noch einen Strampler fürs Baby mit der Aufschrift ›Ich bin ein Baby und was ist deine Ausrede?‹ Die Sachen bringen mich zum Lachen und geben mir das Gefühl, dass ich nicht immer alles perfekt unter Kontrolle haben muss. Es nimmt ein bisschen den Druck raus. Und ich denke, ich hacke auf mir herum, weil ich überzeugt bin, ich müsste eine Ausrede dafür haben, wenn ich einen schlechten Tag habe oder weine oder einen Wutanfall habe. Manchmal ist es einfach schwer und ich vermisse Erwachsenengespräche. ›Mutter in Ausbildung‹ ist für mich jetzt eine neue Arbeitsplatzbeschreibung.«

Das erinnerte mich an die Bemerkung eines Zen-Meisters, der einmal gesagt hatte: »Das Leben ist einfach ein Fehler nach dem anderen.« Ich glaube das gilt auch für Elternschaft und Kindererziehung. Es ist ein »On-the-Job-Training«. Wir machen ständig Fehler. Wir straucheln ständig. Wir wurden nicht auf diesen Job vorbereitet. Und unsere Gesellschaft hilft uns kaum dabei. Kein Wunder, dass sich so viele Eltern alleingelassen fühlen und deprimiert sind.

»Die Schlummertaste-Übung hat für mich funktioniert«, berichtete Alex. »Ich bin nicht mehr so unruhig und hasse mich ein bisschen weniger, wenn ich negative Gefühle habe oder wütend auf die Kinder werde. Ich habe wohl dieses archaische Bild von Mutterschaft verinnerlicht – wie eine Mutter sein sollte. Dass ich nicht schreien sollte; dass ich nicht ausrasten sollte; dass ich vierundzwanzig Stunden am Tag sieben Tage die Woche freundlich und liebevoll sein sollte. Dass jede verdammte Mahlzeit frisch gekocht werden sollte. Und dass die Kinder selbstgebackene Kekse bekommen sollten, wenn sie nach Hause kommen.« Sie schüttelte den Kopf. »Das gibt mir ein bisschen Raum, ein bisschen Spielraum zwischen meiner Mutter mit ihrem makellosen Heim und perfekten Mahlzeiten und mir mit meinem Chaos.« Als Alex lernte, freundlich zu sich zu sein, auf ihre Gefühle zu achten und sich um ihre eigenen Bedürfnisse zu kümmern, ergriff sie auch ein paar praktische Maßnahmen, um den täglichen Druck zu verringern, der durch die Aktivitäten der Kinder von außen auf sie zukam. Sie fand, dass es einen Tribut forderte, die Kinder durch die Stadt zu kutschieren wie ein »unterbezahlter Chauffeur«.

»Ich fühle mich im Allgemeinen besser – an manchen Tagen, sollte ich hinzufügen,« sagte Alex. »Aber die Kinder sind immer noch, wie sie sind. Und sie werden sich nicht demnächst in friedliche Zen-Meister verwandeln. Die ständigen Streitereien zermürben mich. Ich habe mir Gedanken über Adoptionsmöglichkeiten gemacht, aber es ist nicht einfach,« scherzte sie.

Manche Achtsamkeitslehrer:innen sagen, dass Kinder, indem sie lernen, einen Moment inne zu halten, sich auf ihren Atem zu konzentrieren und ihre Emotionen wahrzunehmen, lernen können, nicht auf andere loszugehen. Eine meiner Lieblingsgeschichten darüber, was Achtsamkeit ist, stammt von einem Kind. Seine Schule startete ein Programm, um Kinder Achtsamkeit und Mitgefühl zu lehren. Mit sehr positiven Ergebnissen. Als ein Junge von einem Reporter gebeten wurde, Achtsamkeit zu beschreiben, antwortete er: »Achtsamkeit bedeutet, niemandem eine reinzuhauen.«

Die folgende Übung haben wir für Alex Familie entwickelt. Sie ähnelt ein wenig dem alten Spiel im Auto, bei dem man Nummernschilder anderer Autos identifiziert oder beschreibt, was man draußen sieht: LKWs, Werbetafeln, Vögel oder Kühe und Pferde, wenn man auf dem Land wohnt. Während das Benennen am besten für Kinder funktioniert, die sich schon verbal ausdrücken können, gefällt es kleineren Kinder oft, ihren Atem zu spüren.

Achtsamkeit und Mitgefühl im Auto

- Hilf deinem Kind zu Hause (vielleicht beim ins Bett bringen) seinen Atem wahrzunehmen.
- Dabei könnt ihr beide eure Hände auf den Brustkorb oder Bauch des Kindes legen, damit es spürt, wie der Atem steigt und fällt. Kleine Kinder spüren es oft am leichtesten mit einer Hand auf dem Bauch.

- Manche Kinder mögen das Bild, dass sich der Bauch wie ein Ballon aufbläht. Schau, welche Bilder für deine Kinder gut funktionieren.
- Falls (wenn) ein Streit ausbricht, während ihr im Auto unterwegs seid, kannst du folgendes ausprobieren (und an deine Situation anpassen).

  Das folgende Szenario war in Alex Familie üblich:

  »Mami, Mami, Anna hat mich gezwickt.«

  »Anna, hör auf.«

  »Sie hat mich getreten.«

  »Hab ich nicht.«

  »Hast du doch.«

  »HÖRT AUF – SOFORT: ICH FAHRE AUTO [mit zunehmend wütender Stimme]. Ich kann diesen Streit jetzt nicht schlichten. Wollt ihr, dass ich einen Unfall baue?«

  »Aber sie hat mich geschlagen!«

  »Wenn ich rechts ranfahren und halten muss, kriegt ihr beide MÄCHTIG Ärger!«

Alex versuchte, die Übung »Benenne es und du zähmst es« auf die Situation beim Autofahren anzupassen. Das sah dann oft so aus:

»Mami, Mami, Anna hat mich gezwickt.«

»Okay, ihr beiden, findet euren Atem.«

»Ah, Mami, sie hat mich gezwickt.«

»Ich hab's gehört. Wir versuchen jetzt etwas anderes.«

»Aber es tut weh. Ich will nicht meinen Atem finden. Das ist BLÖD.«

»Versuchen wir, 30 Sekunden still zu bleiben. Versucht «Hände auf dem Bauch».«

»Ich hab keine Lust«.

»Das ist so DOOF!«

»Ich bin wütend.«

»Prima. Versuchen wir es zu benennen. Bisher habe ich ›dumm‹, ›doof‹ und ›wütend‹ gehört. Noch ein paar andere Wörter?«

»Aber es tut weh.«

»Lasst diese Wörter kommen. Wir haben ›dumm‹, ›doof‹ und ›wütend‹. Und wir haben ›Tut weh‹. Machen wir weiter. Was haben wir noch?«

»Das ist unfair.«

»Und wir haben unfair. Also haben wir jetzt ›dumm‹, ›doof‹, ›wütend‹, ›tut weh‹ und ›unfair‹. Noch etwas?«

»Das ist langweilig. Ich hasse das. Das ist was für Idioten! Das ist kein SPIEL!«

An diesem Punkt fingen Alex Kinder oft an zu lachen. Manchmal schrien sie ihre Gefühle heraus. Aber gewöhnlich hörte das Streiten auf und Alex konnte sich auf den Verkehr konzentrieren. Sie stellte auch fest, dass die Streitereien weniger wurden, wenn sie gesunde Snacks im Auto bereithielt.

Wichtig ist, dass das Benennen in freundlichem, warmherzigem Ton stattfindet und man dabei seinen Sinn für Humor behält. Ja, wir alle werden wütend, finden manche Sachen doof und dumm und fühlen uns verletzt. Das bezeichnen Selbstmitgefühlsforscher:innen als die gemeinsame Erfahrung des Menschseins. Auch wenn die Kinder manchmal gegen die Übung protestierten, stellte Alex fest, dass sie das Streiten unterbrach und die Kinder zum Lachen brachte.

Wenn deine Kinder also das nächste Mal anfangen zu streiten, während du sie zum Fußballtraining oder in die Schule chauffierst, dann probiere es mit Achtsamkeit und Selbstmitgefühl im Auto.

Und spiele damit, um zu sehen, was in deiner Familie funktioniert. Es gibt nicht die eine richtige Art und Weise, dies zu tun. Versuche, ein bisschen Spaß dabei zu haben.

Auch für das Erlernen eines konstruktiven Umgangs mit schwierigen Gefühlen kann die Übung den Boden bereiten. Sie gibt uns ganz natürlich Gelegenheit, den Standpunkt einer / eines anderen zu hören, wahrzunehmen, was jemand anders fühlt und erlebt und die eigenen Bedürfnisse und Wünsche zu kommunizieren. Und an einem guten Tag kann sie die Tür soweit aufstoßen, dass wir lernen, wie man verhandeln,

Kompromisse schließen und sogar vergeben kann. Während sie wie ein Spiel wirkt, das dir hilft, ohne rasende Kopfschmerzen zum Fußballtraining zu kommen, kann sie auch dem höheren Ziel dienen, Kooperation und Kommunikation zu lehren. Du kannst sie als »verborgene Zutat« betrachten, wie die geraspelte Zucchini, die du heimlich in den Schokoladen-Muffins versteckt hast.

Reflexion: Was funktioniert für dich?

Nachdem du nun gesehen hast, wie Chrissie, David, Anton und Alex lernten, ihre täglichen Kämpfe mit etwas Selbstmitgefühl zu bestreiten: Was würde deiner Meinung nach für dich funktionieren? Überlege ein paar Minuten, was du gelernt hast und wie dir das helfen kann, sich über Wasser zu halten. Was würdest du gerne in deinen Alltag integrieren? Kannst du den Selbstmitgefühls-Lebensretter für Eltern gebrauchen, wenn deine Kinder wieder einmal unmöglich sind? Würdest du gerne lernen, bei den Gefühlen zu bleiben, die hochkommen, wenn die Kinder streiten, und diese Gefühle zu akzeptieren, auch wenn sie schmerzhaft und schwierig sind? Bist du mit einer stressigen Situation in deiner Familie oder am Arbeitsplatz konfrontiert? Möchtest du versuchen, die verwirrenden Emotionen zu benennen, damit du nicht das Gefühl hast, im »Erziehungsnebel« herumzustochern? Und wie wäre es, freundlich mit dir selbst umzugehen, während du diese neuen Dinge lernst? Und warum solltest du nicht freundlich mit deinen Angehörigen umgehen und ihnen helfen, das Chaos zu minimieren, indem du dieselben Tools anwendest?

Natürlich wird es herausfordernde Momente geben, aber betrachte diese Tools als »Werkzeuge fürs Leben.« Wir arbeiten daran, ein Fundament des Selbstmitgefühls aufzubauen, das dir helfen wird, Resilienz zu entwickeln und zu lernen, durch alles hindurch zu navigieren, was das Leben dir zuwirft – ohne unterzugehen. »An einem guten Tag«, sagte Alex, »und die sind wohlgemerkt nicht allzu häufig – lerne ich manchmal etwas, wenn ich in den Kaninchenbau falle. Ich habe angefangen, mir zu sagen ›Alex, das ist ein neues Loch. Es ist eine neue Welt. Interessiere dich dafür. Was passiert hier? Was zur Hölle ist das?‹ Und das hilft mir, engagiert und neugierig zu bleiben. Zumindest in Bezug auf diesen einen Kaninchenbau. Und es hilft mir, weniger auszuflippen«, lächelte sie, »wenigstens bis zum nächsten Mal.«

3 »Woher kam das denn?«

DIE AUSEINANDERSETZUNG MIT DEM »GEPÄCK«, DAS WIR ALS ELTERN MITBRINGEN

Unser Verhältnis zu unserer eigenen Kindheit bestimmt, wie wir unsere Kinder erziehen. Manchmal fühlt es sich an, als hätte ein Außerirdischer (oder eine zornige Mutter) von uns Besitz ergriffen, wenn wir unseren Kindern plötzlich ein wütendes »Weil ich es gesagt habe!« entgegenschleudern. Vielleicht sind wir überrascht von unserer plötzlichen und automatischen Reaktion. »Woher kam das denn?«, fragen wir uns verwundert und schämen uns für unseren heftigen Ausbruch. Und an anderen Tagen haben wir das Gefühl, das Beste unserer Eltern verkörpern zu können, indem wir beispielsweise nicht wie eine Furie reagieren, wenn uns irgendein Idiot im Feierabendverkehr schneidet, während unsere Kinder sich auf der Rückbank boxen und schreien und hungrig sind. Du erinnerst dich an deinen freundlichen, ruhigen, großzügigen Papa, der vor vielen Jahren in einer ähnlichen Situation sagte »Soll er doch fahren, es lohnt sich nicht, sich auf eine Auseinandersetzung einzulassen, vielleicht hat er ein krankes Kind und rast zum Krankenhaus.« In diesem Kapitel werde ich untersuchen, wie ein tieferes Verständnis für unser eigenes Leben uns helfen kann, bessere Beziehungen zu unseren Kindern und Partnern oder Partnerinnen aufzubauen. Indem unser Mitgefühl wächst und wir es in schwierigen Situationen auf uns selbst ausdehnen, können wir allmählich einen Boden der Fürsorge, Freundlichkeit und Sicherheit bereiten, auf dem unsere Kinder gedeihen können.

Neuere Forschungsergebnisse auf dem Gebiet der Entwicklungspsychologie zeigen, dass ein Zusammenhang besteht zwischen der Fähigkeit eines Kindes, eine sichere Bindung zu seinen Eltern aufzubauen und dem Verständnis der Eltern für ihre eigenen Lebenserfahrungen. Während wir lange Zeit glaubten, dass Kindheitserlebnisse unser Schicksal unwiderruflich prägen, ist das, wie wir inzwischen wissen, so nicht der Fall. Wenn du eine komplizierte, schwierige oder traumatische Kindheit hattest und daran arbeitest, diese Ereignisse zu verstehen, musst du diese Interaktionen nicht zwangsläufig mit deinen Kindern wiederholen. Es ist nie zu spät, deinen Lebenserfahrungen auf den Grund zu gehen, um deinen Kindern zu helfen, und indem du solche Einsichten gewinnst, kannst du vermeiden, schädliche Interaktionsmuster in deiner Familie fortzusetzen.

Eltern zu werden gibt uns die Chance zu wachsen, wenn wir uns um unsere alten Verletzungen kümmern, einschließlich vieler, die wir vielleicht vergessen hatten. Als Eltern kehren wir in eine vertraute Eltern-Kind-Beziehung zurück, aber in einer anderen Rolle und mit einer anderen Perspektive. Sehr viele Eltern, mit denen ich gearbeitet habe, waren schockiert über die Dinge, die aus ihrem Mund kommen. Bernd sagte: »Als mir bewusst wurde, dass ich mein Kind grundlos anschrie, gefror mir fast das Blut in den Adern. Es fühlte sich an, als sei mein Vater, der schon seit Jahren tot ist, aus dem Grab auferstanden und würde plötzlich losschreien. Woher zum Teufel kam das? Was war passiert?«

Als Eltern finden wir uns oft in kontraproduktiven Mustern gefangen wieder. Nie hätten wir uns vorstellen können, dass diese je auftauchen würden, als wir unsere kostbaren Neugeborenen im Arm hielten, aber es geschieht trotz unserer besten Absichten. Es geht nicht darum, unsere eigene Kindheit und Erziehung abzulehnen, denn wir können sie nicht ungeschehen machen (auch wenn wir uns das manchmal wünschen würden), sondern, sie zu verstehen und eine neue Einstellung dazu zu finden – uns selbst mit Mitgefühl zu begegnen, wenn wir »ausrasten«. Wir wollen auch das Positive würdigen und von den vielen guten Momenten der Elternschaft zehren, die wir erlebt haben und die uns durch raue

Zeiten hindurch helfen können. Als Susanne sich erschöpft fühlte, während sie sich um ihren Sohn kümmerte, der mit einer Grippe und hohem Fieber im Bett lag, erinnerte sie sich daran, dass ihre Mutter ihr geduldig immer wieder »Gute Nacht, lieber Mond« vorgelesen hatte, wenn sie krank war. Sie stellte fest, dass ihr diese Erinnerung in einer schwierigen Phase Kraft und ein bisschen »Mumm« gab. Ich hoffe, dass dir die folgenden Geschichten und Übungen helfen werden, deine eigenen Herausforderungen besser zu verstehen und, was noch wichtiger ist, einen Weg zu finden, mitfühlender mit dir selbst und deinem Kind umzugehen.

Ich hasse meinen Körper

Als wir Amélie in Kapitel 1 begegneten, hatte sie mit Einsamkeit und dem Stress zu kämpfen, der unweigerlich entsteht, wenn man als Mutter mit einem Säugling und einer Dreijährigen in einer fremden Umgebung lebt und der Mann oft auf Geschäftsreise ist. Fünf Jahre später ist das Kind im Kindergarten, Sophie ist acht und Amélie hat zugenommen – »Kekse, Donuts, Eiscreme, Muffins. Wir alle lieben es, zu kochen und zu essen!«, sagte sie lachend. Aber sie schien sich damit abgefunden zu haben, ein paar Extra-Kilos auf den Hüften zu haben. »Ich habe nicht mehr dieselbe Taille wie als Zwanzigjährige; das ist für immer vorbei.« Sie lächelte wehmütig. »Aber ich möchte über Sophie sprechen. Sie ist dick und die anderen Kinder haben schon angefangen, sie zu hänseln. Heutzutage fängt das früher an«, seufzte sie. »Ich glaube, heutzutage fängt alles früher an.« Sie schüttelte den Kopf. »Als ich in ihrem Alter war, habe ich mir nie Gedanken über mein Gewicht gemacht.«

»Sie hat angefangen, Schwimmunterricht zu nehmen. Und sie ist eine gute, starke Schwimmerin. Das war sie schon immer. Bei einem Wettschwimmen schlägt sie jetzt alle Klassenkameradinnen. Ich denke, es war Neid, aber eine ihrer Klassenkameradinnen schaute sie in der Umkleide an, zog eine Grimasse und spottete hochnäsig: ›Fettkloß, du bist ein Fettklooooß.‹ Und die anderen Mädchen lachten und irgend jemand machte mit. Seitdem weigert sie sich, zum Schwimmunterricht zu gehen, und sie hat es so gemocht. Sie hatte so ein großes Potenzial. Es ist schwer für mich, zu sehen, dass sie das aufgibt. Ich habe ein paar Aktivitäten aufgegeben, und heute bedaure ich das.«

Als sie ich fragte, wie Sophie mit der Situation umginge, erzählte Amélie, ihre Tochter würde sich weigern, darüber zu sprechen, aber sie hätte jetzt mit Basketball begonnen, wo ihre Körpergröße und Gewicht von Vorteil war und sie keinen Badeanzug tragen musste. Dann hielt sie inne und sagte: »Jetzt, wo ich darüber nachdenke, fällt mir auf, dass ich diejenige bin, der es schlecht damit geht. Ihr geht es eigentlich gut. Ich fühle mich so schuldig. Ich gebe mir die Schuld. Ich wünschte, ich hätte dafür gesorgt, dass sie einen anmutigen, gertenschlanken Körper hat. Ich wünschte, ich hätte ihr bessere Essgewohnheiten beigebracht. Ich habe das Gefühl, eine schlechte Mutter zu sein.« Sie lächelte. »Ich denke, manche Dinge verändern sich nicht.«

»Damit bist du nicht allein,« erwiderte ich. »Niemand von uns hat das Gefühl, als Mutter oder Vater gut genug zu sein. Und wir haben keine Kontrolle darüber, wie sich die Körper unserer Kinder entwickeln. Aber wir können ihnen helfen, zu lernen, ihren Körper zu respektieren und gut für ihn zu sorgen.«

»Ja, ja, ich weiß, aber ich hasse mich trotzdem«, sagte Amélie abweisend. »Eine ihrer dünnen Freundinnen isst aus Eiweiß und Weizenkeimen zubereitete Spinat-Pfannkuchen zum Frühstück. Hallo? Wir essen Waffeln mit Sirup, Eier und Speck.« Sie schüttelte den Kopf. »Kannst du dir vorstellen, dass eine ihrer Mitschülerinnen rohen Grünkohl und Petersilie als Pausensnack dabeihat? Wirklich! Ich hätte die ganze Zeit Hunger.«

Ich lachte mit ihr. »Ich hätte auch Hunger.«

In Wirklichkeit ging es bei Amélie darum, dass sie ihren eigenen Körper hasste. Und dass sie nichts über gesunde Ernährung gewusst hatte, als ihre Kinder klein waren, gab ihr das Gefühl, eine schlechte Mutter zu sein, obwohl es in ihrer Familie seit Generationen üblich war, sich mit üppigen Mahlzeiten satt zu essen.

Wir alle schleppen noch Gepäck von unseren Eltern und Großeltern mit uns herum. Und oft ist uns gar nicht bewusst, was wir von ihnen geerbt haben. Es sind nicht nur die Augenfarbe, das Haar, das Gewicht und das Weltbild; da gibt es noch tiefere Schichten. Es lohnt sich, einmal neugierig zu hinterfragen, was du mit dir herumträgst. Wirst du von diesem Gepäck wegen deines Körpers niedergedrückt? Probiere einmal folgende Übung aus und schau, was bei dir hochkommt.

Das Gepäck, das wir erben

Aufnahme 3

- Mach es dir an einem Ort bequem, an dem du für mindestens zehn Minuten ungestört sein kannst.
- Setz dich hin und nimm dir ein paar Minuten Zeit, um zur Ruhe zu kommen. Wenn du möchtest kannst du eine Weile den Umgebungsgeräuschen lauschen oder das Ein- und Ausströmen deines Atems wahrnehmen.
- Ahhh; entspanne dich; diese Zeit gehört nur dir.
- Denk an deine Großeltern, falls du sie gekannt hast. (Wenn nicht, überspringe diese Anweisungen und gehe zum Abschnitt mit den Eltern über).
- Wie sind sie mit ihrem Körper umgegangen? (Pause) Was haben sie dir über das Essen beigebracht? (Pause) Darüber, wie du deinen Körper behandeln sollst? (Pause) Welche Bemerkungen haben sie über deinen Körper gemacht?
- Du kannst aufschreiben, was dir in den Sinn kommt.
- Wenn du fertig bist, wende dich deinen Eltern zu. Wie ist dein Vater, deine Mutter mit seinem oder ihrem Körper umgegangen? (Pause) Welche Einstellungen zum Essen haben sie dir vermittelt? (Pause) Welche Bemerkungen haben sie über dich gemacht?
- Falls deine Eltern unterschiedliche Einstellungen hatten, konzentriere dich erst auf den einen und dann auf den anderen Elternteil.
- Schreib Gedanken und Erkenntnisse auf, die dir in den Sinn kommen.
- Nimm dir jetzt einen Moment Zeit, um zu reflektieren, was du mit dir herumträgst. Welchen roten Faden kannst du erkennen? Wie behandelst du deinen

Körper. Welche Einstellungen hast du beibehalten? Wie isst du? Welche Glaubenssätze über deinen Körper hast du verinnerlicht?

- Schreib auf, was du über dieses »Erbe« herausgefunden hast.
- Halte kurz inne. Nimm dir einen Moment Zeit, um darüber nachzudenken, was du entdeckt hast, bevor du dich wieder deinen Alltagsaktivitäten zuwendest.

Amélie fand diese Übung sehr aufschlussreich. Sie erzählte, dass sie vergessen hatte, dass es in ihrer Familie als ein Zeichen von Gesundheit betrachtet wurde, wenn man ordentlich Gewicht zulegte – vor allem, weil ihre Großeltern einen Bauernhof besessen hatten und alle kräftig sein mussten, um den Betrieb am Laufen zu halten. »Auf einem Bauernhof«, sagte Amélie, »ist man vor dem Morgengrauen auf den Beinen und arbeitet den ganzen Tag. Man käme nicht klar, wenn man nur einen Spinat-Eiweiß-Pfannkuchen essen würde!« Die nächste Generation, Amélies Eltern, hatten Bürojobs und griffen regelmäßig auf Fast-Food und Tiefkühlkost zurück – alles, was man schnell und einfach zubereiten konnte, um die Familie satt zu bekommen. Außerdem liebte Amélies Mutter Süßigkeiten, also waren immer reichlich Kekse und Eiscreme im Haus. Paradoxerweise hasste Amélies Mutter aber ihren Körper und mäkelte ständig an sich herum, wie Amélie sich erinnerte.

»Als ich ins Teenager-Alter kam, hatte ich nach vielen Jahren Fast-Food natürlich auch Übergewicht. Meine Mutter lenkte ihre Kritik dann auf mich um – und zwar ununterbrochen und sehr destruktiv.« Amélie fing an zu weinen. »Ich habe mich in einer Phase, in ich sehr unsicher und verletzlich war, so fett und hässlich gefühlt. Und sie war wirklich gemein, ich erinnere mich daran, dass sie mich ›fettes Schwein‹ nannte. Autsch. Und jetzt wiederholt sich das. Ich gebe es an Sophie weiter und ich war mir dessen gar nicht bewusst. Ich bin ein hoffnungsloser Fall.«

»Amélie«, erwiderte ich sanft, »du bist kein hoffnungsloser Fall. Wir alle tun das. So wie wir selbst behandelt worden sind, geben wir es oft weiter; normalerweise, ohne darüber nachzudenken. Und du beschimpfst sie ja gar nicht und schlägst sie nicht.«

»Das stimmt. Das ist ein Fortschritt. Ich verhalte mich ihr gegenüber nicht bösartig – zumindest meistens – und ich bin froh, dass Sophie so klug ist, auszuweichen und sich auf ihre Stärken zu konzentrieren.

Aber wie kann ich aufhören, meinen Körper zu hassen? Ich möchte nicht, dass sie eine Mutter hat, die eine Diät nach der anderen versucht. Ich habe in meinem Leben, um ehrlich zu sein, ungefähr jede populäre Diät der letzten 25 Jahre ausprobiert. Das war das Bindeglied zwischen meiner Mutter und mir. Aber das Gewicht kommt jedes Mal zurück, egal, was ich versuche.«

Falls du bei der vorhergehenden Übung festgestellt hast, dass dein Verhältnis zu deinem Körper nicht immer sehr freundlich oder unterstützend ist, probiere die folgende Übung aus und schau, ob sie dein Verhältnis zu deinem Körper verändern und dazu beitragen kann, dass du nicht länger auf dir herumhackst.

 *Freundlich zum Körper sein*

Der Bodyscan wurde durch das von Jon Kabat-Zinn entwickelte achtsamkeitsbasierte Training zur Stressreduktion (Mindfulness-based Stress Reduction oder MBSR) bekannt. In der Version von Chris Germer und Kristin Neff kommt noch Mitgefühl dazu,[16] was uns hilft, eine liebevolle, wohlwollende Einstellung zu unserem Körper zu kultivieren. Versuche, während du dich einem Körperteil nach dem anderen zuwendest, eine dankbare, liebevolle Haltung einzunehmen und eine mitfühlende Sprache zu verwenden. Du kannst das auch mit beruhigenden Berührungen kombinieren, falls du das Bedürfnis danach verspürst. Versuche, 20 bis 30 Minuten für die Übung einzuplanen.

- Leg dich auf den Rücken und nimm eine bequeme Haltung ein. Leg eine oder beide Hände auf den Herzbereich, um dich daran zu erinnern, dass du dir während dieser Übung freundliche Aufmerksamkeit schenken willst. Nimm ein paar tiefe, entspannende Atemzüge, um zur Ruhe zu kommen und leg die Arme wieder seitlich neben dem Körper ab, wenn du magst.

- Bei dieser Übung lassen wir jedem Körperteil freundliche Aufmerksamkeit zukommen und entdecken, wie es sich anfühlt, liebevoll mit dem eigenen Körper umzugehen. Wir werden unsere Aufmerksamkeit auf dieselbe Weise auf unseren Körper richten, wie wir einem kleinen Kind Aufmerksamkeit schenken würden.
- Falls mit einem bestimmten Körperteil Urteile oder unangenehme Assoziationen verbunden sind oder falls du Schmerzen oder Unbehagen verspürst, möchtest du vielleicht eine Hand auf diese Stelle legen. Du kannst dir dabei vorstellen, dass aus deiner Hand Freundlichkeit in den Körper fließt.
- Diese Übung sollte so sanft und wohltuend wie möglich sein. Es ist nicht nötig, bei einem bestimmten Körperbereich zu verweilen, falls es zu schwierig ist.
- Nichts muss an deinem Körper geändert werden. Lass ihn einfach so sein, wie er ist.
- Richte nun deine Aufmerksamkeit auf die Fußzehen, nimm jede Empfindung darin wahr und schenke ihnen vielleicht ein dankbares inneres Lächeln.
- Geh dann weiter zu den Fußsohlen und bringe auch ihnen ein bisschen Dankbarkeit entgegen. Sie arbeiten so hart, um deinen Körper den ganzen Tag zu tragen.
- Falls du irgendein Unbehagen verspürst, lass zu, dass dieser Bereich weicher wird. Wende dich der Empfindung mit liebevollen Worten zu, nimm sie wahr und lass sie einfach da sein.
- Spüre nun in beide Füße hinein. Falls heute kein unangenehmes Gefühl in den Füßen zu spüren ist, sei dankbar für das unangenehme Gefühl, das du nicht hast.
- Lass nun die Aufmerksamkeit die Beine entlang nach oben wandern einen Bereich nach dem anderen und nimm dort alle Empfindungen wahr. Schicke Freundlichkeit hinein, falls du Beschwerden wahrnimmst. Gehe langsam voran und richte deine Aufmerksamkeit auf deine
    - Knöchel
    - Waden und Schienbeine
    - Knie

- Wenn du gedanklich abschweifst, kehre einfach zu den Empfindungen in diesem Körperteil zurück.
- Gehe weiter zu
  - den Oberschenkeln
  - den Hüften
  - dem Bauch
  - der Leistengegend
  - dem Gesäß
  - dem unteren Rücken
  - dem oberen Rücken
  - dem Brustkorb
- Während du dich so von einem Körperteil zum nächsten bewegst, lenkst du dein Gewahrsein wieder auf die vorhandenen Empfindungen und sendest Freundlichkeit und Dankbarkeit in jeden Bereich des Körpers.
- Mach weiter und richte deine Aufmerksamkeit nacheinander auf
  - die Schultern
  - die Oberarme
  - die Ellbogen
  - die Unterarme
  - die Hände
  - die Finger
  - den Hals
  - den Nacken
  - den Hinterkopf
  - die Stirn

- die Augen
- die Nase
- die Wangen
- die Lippen
- das Kinn
- das ganze Gesicht (und danke, wenn du magst, deinen Augen, deiner Nase und deinen Ohren dafür, wie sie dich durch den ganzen Tag führen und informieren)
- die Schädeldecke

- Wenn du jedem Körperteil liebevolle Aufmerksamkeit geschenkt hast, leg wieder eine Hand aufs Herz und gib nun deinem ganzen Körper eine letzte »Liebes-Dusche«.
- Nimm ein paar tiefe, langsame Atemzüge und öffne die Augen, wenn du bereit bist.

Die Mutter in meinem Kopf

Für Amélie war es bei dieser Übung so, als würde ihre kritische Mutter in ihrem Kopf sitzen und könne nicht daraus vertrieben werden.

»Mir wurde klar, wie viel Selbsthass ich mit mir herumgetragen habe, und zwar für fast jeden Teil von mir. Meine Füße sind zu groß, meine Beine zu kurz und zu dick, ich habe enorme Oberschenkel, überall Zellulitis, mein Arsch ist riesig, meine Hüften sind zu breit, meine hängende Wampe braucht eine Bauchstraffung, und nachdem ich zwei Kinder gestillt habe, bräuchte ich noch eine Brustverkleinerung. Man könnte denken, das alles wäre für mich sehr deprimierend gewesen, aber das war es nicht. Es kam mir vor wie ein Perspektivwechsel. Ich habe durchweg Dankbarkeit für alles empfunden, was mein Körper Tag für Tag leistet – den Kindern hinterherrennen, sie umarmen, versorgen, trösten, zur Schule, zum Sport und zu Verabredungen mit Spielkameraden fahren.

Mein Körper leistet so viel, er ist stark und energiegeladen. Und alles, was ich bisher gesehen habe war, dass ich kein Supermodel bin.«

»Genau. So viele von uns haben kritische Mütter und Väter in ihrem Kopf sitzen und stimmen in die Kritik ein. Das zu erkennen und es zu stoppen, kann eine Befreiung sein.«

»Aber was kann ich in einem Moment tun, in dem ich eine junge Frau vorbeigehen sehe und mir wünsche, ich wäre sie? Und wenn ich dann anfange, mir für meinen Körper Vorwürfe zu machen? Sie ist nicht so ausgeleiert und schwabbelig von zwei Schwangerschaften und der Angewohnheit, für zwei zu essen – was ich während meiner Schwangerschaft getan habe. Manchmal sehe ich andere Mütter in der Schule oder bei der Meditation und dann hasse ich mich wieder. Ich bin einfach ein fettes Schwein. Und Sophie wird ein fettes Schwein. Hätte ich nur etwas über Spinat-Pfannkuchen gewusst«, scherzte sie. »Ich kann nicht damit aufhören. Ich vergleiche mich ständig mit anderen, und ich verliere jedes Mal.«

»Du und die meisten Mütter«, stimmte ich zu. »Unsere Körper sind nach den Schwangerschaften und dem Stillen kaum dieselben wie vorher.«

Vor einiger Zeit habe ich einen sehr inspirierenden Artikel des Gelehrten und Übersetzers Thanissaro Bhikkhu gelesen. Er sagt, dass wir den Blick der anderen verinnerlichen und uns in Vergleichen verlieren.[17]

Wir bleiben in der Objektivierung unseres Körpers gefangen, indem wir denken, dass wir so sein sollten, wie die, die wir in den Zeitschriften sehen, selbst wenn das überhaupt nicht real oder für die meisten gewöhnlichen Menschen gar nicht möglich ist.

Jill (heute Joey) Soloway, Autorin und Regisseurin der TV-Show *Transparent*, sagte 2017 in einem Interview mit der New York Times, dass das Gesehenwerden uns davon abhält, zu sein.[18]

Versuche es mit der folgenden Reflexion, wenn du anfängst, deinen Körper zu hassen. Vielleicht passiert das, wenn du ihn in einem Spiegel oder Schaufenster siehst, ein Foto von dir betrachtest oder wenn du eine jüngere, schlankere, attraktivere Person siehst und in die Abwärtsspirale von Eifersucht und Vergleichen gerätst.

Reflexion: Das eigene Körperbild »zurücksetzen«

- Halte einen Moment inne, auch wenn du vielleicht gerade gehst.
- Nimm dir einen Moment Zeit, um mit deinen Annahmen in Kontakt zu kommen.
- Glaubst du, dass der Wert deines Körpers von äußerer Schönheit oder von seinem Erscheinungsbild abhängt?
- Wenn ja, bring dir ein bisschen Freundlichkeit entgegen: Du bist damit nicht allein.
- Als Mutter (oder Vater): kannst du etwas tun, das von Therapeuten als »kognitive Umdeutung« bezeichnet wird, das heißt, kannst du bejahen, dass deine Stärke und dein Wert nicht in deiner äußeren Erscheinung liegen, sondern in deiner Fähigkeit, für dein/e Kind/er zu sorgen?
- Schönheit ist zerbrechlich und vergänglich. Wie sehr wir auch versuchen, die Zeichen des Alterns abzuwehren, sie kommen auf jeden Fall.
- Verschiebe deinen Fokus auf die subjektive Erfahrung deines Körpers, nimm seine Wärme, seine Empfindungen und das Ein- und Ausströmen des Atems wahr.
- Richte deine Aufmerksamkeit auf das Gute, das dein Körper bewirken kann darauf, wie er dein/e Kind/er jeden Tag unterstützt.
- Denk daran, wie er andere unterstützt und fördert.
- Betrachte deinen Körper als Vehikel für Freundlichkeit und Großzügigkeit.
- Die Falten, die Zellulite, die hängenden Partien sind keine Bedrohung für deine Güte, deinen essenziellen Wert.
- Versuche, nicht in deiner Vorstellung davon zu verharren, wie andere dich sehen oder beurteilen, sondern bleib im Hier und Jetzt, in deiner Erfahrung der Gegenwart.
- Je mehr du dich vom internalisierten Blick anderer frei machen kannst, desto befreiter wirst du dich fühlen.

Das ungelebte Leben der Eltern

Als wir Leon und Kyra zum ersten Mal begegneten, war ihr Sohn ein Säugling und hatte große Probleme mit dem Schlafen. Weil er eine Frühgeburt gewesen war, gab es ein paar Entwicklungsverzögerungen, aber durch seine Therapie im örtlichen Krankenhaus und die Unterstützung, die seine Eltern dort erhielten, ging es ihm im Alter von fünf Jahren sehr gut. Er kam im Kindergarten zurecht, redete viel und fing an zu lesen. Jetzt ist er sieben und seine Eltern stehen vor einer neuen Herausforderung. In diesem Alter könnte er anfangen, in einer Jugendliga Baseball zu spielen aber er kann nicht so schnell rennen, wie die anderen Kinder, hat keine gute Hand-Auge-Koordination und trifft nur selten den Ball. »Er mag es einfach, teil des Teams zu sein, er spielt gerne und liebt es, ein Trikot zu tragen. Es gibt ihm das Gefühl, dazuzugehören«, sagte sein Papa wehmütig. »Wir haben keine weiteren Kinder und er ist oft einsam. Es ist hart für ihn, wenn sich seine Teamkameraden über ihn lustig machen, weil er nicht schnell genug ist.«

Leon sah traurig aus. »Sein großer Traum ist es, in der Major League Baseball zu spielen. Es ist seine Leidenschaft. Wenn er von der Schule nachhause kommt, hört Kyra Lärm und Rumpeln im ersten Stock. Kürzlich gab es einen Knall und Kyra rannte die Treppe rauf, um zu sehen, ob alles in Ordnung war. ›Mama, ich habe gerade eine Base gestohlen und ich bin sicher!‹ (Baseball-Fachjargon, A.d.Ü.) Er war begeistert. Er hatte eine Lampe umgehauen aber er lächelte so breit, dass Kyra es nicht übers Herz brachte, ihn auszuschimpfen.

Aber jetzt trifft die Fantasie in wirklich unschöner Weise auf die Realität – und deshalb bin ich hier. Ich weiß nicht, wie ich meine eigenen Reaktionen kontrollieren soll. Bei Kindern in dem Alter gehen die Spiele endlos und mit den Treffern verhält es sich ähnlich wie beim Basketball, weil niemand einen Strike werfen kann. Ich mache bei der Arbeit früher Schluss, damit ich bei seinen Spielen dabei sein kann. Es ist wichtig für ihn, dass ich da bin und ich komme immer, wenn es möglich ist. Bei einem Spiel war es wirklich eng. Unser Trainer ist ein besonderer Mensch, er mag Kinder, liebt das Spiel und für ihn geht es dabei um Sportsgeist, darum, dass alle miteinander auskommen und als Team zusammenarbeiten. Aber dem Trainer des gegnerischen Teams geht es darum, um jeden Preis zu gewinnen.

Das Spiel ist also eng. Noch ein Schlag und Tims Team hätte gewonnen. Es wurde schon dunkel. Der andere Trainer schaut sich das Line-up an. Da sind zwei Outs und der Trainer sieht Tim als einen Spieler an, den man leicht ins Out schicken kann. Also beschließt der Mistkerl, die Kinder absichtlich vor ihm laufen zu lassen. Jetzt sind die Bases besetzt. Dann ist Tim dran. Ein hoher Ball kommt, Tim schlägt blind danach und verpasst ihn. Der erste Schlag. Der nächste Ball kommt tief. Tim schwingt den Schläger trotzdem. Der zweite Schlag. ›Entspann dich. Beobachte den Ball, warte auf einen guten Ball‹, sagt sein Trainer. Dritter Wurf, Tim schwingt den Schläger nicht, doch der Schiedsrichter wertet es als Schlag. Tim ist out. Das Spiel ist vorbei. Tim bricht in Tränen aus. Er ist am Boden zerstört. Ich habe ihn noch nie so gesehen – so niedergeschlagen. Seine Teamkameraden maulen und werfen ihm böse Blicke zu. Der Trainer relativiert alles, aber ich bin aufgebracht. Ich würde den Trainer der gegnerischen Mannschaft am liebsten umbringen, ihm eine reinhauen, ihn verfluchen. ›Wie konntest du das tun? Wie konntest du mein Kind so behandeln?‹ Ich war außer mir vor Wut. Kyra musste mich beruhigen.

Das Schlimmste war aber, dass ich nicht der Papa war, der ich gerne sein wollte. Ich war sauer und für einen kurzen, schrecklichen Moment verwandelte ich mich in meinen Vater. Anstatt zu sagen: ›Es ist okay, mein Sohn, du hast dein Bestes gegeben‹, schrie ich ihn an. ›Du musst den verdammten Ball im Auge behalten, du musst aufpassen! Du musst dich mehr anstrengen!‹ Ich hatte mir geschworen, niemals so zu werden. Ich schäme mich so. Leon verbarg sein Gesicht in seinen Händen. Ich konnte die ganze Nacht nicht schlafen. Ich bin seitdem wirklich deprimiert.«

»Wie erklärst du dir, was mit dir passiert ist?«, fragte ich.

»Wir haben nie über meine Kindheit gesprochen, seit wir vor zwei Jahren zu dir kamen. Dafür war nie Zeit. Wir haben uns auf unsere Ehe konzentriert und darauf, wie wir Tim dazu bringen können, nachts durchzuschlafen. Ich war das Jüngste von sieben Kindern. Der Kleinste und Schwächste, und mein Vater sorgte dafür, dass ich das nie vergaß. Mein

Dad und die älteren Brüder haben auf mir herumgehackt, mich geschlagen. Sie waren alle groß und kräftig. Alle gut über ein Meter achtzig. Sie spielten Basketball, Hockey, Football. Ich konnte nicht mithalten.

Baseball war mein Spiel. Ich war klein und schnell. Das war mein Freibrief. Ich hoffte auf ein College-Stipendium aber als die Scouts kamen um unser Spiel zu beobachten, wurde ich ängstlich und nervös. Raten Sie mal, was passierte, als ich mit dem Schlagen dran war. Ich schlug daneben. Genau dasselbe.« Leon schüttelte den Kopf. »Mein Vater war angewidert von mir, nannte mich einen Verlierer, einen Schwächling. Ich habe ihm das nie verziehen.

Es hat mir das Herz gebrochen, als ich sah, dass Tim daneben schlug. Ich habe wieder dieselbe alte Scham gefühlt. Es hat etwas mit mir gemacht, als ich sah, wie ihm die Gesichtszüge entgleisten. Ich konnte seine Niedergeschlagenheit kaum ertragen. Ich weiß nicht, was mit mir passiert ist; ich bin einfach ausgerastet. Und plötzlich wurde ich zu meinem Vater. Ich hätte nie gedacht, dass das passieren könnte, niemals!«

»Schauen wir uns das einmal an; bei dir und deinem Sohn. Und wir sollten darüber sprechen, wie man einen solchen Riss heilen kann. Was war bei dir los?«

»Ich hatte gewisse Träume für ihn. Ich hatte gehofft, dass er der Sportler werden könnte, der ich nie war, dass er die Homebase erreichen oder einen Ball auf spektakuläre Weise fangen könnte und der Star sein würde. Ich meine, ich wusste, dass das für Tim nicht realistisch war, aber ich wollte, dass alles leichter für ihn würde. Ist das zu viel verlangt? Ich denke, da spielten auch noch meine eigenen Baseball-Träume hinein.«

»Wir wünschen uns immer, dass es für unsere Kinder leichter ist. Aber das ist nur selten der Fall«, sagte ich. »Und wir alle haben Träume für unsere Kinder.«

»Mein Vater war ein zorniger Mann. Er stemmte sich immer gegen den Wind. Und es war ein rauer Wind. Aber er hat uns beigebracht, wie man überlebt. Er hatte eine sadistische Ader, das ist unbestreitbar. Wenn er nach der Arbeit nach Hause kam, warf er gerne das Kleingeld aus seiner Hosentasche auf den Boden und schrie ›Kämpft darum‹, und dann lachte er, wenn wir uns um die Centstücke balgten. Manchmal bis aufs

Blut. Es war wie ein Hahnenkampf. Wir wurden zu Tieren. Und er trank sein Bier und lachte und lachte.

Irgendwelche guten Ideen, Doktor? Was kann ich tun, um den Trainer nicht zu erwürgen? Oder mein Kind nicht zu demütigen? Oder nicht wegen eines Angriffs im Gefängnis zu landen?«

»Es gab einen Schweizer Psychiater namens C.G. Jung, der einmal gesagt hat: ›Die größte Last, die ein Kind zu tragen hat, ist das ungelebte Leben seiner Eltern‹. Welche ungelebten Dinge schlummern in dir?«, fragte ich. »Was ging in dir vor, als du sahst, wie seine Gesichtszüge entgleisten? Hat das bei dir etwas ausgelöst?«

»Ja, ja. Das ist es. Ich hatte die Hoffnung, dass er all das sein würde, was ich nicht bin. Dass sein Leben so strahlend sein würde, dass man eine Sonnenbrille bräuchte. Dass er erreichen könnte, was ich nicht erreichen konnte. Und, verdammt nochmal, er ist ein weiteres unzulängliches Kind mit seinen eigenen Problemen. Er ist kein Star. Ich wollte so viel für ihn. Sooo viel.«

»Ich weiß. Ich verstehe dich. Das kommt auf fast alle Eltern zu. Ich betrachte es als die Schattenseite des Elterndaseins. Es ist schwer.«

Wir schwiegen eine Weile. »Wenn du bereit bist, können wir zusammen eine Reflexionsübung ausprobieren und dann zeige ich dir noch ein paar Übungen, die dir helfen werden, mit dem umzugehen, was auf dich zukommt.«

Reflexion: Welche Träume hast du?

- Wenn es dir wie den meisten Eltern geht, spürst du jetzt vielleicht etwas. Vielleicht eine Sehnsucht, einen Anflug von Traurigkeit, ein hohles Gefühl im Bauch. Schau, was in diesem Moment da ist.
- Nimm einen Moment Zeit, um innerlich zur Ruhe zu kommen, erde dich mit Hilfe des Atems, der Umgebungsgeräusche, der Empfindungen in deinem Körper oder der Kontaktpunkte.

- Bring dir ein bisschen Freundlichkeit entgegen.
- Gönne dir zusätzlich beruhigende Berührungen, wenn du ein bisschen Extra-Trost brauchst.
- Welche Träume hattest du für dein Kind? Hattest du den Traum, dass dein Sohn ein Ausnahmesportler würde? Deine Tochter eine Primaballerina?
- Träumtest du davon, dass dein Kind einmal Goldmedaillengewinner bei den Olympischen Spielen sein würde? Eine Journalistin, die den Pulitzer-Preis gewinnt? Eine unglaublich erfolgreiche Unternehmerin? Ein Technik-Genie? Ein Filmstar? Ein brillanter Regisseur? Eine fantastische Wissenschaftlerin, die ein Heilmittel für Krebs entdeckt?
- Halte dich nicht zurück. Wir alle haben Träume im Hinblick auf das, was unsere Kleinen werden könnten. Tu dir keinen Zwang an.
- Nur sehr selten erfüllen unsere Kinder unsere Träume.
- Nimm dir einen Augenblick Zeit und schreib die Träume auf, die du für dein Kind hast. Du musst deine Notizen niemandem zeigen.
- Nimm behutsam und freundlich deine rosarote Brille ab.
- Lass den Sternenstaub von deinen Augen fallen.
- Sieh all das Gute in deinem Kind. Sieh seine oder ihre Begabungen.
- Versuche, dein Kind klar zu sehen ohne die Last der Träume und Fantasien, die du mit dir herumträgst.
- Schau, ob du dein Kind es selbst sein lassen kannst, ohne deine ungelebten Träume hinzuzufügen.
- Das ist nicht leicht. Schau dir deine Fantasien an und lass sie los.
- Bleib noch eine Weile sitzen.
- Sei freundlich zu dir, während du loslässt und in deinen Alltag zurückkehrst.

Leon fand diese Übung herausfordernd aber hilfreich. »Ich hatte einen Traum für ihn, der nicht zur Realität gepasst hat«, erzählte er. »Und ich wusste das. Ich sagte mir, dass meine Träume ja harmlos seien, aber ich habe erkannt, dass ich ihn nicht klar gesehen habe. Ich habe mehr von ihm verlangt, als er tun konnte. Und das war hart. Er wird wahrscheinlich nicht mal in der Kinderliga einen Treffer erzielen. Und er wird auch Probleme mit dem Fahrradfahren haben. Das tut weh. Aber ich denke, ich werde weniger wütend auf ihn werden. Und weniger fordernd. Meine Erwartungen waren nicht in Einklang mit seinen Fähigkeiten«, sagte er und blickte zu Boden. »Aber ich denke, das Gute ist, dass ich den Trainer der gegnerischen Mannschaft nicht k.o. schlagen werde.«

Leon hatte recht. Unsere Fantasien und Träume können zu unrealistischen Erwartungen an unsere Kinder führen und dadurch Leiden für sie und uns verursachen. Und damit ist Leon nicht allein.

Alice und ihre Tochter Katharina stritten sich ums Eislaufen. Alice liebte es, die Olympischen Winterspiele im Fernsehen anzuschauen und wünschte, ihre Tochter hätte die Anmut, Kraft und Koordination einer Elitesportlerin. Katharina war eine gute Schlittschuhläuferin aber sie war nicht wirklich ehrgeizig oder konkurrenzorientiert und hatte Probleme mit den Sprüngen und Pirouetten. Sie wollte mit ihren Freundinnen zusammen sein und hatte keine Lust, jeden Tag stundenlang und sogar am Wochenende zu trainieren. Als Alice erkannte, dass das ihr eigener und nicht Katharinas Traum war, konnte sie loslassen und aufhören, »eine verrückte Eiskunstlaufmutter zu sein, die ihr Kind für die Wettkämpfe durchs ganze Land kutschiert«. »Ich denke«, sagte sie traurig, »es war mein Traum und nicht ihrer.« Diese Einsicht führte dazu, dass sich sowohl Alice als auch Katharina weniger gestresst fühlten und ihre Beziehung entspannter wurde. Katharina, die ja eine starke und schnelle Eisläuferin war, wechselte zum Eishockey, was ihrem Bedürfnis, mit ihren Freundinnen zusammen zu sein und in einem Team zu spielen, entgegen kam.

Für Leon wurde die folgende Übung zu seiner wichtigsten Praxis während der Kinderliga-Spiele. (Und er begann sie auch bei der Arbeit anzuwenden, wenn er wütend auf einen Kunden wurde.) Alice wendete sie an, wenn Katharinas Eishockeyteam verlor und sie sich aufregte und übermäßig auf das Siegen fixiert war. Probiere sie aus, wann immer du Halt brauchst. Wenn du das nächste Mal im Stadion oder Zuschauerraum sitzt und immer wütender wirst. Wenn dir in den Sinn kommt, den Trainer oder einen anderen Spieler oder eine andere Mutter oder einen anderen Vater k.o. zu schlagen (oder du wütend auf dein Kind bist), solltest du diese Übung ausprobieren. Sie kann Eltern (und Kindern) schnell helfen, sich geerdeter zu fühlen. Und sie ist besonders nützlich, wenn du es mit aggressiven oder impulsiven Gefühlen zu tun hast. Man kann sie im Sitzen oder Stehen machen. Es ist eine großartige Allzweck-Übung.

Fußsohlen

Aufnahme 4

- Bewege zunächst deine Füße vor, zurück und seitwärts indem du dein Gewicht von den Fersen auf die Fußspitzen und dann von einer Seite auf die andere verlagerst. Lass dann die Füße kreisen und wackle mit den Zehen, wenn du magst.
- Du kannst die Füße abwechselnd heben, so als würdest du marschieren. Nimm die dabei entstehenden Empfindungen wahr.
- Spüre, wie deine Füße fest auf dem Boden stehen. Beobachte die unterschiedlichen Empfindungen. Spüre deine Fußsohlen.
- Wenn du magst, kannst du dir vorstellen, dass unter jedem Fuß Wurzeln sind, die dich verankern und erden. Fühle dich gehalten und mit der Erde verbunden.
- Verweile so und warte, bis du dich weniger aufgewühlt fühlst. Lass zu, dass die aggressiven Gefühle hochkommen und dann verebben.
- Du musst nicht handeln; lass den Impuls zu verletzen oder zu handeln los.
- Bleib bei diesem Moment; du musst nichts in Ordnung bringen.
- Lass die Dinge sein, wie sie sind.
- Du kannst immer zur Übung »Fußsohlen« zurückkehren, wenn du einen Anker im Leben brauchst.

»Das ist gut«, sagte Leon. »Mich auf meine Fußsohlen zu konzentrieren war überraschend hilfreich. Ich fühle mich, als hätte ich zu mir selbst zurückgefunden. Manchmal, wenn ich stinksauer werde, habe ich ein Gefühl, als würde ich von irgendetwas ferngesteuert.«

Diese Erfahrung machen viele Eltern. Therapeut:innen nennen es »entführt werden.« Und es passiert oft, wenn eine alte Verletzung berührt wird oder etwas Schmerzhaftes, das ungelöst blieb. Es ist eine Sache, zu wissen, dass wir ungeheilte Wunden haben und eine ganz andere, anzufangen, sie zu heilen. Die folgende, von Mark Coleman inspirierte Reflexionsübung ist hier hilfreich.[19]

Reflexion: Verletzungen, die wir mit uns herumtragen

- Wir schrecken oft vor unserem Schmerz zurück. Versuche, dich ihm zuzuwenden und wenn es nur für einen Moment ist.
- Such dir einen Ort, an dem du für 10 Minuten ungestört sein kannst.
- Schließe die Augen und lenke deine Aufmerksamkeit auf die Empfindungen in deinem ganzen Körper.
- Nimm dir etwas Zeit, um dir eine Verletzung anzuschauen, die du vielleicht aus der Vergangenheit mit dir herumträgst. Wann geschah das? Wie alt warst du? Hast du das als Kind erlebt? Oder als Jugendliche/r?
- Bleib bei dir. Achte darauf, was in deinem Körper vor sich geht. Welche Gefühle kommen hoch?
- Was verteidigst du? Was versuchst du zu schützen?
- Wie reagierst du auf diese verletzlichen Gefühle? Wendest du dich ab? Verlierst du dich in Gedanken ans Abendessen oder deine Lieblings-Fernsehsendung?

- Stell dir nun vor, während du in Kontakt mit dieser schmerzhaften Wunde kommst, dass du sie begrüßen kannst. Sag hallo. Schüttele sogar ihre Hand.
- Bring dieser Wunde ein bisschen freundliche Aufmerksamkeit entgegen.
- Sind die Gefühle zu intensiv, kehrst du mit deiner Aufmerksamkeit zum Atem oder den Fußsohlen zurück.
- Versuche, innerlich etwas Raum zu schaffen, um mit dieser Wunde zu sein. Vielleicht möchtest du ein paar Worte sagen, in denen sich eine heilsame, freundliche Absicht ausdrückt, wie beispielsweise ›Möge ich diese Wunde freundlich umarmen‹ oder ›Möge ich mich um diese Verletzung kümmern‹.
- Bleib einen Moment dabei; vielleicht magst du eine Hand auf die Stelle legen, an der du den Schmerz spürst.
- Nimm in den nächsten Tagen immer wieder einmal Kontakt mit diesem Schmerz auf und wiederhole die Worte.
- Öffne, wenn du bereit bist, behutsam die Augen und strecke dich.

Die Ängste, die wir mit uns herumtragen

Angst vorm Fliegen

»Ich schäme mich, darüber zu sprechen, und fühle mich wie eine totale Memme, aber ich habe schreckliche Angst davor, in ein Flugzeug zu steigen«, erzählte mir Amélie bei unserer ersten Begegnung. Aber es war nicht ihre Angst vorm Fliegen, die sie zu mir geführt hatte. Sie befürchtete, dass sie ihre Angst auf ihren sechs Jahre alten Sohn übertragen und so ein »neurotisches Kind heranziehen« könnte. Auf einem kürzlichen Flug zu ihren Eltern war das Flugzeug in Turbulenzen geraten und ihr

Sohn geriet in Panik. Amélie konnte ihn nicht trösten, weil sie genauso viel Angst hatte wie er. »Er konnte sehen, dass ich in Panik war«, sagte sie. »Ich krallte mich beim Start an den Armlehnen fest und biss die Zähne zusammen. Ich weiß, dass ich total bleich wurde, als wir in die Turbulenzen gerieten. Ich fing an zu hyperventilieren. Er wandte sich mir zu und fragte «Sind wir sicher, Mami? Stürzen wir ab? Werde ich sterben? Ich habe Angst», und er begann laut zu weinen. Ich möchte nicht, dass Simon auch diese Ängste entwickelt. Ich möchte, dass er ein erfüllteres, weniger eingeschränktes Leben hat.«

Als ich Amélie fragte, ob sie je schlechte Erfahrungen mit dem Fliegen gemacht habe, sagte sie, sie selbst könne sich nicht daran erinnern, aber ihr Bruder habe ihr erzählt, dass sie einmal in einem kleinen Flugzeug durch ein Gewitter geflogen seien als sie drei und er sieben Jahre alt war. Damals lief offensichtlich irgendetwas schief und alle fingen an zu schreien und zu weinen und der Pilot musste eine Notlandung machen. Amélie sagte, ihre Mutter hätte gedacht, sie müssten alle sterben und habe aus vollem Hals geschrien. Der Pilot war damals sicher gelandet aber Amélies Mutter war nie wieder geflogen – und ihr Bruder auch nicht. Aber ihre Mutter sprach nie darüber.

»Also, diese Angst hast du dir ehrlich verdient!« sagte ich. »Während meiner Ausbildung habe ich im Hinblick auf Angst folgenden Spruch gehört, der hier gut passt ›Wenn die Angst hysterisch ist, ist sie historisch‹. Diese Angst ist historisch.«

»Das könnte schon sein aber ich erinnere mich nicht daran«, sagte Amélie herausfordernd.

»Ja, aber der Körper erinnert sich daran. Was du erlebst bezeichnen wir als eine Körpererinnerung. Die Tänzerin Martha Graham drückte es elegant mit den Worten aus: ›Der Körper vergisst nie‹.«

Amélie dachte nach. »Ich habe dieses instinktive Gefühl, das ich nie verstanden habe. Wenn ich in ein Flugzeug steige, fühle ich diese Enge im Körper, diese Spannung in meinem Hals; es ist ein Gefühl, als wollte ich schreien ›Hilfe, Hilfe, bringt mich hier raus‹. Ich dachte, ich wäre verrückt.«

Nachdem ich ihr versichert hatte, dass das überhaupt nicht verrückt klang, erwähnte ich, dass der ganze Vorfall wahrscheinlich deshalb aus ihrem Bewusstsein verschwunden war, weil sie damals noch so klein gewesen war und niemand mehr darüber gesprochen hatte. Aber als ich ihr vorschlug, es beim Fliegen mit Achtsamkeit und Mitgefühl zu versuchen, wies sie diese Idee umgehend als »Gefühlsduselei und Schwäche« zurück. Sie war gekommen, um sich ein Medikament verschreiben zu lassen.

»Okay«, sagte ich, »ich kann das respektieren. Ich möchte dir auf keinen Fall eine Therapie aufdrängen, wenn du kein Interesse daran hast. Ich kann dir Benzodiazepine verschreiben, das wird dir bei den Flügen helfen.«

»Danke«, sagte Amélie und griff nach ihren Sachen. »Ich muss zurück zur Arbeit.«

»Aber eine Sache noch – was ist mit Simon? Niemand wird ihm Medikamente geben, und zu wissen, wie man ihn beruhigen kann, ist in allen Situationen eine gute Sache.«

»Wenn es etwas gibt, das du mir in fünf Minuten beibringen kannst und das ich mit ihm teilen kann, bin ich offen dafür. Ich möchte eine gute Mutter sein, besonders weil ich ihn ganz allein erziehe.« Sie sah mich direkt an. »Keinen Nonsens, bitte.«

»Verstanden«, erwiderte ich lächelnd. »Aber wir sollten es jetzt hier gemeinsam machen, sonst wird es schwierig, es ihm beizubringen.«

Ich nenne die folgende Übung »kämpferisches Mitgefühl«. Viele von uns betrachten Mitgefühl als Schwäche oder Passivität. Sie denken, es bedeute, zu allem Ja und Amen zu sagen, nicht für sich einzustehen oder zuzulassen, dass andere unfair behandelt werden. Mitgefühl bedeutet aber nicht, dass wir uns davor drücken, Verantwortung zu übernehmen, uns als Fußabtreter zur Verfügung stellen oder unser Urteilsvermögen verlieren. Es ist ein mutiger Akt, unseren gewohnten Reaktionsmustern den Rücken zu kehren.

Die folgende Übung ist bei vielen Ängsten hilfreich, nicht nur bei der Angst vorm Fliegen.

 **Kämpferisches Mitgefühl**

- Setz dich bequem hin und lass den Körper so gut wie möglich zur Ruhe kommen. Lass alle unnötige Anspannung los.
- Spüre deinen Rücken. Spüre die Kraft in deinem Rücken. Stell dir alle Wirbel in gerader Linie vor. Verbinde dich mit deinem Rückgrat. Vielleicht möchtest du zu dir sagen »Starker Rücken«.
- Wo nimmst du, aus dieser würdevollen, kraftvollen Position heraus, die Angst wahr?
- Es ist nicht nötig, die Angst auszublenden oder sie zum Verschwinden bringen zu wollen. Versuche, dich ihr zuzuwenden als wäre sie ein kleines Kind.
- Lokalisiere sie in deinem Körper. Schau, ob du eine oder beide Hände auf diese Stelle legen kannst.
- Versuche zu erspüren, welche Art von Berührung du brauchst. Vielleicht musst du die Hände in einer schützenden Geste über dem Brustkorb kreuzen.
- Probiere verschiedene Möglichkeiten aus, dich zu halten oder zu trösten.
- Nimm dir etwas Zeit, um das zu spüren.
- Stimme dich auf deinen Atemrhythmus ein.
- Brauchst du bestimmte Worte?
- Was wäre tröstlich?
- Wenn ein Flugzeug an Höhe verliert, wird den Eltern immer gesagt, dass sie zuerst ihre eigene Sauerstoffmaske aufsetzen sollen. Das gilt hier auch.
- Nachdem du dich um deine eigenen Ängste gekümmert hast, wende dich deinem Kind zu.
- Schau, nachdem dein Kind die Stärke seines Rückgrats spüren kann, welche Art von tröstlicher Berührung es braucht.
- Welche Worte könnten hilfreich sein?
- Was muss dein Kind von dir hören? Sätze wie »Ich bin hier; ich bin bei dir« oder »Du bist nicht allein« sind gut.

Amélie gefiel an dieser Übung, dass sie mit Stärke begann: »Ich habe Angst, meine Souveränität zu verlieren, schwach oder instabil zu werden. Ich möchte diese ganzen Ereignisse und Erinnerungen nicht aufdecken. Ich will nicht davon überwältigt werden. Ich bin allein; niemand sorgt für mich.«

»Natürlich möchtest du nicht an diesen Punkt kommen«, sagte ich. »Und das ist ein weitverbreitetes Missverständnis im Hinblick auf Therapie. Wir müssen nicht zurückgehen und alles untersuchen und aufdecken, was geschehen ist. Aber wir können heilen, was uns im Weg steht.«

Hier eine Zeile von Hafez, einem persischer Dichter des 14. Jahrhunderts: »Angst ist das billigste Zimmer im Haus. Ich wüsste dich gerne besser untergebracht.«

Wie Amélie leben viele von uns in ziemlich beengten Verhältnissen. Auf welche Weise könnte die Übung »Kämpferisches Mitgefühl« dazu beitragen, deine Lebensbedingungen zu verbessern?

Elternschaft ermutigt uns – manchmal unsanft – uns mit unseren abgespaltenen Anteilen auseinanderzusetzen, ob wir wollen oder nicht. Eine meiner Freundinnen bezeichnet ihre kleinen Kinder als Zen-Meister, die zu ihr sagen »Mami, wach auf, wach auf«. Und nicht immer nur am Morgen.

Die wenigsten von uns sind in Familien aufgewachsen, in denen unsere verletzten Anteile oder ängstlichen Gefühle akzeptiert wurden. Wenn wir solche Gefühle hatten, wurde uns Schwäche oder Selbstmitleid vorgeworfen. So lernen wir, ein tapferes Gesicht aufzusetzen, zu tun, als wäre alles in Ordnung, und zu kompensieren. Es ist aber tatsächlich ein mutiger und mitfühlender Akt, sich um jene Anteile unserer selbst zu kümmern, die sich überfordert oder verletzlich gefühlt haben. Wir alle tragen Reste aus unserer Kindheit mit uns herum, die sich auf die Erziehung unserer Kinder auswirken und für uns und unsere Kinder unnötiges Leid verursachen.

Bitte verlass mich nicht

Erinnerst du dich an Margot aus dem 1. Kapitel? Falls du damit zu kämpfen hattest, die Bedürfnisse eines Neugeborenen zu erfüllen, während du gleichzeitig das Beste für dein erstes Kind tun wolltest, hat dich Margots Geschichte wahrscheinlich berührt, vor allem, wenn du an einer Wochenbettdepression gelitten hast. Margots Depression besserte sich mit Hilfe von Therapie, Medikation und Meditation aber ein paar Jahre später hat sie mit neuen Problemen zu kämpfen – nämlich mit Trennungsängsten. Aber nicht mit denen ihrer Kinder, sondern ihren eigenen.

»Wenn ich sie zu Spielverabredungen oder Geburtstagsfeiern fahre, bin ich diejenige, die nicht gehen will. Ich mache mir dann Sorgen, dass den Kindern etwas zustoßen könnte, dass sie verletzt werden. Hannes verdreht die Augen, wenn ich nach Ausreden suche, um noch länger da zu bleiben und mein Mann wird einfach nur ärgerlich. Aber Lila übernimmt meine Ängste, sie klammert sich an mich und ich mache mir Sorgen, dass sie sich nicht sicher fühlt.«

Ihre eigenen Eltern konnten die Bedürfnisse ihres Kindes nicht wirklich wahrnehmen, als Margot klein war. Sie war hibbelig und nervös und als Kind auch krank gewesen. Da sie sich zu sehr aufregte, wenn die Eltern ausgingen, versuchten diese, das Drama zu umgehen, indem sie sich aus der Hintertür schlichen, ohne sich zu verabschieden. Wenn Margot dann realisierte, dass die Eltern fort waren und sie mit einer Babysitterin zurückgelassen worden war, reagierte sie hysterisch und untröstlich. Sie erinnerte sich daran, wie sie auf der Couch stehend aus dem Fenster geblickt und unaufhörlich panisch geschluchzt hatte.

Der Kinderpsychologe Donald Winnicott nannte diesen Horror, verlassen worden zu sein, wenn man kaum Worte hat, ihn auszudrücken, eine »archaische Seelenqual«. Wir fühlen uns einfach nicht sicher. Und wir tragen diese unterbewusste Angst für den Rest unseres Lebens mit uns herum.

»Ja, so fühlt es sich an – ich habe diesen immer wiederkehrenden Traum, dass ich falle und falle und niemand da ist, der mich auffängt«, fuhr Margot fort. »Ich glaube, meine Mutter hat nie Erziehungsratgeber gelesen und nie mit jemandem darüber gesprochen, wie man Kinder aufzieht. Es ist unglaublich, was für einen Mist sie oft gemacht hat.

Mein Bruder und ich stritten miteinander, wie die meisten Kinder. Aber manchmal konnten wir einfach nicht aufhören. Keiner von uns gab nach und es eskalierte einfach. Meine Mutter war nicht fähig, uns zu trennen oder Grenzen zu setzen oder eine Auszeit anzuordnen. Sie hatte nicht die geringste Erziehungskompetenz. Was tat sie also? Ob Sie es glauben oder nicht, sie kündigte an, wegzugehen und nie mehr wieder zu kommen, weil wir so schreckliche Kinder seien. Sie setzte sich ins Auto und fuhr fort – für einen Zeitraum, der sich manchmal wie Stunden anfühlte. Und ich flippte aus. Dieser alte Horror kehrte zurück und ich wurde hysterisch. Natürlich hörte die Streiterei auf. Mein Bruder versuchte dann immer, mich zu trösten. Er war ein guter Junge, es lag ihm etwas an mir, wir stritten einfach nur. ›Keine Sorge, Meggie, sie wird zurückkommen. Sie kommt immer zurück‹. Aber ich bin sicher, dass er auch Angst hatte. Und ich habe nie darauf vertraut, dass sie zurückkommt. Nichts hat sich je stabil und verlässlich angefühlt. Und das ist heute noch genauso. Ich vertraue nicht darauf, dass Menschen bleiben. Und das ist nicht nur neurotisch. Mein Vater hat uns verlassen, mein Bruder ist vor ein paar Jahren bei einem Autounfall gestorben und meine Mutter starb, als ich mit Lila schwanger war. Menschen verschwinden und ich fühle mich so verletzlich. Manchmal bin ich so in Panik und voller Sorgen, dass ich kaum klar denken oder sehen kann.« Um das zu verdeutlichen, erzählte sie mir, dass sie auf dem Weg zu meiner Praxis einen Müllwagen mit einem Krankenwagen verwechselt hatte. »Zumindest kann ich darüber lachen, aber ich erwarte stets die nächste Katastrophe, selbst wenn es keine gibt. Ich stelle fest, dass ich mir ununterbrochen ein Worst-case-Szenario vorstelle.«

Aufgrund vergangener traumatischer Erfahrungen sehen wir oft Gefahren, wo keine sind. Für unsere Vorfahren war es wichtig, eine giftige Schlange nicht mit einem Stock zu verwechseln. Glücklicherweise sind die Gefahren für uns heutzutage nicht so dramatisch aber unser Gehirn scannt die Umgebung immer noch nach Gefahren ab. Das bezeichnen Wissenschaftler:innen als »Negativitätstendenz« des Gehirns. Falls du Verluste oder Traumata erlitten hast, kann deine Negativitätstendenz ziemlich gravierend sein. Helfen kann hier eine Praxis, die Achtsamkeit (und voll in den gegenwärtigen Moment zu kommen) mit Mitgefühl verbindet. Die folgende Meditation ist von der Arbeit des Neurowissenschaftlers Rick Hanson inspiriert. [20] Margot kann sie anwenden, wenn sie Lila zu einer Verabredung mit Spielkameradinnen bringt und es ihr schwerfällt zu gehen, oder wenn sie Hannes nicht bei Freunden übernachten lassen will.

Du kannst immer auf diese Meditation zurückgreifen, wenn du in Panik gerätst, wenn ein Erziehungsproblem auftaucht, wenn du im Feierabendverkehr feststeckst oder in gesellschaftlichen Situationen, die dich nervös machen, in Menschenmengen, wenn du Höhenangst hast oder in anderen Situationen, in denen du dich gestresst fühlst, wie in Aufzügen oder auf Rolltreppen, oder wenn du eine Brücke überqueren musst. Du kannst sie sogar anwenden, wenn du dich niedergeschlagen und einsam fühlst.

 ***In diesem Moment***

- Beginne damit, jeglichen Stress und jegliche Spannung in deinem Körper loszulassen. Schau, ob du diese Anspannung loslassen kannst.
- Sei hier, einfach jetzt, in diesem Moment. Lass den Dialog in deinem Kopf los, jeden Kommentar, alle Argumente. Lass dich in den gegenwärtigen Moment fallen. Einfach hier, einfach jetzt.
- Schau dich um. Frag dich: bin ich jetzt, in diesem Moment, sicher?
- Was kommt hoch? Wenn du feststellst, dass deine Antwort lautet: »Gut, in diesem Moment bin ich sicher aber vielleicht nicht in der nächsten Stunde oder später im Laufe des Tages oder heute Abend oder Morgen«, dann komm in

den gegenwärtigen Moment zurück und realisiere, dass du in diesem Augenblick, hier und jetzt, sicher bist.

- Schau, ob dein Körper weicher wird und sich allmählich entspannt.
- Bring dir ein bisschen Mitgefühl entgegen und gönne dir vielleicht auch eine unterstützende Berührung für den Stress, den du in dir trägst.
- Komm immer wieder in die Realität des gegenwärtigen Augenblicks zurück.
- Wenn du bereit bist, kehre in deinen Alltag zurück, aber komm so oft du kannst wieder ins Gewahrsein des gegenwärtigen Moments.

Als Margot diese Übung ausprobierte, stellte sie fest, dass sie sehr viel Zeit in Katastrophenszenarien und in einem fortwährenden Alarmzustand zubringt und ständig ins Schleudern kommt. »Ich stelle mir vor, dass Hannes auf dem Spielplatz hinfällt und sich etwas bricht. Bisher ist er noch nicht gestürzt aber er könnte stürzen und dann muss ich ihn ins Krankenhaus bringen, also muss ich wie ein Luchs auf ihn aufpassen. Und dann schreie ich: ›Hannes, sei vorsichtig, klettere nicht zu hoch.‹ Und – oh, mein Gott –, wenn ich ihn schnell ins Krankenhaus bringen muss, wer wird sich dann um Lila kümmern? Was mache ich dann? Wie werde ich das hinkriegen? Und so weiter und so weiter.« Sie lachte. »Ich verbringe so viel Zeit damit, mir Katastrophen auszudenken, die nicht eintreffen. Mein Kopf ist so ein Chaos!«

Margot ist damit kaum allein. Selbst wenn deine überbehütender Negativitätstendenz ihren alarmistischen Kopf zuvor noch nicht gehoben hat – Mutter oder Vater zu werden bringt sie irgendwie zum Vorschein. Es gibt einen großartigen Ausspruch der Autorin Anne Lamott: »Mein Kopf ist eine gefährliche Gegend. Ich versuche, nicht allein dort hinzugehen.«

So viele von uns versuchen so angestrengt, die nächste Katastrophe zu vermeiden, versuchen sicherzustellen, dass der Stock am Boden tatsächlich keine Giftschlange ist, dass die Spinne im Ferienhaus keine Tarantel ist. Vielleicht hast du schon einmal den wundervollen, Mark

Twain zugeschriebenen Spruch gehört, der ungefähr so lautet: »Ich bin ein sehr alter Mann und ich habe in meinem Leben unzählige Katastrophen erlebt, von denen die meisten nie eingetreten sind.«

Wir können uns selbst neu »beeltern«

Mit Achtsamkeit und Mitgefühl können wir uns selbst wieder »beeltern«. Wir können ein inneres Gefühl der Sicherheit herstellen, sogar wenn wir es als Kind nie hatten. Aber das setzt voraus, dass wir neue Fertigkeiten erlernen und unser Gehirn trainieren. Bindungsforscher:innen haben dafür eine Bezeichnung, die mir gefällt, nämlich »verdient sicher«. Es ist etwas, das wir erreichen können, das wir lernen können und das sich verdient anfühlt. Wir können uns selbst die Fähigkeiten und Werkzeuge an die Hand geben, die uns unsere Eltern nicht geben konnten, als wir Kinder waren. Und Wege zu entdecken, sich selbst und das eigenen Kind zu beruhigen ist ein großartiger Anfang.

Achtsamkeit im täglichen Leben

Wutanfälle

Alle Eltern haben schon Wutanfälle erlebt und zwar nicht nur die unserer Kleinkinder während der schrecklichen »Trotzphase«, sondern, seien wir ehrlich, auch unsere eigenen. (Ja, wieder einmal die gemeinsame Erfahrung des Menschseins. Erzähl mir nicht, dass deine Wutanfälle im Alter von zwei Jahren aufgehört haben).

Das nächste Mal, wenn du einen Wutanfall kommen spürst – entweder deinen eigenen oder den deines Kindes – dann schau, ob du ihn mithilfe der folgenden Praxis der beruhigenden (oder unterstützenden) Berührung unterbrechen kannst. Diese informelle Praxis ist Teil des MSC-Curriculums. Ich finde, dass sie am besten gelingt, wenn du schon vor einem Ausraster mit Berührungen experimentierst, die für dich funktionieren.

Ich schlage auch vor, dass du sie deinem Kind beibringst; auch Kleinkinder sprechen gut auf die Übung an. Du kannst eine Lieblingspuppe oder ein Stofftier einbeziehen, das die Berührung spiegelt, um das Ganze spielerischer zu gestalten.

Oft reagiert unser Körper auf Selbstfürsorge schneller als unser Geist, man kann die Praxis also gut in der Hitze des Gefechts anwenden. Es folgen einige meiner bevorzugten Formen der unterstützenden oder beruhigenden Berührung:

- Hand auf dem Herzen
- Zwei Hände auf dem Herzen
- Eine Hand auf dem Herz, eine auf dem Bauch.
- Eine Hand an der Wange
- Das Gesicht zwischen den Händen halten
- Die eigenen Arme streicheln
- Die Arme um den eigenen Oberkörper schlingen und sich umarmen
- Eine Hand in der anderen halten

Falls du mehr Unterstützung brauchst, füge noch den Selbstmitgefühls-Lebensretter für Eltern hinzu (Kapitel 2).

Beruhigende Berührung im Eifer des Gefechts

Es ist später Nachmittag und du und dein Kind seid müde und hungrig aber du musst noch in den Supermarkt eilen, um schnell ein paar Dinge fürs Abendessen zu besorgen. Deine kleine Tochter entdeckt dort eine Süßigkeit, die sie haben will. »Nein, mein Schatz«, sagst du, »ich möchte nicht, dass du dir vor dem Abendessen den Appetit verdirbst.«

»Ich will das haben, ich will das JETZT!«, zetert sie.

Andere Kunden fangen an, dich anzustarren.

»Nein, Schatz, es ist nicht gut für dich.«

»Wääähhhhh!«, beginnt dein Kind zu schreien, lässt sich fallen, fängt an, um sich zu treten und mit den Fäusten auf den Boden zu schlagen. Oh nein: ein ausgewachsener Wutanfall. Die Leute beobachten dich. »ICH WILL JETZT ETWAS SÜSSES!«, schreit sie aus vollem Hals. Wenn du nicht schnell etwas unternimmst, werden gleich alle Schachteln mit Süßigkeiten auf dem Boden landen. Und – kaum zu glauben: Jemand hat sein Smartphone herausgeholt und filmt die Szene! Wird man dich im Internet mobben? Wegen Kindesmisshandlung festnehmen? Hilfe!

- Heb dein Kind vom Boden auf, auch wenn es um sich schlägt und schreit. Halt es fest an sich gedrückt.
- Beginne im beruhigendsten Tonfall, den du in diesem Moment aufbringen kannst, die Dinge zu benennen: „Ja, Schatz, ich weiß, das ist hart, wirklich, wirklich hart.
- Entferne dich mit deinem Kind wenn möglich von den Süßigkeiten, sodass es nicht davon abgelenkt wird.
- Beginne mit der beruhigenden Berührung, so wie ihr es gemeinsam geübt habt. Ups noch keine Zeit zum Üben gehabt? Kein Problem. Versuche es mit einer Hand auf dem Brustkorb und einer Hand auf dem Bauch deines Kindes.
- Sprich in beruhigendem Ton; hilf deinem Kind, zu benennen, was es fühlt »Ja, du bist aufgeregt. Ja, du bist wütend. Ich verstehe das.«
- »Manchmal werden wir wütend. Es ist hart.«
- »Es ist okay, ich bin bei dir. Ich hab dich lieb.«
- Vielleicht magst du eine Hand auf dein Herz legen, wenn möglich. Du kannst auch deine eigenen Gefühle benennen.
- »Versuche etwas Distanz zur Situation aufrecht zu halten. Es ist in Ordnung, Schatz, das geht vorbei.«
- »Ich bin bei dir, ich liebe dich.«

- Versuche, während du dein Kind im Arm hältst und wiegst, sein Lieblingslied zu singen, bis der Sturm vorbei ist. Glaub mir, dieser Wutanfall wird ein Ende haben.
- Wenn es vorbei ist und ihr wieder sicher zu Hause angelangt seid, das Kind sich beruhigt und sein Essen bekommen hat, schenk dir einen doppelten Martini ein. Kindererziehung ist nicht leicht.

Der verregnete Urlaub

Du hast monatelang auf die Ferien gewartet. Hast geknapst und gespart für diesen besonderen Strandurlaub mit deiner oder deinem Partner:in und den Kindern. Du findest ein hübsches kleines Ferienhäuschen direkt am Wasser. In den vergangenen Monaten waren deine Träume von Sonne und Wärme erfüllt, vom Geruch der frischen Meeresbrise, Bildern von glücklichen, Sandburgen bauenden Kindern, von gemeinsam erlebten, unglaublichen Sonnenuntergängen und anschließenden Restaurantbesuchen. Zur Abwechslung würde jemand anderes kochen und ja, du würdest dir ein oder zwei Margaritas gönnen. Aber es kommt nicht immer so.

»In einem Jahr begann unser Urlaub sehr schön. Das Wetter war großartig, die Kinder, damals drei und sechs Jahre alt, genossen es, im Wasser zu spielen, in ihren bunten Plastikeimern kleine Fische zu fangen und in Schneckenhäusern versteckte Einsiedlerkrebse zu finden. Es war der zauberhafte Urlaub, von dem ich geträumt hatte. Für ungefähr einen Tag.

Dann schlug plötzlich das Wetter um und es begann zu regnen. Tagelang. Blitze, Donner, Starkregen und Wind. Im rustikalen Ferienhaus gab es weder Fernsehen, noch Internet. Und es begann nach Schimmel zu riechen. Unsere gesamte Kleidung war feucht. Mein Mann musste aufgrund von plötzlichen Problemen in der Firma in die Stadt zurückkehren. Ich blieb allein mit zwei Kindern zurück, die sich langweilten und zu streiten anfingen. Sie stritten ununterbrochen. Und mir fiel nichts mehr ein, was wir noch tun könnten.

An einem trostlosen Morgen fing ich an, mich zu bemitleiden und meine Negativitätstendenz machte sich bemerkbar. Das Wetter erschien mir wie ein persönlicher Affront: ›Warum regnet es in meinem Urlaub?‹, fragte ich mich. ›Aber ich brauche wirklich Urlaub‹, begann ich vor mich hin zu jammern, denn es war niemand da, der mir zuhörte. Ich begab mich in eine innere Abwärtsspirale, die ich meinen ›I-Aah-Zustand‹ nenne. Ich hatte den Kindern damals viele Pu-der-Bär-Bücher vorgelesen.[21] ›So ein Mist‹, dachte ich, ›es funktioniert sowieso nie. Nie läuft etwas so, wie man es will. Dieser Urlaub wird ein Reinfall. Es gibt nichts zu tun. Ich hätte zu Hause bleiben sollen. All das verschwendete Geld …‹ (Ich glaube, an diesem Punkt kamen die negativeren Züge meiner Ursprungsfamilie durch.)

Meine Stimmung rauschte in den Keller und ich wurde immer aufgebrachter, niedergeschlagener und reizbarer.

Aber dann rief jemand meinen Namen. Ich schaute auf und erblickte auf den Sandbänken den Vater, der das Nachbarhäuschen gemietet hatte. Er war Maler, stand mit seiner Staffelei und den Farben draußen im Nassen und malte fröhlich vor sich hin. Wir hatten seine Familie erst am Vortag kennengelernt; sie hatten auch kleine Kinder.

›Schauen Sie!‹, sagte er. ›Schauen Sie sich diesen herrlichen Himmel an. Er sieht aus wie ein Gemälde von Rembrandt oder Vermeer. Holländische Malerei des 17. Jahrhunderts. Ist es nicht fantastisch?‹

Mir wurde bewusst, dass ich bis dahin nichts als die Regenwolken und den dunklen Himmel gesehen hatte. Ich sah nur die Probleme. Ich war so darauf fixiert gewesen, etwas zu finden, womit ich die Kinder bei Laune halten konnte, dass ich gar nicht wahrgenommen hatte, wie wunderschön der Himmel war. Ich lief im Nieselregen zu den Sandbänken, blickte in den Himmel und stellte fest, dass er Recht hatte. Es war fantastisch. Das veränderte meinen Tag. Seine Worte sind seitdem eine Inspiration für mich. Obwohl mein Bekannter kein Therapeut war, war das die beste ›kognitive Umdeutung‹, die ich je erlebt hatte. Seine Begeisterung half mir, zu erkennen, dass es möglich war, sowohl äußere als auch innere Wetterverhältnisse und die ständigen Stürme in unserem Leben anders wahrzunehmen.

Wir brachten alle Kinder zusammen, teilten unsere Spiele, Ressourcen und Lebensmittelvorräte miteinander und sie spielten und malten miteinander quietschvergnügt bis zum Ende des Urlaubs. Was ich aus diesem Urlaub mitnahm war die Erkenntnis, dass dunkle Wolken nicht immer etwas Schlechtes sind; manchmal können sie Landschaftsgemälde des 17. Jahrhunderts mit einem Silberstreifen sein. Wir blieben noch jahrelang gute Freunde.«

Du kannst die folgende Übung mit deinen Kindern (oder ohne sie) ausprobieren, wenn du das Gefühl hast, in der Falle zu sitzen (aufgrund des Wetters oder eines muffigen Ferienhauses oder der Tatsache, dass du alleinerziehend bist oder wegen ständig streitender Kinder oder eines Urlaubs, der nicht so verläuft wie erhofft.)

Silly Walks

Kinder lieben es, herumzualbern und finden es oft köstlich, wenn ihre Eltern ebenfalls albern werden. Diese Übung baut auf der Übung »Fußsohlen« auf, die an anderer Stelle in diesem Kapitel bereits beschrieben wurde.

- Fang an, deine Füße auf dem Boden zu spüren.
- Spüre das Gewicht deines Körpers.
- Wenn du möchtest, kannst du die Knie leicht anwinkeln und so die Verbindung zur Erde wahrnehmen.
- Versuche, vor und zurück zu wippen, von den Fersen auf die Zehen, und dann von einer Seite auf die andere.
- Hebe zuerst einen Fuß und dann den anderen, so als würdest du marschieren.
- Nimm die Empfindungen in deinen Fußsohlen wahr.
- Vielleicht magst du dir vorstellen, dass du Wurzeln unter deinen Füßen hast, die dich mit der Erde verbinden.

- Fang jetzt spielerisch an zu gehen. Du kannst riesige, dramatische Schritte machen oder versuchen, dich seitwärts fortzubewegen wie ein Krebs am Strand. Experimentiere mit dem Rückwärtsgehen. Schau, wie sich das anfühlt.

Du kannst auch springen, hüpfen oder dich im Kreis drehen. Wenn du das zusammen mit deinen Kindern machst, versuche, wie ein Frosch zu springen oder wie ein Hase zu hoppeln. Sei albern, hab Spaß.

- Schau, ob du dabei ganz im Körper sein kannst. Nimm deine Empfindungen wahr, während du aus dir herausgehst. Mach dir keine Sorgen darüber, wie du dabei aussiehst. Es geht darum, eine gute Zeit zu haben und ganz im Körper zu sein.
- Genieße die Bewegung und den Spaß.

Ich habe sowohl Yoga-Lehrer:innen als auch Zen-Meister:innen und Therapeut:innen erlebt, die diese Übung angewendet haben. Wenn du (oder dein Kind) müde, niedergeschlagen, gelangweilt oder in einer negativen Stimmung bist, ist die Übung eine gute Muntermacherin. Und wenn du wirklich albern werden willst, kannst du auf YouTube die Originalversion von Monty Pythons »Ministry of Silly Walks« anschauen.

Eine weitere Übung, die im Alltag Spaß macht, stammt von meinem Freund, der die Schönheit in den Gewitterwolken entdeckte. Man kann sie mit den Kindern am Strand, an einem See, in einem Park oder auf dem Spielplatz, im eigenen Garten oder in einer Spielstraße des Wohnviertels machen. Versuche, bei dieser Übung etwas zu entdecken, das dich zum Lächeln bringt.

Schönheit entdecken

- Mach einen Abenteuer-Spaziergang mit den Kindern oder allein, falls du eine kleine Auszeit brauchst.
- Fang an wahrzunehmen, was du um dich herum siehst: Den Boden, die Tiere und Insekten, das Gras oder den Gehweg.

- Was hörst du? Vogelgezwitscher, zirpende Grillen, Geräusche von Bussen oder Autos? Leute, die mit ihren Handys telefonieren? Achte auf alle Geräusche. Versuche, keines einem anderen vorzuziehen.
- Nimm den Himmel und die Wolken wahr.
- Atme bewusst die Luft ein; nimm ihre Temperatur wahr. Ist sie warm? Ist sie kühl? Feucht? Trocken?
- Spüre, wie sich die Luft auf deiner Haut anfühlt.
- Halte beim Gehen die Augen offen nach Dingen, die du interessant findest und die dich zum Lächeln bringen. Das könnte eine Eichel, eine Blume, eine Muschel, ein Stein, ein Zweig und sogar ein Unkraut sein. Es könnte ein Vogelküken oder ein Schmetterling sein, eine Ameise, eine Schnecke, ein Käfer sein.
- Bei dieser Übung ist es in Ordnung, das Smartphone dabei zu haben, damit du ein Foto machen kannst. Eine meiner Schülerinnen sah Schönheit in einem blau-rot gesprenkelten Hydranten.
- Schau, was dich anspricht. Verweile eine Zeitlang bei deinem Objekt und schau es dir genau an.
- Wenn du magst, verbringe drei bis fünf Minuten damit, dir diese eine Sache genau anzuschauen.
- Lass dich von dieser Verbindung wieder auf die Erde zurückholen.
- Falls du das gemeinsam mit deinen Kindern machst, dann hilf ihnen, Dinge zu finden, die sie mögen Ameisen, Würmer, Pfützen (schau, ob sie in der Lage sind, 30 bis 60 Sekunden bei der Sache zu bleiben; das ist ein großartiges Aufmerksamkeits- und Konzentrationstraining).
- Wenn möglich, finde etwas, das du mit nach Hause nehmen kannst eine Eichel, einen Grashalm, einen Stein oder eine Muschel nimm es mit und benutze es als Anker, wenn du das Bedürfnis hast, dich an Schönheit oder Freude zu erinnern.
- Lass es dir dabei helfen, die Dinge mit etwas Abstand zu betrachten.

Ich habe viele Versionen dieser Übung ausprobiert. Als meine Tochter klein war, fand sie Unkraut schön (das ich ausriss, weil es »Unkraut« war) und hatte sogar ein »Lieblingsunkraut«, das wirklich sehr schön war und das ich bis dahin nie wirklich wahrgenommen hatte. Jetzt muss ich immer lächeln, wenn ich diese Pflanze sehe. In einem Meditationskurs bekamen wir die Aufgabe, nach draußen zu gehen und 15 Minuten lang eine Sache anzuschauen – was sich zunächst wie eine Ewigkeit anfühlte. Ich betrachtete eine Petunie, eine Blume, die für mich bis dahin eine gewöhnliche, etwas langweilige Pflanze gewesen war. Aber dann war ich erstaunt, wie komplex und schön sie war. Jetzt sehe ich Petunien in einem anderen Licht.

Was wir auch entdecken, es kann uns helfen, aufmerksamer zu sein, die Dinge zu relativieren und dazu beitragen, unseren inneren Zustand zu verändern.

Pia hatte schweren Tag gehabt. Eine Kollegin war grob und respektlos gewesen und Pia begann sich Sorgen um ihren Job zu machen. Beim Abendessen schnauzte sie ihre Tochter an, die ihr beim Tischdecken zu langsam war. »Einen Augenblick, Mama,« sagte die Tochter, die ihr helfen wollte, und rannte aus dem Zimmer. Sie kehrte mit dem Mondschneckenhaus zurück, das Pia auf einem gemeinsamen Spaziergang gefunden hatte. »Hier ist dein wunderschönes Schneckenhaus, das wir am Strand gefunden haben. Vielleicht hilft es ein bisschen.«

»Es war nicht das Schneckenhaus an sich, auf das es ankam; das war eher symbolisch«, sagte sie. »Es half mir, mich an die Nähe zu erinnern, die ich auf unserem gemeinsamen Spaziergang gespürt hatte. Und es berührte mich, dass meine Tochter bemerkte, dass ich einen schweren Tag hinter mir hatte und mir helfen wollte. Es war dieses bisschen Liebe und Fürsorge, das die Situation veränderte. Es machte mir bewusst, dass beim Tischdecken gar keine Eile nötig war. Schnecken bewegen sich so langsam! Es relativierte die ganze Sache. Es gab keinen Grund, sie anzuschreien. Ich musste meine Sorge um meinen Arbeitsplatz nicht an ihr auslassen. Und zumindest trage ich nicht mein Zuhause auf meinem Rücken herum«, lachte sie.

Wir alle tragen nicht nur familiäre Belastungen und emotionales Gepäck mit uns herum. Wir können auch Erinnerungen an unsere Stärke, an die Weisheit unserer Eltern und an unseren inneren Werkzeugkasten der Achtsamkeitsübungen bei uns tragen, die uns helfen, Abstand zu gewinnen, resilient zu sein und im gegenwärtigen Moment geerdet zu bleiben.

4 »Ich werde nie gut genug sein«

DIE FALLE DES VERGLEICHENS MEIDEN

In vielen Gesellschaften stehen Kinder unter enormem Erfolgsdruck. Weil wir fälschlicherweise glauben, unser Wert als Eltern würde an den Erfolgen unserer Kinder gemessen, geraten wir leicht in eine Vergleichs- und Konkurrenzfalle, was oft sogar schon vor der Geburt unserer Kinder beginnt. Bei unserem Versuch, unseren Kindern einen Vorteil zu verschaffen, handeln wir oft gegen unseren Instinkt und unsere eigentlichen Absichten. Julie hasste klassische Musik, aber als sie schwanger wurde, fing sie an, Mozart, Beethoven und Bach zu hören, in der Hoffnung, ihr Baby würde später eine Affinität zu großartiger Musik entwickeln. Charles, der erreichen wollte, dass sein Sohn im Leben den Vorteil bekäme, den er selbst nie hatte, kaufte eine Sammlung von Einstein-Videos für Babys und träumte davon, dass sein Junge eines Tages ein Computer-Genie würde. Lei, erschöpft vom Stress des Wetteiferns um einen Platz an einer renommierten Universität für ihre Tochter, sagte scherzhaft, es gäbe ein »Elternvirus«, dem sie verzweifelt zu entgehen versuchte. Manchmal scheint es unmöglich, ihm zu entkommen und es kann wirklich sehr ansteckend sein.

Als meine Kinder klein waren hatten wir einen weisen, etwas bärbeißigen Kinderarzt, der bis weit über 80 praktizierte. Bei unserer letzten Begegnung vor seiner Pensionierung sprach er über die Veränderungen, die er in den 60 Jahren des Praktizierens beobachtet hatte. Was ich nie mehr vergaß war sein Kommentar über die zunehmende Angst und Anspannung von Eltern, die meinten, ein perfektes Kind haben zu müssen. »Vergessen Sie es«, scherzte er in seinem Bostoner Akzent. »Niemand ist herausragend in allem und das ist in Ordnung.« Er beklagte, Eltern hätten weniger Spaß und Freude mit den Kindern, weil sie versuchen, deren Leben (und ihr eigenes) auf Erfolg-Maximierung zu trimmen. »Das ist nur ein Aspekt im Leben«, sagte er zu mir, »und nicht der Wichtigste.« Sein Rat hat mir geholfen, auf der Erziehungsachterbahn ein bisschen vernünftiger zu bleiben und außerdem Eltern zu trösten, wenn das »Virus« sie in den Fängen hatte.

Dieses Kapitel soll dir helfen, etwas Abstand vom Konkurrenzdenken zu gewinnen, damit du dir weniger Sorgen machen musst und ein bisschen mehr Freude an deinem Kind und deinem Leben haben kannst.

Aber es gibt Zeiten, in denen sich Erfolg wie die wichtigste Sache der Welt anfühlt. Wenn sich ein Kind abmüht, eine neue Fertigkeit zu erlernen und dabei erfolglos ist, kann man leicht außer Fassung geraten. Manchmal ist uns das peinlich und wir schämen uns – und oft geben wir uns die Schuld daran.

»Was, wenn er es nicht schafft?«

Valerie kam in meine Praxis, weil sie sich wegen eines Vorfalls in der Vorschule ihres Sohnes Matthis sorgte. Matthis, inzwischen fünf Jahre alt, war durch seine Krankheit, die ich in Kapitel 1 beschrieben habe, zurückgeworfen worden und startete nun ins zweite Kindergartenjahr. Valeries tägliches Ritual bestand darin, Matthis zu Fuß zum Kindergarten zu bringen und dann noch eine Weile im Gruppenraum zu bleiben, um ihm zu helfen, anzukommen, während die Kinder mit ihren Projekten begannen – etwas Ausmalen, mit Bauklötzen bauen, Fingermalerei – die die Erzieherin anregte, um die Kinder sofort zu beschäftigen.

Am fraglichen Tag sollten die Kinder ein Tier malen und es dann ausschneiden. Valerie war ein bisschen peinlich berührt, als sie berichtete, wie sie reagiert hatte, als Matthis motorisch einfach nicht in der

Lage gewesen war, diese Aufgabe zu bewältigen. »Es klingt nicht wie eine große Sache«, sagte sie, »aber er kann nicht mit einer Schere umgehen und als ihm klar wurde, dass er die Sache nicht zu Ende bringen konnte, bekam er einen verstörten Gesichtsausdruck, sein Gesicht fror ein und sein Kinn bebte. Ich war ziemlich sicher, dass er anfangen würde zu weinen und geriet in Panik. Ich kam buchstäblich ins Schwitzen. Ich war so angespannt. Also schnappte ich mir die Schere und begann den Klecks auszuschneiden, den Matt gemalt hatte, als die Erzieherin herüberkam und in einem tadelnden, schulmeisterlichen Ton sagte ›Du musst ihn das selbst machen lassen‹.

Ich fühlte mich so dumm. Ich war wieder einmal die kontrollierende, überbehütende, schlechte Mutter. Du weißt, dass ich mir über alles Sorgen mache. Jetzt war ich kurz davor, in Tränen auszubrechen, und Matthis saß direkt neben mir, also konnte ich nicht sagen: ›Aber er kann das nicht.‹ Gerettet hat mich dann, dass die Kinder mit einer neuen Aktivität beginnen sollten und die Erzieherin zu mir sagte, es sei nun Zeit, zu gehen. Ich war so wütend auf mich. Das hat mir den ganzen Tag verdorben.

Matt schien es gut zu gehen, als die Kinder einen Kreis bildeten und die Erzieherin anfing, aus einem Buch vorzulesen. Aber mir ging es nicht gut. Ich verlor wirklich die Fassung. Ich entschied mich dafür, zu glauben, dass mich die Erzieherin hasste und hatte bereits beschlossen, dass ich eine neurotische Helikopter-Mutter war. Ich quälte mich mit dem Gedanken, dass die anderen Eltern mich vielleicht nicht mochten. Und ich fragte mich, ob Matthis sich vielleicht darüber freute, dass ich gegangen war, weil ich ihn vielleicht erdrückte. Aber ich habe trotzdem Angst, dass er nicht mithalten kann.

Ich weiß, das ist dumm, denn es gibt nicht viele Jobs für Erwachsene, bei denen man in der Lage sein muss, mit einer Schere umzugehen, aber ich habe Angst, dass das nur der Anfang ist. Beim Sport wird er immer als Letzter ausgewählt werden, er wird nicht gut in der weiterführenden Schule sein, er wird nicht studieren können und dann wird er keinen Job bekommen und nicht für sich selbst sorgen können.«

Wenn wir uns um das Wohlergehen unserer Kinder sorgen, werden wir leicht von einer Sorgen-Lawine überrollt und malen uns bis weit in die Zukunft Katastrophenszenarien aus. Anstatt nach einem »Scheren-Kurs« zu suchen, der Abhilfe schaffen könnte, wie Valerie scherzhaft vorschlug, empfahl ich ihr, eine Reflexionsübung auszuprobieren, die ich, inspiriert von der Mitgefühlsforscherin Kristin Neff, entwickelt habe.[22]

Reflexion: Die Situation relativieren

Es ist sehr schwierig, sich selbst klar zu sehen. Die meisten Menschen haben das Gefühl, im Hinblick auf die Fertigkeiten und Eigenschaften, die in unserer Gesellschaft geschätzt werden, überdurchschnittlich sein zu müssen. Diese Übung hilft uns, die Dinge mit etwas Abstand (und Humor) zu betrachten und zu lernen, uns selbst (und unsere Kinder) mit all unseren (ihren) Unvollkommenheiten zu akzeptieren.

Nimm dir ein paar Minuten Zeit und probiere diese Reflexion für dich allein aus:

1. Schreibe ein paar Dinge auf, in denen du überdurchschnittlich bist

___

___

2. Schreibe ein paar Dinge auf, in denen du durchschnittlich bist

___

___

3. Schreibe ein paar Dinge auf, in denen du unterdurchschnittlich bist

___

___

Diese Übung half Valerie, sich daran zu erinnern, dass viele ihrer Fertigkeiten mit Dingen zu tun haben, die man mit den Händen macht, und dass sie kunsthandwerklich wirklich begabt ist. Traurig erkannte sie, dass sie davon ausgegangen war, Matthis müsse diese Begabung ebenfalls haben. Sie hatte unabsichtlich Druck auf ihn ausgeübt, eine Aufgabe zu meistern, die ihn nicht im Geringsten interessierte. Valerie realisierte auch, dass sie im sozialen Umgang höchstens durchschnittliche Fähigkeiten hatte. »Ich kann sehr befangen und schüchtern sein«, erzählte sie. »Ich kann völlig ›daneben‹ sein. Oft sage ich etwas Ungeschicktes oder bekomme ein paar soziale Gepflogenheiten gar nicht mit. Und wenn ich darüber nachdenke – Matthis ist von Natur aus freundlich und aufgeschlossen. Andere Kinder sind gerne mit ihm zusammen und die Eltern mögen ihn auch. Er wird immer zum Spielen eingeladen. Er ist witzig, albert herum und strahlt eine ursprüngliche Freude aus, die ansteckend ist.«

Valeries Gesichtsausdruck entspannte sich zu einem Lächeln, als sie über die großartigen Eigenschaften ihres kleinen Sohnes nachdachte, und sie konnte ihre eigenen Unzulänglichkeiten mit etwas Humor betrachten. Sie nannte sich selbst einen Tölpel (»Ich habe nie Fahrradfahren oder Skifahren gelernt«) und lachte darüber, dass sie teils weite Umwege in Kauf nahm, um Schnellstraßen zu meiden, weil sie eine ängstliche Autofahrerin war.

Valerie kann die Fähigkeit zum Selbstmitgefühl stärken, indem sie sich Sätze über die unzähligen Unvollkommenheiten ausdenkt, die alle Menschen haben, und diese Aussagen oft wiederholt. Und du kannst das auch. Valerie gefielen die folgenden Aussagen:

Erfolg ist nicht alles

- Kein olympisches Gold für meine Fähigkeiten als Marathonläufer:in
- Keine Tour-de-France-Medaille für meine (oder Matthis) Leistung auf dem Fahrrad
- Kein Eintrag als Torschützenkönig:in in der Bundesliga

- Kein Fußball-Europapokalsieger
- Matthis Kunstwerke wird man nicht im Louvre austellen.
- Soviel zur Beherrschung eines dreifachen Axels bei der Eiskunstlauf-Olymiade
- Das Leben geht weiter; davon geht die Welt nicht unter

Welche Aussagen könnten für dich und dein Kind hilfreich sein? Als Valerie lernte, ihre Ängste und Bedenken mit etwas Abstand zu betrachten, konnte sie Matthis allmählich so annehmen, wie er war, und ihn klarer sehen, anstatt zu versuchen, ihn zu einer Miniaturausgabe ihrer selbst zu machen. Und es half ihr auch, sich nicht dafür zu bestrafen, dass sie nicht perfekt war. »Ich bin ein fehlbares, unvollkommenes menschliches Wesen und das ist in Ordnung. Ich kann damit aufhören, auf mir herum zu hacken und meinen Sohn verrückt zu machen«, scherzte sie.

Reflexion: Was sind deine Ängste?

Wir alle haben sie und oft sprechen wir nicht darüber, weil wir uns wegen unserer Ängste und Sorgen neurotisch fühlen und uns dafür schämen. Aber vergiss nicht, dass dies eine urteilsfreie Zone ist. Nimm dir einen Moment Zeit um zu reflektieren:

Worüber machst du dir Sorgen?

- Dass dein Kind im sozialen Konkurrenzkampf nicht überleben wird?
- Dass sie oder er nicht genug »Mumm« hat, um es in der Welt »zu schaffen«?
- Dass dein Kind nicht genug Antrieb oder Ehrgeiz besitzt?

Nimm dir nun etwas Zeit, um dir deine Sorgen anzuschauen. Schreibe sie auf oder speichere sie in deinem Handy, wenn du magst.

Machst du dir Sorgen darüber, dass dein Kind

- nicht sportlich genug ist?
- nicht attraktiv genug ist?
- nicht ausreichend über soziale Kompetenzen verfügt?
- nicht aufgeschlossen genug ist?
- nicht klug genug ist?
- nicht mutig genug ist?

Manchmal rauben uns unsere Sorgen über die wahrgenommenen Schwächen und Unzulänglichkeiten unseres Kindes nachts den Schlaf und wir geben uns selbst, unserer oder unserem Partner:in oder unseren Kindern die Schuld daran, dass sie nicht unseren Vorstellungen entsprechen. Hier kann Mitgefühl ein Retter in der Not sein.

Das ABC des Mitgefühls

Unter Meditationslehrerinnen und -lehrern kursiert der Spruch, dass wir die Dinge nicht sehen, wie sie sind, sondern so, wie wir sind. Und wenn man das ausweitet, ist unsere Wahrnehmung von unseren Kindern natürlich durch unsere eigenen Erfahrungen gefärbt. Wir wollen, dass es ihnen gut geht, wir wollen, dass sie Erfolg haben und dass sie die Vorteile haben, die wir nicht hatten. Angesichts der in unserer Gesellschaft vorherrschenden Strukturen machen wir uns – wie Valerie – oft Sorgen, dass unsere Kinder ganz besonders sein müssen, um der Liebe und Akzeptanz würdig zu sein. Aber wie uns die obenstehende

Reflexion zu erkennen hilft, können wir nicht in allem überragend sein. Das bedeutet aber nicht, dass wir das anerkennen wollen. Die Medien präsentieren oft eine fiktive Welt, in der »alle Frauen stark, alle Männer gutaussehend und alle Kinder überdurchschnittlich sind«. Und diese Illusion berührt eine tiefe gesellschaftliche Wunde. Wir drängen unsere Kinder zum Erfolg, aber das hat oft einen Preis. In der Psychologie existiert inzwischen der Begriff »Lake-Wobegon-Effekt«, mit dem das Bedürfnis, sich selbst (und das eigene Kind) als überlegen wahrzunehmen, beschrieben wird.[23]

Auch die Forschung beschäftigt sich mit dem irrationalen Bedürfnis, »Spitze« zu sein. Vierundneunzig Prozent der Universitätsprofessor:innen sind der Ansicht, sie seien bessere Lehrer oder Lehrerinnen als ihre Kollegen und Kolleginnen. Die Forschung zeigt überdies, dass Menschen zu der Überzeugung neigen, selbst witziger, weiser, attraktiver, vernunftbegabter, vertrauenswürdiger und intelligenter als andere zu sein. Ironischerweise glauben die Leute auch, dass ihre Fähigkeit, sich selbst objektiv zu beurteilen, über dem Durchschnitt liegt.[24]

Kein Wunder, dass wir, wenn es Schwierigkeiten gibt oder etwas schiefläuft, nicht wollen, dass andere das erfahren, und uns oft zurückziehen. Wie sehr wir es auch verleugnen mögen, wir alle sind fehlerhaft und unvollkommen. Oft haben wir aber das Bedürfnis, den Anschein zu wahren, dass es bei uns, in unserer Ehe und besonders bei unseren Kindern einfach prima läuft, »es war noch nie besser«. Und durch diese Vorspiegelung falscher Tatsachen in unserem sozialen Umfeld schaffen wir eine Distanz zu anderen, die uns letztendlich nicht gut tut.

In der öffentlichen Grundschule, die meine Kinder besuchten, wollten viele Eltern glauben – obwohl es eine inklusive Schule war, (Kinder mit schweren Behinderungen waren mit im Klassenzimmer), sodass weniger Konkurrenz wahrnehmbar war – dass ihre Kinder begabt seien. Während wir darüber Scherze machten und durchaus wussten, dass unsere Kinder nicht begabt waren, hassten es viele Eltern, wenn ihre Kinder nicht für die »fortgeschrittene« Lese- oder Mathe-Gruppe ausgewählt wurden, und beschwerten sich oft oder wollten unbedingt durchsetzen, dass ihre Kinder die »beste« Lehrerin bekämen oder genug »gefordert« würden.

Andere Eltern waren der Ansicht, ihre Kinder müssten frühzeitig konkurrieren lernen, also übten sie Druck aus, damit die Kleinen in die Kinder-Baseball-Liga, die Jugendfußballmannschaft, eine Eishockeymannschaft, ein Schwimmteam etc. eintraten. Und so mussten die Kinder in jeder Saison oft zusätzlich zu den schulischen Anforderungen noch mit zwei bis drei sportlichen Disziplinen jonglieren. Es war wirklich erstaunlich, wie wütend manche Eltern wurden, wenn ihr Vierjähriger beim »T-Ball-Training« (mit dem Kinder auf die Kinder-Baseball-Liga vorbereitet werden) den Ball nicht traf. Nach einigen Jahren waren die Mütter (ja, es waren fast immer die Mütter) nicht nur erschöpft davon, ihre Kinder fürs Training ständig durch die Stadt und in angrenzende Gemeinden kutschieren zu müssen (und multipliziere das mal mit zwei oder drei Kindern), es war auch eine Kluft zwischen den sportlichen Kindern und den weniger talentierten Gleichaltrigen entstanden, eine Dynamik, die sich bis in die höhere Schule und ins College fortsetzte, insbesondere im Hinblick auf die Konkurrenz um Sportstipendien in den Top-Colleges. Es schuf auch eine Distanz zwischen den Eltern, insbesondere zu denen, die nicht damit einverstanden waren, dass alles zu einem Wettbewerb wurde. Das führte letztendlich dazu, dass sich viele Eltern unnötigerweise isoliert statt unterstützt fühlten.

Wie Mitgefühl helfen kann

Das englische Wort *compassion* bedeutet »leiden mit«. Es hat eine Beziehungsqualität. Und es entspringt der tiefen Einsicht, dass wir unvollkommen sind und dass wir leiden. Der Schmerz, den eine Mutter oder ein Vater in einer schwierigen Situation fühlt, ist im Grunde derselbe, den andere Eltern fühlen. Wir fühlen uns hilflos in unserer Unfähigkeit, äußere Umstände und Bedingungen zu kontrollieren – das Leben zu führen, das wir uns wünschen, die Person zu sein, die wir unserer Meinung nach sein sollten, unsere Kinder dahin zu bringen, so zu sein, wie wir sie uns vorstellen. Wir halten an unserer Wunschvorstellung von unserem Leben fest.

Wenn die Dinge aber nicht nach unseren Wünschen laufen, empfinden wir oft Scham, geben uns selbst die Schuld daran und fühlen uns unzulänglich. Anstatt Ereignisse im Licht der gemeinsamen menschlichen Daseinserfahrung zu sehen, fühlen wir uns eher isoliert und abgeschnitten. LaTonya, eine meiner Patientinnen, deren Sohn Isaiah sich in seiner kleinen Schule schwer tat, Freundschaften zu schließen, drückte das eloquent aus: »Er fühlt sich anders und von den anderen Kindern getrennt. Es fällt ihm schwer, sich zugehörig zu fühlen. Er ist kein Sportfanatiker und wird es nie sein. Er versucht im Moment, seine Identität zu finden. Es ist zu einem Teufelskreis geworden: je mehr er zum Außenseiter wird, desto isolierter und verletzlicher fühlt er sich.«

Weil Isaiah zunehmend depressiv und mutlos wurde und sich weigerte zur Schule zu gehen, wurden seine Eltern aktiv und suchten eine andere Schule für ihn. Obwohl der Schulweg länger war, empfand er sich in der größeren Schule, in der es mehr Vielfalt unter den Schüler:innen gab, nicht mehr so sehr als Außenseiter. Diese Gemeinschaft war auf Zusammenhalt ausgerichtet und darauf bedacht, keinen Schüler und keine Schülerin auszuschließen. Auch LaTonya schloss dort neue Freundschaften. Sie und die anderen Eltern urteilten bei Basketballspielen nicht von der Tribüne aus über die sportliche Ungeschicklichkeit ihrer Kinder und unterstützten einander, indem sie Missgeschicke mit Wärme und Humor akzeptierten. Isaiah trat einer Theatergruppe bei und fand für sich andere Formen des Selbstausdrucks.

Warum passiert das ausgerechnet mir?

Wenn die Dinge nicht wie erwartet laufen, haben wir oft das Gefühl, dass etwas nicht stimmt und sind irgendwie überzeugt, dass es einfach nicht so sein sollte. So, als würden wir denken, unser Leben müsse immer reibungslos verlaufen und dass es unser Fehler sei, wenn es das nicht tut. Nur wenige von uns sind dagegen gefeit.

Vor einigen Jahren, als unsere Kinder noch im Kindergarten waren, kauften wir ein altes, heruntergekommenes Haus, das größere Renovierungsarbeiten erforderte. Während der Handwerker-Trupp ein unvorhergesehenes Problem nach dem anderen entdeckte, lebten wir in einer kleinen, vollgestopften Wohnung und mussten dann aufgrund mehrerer

Verzögerungen in ein Haus ohne funktionierende Küche und mit nur einer funktionierenden Toilette einziehen. Wir lebten in dieser Zeit im Überlebensmodus von Mikrowellen-Hotdogs und schlechtem Fastfood.

Nach monatelangem Ausnahmezustand konnten wir uns allmählich einrichten, die Handwerker waren größtenteils verschwunden und es schien, als würde das Leben wieder in den Normalzustand zurückkehren. Dann wachte unsere Tochter eines Morgens mit Nasenbluten auf. Keine große Sache, dachten wir, das musste vom Einatmen des Staubes während der Renovierung kommen. Aber die Blutung kam nicht zum Stillstand. Nach einer Stunde riefen wir schließlich die Kinderärztin an. Ich war davon ausgegangen, dass sie mir eine neue Methode zur Blutstillung vorschlagen oder mich mit meiner Tochter in die Praxis bestellen würde. »Du musst sie in die Notaufnahme der Kinderklinik bringen, dort wird man es veröden«, sagte sie.

»Großartig«, dachte ich bei mir, »genau, was ich jetzt brauche«. Ich sagte meinen Patienten ab, versorgte meine Tochter mit einer Menge Zellstofftücher und raste durch den Berufsverkehr zum Krankenhaus. Und dann mussten wir warten. Als sie dann schließlich einer Ärztin vorgestellt wurde, wanderte deren Blick von ihr zu mir. Ihre Augen verengten sich. »Warum hat sie all diese Blutergüsse?«, fragte sie. »Blutergüsse – welche Blutergüsse?«, erwiderte ich. Sie zeigte auf zahlreiche blaue Flecken an den Beinen meiner Tochter. »Oh, ich denke, sie stößt sich an irgendwelchen Sachen im Kindergarten.« Die Ärztin warf mir einen kurzen Blick zu. Vielleicht dachte sie, ich hätte mein Kind misshandelt.

»Und dieser Ausschlag, seit wann hat sie diesen Ausschlag?«, wollte die Ärztin wissen. »Was für ein Ausschlag?«, fragte ich. Ich hatte ihn nicht bemerkt und kam mir vor wie die liederlichste Mutter der Welt. »Diese roten Punkte überall an ihrem Körper.« Ich schüttelte den Kopf. Ich hatte das als Folge des Spielens in der Sonne gedeutet. Und ich hatte nicht genau hingeschaut. Die Ärztin drückte auf die Bläschen. »Sie hat Einblutungen unter der Haut, wir müssen sofort ein Blutbild machen.«

Zu diesem Zeitpunkt war mein Mann, dessen Vater Onkologe ist, zu uns gestoßen. Als er hörte, was los war, wurde er bleich und seine Augen füllten sich mit Tränen. »Das ist nicht gut«, flüsterte er mir ins Ohr.

Nach Stunden des Wartens und weiteren Tests kamen sie zu dem Schluss, dass unsere dreijährige Tochter an einer seltenen Blutkrankheit litt. Wie es weitergehen sollte, war nicht klar, aber sie musste im Krankenhaus bleiben. Ich warf mir vor, dass ich so sehr mit anderen Dingen beschäftigt gewesen war. Warum hatte ich nichts bemerkt? Warum hatte ich die blauen Flecke als normal abgetan? Warum war ich davon ausgegangen, dass der Ausschlag von der Sonne kam, nur weil sie sehr helle Haut hat und leicht einen Sonnenbrand bekommt? Wie konnte ich so dumm sein?

Nach einigen Tagen auf der Station für Onkologie und Hämatologie stabilisierte sich ihr Zustand und wir durften sie mit nach Hause nehmen. Man sagte uns, es würde Monate, vielleicht sogar über ein Jahr dauern, bis die Krankheit überwunden sei – das heißt, wenn wir Glück hätten.

»Sie darf nicht hinfallen,« sagten die Ärzte. »Keine Schaukel, keine Wippe, nicht rennen. Der Sandkasten ist Okay«, warnten sie uns mit ernster Miene.

Wie erklärt man einer dreijährigen angehenden Turnerin, dass sie nicht tun darf, was sie so gerne tut und dass man ihr jede Woche Blut abnehmen muss? Unsere Kinderärztin hatte einen trockenen Humor. »Es wird wie eine viktorianische Kindheit sein«, scherzte sie, »viel malen und lesen.« Sie hielt inne und blickte mich nachdenklich an, »Susan, du hast keine Wahl, das ist eine gefährliche Krankheit. Hoffen wir, dass sie sich erholt.«

Ich hatte gehofft, dass uns die anderen Eltern nach der Rückkehr unserer Tochter in den Kindergarten unterstützen würden. Ich war so froh, wieder unser normales Leben aufnehmen zu können und erwartete ein herzliches Willkommen von unserer kleinen Gemeinschaft. Stattdessen sorgten sich die anderen Eltern, dass die Krankheit ansteckend sein könnte und viele wandten sich ab, behandelten uns wie Aussätzige und blieben auf Abstand. Als eine meiner Freundinnen vorbei kam, mich in den Arm nahm und freundlich sagte »Das muss sehr beängstigend für dich gewesen sein, klingt wirklich furchtbar«, brach ich in Tränen aus. Ich hatte mir nicht vorstellen können, dass das Elterndasein so einsam sein kann. Und obwohl ich damals eine Achtsamkeitspraxis aufrechterhielt, die mir half, mit dem Stress umzugehen, wünschte ich, ich hätte während der folgenden langen, scheinbar endlosen Monate, etwas über Selbstmitgefühl gewusst.

Fast zwei Jahre später war die Krankheit überwunden aber bis dahin wachte ich nachts oft schweißgebadet auf, fragte mich, wie das Ganze ausgehen würde und realisierte, dass ich keinerlei Kontrolle über die Erkrankung meines Kindes hatte. In diesen angsterfüllten Zeiten waren die Umarmung und die warmen Worte meiner Freundin wie Balsam für mich. Indem ich mich daran erinnerte, dass meine mitfühlende Freundin das Erschreckende dieser Erfahrung anerkannt hatte, konnte ich innehalten und es ebenfalls anerkennen. Als ich ihr Mitgefühl spürte, konnte ich mir die Erlaubnis geben, Mitgefühl für das zu empfinden, was meine Familie durchmachte. Das zu fühlen bedeutete nicht, zusammenzubrechen.

Viele Eltern erzählen mir, wie allein und isoliert sie sich fühlen, während sie ihre Kinder großziehen. Die Angehörigen wohnen nicht in der Nähe oder die Familien haben sich entfremdet, Partner:innen sind möglicherweise vor allem mit ihrer Arbeit, der Notwendigkeit, eine Familie zu ernähren oder ihren eigenen Problemen beschäftigt, und Freundinnen können konkurrierend, sprunghaft oder urteilend sein. Viele Leute sind alleinerziehend und haben niemanden, mit dem sie über die Belastungen des Tages sprechen können. An manchen Schulen herrscht ein solches Konkurrenzdenken, dass man nicht aus der Deckung kommen kann. Tut man es dennoch, macht man sich danach vielleicht Sorgen über Klatsch und Tratsch oder die bösartige Gerüchteküche. Es ist nicht leicht, zu spüren, dass andere wirklich hinter einem stehen. Es gibt viele Gründe dafür, dass man sich möglicherweise selbst mit Mitgefühl versorgen muss, anstatt es von anderen zu erwarten.

Da kann Selbstmitgefühl ein Lebensretter sein. Und wie ich bereits erwähnt habe, ist Mitgefühl nicht nur warm und kuschelig. Es gibt Zeiten, wo es kämpferisch sowohl dich selbst als auch dein Kind schützen muss.

Reflexion: Wie war es für dich?

Nimm dir einen Moment Zeit und schreib auf, was dir in den Sinn kommt.

- Wann hast du dich bei der Kindererziehung einsam gefühlt?
- Warst du in eine fremde Gegend gezogen oder ging dein Kind auf eine neue Schule?
- Vielleicht hattest du noch keine Freundinnen und Freunde?
- Bist du schüchtern? Nicht besonders extrovertiert?
- Fühlst du dich irgendwie »anders«?
- Gehörst du nicht der dominierenden Kultur an? Einer anderen Ethnie?
- Fühlst du dich nicht willkommen? Passt du nicht dazu?

Schau an, was du aufgeschrieben hast. Das sind Momente, in denen wir Selbstmitgefühl umso mehr brauchen.

Aufgrund der Erfahrung mit meiner liebevollen, einfühlsamen Freundin und der Herausforderungen, vor die mich die Krankheit meiner Tochter stellte, habe ich folgende Selbstmitgefühlsübung entwickelt. Probiere sie aus, wenn du oder dein Kind eine schwierige Situation durchmachen und du das Gefühl hast, etwas zusätzliche Unterstützung gebrauchen zu können.

Dir selbst Rückhalt geben

Aufnahme 5

- Denke an eine Zeit, als du von jemandem beschützt wurdest einem Elternteil, einem Bruder, einer Schwester, einer Freundin, einem Freund, einer Lehrkraft, einem Verwandten.

- Erinnere dich daran, wie sich das in deinem Körper angefühlt hat im Kiefer, in der Wirbelsäule, in den Schultern. Erinnere dich daran, was du gefühlt hast Stärke, Entschlossenheit, Dankbarkeit, Erleichterung, Kampfbereitschaft.
- Da du nun weißt, wie sich das angefühlt hat, kannst du versuchen, es für dich selbst zu tun. Wie fühlt es sich an, wenn du dir zur Seite stehst, dir selbst eine oder ein Verbündete(r) bist? Wenn du jemand bist, die oder der vor allem dein Wohlergehen im Blick hat, deine Interessen, dich beschützt? Du bist wichtig. Deine Bedürfnisse zählen.
- Es können auch andere Reaktionen auftauchen; vielleicht ist es dir peinlich, dass du Schutz oder Unterstützung brauchst, vielleicht hast du auch das Gefühl, dass du keine Hilfe benötigen solltest. Nimm diese Gefühle einfach wahr, nimm ein wenig Abstand davon, lass ein bisschen Tageslicht zwischen dich und diese Gefühle der Wertlosigkeit oder Peinlichkeit fallen. Stehe wieder für dich selbst ein. Bleibe bei diesem Gefühl, lass zu, dass es sich vertieft. Halte einen Moment inne. Atme ein paarmal tief ein und aus.
- Erinnere dich an Zeiten, als du für dich selbst da warst. Als du dich in einer schwierigen Zeit selbst unterstützt hast als du krank warst oder einer Person, die dich herabgesetzt oder verletzt hatte, die Meinung gesagt hast. Spüre das in deinem Körper und bleibe bei diesem Gefühl.
- Nimm wahr, wie es sich anfühlt, sich selbst Rückhalt zu geben. Spüre, wie es sich anfühlt, wirklich gut für sich zu sorgen. Lass das in deinem Körper ankommen; lass es einsinken.
- Betrachte das als Ressource, ja, sogar als »Superpower«, auf die du zurückgreifen kannst, wann immer du es brauchst.

Gib deinen Gefühlen Raum

Als meine Tochter krank war, gab es Tage, an denen ich mich sehr traurig und allein fühlte. Alle anderen schienen ein gesundes Kind zu haben. Manchmal, wenn sie im Sandkasten saß, während die anderen Kinder herumrannten und auf der Wippe schaukelten, schaute sie sehnsüchtig zu ihnen hinüber. Das tat mir im Herzen weh und ich begann allmählich auch Selbstmitleid zu empfinden. »Warum ich? Warum muss mein Kind diese Krankheit haben? Wird sie je wieder gesund? Wir sie je wieder rennen können?« Manchmal fühlte ich mich so isoliert, so abgeschnitten von der Welt der »normalen« Familien.

Es gibt so viele Probleme, mit denen wir uns herumschlagen müssen – Ängste, Depressionen, Drogensucht, Essstörungen, Mobbing, ernste Krankheiten. Alle Eltern haben ihre Sorgen und ihren Kummer. Als ich anfing, Selbstmitleid zu empfinden, versuchte ich mein Herz für all die Eltern zu öffnen, die sich bemühen, ihr Bestes zu geben – und erkannte, dass Elternschaft und Erziehungsarbeit für fast niemanden leicht sind. Unsere wöchentlichen Fahrten ins Krankenhaus zur Kontrolle des Blutbildes meiner Tochter waren eine deutliche Erinnerung daran, dass ich nicht die Einzige war, die eine schwere Zeit durchmachte. Aber es braucht keine schwere Krankheit oder Katastrophe, um sich sehr allein zu fühlen. Uneinigkeit in Erziehungsfragen oder über Disziplinierungsmaßnahmen können eine Kluft zwischen Partner:innen schaffen. Wir sind selten derselben Ansicht wie unsere Partner oder Partnerinnen und streiten oft darüber, wie wir unsere Kinder erziehen sollten. Und unsere Kinder, die nach Gelegenheiten suchen, ihre Bedürfnisse zu befriedigen oder ein Drama zu provozieren, nutzen diese Differenzen oft, um die Eltern gegeneinander auszuspielen. Noch mehr Gründe, freundlich zu sich selbst zu sein!

Unsere natürliche Verbundenheit zu erkennen, kann unser Verhältnis zur Elternschaft transformieren. Wenn wir Fehler machen oder unsere Kinder Probleme haben, wenn etwas »schiefläuft«, können wir uns mitfühlend daran erinnern, dass das ebenfalls Teil der menschlichen Erfahrung ist, sodass schwierige Momente Teil unserer Verbundenheit werden können. Indem wir realisieren, dass andere ähnliche Nöte durchlebt haben, fühlen wir uns weniger allein. Natürlich tut es trotzdem weh, aber wir müssen den Schmerz nicht multiplizieren, indem wir Gefühle der Getrenntheit, Unzulänglichkeit und des Selbsthasses hinzufügen. Wir lernen, uns nicht von unserem Schmerz und Leid abzuwenden.

Janelle, eine Frau, mit der ich jahrelang gearbeitet habe, während sie gegen die Opioid-Abhängigkeit ihres Sohnes ankämpfte, war überrascht und dankbar, als Eltern von Mitschülern ihres Sohnes sich für ihre Familie einsetzten. »Weißt du«, erzählte sie mir, »wir kommen zusammen, wenn wir leiden und verletzlich sind, nicht, wenn wir obenauf sind, nicht, wenn alles super läuft und wir eine Million Dollar machen. Andere Menschen haben sich von meinem Kampf berühren lassen. Jedes Kind kann rücksichtslos und verantwortungslos sein; und die meisten Erwachsenen sind es auch. Es gibt zwischen uns mehr Gemeinsamkeiten als Unterschiede.« Vergleiche und Konkurrenzstreben gibt nicht nur in Schulen oder Nachbarschaften, aber sie können besonders heimtückisch und destruktiv in unseren Familien sein. Geschwisterrivalität ist schwer genug zu ertragen während wir aufwachsen, aber sie setzt sich oft bis ins Erwachsenenalter fort und verstärkt das Gefühl, in der Falle zu sitzen, allein und unzulänglich zu sein. Die Frustrationen und Herabsetzungen, von denen unsere Beziehungen in der Kindheit oft geprägt waren und denen wir zu entkommen glaubten, bleiben leider nicht im Tresor der Kindheit eingeschlossen, sondern können sich im Erwachsenenleben fortsetzen – insbesondere an den Feiertagen.

Feiertagswahnsinn

Alex Vater war letztes Jahr plötzlich gestorben. Normalerweise richtete ihre Mutter die Thanksgiving-Feier für die ganze Familie aus.[25] Obwohl Alex gerade erst ein Kind bekommen hatte, bot sie an, dieses Mal alle zu bewirten. Das einzige Problem war, dass weder Alex, noch ihr Mann kochen konnten und dass Alex keine Vorstellung davon hatte, was es bedeutete, 20 Verwandte zum Abendessen da zu haben.

Alex beschrieb es später als »DAS SCHLIMMSTE THANKSGIVING ALLER ZEITEN«: »Ich hatte keine Ahnung, wie viel Arbeit das ist, aber ich dachte, es ist Zeit, deine Frau zu stehen, erwachsen zu sein und das Abendessen zuzubereiten. Das konnte doch nicht so schwierig sein, oder?

Also kommen mein Bruder und meine Schwägerin über eine Stunde zu spät mit ihren perfekten, wohlerzogenen, hübsch gekleideten, gestriegelten Monstern, ups, ich meine, Kindern. Er bringt einen gekauften Kürbiskuchen und ein Sechserpack Bier mit. Wie großzügig. Darauf kann ich verzichten. Und dann kommen die Tanten und Onkel, und alle bringen Alkohol mit. Das ist die wichtigste ›Nahrungskategorie‹ in der Familie. Das Abendessen ist noch nicht fertig, also fangen alle an zu trinken. Es wird laut und chaotisch und der Truthahn ist immer noch nicht durch.

Also schlüpft Willi in seine Rolle als kritischer großer Bruder. ›He, Schwesterchen, ich hab Hunger. Wann gibt's Essen?‹ Ich erkläre, dass der Truthahn länger bräuchte als erwartet und er macht einen Witz darüber, dass man Rezepte erst mal ausprobieren sollte, ehe man sie der ganzen Mannschaft serviert – und plötzlich sind wir 25 Jahre zurückversetzt. Mein Mann hört uns schreien und mischt sich ein, bietet meinem Bruder Kräcker mit Käse an, führt ihn aus der Küche und fängt an, mit ihm über Football zu sprechen.

Ich beginne zu schluchzen, fühle mich so allein, vermisse meinen Vater sehr und ärgere mich darüber, dass ich die Rolle der Gastgeberin übernommen habe. Meine Mutter merkt nichts oder tut zumindest so. Glücklicherweise kommt meine Tante, Papas Schwester, herein, um mir zu helfen. Sie serviert die Suppe und hilft mir dann, den Truthahn zu zerlegen. Dabei entdecke ich, dass ich vergessen habe, die Plastiktüte mit den Innereien – dem Herz, der Lunge, der Leber und dem Magen, all dem ekligen Zeug – zu entfernen. Ich kann nicht glauben, dass ich nicht daran gedacht habe, das herauszunehmen. ›Oh, mein Gott, werde ich alle vergiften?‹ flüstere ich. ›Werden wir alle in der Notaufnahme landen?‹

›Mach dir keine Sorgen, Liebes, alles wird in Ordnung sein. Mir ist bei meiner ersten Thanksgiving-Einladung genau dasselbe passiert.‹ Sie zwinkert mir zu. Ich glaube, ich sah entsetzt aus. ›Erinnerst du dich an die Geschichte, wie Julia Child den Truthahn während ihrer Fernsehshow auf den Boden fallen ließ?‹ Sie nimmt einen steifen britischen Akzent an: ›Keine Sorge, niemand wird etwas merken.‹ Alex fing unter Tränen an zu lachen. Sie hat wirklich meinen Tag gerettet. Und niemand wurde krank.«

Reflexion: Wie sieht es in deiner Familie aus?

Gemäß meiner Erfahrung haben die meisten Leute eine »komplizierte« Familie oder mindestens einen oder zwei komplizierte Verwandte. Wie ist es bei dir?

Denke einmal an deine Feiertagsabenteuer zurück. Was drückt deine Knöpfe und wirft dich aus der Bahn?

- Betrunkene Angehörige, die politische oder andere (… hier einfüllen) Auseinandersetzungen vom Zaun brechen?
- Verwandte, die Witze machen, die du nicht tolerieren willst (rassistische, sexistische, ethnische, homophobe, etc.)?
- Der Truthahn (oder was auch immer) brennt an?
- Niemand bringt etwas zu essen mit?
- Du musst alles allein machen und fühlst dich nicht gewürdigt?
- Niemand hilft beim Aufräumen und Saubermachen?
- Das Abendessen beginnt mit zwei Stunden Verspätung und du und die Kinder sind furchtbar hungrig?
- Die Kinder sind unhöflich und zu beschäftigt, um zu helfen?
- Deine Schwiegermutter schreit dich vor allen Anwesenden an, weil du die Reste aus dem Geschirr kratzt, während du beim Abräumen hilfst? (Wer konnte wissen, dass es dafür Regeln gab? Du wurdest von Wölfen aufgezogen).

Wie äußert sich die Dysfunktionalität in deiner Familie? (Oh, all diese Geschichten, die ich gerne erzählen würde …). Schreib alles auf. Es folgen hilfreiche Übungen).

Ein immerwährendes Problem

Alex Tante hatte vielleicht den Tag gerettet aber sie konnte nicht mitten in der Nacht da sein, als Alex feststellte, dass sie zu aufgewühlt war, um einschlafen zu können. Während sie an die Zimmerdecke starrte, brütete sie über der Demütigung, die sie empfunden hatte, als ihr Bruder einen angewiderten Blick auf ihre Kinder warf, die sich, gelangweilt von der Litanei der Errungenschaften, aus denen Willis Monolog über seine eigenen wundervollen Kinder bestand, daneben benommen hatten. Als dieses Spiel des Vergleichens, das Willi in Alex Vorstellung immer gewann, voll im Gange war, versuchte sie, ihren Atem zu beobachten, aber das half nicht, und so begann sie mit dem Benennen und war überrascht, auf einmal so klar zu sehen, wie wütend sie all die Jahre gewesen war. Mit trauriger Stimme erzählte sie, sie habe schließlich eine Schlaftablette genommen und meinte, dass Achtsamkeit für sie wahrscheinlich alles nur noch schlimmer machen würde.

In Kontakt mit jahrelang verschütteter Wut zu kommen kann sehr aufwühlend sein und ihre Intensität kann uns überwältigen. Wenn Du eine ähnliche Erfahrung gemacht hast wie Alex, solltest du wissen, dass es in Ordnung ist, die Wut wahrzunehmen, die du so lange mit dir herumgetragen hast. Es kann eine Erleichterung sein, darüber zu sprechen, anstatt sie aufzustauen, was ja in vielen Familien, einschließlich Alex Familie, gang und gäbe ist. Achtsamkeit hilft, sich der eigenen Gefühle und unterschwelligen Muster bewusst zu werden – sie kann uns helfen, zur Ruhe zu kommen – aber Mitgefühl hilft uns, wenn wir ein bisschen emotionale Wärme und Trost brauchen, während wir uns allmählich mit der Scham konfrontieren, die wir in uns tragen.

Die Grundlagen von Achtsamkeit und Mitgefühl

Achtsamkeit ist die Basis von Selbstmitgefühl. Wir brauchen sie, um überhaupt wahrzunehmen, dass wir leiden, bevor wir uns unserem Schmerz liebevoll zuwenden können. Achtsamkeit hilft uns, etwas Abstand vom Drama zu gewinnen und aufzuhören, darüber nachzugrübeln, wer was wann gesagt oder getan hat. Wenn uns nicht bewusst ist, was im gegenwärtigen Moment vor sich geht und was wir fühlen, sind wir eher geneigt, unseren Schmerz mit ein, zwei Bier, einer Flasche Wein, einem Extrastück Torte oder einem Eisbecher zu betäuben, anstatt uns mit dem zu befassen, was uns aufregt.

Doch in emotional schwierigen Zeiten kann es sein, dass Achtsamkeit allein nicht ausreicht und wir wie Alex das Gefühl haben, dass das nicht genug ist. Aber wenn wir einmal darüber nachdenken, was ein(e) gute(r) Freund:in oder ein(e) Wohltäter:in uns in einer schwierigen Phase geben können – wie beispielsweise die Umarmung und die liebevollen Worte meiner Freundin, als meine Tochter ins Krankenhaus kam –, kann uns klarmachen, was wir brauchen, und uns zeigen, wie wir uns selbst trösten können. Mitgefühl ist besonders hilfreich, wenn wir eine(n) harte(n) innere(n) Kritiker:in haben (siehe auch die Übung: »Du bist nicht Schuld an dir« in Kapitel 1, Seite 50), denn sie hilft uns, die Fähigkeit zu entwickeln, unserer persönlichen Geschichte und unserer Scham mit Wärme und Verständnis zu begegnen. Wenn wir eine schwierige Erfahrung durchleben und uns fühlen, als hätten wir den Boden unter den Füßen verloren, seien zurückgefallen oder daran zerbrochen, müssen die Teile wieder zusammengesetzt werden. Die Praxis der Liebenden-Güte- oder Metta-Meditation (vom Pali-Wort *metta* = »Freundlichkeit« hergeleitet) wurde genau dafür entwickelt.

Bei der Achtsamkeitsmeditation machen wir uns hauptsächlich das Potenzial des *Gewahrseins* zunutze, während Liebende Güte die Kraft der *Verbundenheit* nutzt. Diese Praktiken stehen in enger Verbindung miteinander aber es gibt auch wesentliche Unterschiede. Beide können unsere Art, auf Ereignisse in unserem Leben zu reagieren, verändern, aber liebende Güte wendet sich speziell der leidenden *Person* zu. Regelmäßig praktiziert lehrt uns diese Meditation, uns selbst eine bessere Freundin, ein besserer Freund zu sein.

So wie Achtsamkeit uns Gelegenheit gibt, den Geist zu trainieren, Gewahrsein in den gegenwärtigen Moment zu bringen, ist liebende Güte eine Methode, den Geist zu trainieren, unsere angeborene Fähigkeit, liebevoll und mitfühlend zu sein, weiter zu entwickeln. Sowohl die

Achtsamkeits- als auch die Mitgefühlsforschung zeigen uns, dass beides »dosisabhängig« ist, das heißt, je mehr wir üben, desto stabiler und verlässlicher sind die jeweiligen Effekte. Sehr vielversprechend ist dabei die zunehmende wissenschaftliche Evidenz, dass diese Praktiken dazu beitragen können, das Gehirn auf eine Weise neu zu »verdrahten«, die zu mehr Resilienz führt.[26]

Mit der Liebende-Güte-Meditation das Gehirn neu ausrichten

- Komm im Sitzen oder Liegen zur Ruhe. Du kannst deine Hand auf dein Herz legen oder auf eine andere Stelle, an der es sich tröstlich anfühlt. Versuche, deiner selbst nicht nur gewahr zu sein, sondern liebevoll gewahr zu sein.
- Denke an einen Menschen oder ein Lebewesen, der oder das dich zum Lächeln bringt. Das könnte deine Großmutter oder dein Großvater sein, ein Kind, eine unterstützende Person aus deiner Familie oder ein geliebtes Haustier. Wer auch immer dich glücklich macht. Falls mehrere Menschen oder Lebewesen auftauchen, wähle einen oder eines aus.
- Lass dich spüren, wie es sich anfühlt, mit dieser Person oder diesem Wesen zu sein. Erlaube dir, dich in seiner Gegenwart zu entspannen. Ahhhhhh. Versuche, vor deinem geistigen Auge ein möglichst klares Bild zu erzeugen.
- Erkenne, dass diese Person/dieses Wesen genau wie du glücklich und frei von Leiden sein will. Wiederhole liebevoll folgende Worte:

  Mögest du sicher sein.
  Mögest du gesund sein.
  Mögest du inneren Frieden haben.
  Mögest du mit Leichtigkeit leben.

- Wiederhole diese Sätze zwei- oder dreimal.
- Das sind klassische Liebende-Güte-Sätze. Du kannst auch deine eigenen Worte hinzufügen oder mit diesen Sätzen fortfahren.

- Wenn du feststellst, dass dein Geist abgeschweift ist, kehre einfach zu den Sätzen zurück. Es gibt keine Eile. Nimm dir Zeit.
- Wenn du bereit bist, füge dich selbst hinzu. Lass vor deinem geistigen ein Bild von dir im Zusammensein mit diesem Lebewesen, das dich zum Lächeln bringt, entstehen.
- Probiere diese Sätze nun aus, indem du dich einschließt:
  Mögen wir sicher sein.
  Mögen wir gesund sein.
  Mögen wir inneren Frieden haben.
  Mögen wir mit Leichtigkeit leben.
- Lass das Bild des anderen los und richte deine Aufmerksamkeit auf dich selbst.
- Nimm wahr, was in deinem Körper vor sich geht, nimm Stress oder Unbehagen wahr und biete dir diese Sätze an:
  Möge ich sicher sein.
  Möge ich gesund sein.
  Möge ich inneren Frieden haben.
  Möge ich mit Leichtigkeit leben.
- Atme ein paarmal tief ein und aus, bleib noch eine Weile still sitzen und nimm wahr, was du fühlst.
- Wenn du bereit bist, dehne und strecke dich, öffne die Augen und bewege sanft deine Arme und Beine.
- Denk daran, dass du immer wieder dahin zurückkehren kannst.

Manche Leute empfinden einen inneren Widerstand gegen die Praxis der Liebenden Güte, weil sie sich, nun ja, rührselig anhört. Mein erster Eindruck vor 20 Jahren war, dass es eine Praxis für Leute sei, die eine rosarote Brille aufhaben. Ich war stolz darauf, die Schattenseiten des Lebens klar zu sehen, und meine klinische Praxis drehte sich hauptsächlich um Trauma-Überlebende. Ich wollte das Heft in der Hand behalten. Eine Freundin machte einen Scherz darüber, dass ich die ganze Zeit mit

Traumata arbeitete, und meinte, dass ich aufgrund der Intensität dieser Arbeit wohl bald Albträume bekäme.

Außerdem hatte ich damals Schwierigkeiten mit einer Kollegin, und ich gab mir die Schuld an einer ganzen Reihe von Problemen, die wir miteinander hatten. Freunde erzählten mir, Liebende-Güte habe ihr Leben völlig verändert. Es langweilte mich inzwischen, bei der Meditation meinen Atem zu beobachten, und so war ich bereit für etwas Neues. Als ich mit der Praxis begann, schien sich überhaupt nichts zu verändern. »Das bringt nichts«, dachte ich. Es wird zu viel Aufhebens darum gemacht. Aber ich machte trotzdem noch ein paar Wochen weiter. Ein Lehrer schlug mir vor, die Sätze als einen heilsamen Regen zu betrachten, der die ausgetrockneten, verdorrten Stellen in meinem Wesen wässerte. Ich hatte mich so darauf konzentriert, mich um meine Klient:innen und meine Familie zu kümmern, dass für mich nichts übrig geblieben war. Ich fühlte mich oft erschöpft und wütend.

Später schlug der Lehrer vor, ich solle mir vorstellen, die Sätze seien ein Vitamin, das ich brauchte, um gesund zu bleiben. Ich probierte auch das aus. Ich hatte gar nicht realisiert, dass ich mich so ausgelaugt und ausgebrannt fühlte. Nach einigen Monaten nahm ich allmählich eine Veränderung wahr. Ich war nicht mehr so aufbrausend, wenn meine Kinder stritten oder mein Mann spät von der Arbeit nach Hause kam und sich dadurch das Abendessen verzögerte. Wenn mein Sohn seine Milch verschüttete, ging ich normalerweise »an die Decke«, denn ich hatte keinen Nerv mehr für irgendetwas, das schief ging. Aber es geht natürlich immer irgendetwas schief. Ich vergeudete Zeit und Geld, indem ich Dinge kaufte, die ich nicht wirklich brauchte. Und ich begann diese Angewohnheit als »Kaufwut« zu betrachten, die meine Frustration im Zaum halten sollte.

Man kann nicht sagen, dass ich zu einem neuen Menschen wurde. Ich reagierte oft gereizt auf meine seit Kurzem verwitwete Mutter, die darauf bestand, dass ich sie jeden Abend anrief. Es war auch nicht so, dass ich nie die Kinder anschrie oder nie wütend auf meinen Mann wurde oder keine Dinge mehr kaufte, die ich gar nicht brauchte. »Hmm, brauche ich diesen Schoko-Riegel jetzt wirklich? Könnte ich dieses Verlangen einfach vorbeiziehen lassen? Wird mein Verlangen danach immer noch so stark sein, wenn ich eine Weile im Garten arbeite?« »Habe ich wirklich ein neues Paar Ohrringe gebraucht?« »Das Extra-Glas Wein beim Abendessen? Ja, es war ein stressiger Tag gewesen, aber als ich am nächsten Morgen aufstand, fühlte ich mich benebelt.« Ich begann damit zu experimentieren, etwas zeitlichen Abstand zwischen meine Wünsche und mein Bedürfnis, sie sofort zu erfüllen, zu legen. Und nach einigen Monaten nahm ich eine subtile Entwicklung wahr: Ich wurde allmählich ein bisschen freundlicher zu mir selbst. Ich realisierte, wie oft ich mich selbst innerlich anbrüllte und beschimpfte, wenn ich etwas vermasselt hatte. Wenn ich zu spät kam, das Abendessen anbrennen ließ, die Kinder anschrie, etwas vergaß, wütend auf meinen Mann wurde, mich von einer Freundin oder einem Kollegen im Stich gelassen fühlte war das nicht das Ende der Welt – es gehörte einfach zum Leben. Es fühlte sich nicht mehr so persönlich an. Die Kinder würden weiterhin streiten, mein Mann würde weiterhin zu spät nach Hause kommen, mein Kollege würde mich weiterhin herabsetzen – und ich musste das alles nicht so ernst nehmen. Außerdem musste ich nicht viele Stunden damit zubringen, mir zu überlegen, was ich sagen oder tun würde, was ich dagegen unternehmen würde. Ich begann allmählich wahrzunehmen, was ich mir zusammenfantasierte und auf welche Weise ich die Kontrolle verlor, und fing zunehmend an, mich auf nachhaltigere Dinge zu konzentrieren.

Alex und ich arbeiteten gemeinsam daran, eine Liebende-Güte-Praxis für den Alltag zu entwickeln. Und während sie praktizierte, erkannte sie allmählich den Unterschied zwischen den eigentlichen Ereignissen und den Geschichten, die sie daraus »strickte«. Die Praxis half ihr, diese Geschichten zu verändern, anders auf die Ereignisse zu reagieren und sich auch weniger allein zu fühlen. Sie stellte sich ihre Tante vor und empfand deren Liebe und Unterstützung als tröstlich, aber sie erkannte allmählich auch, dass sie ebenfalls eine Rolle bei den Auseinandersetzungen mit Willi spielte, indem sie jedes Mal sofort einen Wutanfall bekam, wenn er sie hänselte, so wie er es seit Kindheitstagen getan hatte.

»Aber es gab noch etwas anderes, was ich zuvor nicht gesehen hatte«, sagte sie, »nämlich, dass ich die Möglichkeit habe, anders zu reagieren. Wenn ich nicht so panisch wegen der Kocherei geworden wäre und weil mein Vater tot war, und weil das Essen zu spät auf den Tisch kommen würde und ich im Vergleich zu meinem Bruder als Versagerin dastehen würde, hätte ich anders reagieren können: auf eine Weise, die die Situation beruhigt hätte. Ich hätte es mehr mit Humor nehmen und etwa sagen können ›Ja, ich weiß. Habe ich euch eigentlich erzählt, dass ich gerade aus einer Fernseh-Kochshow geflogen bin, wo man mich heruntergeputzt und zu mir gesagt hat, ›Pack deine Messer ein und geh. Das ist der schlechteste Truthahn aller Zeiten! Niemand will so etwas essen. Du hast es nicht verdient, zu leben‹. Und dann hätte ich lächelnd direkt hinterher schieben können: ›Wie wäre es mit ein paar Kräckern und Käse?‹

Na ja,« fügte sie mit einem trockenen Lachen hinzu, »es gibt ja noch Weihnachten.«

Gemeine Mädels

Robert hat einen Job als Buchhalter, in welchem er auch in den drei Jahren gearbeitet hat, seit wir ihm in Kapitel 1 begegnet sind. Er schätzt diese Sicherheit und Stabilität und kann so auch mehr Zeit mit den Kindern verbringen, aber wie es im Leben von Eltern eben so kommt, hat er nun ein neues Problem. Er macht sich Sorgen um seine Tochter, die 13-jährige Hannah, die seit einiger Zeit täglich weinend von der Schule heimkommt.

Erst nach einer ganzen Weile konnte sich Hannah ihren Eltern offenbaren und ihnen erzählen, was los war: Es stellte sich heraus, dass das Mädchen, das im vergangenen Schuljahr Hannahs beste Freundin gewesen war, Hannah zu Beginn des neuen Schuljahres fallen gelassen hatte. Weil Dora nun mit einem älteren Jungen »ging« und sich mit einer neuen Clique herumtrieb, brauchte sie Hannah nicht mehr, sondern meinte, ihre neue soziale Stellung festigen zu müssen, in dem sie ihre frühere Freundin brutal zurückstieß. Robert spürte, wie es ihm das Herz brach, als Hannah beschrieb, wie Dora die Nase rümpfte, wenn Hannah sich beim Mittagessen an Doras Tisch setzen wollte und zu den anderen sagte: »Kommt, lasst uns gehen, hier riecht es schlecht«, und dann aufstand und wegging.

Die Empörung und der Schmerz wuchsen, als Hannahs Mutter versuchte, mit Doras Mutter über das Problem zu sprechen. Die beiden Elternpaare hatten den Sommer mit gemeinsamen Grillpartys verbracht, während ihre Töchter zusammen »abhingen«. Doras Mutter würde sicher helfen. Doch das war nicht der Fall. Robert schäumte. »Doras Mutter sagte bloß: ›Nun, Dora wollte weiterziehen. Sie ist so reif, aber Hannah ist noch so kindlich. Dora hatte keine Lust mehr, über ihren blöden Hamster zu sprechen. Aber Hannah wird demnächst schon aufholen. Dora ist einfach schon weiter. Habt ihr gedacht, sie würden das ganze Leben lang Freundinnen bleiben? Dora will einfach neue Leute treffen. Daran ist nichts verkehrt!‹

Meine Frau ist temperamentvoll«, fuhr Robert fort, »und an diesem Punkt wurde es wirklich hitzig. Sie haben seither nicht mehr miteinander gesprochen; sie grüßen einander nicht Mal mehr auf der Straße. Und wir sind Nachbarn. Es ist wirklich peinlich«.

Zum Glück für Hannah betreibt ihre Schule eine Anti-Mobbing-Politik und Robert war erleichtert, als er feststellte, dass man das Problem dort ernst nahm – besonders in Anbetracht der Tatsache, dass es Doras neuer Clique Spaß zu machen schien, Hannah täglich zu verspotten, was viele andere Schüler:innen mitbekamen. Und Hannah hatte andere Freundinnen gefunden. Aber Robert sah immer noch traurig aus, während er diese positiven Dinge aufzählte.

»Meine Frau sagt ›Lass es los; so etwas passiert ständig.‹ Aber es bricht mir das Herz, wenn sie täglich weinend aus der Schule kommt.

Das Schlimmste ist, dass ich sie nicht beschützen kann. Es ist so schwer, sie leiden zu sehen. Und natürlich wurde ich auch in der Mittelschule gehänselt. Wer nicht? Ich erinnere mich, dass andere Kinder sich über mich lustig machten, weil ich hart für die Schule arbeitete, ein guter Schüler war, in der Schulband spielte. Man kann nicht gewinnen.«

»Vor ein paar Tagen«, fuhr Robert fort, »kam Hannah nach Hause und nahm sich ein Blatt Papier. Sie zeichnete eine Leiter und platzierte auf jeder Sprosse ein Mädchen je nach Beliebtheitsgrad – wer an der Spitze und wer ganz unten ist. Sie stellt sich in allem in Frage und hat das Gefühl, dass sie an der Sache schuld ist. ›Irgendetwas an mir muss verkehrt sein‹, sagt sie und weint und weint. ›Warum sind sie so gemein zu mir?‹«

Robert und seine Frau reagierten, wie alle Eltern reagieren würden: indem sie ihrer Tochter versicherten, dass überhaupt nichts an ihr verkehrt war, dass ihre Eltern sie liebten und für sie da waren und indem sie zustimmten, dass das Leben manchmal hart sein konnte. Sie ermutigten Hannah, sich auf die neuen Freundinnen und Aktivitäten zu konzentrieren, die ihr ein gutes Gefühl gaben, und sich daran zu erinnern, dass sie es nicht nötig hatte, an eine künstliche Hierarchie zu glauben, die von jenen geschaffen worden war, die sie nicht mochte.

Manchmal schafft man es auf der Leiter bis ganz nach oben, wie man so schön sagt, nur um festzustellen, dass sie an der falschen Wand lehnt.

An der »Gemeine-Mädels-Kultur« ist natürlich besonders hart, dass Eltern dieser kaum etwas Effektives entgegensetzen können, außer zu ihrem Kind zu stehen und sicherzustellen, dass es Unterstützung bekommt – und das Kind wissen zu lassen, dass es nicht allein ist. Robert und seine Frau bekamen zusätzliche Hilfe von Hannahs Schule und schätzten sich glücklich, dass die Schulen in ihrer Gemeinde das Thema Mobbing ernst nahmen. Das ist auch heute noch nicht an allen Schulen selbstverständlich. Und nicht jedes Kind ist wie Hannah in der Lage, neue Freundinnen zu finden. Wenn du feststellst, dass dein Kind nicht wieder auf die Beine kommt, Anzeichen einer Depression oder Essstörung zeigt, dass es anfängt, sich zu ritzen oder anderweitig selbst zu verletzen, suche bitte professionelle Hilfe (mehr dazu in den Kapiteln 6 und 7). Falls du dich wie Robert hilflos und machtlos fühlst, könnten auch die Übungen, bei denen es um das Kontrollbedürfnis geht (Kapitel 5), hilfreich sein.

Wenn Kinder mit ähnlichen Erfahrungen wie Hannah nach Hause kommen, stellen viele Eltern überrascht fest, dass die Erfahrung ihres Kindes Wunden aus der eigenen Kindheit aufreißt, Verletzungen, von denen sie dachten, sie seien lange fest vernarbt. Es schien klar, dass Robert den mit diesen alten Wunden verbundenen Schmerz mithilfe der Liebende-Güte-Meditation lindern könnte, aber er sträubte sich gegen die Bezeichnung, bis ihm ich sagte, er könne sie ändern und die Sätze an seine eigenen Bedürfnisse anpassen. Das kannst du ebenfalls tun.

Nachdem er die Übung ausprobiert und als hilfreich gefunden hatte, nannte er sie seine »Sauerstoffmaske«. »Du weißt ja, dass sie einem im

Flugzeug sagen, man solle zuerst seine eigene Sauerstoffmaske aufsetzen, damit man dann seinen Kindern helfen kann, wenn die Luft knapp wird. Das hat mir das Atmen erleichtert.«

Sauerstoffmaske für turbulente Flüge

Nimm dir 20 Minuten Zeit, in denen du Ruhe hast und nicht gestört wirst. Die Übung soll dir helfen, Liebende-Güte-Sätze und Sätze des Mitgefühls zu entdecken, die dich besonders ansprechen. Falls die klassischen Sätze für dich funktionieren, kannst du natürlich auch mit neuen Sätzen experimentieren, aber es ist nicht notwendig, zu wechseln.

Sofern es sich angenehm anfühlt, lege eine Hand auf dein Herz und erlaube dir, empfänglich zu werden. Während Meditationslehrer:innen die Schüler:innen ermutigen werden, Worte zu finden, die sie ansprechen, ist diese Variante, eigene Sätze zu bilden, eine Adaption von Neff und Germer.[27]

- Stell dir folgende Frage und lass die Antwort spontan hochkommen. Was brauche ich? (Pause) Was brauche ich wirklich?
- Die Antwort sollte ein tiefes Bedürfnis widerspiegeln, ein universales menschliches Bedürfnis, beispielsweise das Bedürfnis, friedvoll, verbunden, frei oder liebevoll zu sein. Lass es ein Bedürfnis sein, das dir hilft, dich vollständig und erfüllt zu fühlen.
- Wenn du bereit bist, öffne die Augen und schreib auf, was aufgetaucht ist.
- Die Worte, die du entdeckt hast, können in der Meditation verwendet oder zu neuen Sätzen für dich selbst werden, wie beispielsweise:

  Möge ich von nun an freundlich zu mir sein.
  Möge ich in Frieden leben.
  Möge ich frei von Wut sein.
  Möge ich frei von Hass sein.
  Möge ich mich mit anderen verbunden fühlen.

- Schließe nun wieder die Augen und denke über eine zweite Frage nach: Wenn es möglich wäre welche Worte bräuchte ich von anderen? Welche Worte müsste ich wirklich hören? Das könnten folgende Worte sein:

  »Du bist eine gute Mutter (ein guter Vater).«
  »Ich bin für dich da.«
  »Du bist nicht allein.«
  »Ich liebe dich.«

- Bleib offen und warte auf die Worte, die in dir hochkommen. Welche Worte würde ich gerne an jedem Tag meines Lebens ins Ohr geflüstert bekommen, Worte, die mich dazu bringen, jedes Mal, wenn ich sie höre »Danke, danke« zu sagen?
- Erlaube dir, verletzlich zu sein; hör mutig zu.
- Öffne nun behutsam die Augen und schreibe auf, was du gehört hast.
- Die Worte können in der Meditation angewendet werden oder es können Wünsche für dich selbst sein. Beispiel:

  »Du bist eine gute Mutter, ein guter Vater« kann zu »Möge ich meine eigene Güte kennen« werden.
  »Ich bin für dich da« kann zu »Möge ich für mich selbst da sein« werden.
  »Ich liebe dich« kann zu dem Wunsch werden »Möge ich anfangen, mich selbst zu lieben.«

- Schau dir nun an, was du aufgeschrieben hast und wähle zwei bis vier Wörter oder Sätze aus, die du in deine Meditation einbauen möchtest.
- Diese Wörter oder Sätze sind Geschenke, die du dir selbst machst.
- Schließe jetzt noch einmal die Augen. Probiere aus, deine Sätze immer wieder zu wiederholen, flüstere sie dir ins Ohr, als würdest du sie einem geliebten Menschen ins Ohr flüstern.
- Versuche, die Worte gleichsam von innen zu hören, gib ihnen Raum.
- Verweile in dieser Erfahrung.
- Betrachte das als Beginn einer Reise.
- Wenn du bereit bist, öffne die Augen.

Als Robert in Kontakt mit seinem Wert als Vater kam, war es für ihn, als würde er »auf einen Reset-Knopf drücken«. Indem er sich zunehmend geerdet fühlte, wurde er nicht so stark in Hannahs Drama hineingezogen und hatte das Gefühl, eine beständige und liebende Präsenz sein zu können. Ihm wurde klar, dass er sich wünschte, seine Tochter möge etwas von dem Mumm und der Resilienz entwickeln, die er und seine Geschwister entwickelt hatten, als sie gehänselt und schikaniert wurden, dass er ihr aber nicht helfen konnte, die Turbulenzen zu überstehen, wenn er sich in der Vergangenheit befand und seine eigenen Kämpfe mit Schul-Rowdys aufs Neue durchlebte.

Zweifellos sind alle Eltern dankbar und froh, dass die achte Klasse nicht ewig dauert. Und manchmal werden scheinbar irreparable Risse gekittet und Freundschaften erneuert. Bei Kindern in Hannahs Alter ändert sich alles, und alles ist unsicher. Um Robert und seiner Frau zu helfen, auf diese Veränderungen vorbereitet zu sein, schlug ich ihm vor, seine Sauerstoffmaskenpraxis noch auf eine andere Weise anzuwenden: »Vielleicht könntest du dir überlegen, was Hannah tatsächlich von dir und deiner Frau hören müsste. Welche Worte könnten ihr helfen, gut durch den Tag und dieses Jahr zu kommen?«

Auch du kannst das tun, wenn dein Kind leidet. Setze zuerst deine eigene Sauerstoffmaske auf, aber achte dann darauf, dass dein Kind auch eine hat.

Während Achtsamkeit uns hilft, die Dinge mit etwas Abstand zu betrachten und zu erkennen, was für eine »Story« wir um unsere Erfahrung herum weben, können wir, wenn wir liebende Güte hinzufügen, unsere Standard-Erzählung ändern. Sehr oft stehen hinter der Geschichte, die wir über unser Leben erzählen, Wut, Zurückweisung und Angst, und wir gießen weiterhin Öl in dieses Feuer. Wenn wir liebende Güte hineinbringen und vor allem wahrzunehmen versuchen, was wir brauchen, kann das den entscheidenden Unterschied ausmachen. Anstatt unserer ersten, von Isolation, Wut und Entfremdung geprägten Reaktion, können wir zu Verbundenheit, Verständnis und Freundlichkeit finden.

Das Gehirn »auf Meditation«

Was geschieht mit uns, wenn wir meditieren? Die meisten von uns haben die Schlagzeilen gelesen, in denen behauptet wird, dass Achtsamkeit dazu beitragen kann, Angst und Depressionen zu vermindern, den Blutdruck zu senken und unsere Gedächtnisleistung im Alter zu verbessern. Doch eine durchgängig auftauchende Entdeckung ist weniger bekannt, aber dennoch von größter Bedeutung für Eltern. Im Jahre 2001 entdeckten Marcus Raichle und Deborah Gusnard eine Hirnregion, die aktiv ist, wenn das Gehirn sich im Ruhezustand befindet und inaktiv ist, wenn das Gehirn mit einer bestimmten Aufgabe befasst ist: das sogenannte *Default Mode Network* (DMN, deutsch: »Ruhezustandsnetzwerk«).[28] Und je nachdem, welche Studie man liest, zeigt sich, dass unser Geist in 46,9 bis 80 % der Zeit abschweift. Kurz, ein abschweifender Geist ist ein unglücklicher Geist. Aber wohin geht er? Was tut er?

Probiere die folgende Reflexion selbst aus und stelle einen Küchenwecker auf 5 Minuten ein.

Reflexion: Die Gedanken schweifen lassen

- Setz dich bequem hin und entspanne dich einfach. Du kannst dich auch hinlegen, wenn du möchtest, aber versuche, wach zu bleiben (ich weiß, das ist schwer).
- Lass deine Gedanken schweifen. Du musst nicht produktiv sein. Nirgendwohin gehen. Nichts tun.
- Es ist in Ordnung, Tagträumen nachzuhängen. Du musst nichts kontrollieren. Ruhe einfach aus.
- Schau mit wohlwollender Aufmerksamkeit, wohin deine Gedanken wandern. Denkst du an dein Kind? Lässt du innerlich deine Vergangenheit aufleben? Machst du dir Sorgen um die Zukunft?
- Wenn der Wecker klingelt, mach ein paar Notizen über das, was du entdeckt hast.

Die meisten Leute stellen fest, dass der Geist sich in Gedanken über die Vergangenheit oder in Zukunftssorgen verliert oder versucht, Probleme zu lösen. Gewöhnlich ist man vorrangig mit Ich-Mich-Mein beschäftigt. Das ist das DMN (*Default Mode Network*), das eine wichtige Rolle bei der Aufrechterhaltung eines »autobiographischen Selbst« spielt, welches unsere Identität stützt. Der Geist wandert zu Dingen, die mit uns selbst zu tun haben – unseren Emotionen, unserer Arbeit, unserem Status, unseren Kindern – sodass wir zum Zentrum des Universums werden. Wir erschaffen in unserem Innern einen Film, in welchem wir der Star sind, problematische Szenen aufs Neue durchspielen, manchmal auch Triumphe, aber oft eher schlimme Erinnerungen – immer und immer wieder.

Unser Geist wird oft zu den Dingen hingezogen, die uns belasten. Wenn wir im *Default Mode* sind, neigen wir dazu, nach etwas zu suchen, das nicht in Ordnung ist – entweder an uns selbst oder unseren Kindern. Wir entdecken Dinge, die in Ordnung gebracht werden müssen. Die Psychologin Kelly McGonigal hat alle neueren Studien über das DMN zusammengetragen und ausgewertet. Sie ist der Ansicht, dass der Fokus im DMN auf sozialer Interaktion liegt. Wir denken an andere Menschen im Verhältnis zu uns: Was hat jemand anders über uns gesagt? Was denken die anderen über uns? Wir stellen soziale Vergleiche an: Wie stehe ich im Vergleich mit meinen Geschwistern da? Meinen Arbeitskolleginnen und Kollegen? Wie schneiden meine Kinder im Vergleich mit ihren Altersgenossen ab? Wir urteilen ständig: Mein Leben sollte anders sein. Warum bin ich so? Warum ist mein Kind so? Selbstkritik ist eine mächtiger Aktivatorin des DMN.

Ein wichtiger Effekt der Achtsamkeits- und Mitgefühlsmeditation erklärt sich dadurch, dass alle Formen der Meditation das DMN deaktivieren. Forscher:innen haben gerade herausgefunden, dass selbst eine kleine »Dosis« Achtsamkeit den DMN-Mechanismus verändern kann und zwar auch dann, wenn wir nicht meditieren.

Was bedeutet das also für uns als Eltern? Vor allem, dass wir keine Geiseln unseres vergleichenden Denkens sein müssen. Wenn wir bemerken, dass wir urteilen und an uns, unseren Kindern, Partnern oder unserer Position in der gesellschaftlichen Hackordnung herumnörgeln, haben wir die Wahl: Wir können die Konversation in unseren Köpfen verändern. Wir können uns selbst daran hindern, in das tiefe Loch von Angst und Schmerz hinabzusteigen, wenn unser Kind nicht mit einer Schere umgehen kann, wenn eine Schwester oder ein Bruder (oder unsere Eltern oder Schwiegereltern) uns herabsetzen oder wir die niedrigste Position in der Hierarchie des erbarmungslosen Konkurrenzkampfes in der Mittelstufe einnehmen.

Die gefürchtete Mitbringparty

Wie Robert so eindrücklich beschrieb und du vielleicht schon selbst erlebt hast, ist es unglaublich schmerzhaft, zu sehen, wie dein Kind zurückgewiesen oder von Gleichaltrigen negativen Vergleichen unterzogen wird, und es kann alte Wunden aus der eigenen Kindheit aufreißen. Das Letzte, das wir in einer solchen Situation brauchen können ist, in das Vergleichsspiel mit unseren eigenen Vergleichspersonen oder »Peers« hineingezogen zu werden. Sollten wir als Erwachsene nicht darüber stehen? Sollten wir es nicht besser wissen? Möglicherweise – aber oft ist es eben nicht so. Wir schleppen eine Menge Gepäck aus unserer Kindheit mit uns herum (siehe Kapitel 3). Alex wird immer noch von der scheinbaren Überlegenheit ihres Bruders überrumpelt, Robert spürt immer noch den Stachel der Hänseleien aus der Schulzeit und viele Erwachsene – vielleicht Willi? – wurden schon in jungen Jahren ins Prestigekarussell hineingezogen und haben nie aufgehört, zu versuchen, die falsche Leiter an der falschen Wand emporzuklettern.

»Wenn ich nochmal zu einem Elterntreffen gehen muss, flippe ich aus«, sagte Amélie. Sie beschrieb diese Treffen nicht nur als langweilig, sondern oft quälend. Sie meinte, je älter die Kinder werden, desto konkurrenzfixierter werden die Eltern.

»Simon ist in der sechsten Klasse aber ich habe das Gefühl, dass sich die Dinge auf allen Ebenen intensivieren. Mehr Hausaufgaben, mehr Zeiterfordernis für außerschulische Aktivitäten, mehr Augenmerk auf Teamsportarten. Und als alleinerziehende Mutter fühle ich mich einsamer und unzulänglicher. Ich habe niemanden, der mich begleitet. Ich nehme wahr, welchen Status andere haben, wie sie gekleidet sind, wie erfolgreich sie sind, wo sie wohnen, wie ihre Häuser aussehen. Und ich habe das Gefühl, dass ich beurteilt werde. Es gibt eine Hierarchie bei den Mitbringtreffen und den Elternabenden. Ich versuche das zu ignorieren aber es gelingt mir nicht. Ich sehe all diese Gruppen. Da gibt es die Power-Paare, die berufstätigen Mütter mit Top-Jobs, die Mütter mit Ehrenamt, die Mütter, die ihre Tage mit Workouts verbringen – Yoga machen, Joggen oder Pilates – und beneidenswerte Figuren haben. Und dann gibt es noch die ›hauptberuflichen‹ Mütter, die zu Hause bleiben und eine Menge Kinder haben. Die Leute verbringen viel Zeit damit, sich für diese Treffen zu stylen. Es ist wichtig, das richtige Outfit zu tragen – man darf weder zu sexy, noch zu steif, noch zu formell, noch zu lässig gekleidet sein. Das erzeugt eine Menge Druck. Und es ist eine staatliche Schule, da sollte so etwas doch keine große Rolle spielen.«

»Es gab dieses Klassenfest am Wochenende in jemandes schönem, großen Haus. Ich fand das einschüchternd. Die Frauen waren aufgetakelt, geschminkt – nicht wie man sie frühmorgens antrifft, wenn sie die Kinder zur Schule bringen. Der äußeren Erscheinung wurde soviel Aufmerksamkeit geschenkt. Es war ein ›Jede(r)-bringt-was-mit‹, aber sogar beim mitgebrachten Essen gab es Konkurrenz. Das ist so blöd. Wer hat die raffinierteste Vorspeise gemacht? Den besten Kuchen gebacken? Die besten Chocolate Chip Cookies? Ich hatte nicht erwartet, dass auch Essen ein Bereich der Konkurrenz sein kann.

Mir fiel auf, dass die Eltern in denselben Cliquen unterwegs waren, wie ihre Kinder – die beliebten Kinder, die Superstars, die sportlichen Kinder, die Nerds, die künstlerisch Begabten. Und ich hatte das Gefühl, ausgeschlossen zu sein, also gab ich vor, Anthropologin zu sein. Weil ich nicht verheiratet bin, sind die Frauen mir gegenüber ein bisschen misstrauisch und die Männer wollen nicht den Eindruck erwecken, mit mir zu flirten. Also fühlte ich mich einsam.

Ich bekam allmählich das Gefühl, nicht dazuzugehören. Als ob die Leute nicht mit mir sprechen wollten. Sie schauten immer woanders hin, um zu sehen, ob sie mit einer Person sprechen könnten, die einen höheren Status hat. Und ich weiß, dass ich empfindlich bin, weil ich braune Haut habe und anders bin, aber ich versuche mich anzupassen. Ich trage kein Kopftuch und ich erzähle nicht herum, dass ich Muslima bin. Aber seit kurzem erwarte ich das Schlechteste von Menschen, die ich nicht mag.

Ich glaube, ich habe mich verschlossen. Und die Mitbringparty hat mir das deutlich gezeigt. Es fällt mir schwer, mich anderen Menschen zu öffnen. Ich bin misstrauisch. Auf der Hut. Ich glaube, sie urteilen über mich. Ich urteile über sie. Gibt es irgendetwas, das ich dagegen tun kann?«, fragte sie.

Robert Thurman, ein Professor für buddhistische Studien an der Columbia University (und ja, er ist der Vater der Schauspielerin Uma Thurman) spricht darüber, wie es aussehen könnte, mitfühlend zu leben. »Stellen Sie sich vor, Sie befinden sich in der New Yorker U-Bahn«, sagt er, »und ein paar Außerirdische entführen den U-Bahn-Waggon, sodass alle Leute darin zusammen sein werden – und zwar für immer. Wie reagieren wir? Plötzlich sind diese Leute, ohne dass wir es uns ausgesucht haben, *unsere* Leute. Vielleicht mögen wir sie nicht. Vielleicht erkennen wir sie nicht an. Vielleicht sind sie uns sogar zuwider. Aber wenn wir zusammen sein werden, müssen wir einen Weg finden, miteinander auszukommen. Wenn jemand Hunger hat, geben wir ihm zu essen. Wenn jemand eine Panikattacke hat, helfen wir ihm. Ob wir wollen oder nicht, unsere Leben sind miteinander verbunden.«

Die folgende Meditation hilft uns, die Praxis der liebenden Güte auf alle auszudehnen – bei der Mitbringparty, in der Schule, im Wohnviertel.

Selbst wenn uns keine Außerirdischen entführen, sind unsere Leben miteinander verbunden, ob wir das nun anerkennen wollen oder nicht.[29]

Stell dir also vor, indem du mit dem Bild des U-Bahn-Waggons spielst, dass die gefürchtete Mitbringparty (oder der Elternabend) von Außerirdischen entführt wird und ihr alle zusammen seid – für immer.

Reflexion: Die ruinierte Mitbringparty

- Setz dich bequem hin. Schau, ob du mit dieser Übung ein bisschen Spaß haben kannst.
- Atme ein paarmal tief ein und aus.
- Erlaube dir, alle Gefühle zu haben, die hochkommen, wenn du daran denkst, mehr Zeit mit der Gruppe der Eltern zu verbringen. Du musst deine Gefühle nicht zensieren. Nimm einfach wahr, was da ist.
- Es gibt auch keine Notwendigkeit, bestimmte Gefühle zu »fabrizieren«. Du musst nicht vorgeben, dass du bestimmte Eltern magst. Du kannst ihnen liebende Güte senden, selbst wenn du sie nicht wirklich magst. Wir erkennen an dieser Stelle nur eine existierende Verbindung an.
- Stell dir bei Leuten, die dich »gegen den Strich bürsten«, vor, womit sie vielleicht zu kämpfen haben einem Alkoholproblem, Untreue, finanziellen Sorgen, alternden Eltern, einer Krankheit.
- Bei der traditionellen Praxis beginnen wir mit uns selbst. Falls das aber schwierig ist, kannst du mit jemandem beginnen, der dich unterstützt hat, und dann die Sätze für andere wiederholen.
- Die klassischen Sätze lauten: »Möge ich sicher sein. Möge ich glücklich sein. Möge ich gesund sein. Möge ich mit Leichtigkeit leben«, mit anderen Worten, möge das tägliche Leben (und das Elterndasein) nicht so schwierig sein.
- Das »Möge ich« wird im Geiste der Großzügigkeit gesprochen; wir segnen uns und andere: »Möge ich sicher sein, mögest du sicher sein.«
- Mach dir keine Sorgen, falls deine Aufmerksamkeit wandert. Du kannst immer wieder von vorne beginnen.
- Wenn du im Geiste die anderen Eltern durchgehst (und setz dich nicht unter Druck, jetzt alle durchgehen zu müssen), ruf dir eine Person ins Gedächtnis, die freundlich zu dir war, die dir geholfen hat. Sieh diese

Person vor deinem geistigen Auge, nenne ihren Namen und biete ihr die Sätze an. Wünsche dieser Person, was du dir gewünscht hast: »Mögest du sicher sein. Mögest du glücklich sein. Mögest du gesund sein. Mögest du mit Leichtigkeit leben.«

- Mach dir bei dieser Übung keine Gedanken darüber, wenn du die Worte nicht perfekt wiedergibst. Es geht darum, sich zu verbinden und der Person Gutes zu wünschen.
- Denk an eine Person, die gerade eine schwere Zeit durchmacht ein krankes Kind, eine Scheidung, ein kranker Elternteil, ein Arbeitsplatzverlust. Stell dir diese Person vor, nenne ihren Namen und biete ihr die Sätze an. »Mögest du sicher sein. Mögest du glücklich sein. Mögest du gesund sein. Mögest du mit Leichtigkeit leben.«
- Du kannst davon ausgehen, dass deine Aufmerksamkeit abschweifen wird: Vergiss nicht, das tut der Geist von Natur aus. Mach dir keine Vorwürfe.
- Denk an eine Person, die du nicht wirklich kennst. Eine Mutter oder einen Vater, die/den du nur manchmal im Vorbeigehen siehst. Du hast mit dieser Person noch nie gesprochen. Vielleicht kennst du noch nicht einmal ihren Namen. Kein Problem. Stell sie dir vor, versuche ein Gefühl für die Person zu bekommen und mach dir bewusst, dass dieser Mensch ebenfalls glücklich sein will, sich vielleicht um ein Kind sorgt und ebenfalls verletzlich ist. »Mögest du sicher sein. Mögest du glücklich sein. Mögest du gesund sein. Mögest du mit Leichtigkeit leben.«
- Denk nun an einen Elternteil, dessen Worte oder Handlungen problematisch für dich waren. Vielleicht war diese Person in der Vergangenheit dir gegenüber unhöflich oder respektlos. Versuche, dieser Person liebende Güte zu senden. Setz dich nicht unter Druck, falls du das Gefühl hast, dass das zu schwierig ist, sondern sende zunächst wieder dir selbst liebende Güte. In diesem Moment bist du die Person, die leidet, schick dir also etwas Wärme und Freundlichkeit.

- Sende zum Schluss allen Gästen der Mitbringparty diese guten Wünsche und liebende Güte: »Möget ihr alle sicher sein. Möget ihr alle glücklich sein. Möget ihr alle gesund sein. Möget ihr alle mit Leichtigkeit leben.«
- Wenn du magst, dehne diese guten Wünsche auf alle Eltern, ja sogar auf alle lebenden Wesen aus: »Mögen alle Eltern sicher sein. Mögen alle Eltern glücklich sein. Mögen alle Eltern gesund sein. Mögen alle Eltern mit Leichtigkeit leben.«
- Wenn du bereit bist, öffne die Augen. Schau, ob du auch weiterhin liebende Güte in deinen Alltag bringen kannst. Vielleicht kannst du das praktizieren, wenn du dein Kind zur Schule bringst oder es nach dem Unterricht abholst, oder beim nächsten Treffen in der Schule.

Nachdem Amélie diese Übung ein paar Wochen lang praktiziert hatte, sah sie die anderen Eltern allmählich klarer. Sie erinnerte sich beispielsweise daran, dass eine andere alleinerziehende Mutter, die es ebenfalls nicht leicht hatte, sehr freundlich gewesen war und sie zum Abendessen eingeladen hatte. Amélie war zu beschäftigt gewesen, die Einladung zu erwidern. Dann war da noch eine Mutter, die sich wegen einer Brustkrebserkrankung einer Chemotherapie unterziehen musste und alle Haare verloren hatte, aber fast jeden Tag kam, um ihr Kind abzuholen: Amélie realisierte, dass sie dieser Frau Mittagessen vorbeibringen konnte. Und dann waren da natürlich noch die »Arschlöcher«, einschließlich eines Paares, das aufgrund ihrer Religion und Ethnie nichts mit Amélie und ihrem Sohn zu tun haben wollte. Sie hatte versucht, ihnen liebende Güte zu senden, aber es fiel ihr zu schwer, also leitete sie die Energie um und richtete sie wieder auf sich selbst. Sie wurde daran erinnert, wie hart es ist, marginalisiert zu werden. »Aber im Großen und Ganzen«, sagte sie, »hatte ich das Gefühl, dass ich in Gegenwart der anderen Eltern ein bisschen weicher werden und mich mehr entspannen konnte. Sie sind nicht gegen mich. Und manche von ihnen hatte ich überhaupt nicht gesehen und nicht an sie gedacht. Das hat mir ein bisschen die Augen geöffnet.«

Wenn wir eine schwierige Zeit durchmachen, wird unsere Welt oft enger. Wir wenden uns nach innen und fangen an, schützende Mauern zu errichten. Die Praxis der liebenden Güte kann dazu beitragen, dass wir wieder zu unserem besten und freundlichsten Selbst werden – als Eltern und als Individuen. Sie kann uns helfen, uns in dem zu verankern, was uns wirklich wichtig ist und uns wieder mit unseren zentralen Werten zu verbinden. Der Psychologe und Meditationslehrer Jack Kornfield drückt es klar und prägnant so aus: »Es geht nicht darum, deinen Körper oder deine Persönlichkeit zu perfektionieren. Es geht im Grunde darum, dein Mitgefühl und deine Liebe zu perfektionieren.«

Achtsamkeit im Alltag

Das ist ein Dschungel da draußen

Nach einigen Erfahrungen, die Alex kürzlich mit ihrem mittleren Kind gemacht hatte, entwickelte sie eine neue Phobie: Angst vor Spielplätzen. »Es fühlt sich an, als würde niemand spielen«, erklärte sie, »sondern alle würden nur konkurrieren. Wirklich, manchmal fühlt es sich wie ein Wettrennen an. Meine Tochter mag Farben sehr gerne; sie ist drei und zählt die Farben auf ihrem Ball auf – blau, rot, grün, gelb. Letzte Woche kommt diese andere Mutter herüber und fragt ›Wie hast du sie dazu gebracht, das zu tun?‹ So als wäre sie ein trainierter Seehund.

Also antworte ich ›Ich habe sie nicht dazu gebracht, irgendetwas zu tun; sie liebt einfach Farben‹.

Und die andere Mutter: ›Meine Güte, sie ist wirklich sehr fortgeschritten. Wie alt ist sie?‹ Ich werfe ihr einen ›Was-zur Hölle-ist-dein-Problem?-Blick‹ zu. Und dann sehe ich die Mutter diese Woche mit ihrem Sohn und sie fragt ihn ab: ›Welche Farbe ist das? Und welche Farbe ist das?‹, als wäre das Aufzählen von Farben ein Wettbewerb. Wo führt das hin? Das ist so verrückt.

Aber das ist gar nicht so schlecht … ich konnte das loslassen. Konkurrenz liegt in der Luft, die wir hier atmen und wir merken es noch nicht mal, so wie die Fische das Wasser nicht wahrnehmen. Aber meine Tochter sitzt oben auf der Rutsche und dann kommt dieses große, aggressive Kind daher, direkt hinter ihr, und versucht sie aus dem Weg zu schubsen. Sie zögert, runter zu rutschen. Ich stehe also unten mit dem Baby im Buggy und schreie zu ihm hinauf: ›Hör auf zu schubsen, warte, bis du an der Reihe bist,‹ und überrede meine Tochter, zu rutschen. Sie tut es, allerdings sehr langsam. Die Rutsche war hoch und sie ist klein und ängstlich. Und jetzt, wo ich das Baby habe, kann ich nicht mit ihr zusammen hochklettern.

Also kommt die andere Mutter zu mir und sagt ›Kommandiere doch dein eigenes Kind herum!‹ Nach dem Motto: ›Wie kann ich es wagen, etwas zu ihrem kostbaren Rowdy-Sohn zu sagen?‹.

›Und du solltest mal was zu deinem Sohn sagen. Er hat versucht, sie runter zu schubsen!‹

›Mein Sohn ist nicht aggressiv!‹, gibt sie zurück.

Ich warf ihr einen bösen Blick zu, und wir standen einfach auf und gingen. Aber ich konnte es kaum glauben. Ich wollte nicht auf sie losgehen und mich mit ihr darüber streiten, wessen Kind aggressiver ist. Irgendjemand hätte wahrscheinlich ein Video von der Auseinandersetzung gemacht. Das brauche ich nicht. Aber ihre Verleugnung hat mich total erstaunt.«

»Hat sich irgendetwas an dieser Szene bekannt angefühlt?«, fragte ich?

»Bingo«, sagte Alex und lächelte. »Da hast du ins Schwarze getroffen«, sagte sie und nickte. »Mein Bruder ist überall! Und meine Mutter auch!« Manchmal fühlt es sich an, als sei die Welt eine vernachlässigende, gleichgültige Mutter.

»Ich habe das Gefühl, dass ich das überall sehe. Es kommt mir so vor, als würden die anderen Eltern nicht auf ihre Kinder Acht geben. Die Leute schubsen ihre Kinder auf der Schaukel an, während sie in ein Gespräch am Handy vertieft sind, sie halten keinen Augenkontakt mit den Kindern, sprechen nicht mit ihnen. Sie lassen sie allein im Sandkasten spielen während sie ihr Facebook-Konto checken, Instagram, was eben gerade in ist. Das ändert sich jeden Tag. Ich wollte einfach nur weg.

Ich weiß, dass Menschen schwierig und aggressiv und konkurrierend sein können und ich will solche Leute nicht als Vorbild für meine Kinder. Aber ich kann mich auch nicht auf einen einsamen Berggipfel flüchten. Ich will nicht, dass meine Kinder mitbekommen, wie ich versuche, einer Mutter, die zweimal so kräftig ist wie ich, eins drauf zu geben, weil ihr Kind versucht hat, mein Kind zu schubsen. Mir ist die Ironie der ganzen Sache schon bewusst, aber ich will meinen Kindern ein Beispiel für reifes erwachsenes Verhalten geben. Nicht, dass ich wüsste, wie das aussieht.«

Liebende Güte auf dem Spielplatz

Einer meiner Lieblingssprüche, wenn Leute mir gegenüber aggressiv sind und ich wütend werde, stammt von der Meditationslehrerin Tara Brach: »Das ist kein Feind«, sagt sie in ihrem beruhigenden Tonfall. »Das ist ein anderer Soldat in einem Erdloch, der einen harten Tag hat.« Wie könntest du das konkret auf dem Spielplatz anwenden, wenn andere Eltern deine Knöpfe drücken?

- Probiere diese Übung aus, wenn du das nächste Mal auf einen Spielplatz gehst:
- Schau dir, wenn du den Spielplatz betrittst, alle Eltern und Kinder an.
- Vielleicht möchtest du damit anfangen, deine Erfahrung des Menschseins, die du mit allen teilst und deine Verbundenheit mit diesen Liebende-Güte-Güte-Sätzen in den Vordergrund zu rücken. Ich will, wie alle Eltern und Kinder hier, glücklich sein. Ich will, wie alle Eltern und Kinder hier, gesund sein. Ich will, wie alle Eltern und Kinder hier, mit Leichtigkeit leben.
- Bleib präsent, wenn dein Kind dann losrennt, um zu spielen; zieh nicht dein Smartphone aus der Tasche, um dich abzulenken. Diese Zeit mit deinem Kind ist kostbar. Sie geht so schnell vorbei.
- Halte Augenkontakt zu deinem Kind, wenn du es auf der Schaukel anschiebst. Unterbreche den Kontakt nicht, indem du auf dein Handy schaust und Nachrichten checkst.

- Versuche deinem Kind gute Wünsche zu schicken, während du ihm beim Spielen zuschaust, um eure Verbundenheit zu stärken: Mögest du frei von innerem und äußerem Leid sein. Mögest glücklich sein. Mögest du gesund sein. Mögest du mit Leichtigkeit leben.
- Nehmen wir an, es entsteht ein Konflikt mit einem anderen Kind oder Elternteil. Sende dir selbst gute Wünsche, bevor du dich auf die Auseinandersetzung einlässt möge ich sicher sein, möge ich gesund sein, möge ich glücklich sein, Möge ich mit Leichtigkeit leben.
- Halte inne, atme ein oder zweimal tief ein und aus.
- Hör zu: was passiert gerade im Kontakt mit dem anderen Kind oder Elternteil?
- Schau, ob du, anstatt zu reagieren, zu dir selbst sagen kannst: »Das ist kein Feind; das ist ein anderer Soldat in einem Erdloch, der einen schweren Tag hat«.
- Schau, ob diese Perspektive dir helfen kann, mit dem Konflikt umzugehen oder ihn zu entschärfen.
- Wiederhole das auf den unterschiedlichen »Spielplätzen« deines Lebens so oft wie nötig.

Diese Achtsamkeits- und Mitgefühlsübungen können in deinem Kopf soviel Raum schaffen, dass du, wenn du durch andere gereizt oder aufgebracht wirst, eher nicht auf eine Weise handelst, die du später bereuen könntest. Anstatt dich in den Endlosschleifen des Ruhezustandsnetzwerks (DMN) über dich selbst und darüber, was andere dir angetan haben, zu verlieren – »wie können sie es wagen…?«, »ich werde es ihnen zeigen« und so weiter – können wir uns in der Kunst üben, zu antworten, anstatt einfach zu reagieren. In dem Holywoodfilm »Die Nacht vor der Hochzeit« gibt es einen großartigen Satz, der uns helfen kann, mitfühlend zu bleiben: »Der Zeitpunkt, sich ein Urteil über andere Leute zu erlauben, ist nie.«

Indem wir versuchen, offen zu bleiben, wach und lebendig zu sein, können wir uns von unseren Sorgen und Ängsten befreien und die Dinge klarer sehen. In der Gegenwart zu leben entlastet uns vom unablässig vergleichenden und urteilenden Geist. Achtsamkeit lehrt uns, dass wir unseren Geist trainieren können, Urteile zu revidieren – zu sehen, dass andere wie wir sind, dass sie dieselben Bedürfnisse und Wünsche haben und genauso verletzlich sind. Das kann dazu beitragen, unsere Erfahrung von Elternschaft zu verändern, sodass sie nicht länger ein Konkurrenzkampf ist, nach dem Motto »Wir gegen sie«, bei dem es um gewinnen oder verlieren geht, sondern um eine tiefere Erfahrung der menschlichen Verbundenheit.

Aber sei vor allem freundlich zu dir selbst. Wir alle tappen manchmal in die Falle. Wenn ich feststelle, dass ich ins Urteilen verfallen bin, denke ich daran, was der Dalai Lama einmal in einem Interview gesagt hat. Als der Interviewer ihn fragte, was der glücklichste Moment in seinem Leben gewesen sei, hielt der Dalai Lama inne, blickte um sich und lächelte. »Ich glaube, dieser.«

Versuche, dies in deinem Leben anzuwenden. Nimm das Sonnenlicht auf dem Haar deines Kindes wahr, während du es auf der Schaukel anschiebst; nimm seine Freude wahr, wenn es auf dem Spielplatz herumrennt und lacht. Stopp. Nimm das in dich auf. Lass das genug sein. Lass dein Kind genug sein. Und du bist als Mutter oder als Vater gut genug. Sei dankbar für die kleinen Dinge dieses Augenblicks. Den Geruch der Luft, die Blumen, die feuchte Erde, das Vogelgezwitscher. Genieße diese süßen und kostbaren Momente.

5 »Was soll ich tun?«

MIT DEN UNVERMEIDLICHEN UNSICHERHEITEN DES ELTERNDASEINS ARBEITEN

Wie wir in Kapitel 2 gesehen haben, war Chrissies zweite Ehe mit einer üblen Stiefmutterrolle verbunden, was sie so nicht erwartet hatte. Vier Jahre später hatte sich ihre Beziehung zu ihrer Stieftochter Jenny verbessert aber sie machte sich nun Sorgen um den inzwischen achtjährigen Steffen.

»Er ist immer voller Energie und ständig in Bewegung. So wie ich. Ich kann auch nicht stillsitzen, also hab ich mir nichts dabei gedacht. Er ist wie ich von Natur aus sportlich und rennt sehr gerne. Aber er kann nicht ruhig an seinem Tisch sitzen, so wie es die Lehrer:innen von ihm verlangen. Und deshalb bekam er Probleme in der Grundschule. Wir hatten gerade ein Gespräch mit seinen Lehrer:innen und dem Vertrauenslehrer. Sie sagen, er kann nicht bei der Sache bleiben und sich nicht auf seine Aufgaben konzentrieren. Er soll in der Schule also eine besondere Betreuung und Förderunterricht bekommen. Ich habe natürlich nichts dagegen, dass er Hilfe bekommt, obwohl der Gedanke daran zunächst schwer zu akzeptieren war – natürlich willst du dir vorstellen, dass dein Kind perfekt ist – was mich aber wirklich schockiert hat, war ihr Vorschlag, es mit Medikamenten zu versuchen. Sie sagen, es würde ihm helfen, sich besser zu konzentrieren und still zu sitzen. Das macht mich wütend. Einem Grundschüler Medikamente geben, um ihn ruhig zu stellen? Ich denke, das soll es nur leichter für die Lehrer:innen machen.

Ich will nicht eine dieser schwierigen, überheblichen Mütter sein, die meinen, alles besser zu wissen. Sie sagen, es würde helfen, und ich habe Freundinnen, deren Kinder Medikamente bekommen und sich dadurch leichter tun. Aber ich möchte nicht, dass er zu einer unter Medikamenten stehenden, abgestumpften Version des quirligen, energiegeladenen Kindes wird, das ich liebe.«

Es gibt keine einfache Antwort auf diese Frage, die mir von vielen Eltern gestellt wird. Sollte ein Kind Medikamente bekommen, wenn es Probleme mit der Aufmerksamkeit hat? Mit Ängsten? Mit Depressionen? Mit dem Verhalten? Werden wir nicht zu einer medikamentenabhängigen Nation? Ist das nicht alles zu viel? Da ich Steffen noch nie begegnet war, fühlte ich mich nicht ausreichend qualifiziert, mir ein Urteil über seine Behandlung zu erlauben. Aber ich stellte für Chrissie einen Kontakt mit einem Kinderpsychologen her, um der Familie zu helfen, das Beste zu tun.

Wenn wir uns vom Leben gebeutelt fühlen, ist Selbstmitgefühl ein zuverlässiges Gegenmittel. In ihrem Buch *Letter to My Daughter* schreibt Maya Angelou: »Vielleicht kannst du nicht alles kontrollieren, was dir passiert aber du kannst beschließen, dich davon nicht klein machen zu lassen.«[30] Wenn wir darüber nachdenken, erkennen wir, dass wir täglich vor der Herausforderung stehen, für uns selbst und im Sinne unserer Kinder und geliebter Menschen zu handeln. Chrissie war so aufgewühlt, dass sie aufgehört hatte, gut für sich selbst zu sorgen. Sie schlief kaum, ging spät zu Bett, trank Gin-Tonic, um sich zu beruhigen, saß mit Eiscreme und Kuchen vor dem Fernseher und schaute ihre Lieblingsserien.

Wenn die Dinge außer Kontrolle geraten und wir nicht wissen, wie es weiter gehen soll, haben wir eine Wahl: Wir können entscheiden, wie wir auf die unvermeidlichen Schwierigkeiten und Unsicherheiten reagieren. Wie alle Eltern auf der Welt empfindest du vielleicht Scham und Wut, wenn die Dinge den Bach runtergehen, es ist dir peinlich, aber du kannst daran arbeiten, diese unvermeidlichen schwierigen Gefühle fürsorglich und mitfühlend anzunehmen.

Nimm dir einen Moment Zeit, um zu reflektieren, womit du es zu tun hast.

Reflexion: Der Umgang mit den Unsicherheiten des Elterndaseins

- Stell das Glas mit dem Alkohol weg, schalte den Fernseher aus, leg dein Telefon beiseite und verbanne Eiscreme und Kuchen in den Kühlschrank (zumindest für den Moment keine Angst: es ist deine Entscheidung). Manchmal laufen Dinge aus dem Ruder und es kann hart werden. Alle Eltern machen schwere Zeiten durch.
- Atme ein paarmal tief ein und aus, leg eine Hand auf dein Herz oder probiere eine beruhigende Berührung aus.
- Was in deinem Leben ist zur Zeit unsicher? Was versuchst du unter Kontrolle zu bringen?
- Hat dein Kind Schwierigkeiten in der Schule?
- Haben die Lehrerinnen und Lehrer ein Problem identifiziert? Wirst du aufgefordert, Dinge in die Wege zu leiten, die sich für dich nicht richtig anfühlen?
- Wartest du darauf, dass man dir mitteilt, wie dein Kind bei einer wichtigen Arbeit abgeschnitten hat? Ob er oder sie einen Platz in einer bestimmten Schule oder einer Uni bekommen hat?
- Hast du mit gesundheitlichen Problemen in deiner Familie zu kämpfen?
- Geht es um Schwierigkeiten in deinem Job? Oder dem deines Partners, deiner Partnerin?
- Gibt es finanzielle Probleme?
- Bist du mit einem Verlust konfrontiert?
- Hat dein Kind Drogenprobleme? Ist es in Konflikt mit dem Gesetz geraten?
- Hast du es mit den Unsicherheiten einer Trennung oder Scheidung zu tun?

- Schreib alles auf, was sich in deinem Leben unsicher anfühlt oder anscheinend außer Kontrolle geraten ist.
- Stopp. Halte inne. Bring dir selbst Freundlichkeit entgegen.
- Alle Eltern haben zu kämpfen, alle Eltern leiden und machen Fehler. Du bist ein Mensch. Beschuldige dich nicht, kritisiere dich nicht.
- Versuche, die Probleme und Unsicherheiten klar zu sehen, ignoriere oder leugne sie nicht aber versuche zu vermeiden, auf dir herumzuhacken.
- Welcher Art die Probleme auch sein mögen, du verdienst trotzdem Freundlichkeit und Mitgefühl.
- Beende die Übung, indem du eine Hand auf dein Herz legst und einmal tief ein- und ausatmest. Du kannst jederzeit, wenn du es brauchst, auf diese Übung zurückgreifen.
- Schau, ob du diese Übung in deinen Alltag mitnehmen kannst, während du wieder deine üblichen Aktivitäten aufnimmst.

Chrissie hatte das Gefühl, dass diese Reflexion ihr half, sich ein bisschen weniger isoliert zu fühlen. »Über so etwas kann man nicht bei einer beiläufigen Plauderei sprechen. Ich habe es für mich behalten. Es ist schwierig, mit anderen Müttern über Steffens Probleme zu sprechen; sie wollen nichts davon hören. Sie bekommen dann so einen angespannten Gesichtsausdruck, so, als könnte mit ihrem eigenen Kind etwas nicht in Ordnung sein. Dass es auch Probleme hat. So, als sollte das alles ein großes Geheimnis sein. Aber wenn ich daran denke, dass alle mit irgendetwas zu kämpfen haben, fühle ich mich besser, auch wenn sie nichts erzählen. Wir alle haben Probleme aber die meisten von uns sprechen nicht darüber.« Obwohl die Reflexion hilfreich war, brauchte sie noch etwas mehr. Das Dilemma mit Steffen hielt sie nachts wach. Chrissie stellte fest, dass sie Albträume hatte, in denen sich Steffen in einen Roboter verwandelte und wachte manchmal schreiend auf, während sie ihm zurief, zurückzukommen. »Ich glaube, ich bin diejenige, die jetzt Medikamente braucht«, witzelte sie – nur halb im Scherz.

Ich machte sie mit der klassischen Meditationspraxis »RAIN« bekannt. RAIN (englisch »Regen«) steht für *recognize, allow, investigate* und *nourish* (Erkennen, Zulassen, Erkunden, Nähren). Es ist eine der nützlichsten Übungen, die ich kenne, um mit der emotionalen Achterbahn der Elternschaft umzugehen. Das Schöne an dieser Praxis ist, dass man dabei nicht still sitzen muss (es sei denn, man möchte das) und man sie im Chaos des Augenblicks anwenden kann. Sie kann aber auch mehr formell und reflektierend angewendet werden, wenn man an etwas arbeiten möchte, das geschehen ist, das einen aufgewühlt hat, und man mehr Zeit darauf verwenden will, die eigenen Gedanken und Reaktionen aufzuschreiben.

Menschen wenden sich oft der Meditation zu, weil sie Ruhe suchen aber wir können emotionalen Stress nicht vermeiden, wie sehr wir es auch versuchen. Und wenn wir Eltern sind, ist es praktisch unmöglich, ihm auszuweichen. Selbstmitgefühl hilft uns, neue Techniken zu kultivieren, sodass wir uns effektiver mit unseren schwierigen Gefühlen auseinandersetzen können, wenn sie (unweigerlich) auftauchen. Die RAIN-Praxis, die von der Meditationslehrerin Michelle McDonald entwickelt wurde, ist eine effektive Methode, schwierige Gefühle anzunehmen und mit ihnen zu arbeiten. Fast jeder Lehrer, jede Lehrerin arbeitet mit einer eigenen Version der Praxis und ich habe mit Versionen von Sharon Salzberg, Tara Brach und Rick Hanson experimentiert. Ich habe diese kombinierte Version speziell für Eltern entwickelt. Chrissie, die mir berichtete, sie habe das Gefühl, die Praxis habe sie aus dem »Hurrikan« ihrer widerstreitenden Emotionen befreit, hat sie umbenannt.

Probiere sie im Sitzen, Stehen, Gehen oder Liegen aus – immer wenn die Stürme des Lebens dich umwerfen.

RAIN/Hurrikan des Selbstmitgefühls

- **Erkennen** *(Recognize)* Um uns mit einer Emotion auseinanderzusetzen und ein gewisses Maß an Resilienz zu haben, müssen wir realisieren, dass wir sie fühlen. Indem wir die Qualität der Achtsamkeit hineinbringen, nehmen wir wahr, was vor sich geht. Nehmen wir an, du hattest eine Interaktion mit einem Kind, die dich gekränkt und aufgebracht zurücklässt. Versuche nicht, das zu ignorieren, unter den Teppich zu kehren oder zu leugnen. Zu sagen »Ach, das ist nichts«, kann es tatsächlich noch schlimmer machen. Schau es dir an. Du kannst es benennen, wenn die Praxis des Benennens für dich hilfreich war. »Ah, das fühlt sich wie Wut an.« Schau, ob darauf noch andere Gefühle folgen, beispielsweise Gereiztheit, Traurigkeit oder das Gefühl, nicht respektiert zu werden. Vielleicht bemerkst du, dass du weinen möchtest. Vielleicht kritisierst du dich auch dafür, dass du wütend bist: »Gute Eltern werden nicht wütend.« Was es auch ist, du bist nicht die erste Mutter, der erste Vater, die oder der sich jemals so gefühlt hat. Nimm es einfach mit ein bisschen Freundlichkeit zur Kenntnis.

- **Zulassen** *(Allow)* Erlaube dem Gefühl, da zu sein, auch wenn das unangenehm ist. Versuche nicht, es zu kontrollieren. Du gibst dir selbst die Erlaubnis, es zu fühlen, sogar, wenn du denkst, dass du so etwas nicht fühlen solltest. Vergiss nicht: Wir laden unsere Gefühle nicht ein; sie tauchen einfach auf. Du sagst vielleicht: »Ich sollte meinem Kind gegenüber nur Liebe empfinden«, oder: »Das sollte mich nicht aufregen«, aber lass die Dinge sein, wie sie sind. Manche Lehrerinnen und Lehrer fordern uns auf, uns vorzustellen, dass jedes Gefühl und jeder Gedanke ein Gast ist, der an die Tür klopft. Begrüße das Gefühl, erkenne es an und dann lass es ziehen. Anstatt schwierige Gefühle als »schlecht« zu bezeichnen, nenne sie »schmerzhaft«. Das öffnet die Tür zu mehr Selbstmitgefühl. Innerhalb dieses Rahmens kannst du Raum für deine Gefühle schaffen, selbst wenn sie unangenehm sind. Schau, ob du auf deine Erfahrung mit Selbstmitgefühl anstatt Kritik antworten kannst.

- **Erkunden** *(Investigate)* Die Schritte des Erkennens und Zulassens helfen uns, unsere Gefühle neugierig zu untersuchen. Das ist etwas anderes, als sich in einer Abwehrreaktion zu verstricken. Wir versuchen nicht, eine Emotion zu analysieren oder eine Story um sie herum zu kreieren was uns von der Unmittelbarkeit des Gefühls entfernen kann –, sondern wollen dem Gefühl näher kommen. Schau, ob du neugierig auf das werden kannst, was du erlebst, ob du dich mit einer freundlichen oder liebevollen Haltung dafür interessieren kannst. Wir können anfangen zu untersuchen, wie es sich in unserem Körper manifestiert und was die Emotionen möglicherweise beinhalten. Wut kann beispielsweise auch Angst, Verletztheit, Hilflosigkeit und Traurigkeit beinhalten. Schau, welche weichen Gefühle sich vielleicht hinter der Wut verbergen. An dieser Stelle können wir uns darauf konzentrieren, Einsichten zu gewinnen. Fortschritt bedeutet hier also nicht, dass wir keine negativen Gefühle mehr haben das passiert vor allem bei Eltern eher nicht. Es ist einfach so, dass wir uns mehr dafür öffnen, zu erkennen und zu verstehen, was vor sich geht.
- **Nähren** *(Nourish)* mit Selbstmitgefühl. Selbstmitgefühl kommt leicht auf, wenn wir erkennen, dass wir leiden. Fühle dich ein: Was braucht dieser leidende Teil von dir? Was ist jetzt, in diesem Moment am tröstlichsten für dich: Rückversicherung, Gesellschaft? Probiere die Liebende-Güte-Sätze aus dem vorhergehenden Kapitel aus. Welche Worte könntest du als tröstlich empfinden? »Ich liebe dich«, »Das ist nicht deine Schuld«, »Ich höre dir zu«, »Ich bin für dich da«, »Elternschaft kann schmerzhaft und schwierig sein«. Schau, ob das Auflegen der Hände (»Beruhigende Berührung«) dich beruhigen kann. Selbst eine kleine liebevolle Geste kann nährend und unterstützend sein. Realisiere, dass du ein Gefühl hast, es aber nicht bist. Du bist mehr als deine Wut. Lass dich nicht in die Abwärtsspirale von Anschuldigungen und Urteilen hineinziehen: »Ich bin eine wütende, schreckliche Mutter (Vater) und das wird sich niemals ändern.« Versuche es stattdessen mit einem freundlichen: »Oh, ich leide gerade«. Schau, ob du dich aus der Verstrickung der jeweiligen Erfahrung lösen kannst. Das ist nur ein kleiner Teil all dessen, was dich ausmacht. Lass diese Erfahrung vorüberziehen.

Das kam bei Chrissie hoch, als sie im Laufe der Woche mit RAIN arbeitete:

»Beim Schritt ›Erkennen‹ *(Recognize)* erkannte ich nicht nur, wie wütend ich bin, sondern auch, wie viel Angst ich habe. Ich erkannte, dass ich Angst hatte, Steffen zu verlieren, dass er eine andere Person werden würde. Und ich habe Angst, dass ich Steffen nicht davor beschützen kann, verletzt zu werden – nicht, dass wir unsere Kinder je davor beschützen könnten. Es hat sich angefühlt, als ob mir jemand in den Bauch geboxt hätte.

Ich versuche immer, alles in Ordnung zu bringen. Also steckte ich diese ganze mentale Energie in den Versuch, herauszufinden, wie ich Steffen in Ordnung bringen könnte. Ich dachte mir all diese Maßnahmen aus: Ich würde ihn bei einem Karate-Bootcamp anmelden, damit er lernt, sich zu fokussieren und diszipliniert zu sein. Das würde ihn kurieren. Oder ich würde ihn in einen Turnverein bringen, denn er liebt es, zu springen und mit seinem Skateboard Rückwärtssprünge und ausgefallene Drehungen zu machen. Ich versuche immer, Probleme zu lösen. Ha. Und ich habe mich wie eine absolut schlechte und unzulängliche Mutter gefühlt; ich habe mir sogar vorgestellt, dass meine Gene nicht in Ordnung sind. Also habe ich einfach inne gehalten und alle Gefühle da sein lassen, habe sie zugelassen, das ganze Gefühlschaos. Ich habe mir einfach erlaubt, ein paar Minuten inne zu halten. ›Okay, Chrissie, du kannst das nicht kontrollieren. Entspann dich‹. Das hat geholfen.

Mit dem Schritt ›Zulassen‹ *(Allow)* erkannte ich an, dass er Probleme in der Schule hat – was ich vorher geleugnet hatte. Ich hatte die faulen Lehrer, die Rektorin, das große Klassenzimmer, meinen Mann, meinen Ex-Mann, meine Gene dafür verantwortlich gemacht. Und dann konnte ich mir eingestehen, dass ich aufgebracht bin und dass es nicht meine Schuld ist. Ich hatte das Gefühl, alle anderen seien schuld. Das brachte mich überhaupt nicht weiter. Ich sagte mir, ich solle nicht so emotional, nicht so empfindlich oder aufgebracht sein. Das war wirklich gut. Ich hatte alles nur noch schlimmer gemacht und in der Schule galt ich als besserwisserische Zicke. Ich habe mich verhalten, als wäre jede und jeder ein Feind, den ich besiegen müsste – die Schule, die Lehrerinnen, der Vertrauenslehrer, das ADHS, wenn wir es so nennen wollen. Ich habe mit der Diagnose gehadert. Jetzt lasse ich den Hurrikan der Emotionen zu. Ich habe versucht, mich mit Essen aus den Gefühlen zu befreien.

Beim Schritt ›Erkunden‹ *(Investigate)* spürte ich allmählich, was in meinem Körper los war – und das war ein großes Durcheinander, ein Knoten aus Angst und Anspannung in meinem Bauch. Ein Gefühl von ›Oh, nein, nicht schon wieder das‹. Und da war auch ein Schamgefühl ... dass ich keine gute Mutter bin. Dass ich einen Fehler gemacht habe, als ich mich scheiden ließ. Dass alles meine Schuld ist, und dass ich Steffen für den Rest seines Lebens geschädigt habe. Und anstatt mir das Hirn zu zermartern und zu versuchen, alles in Ordnung zu bringen, zu leugnen oder mich selbst zu hassen, spürte ich einfach diesen riesigen Berg von Schmerz und Verletztheit und Sorgen, den ich mit mir herumschleppe. Normalerweise schnauze ich mich an und schimpfe mit mir. Dieses Mal habe ich daran gearbeitet, für mich zu sorgen.

Und das ›Nähren‹ *(Nourishing)* und Selbstmitgefühl zum Schluss waren hilfreich. Ich bin so selbstkritisch und die einzigen Dinge, mit denen ich mich ›nähre‹, sind Wein und Cocktails und Schokolade. Ich weiß, das ist die Art von Nahrung, die nichts nährt außer der Abhängigkeit, der Taille und dem Hintern. Ich bin in Kontakt mit einem Teil von mir gekommen, der wirklich schreckliche Angst um ihn hat. Es ist mir gelungen, mir ein bisschen Freundlichkeit entgegenzubringen und nicht, wie sonst, nur Verachtung, indem ich sagte ›Chrissie, bleib da, sei für dich da, du bist eine gute Mutter‹. Und dann habe ich etwas von dieser Liebe für Steffen empfunden ›Oh, mein süßes Baby, ich liebe dich und werde dich nicht im Stich lassen. Ich bin da, mein Kleiner, du bist nicht allein‹.

›Ich habe das Gefühl, dass ich ein bisschen zur Ruhe komme, nicht mehr soviel dagegen kämpfe, nicht so wüte wie letzte Woche‹ berichtete Chrissie, ›ich fühle mich mehr bei Trost.‹«

Mitgefühl zum Mitnehmen

Ich stelle mir die »Hurrikan-Praxis« gerne als »Mitgefühl zum Mitnehmen« vor. Für diese Praxis muss man sich nicht an einen ruhigen Ort begeben. Man kann sie immer anwenden, wenn man einen »Schuss« Mitgefühl braucht, anstatt noch eine Tasse Espresso (keine Bange, manchmal brauchen wir auch die). Wie haben andere Eltern diese Praxis genutzt? Samantha hatte eine Auseinandersetzung mit ihrem Sohn wegen der Fahrerei zum Fußballtraining, und er schrie sie an und war respektlos. Sie konnte es nicht in ihrem Tagesablauf unterbringen, ihn zu jedem Spiel zu fahren und wieder abzuholen, aber er wollte, dass sie da war. Sie war wütend darüber, dass er keine Rücksicht auf ihre Bedürfnisse nahm, aber es gab keine Zeit für eine stille Reflexion, um zur Ruhe zu kommen. Sie war im Auto auf dem Weg zur Arbeit, wo sie eine wichtige Präsentation hatte und nicht unkonzentriert sein durfte. Obwohl sie im Berufsverkehr auf der Autobahn fuhr, gelang es ihr, zu erkennen, was sie fühlte, konnte es da sein lassen, auch wenn es unangenehm war und konnte das, was sie erlebte einigermaßen interessiert und freundlich untersuchen. Und dann konnte sie sich nähren und liebevoll beobachten, dass das Ganze schmerzhaft war, anstatt auf sich herumzuhacken. »Es holte mich aus der endlosen Wutspirale heraus, in die ich mich normalerweise hineinziehen lasse, bis ich voller Angst und Trauer bin. Und ich verstehe, dass er mich bei jedem Spiel dabeihaben will, aber ich bin auch nur ein Mensch und meine Bedürfnisse zählen auch.«

Hiroto wandte die Praxis an als er und seine Ex-Frau eine bittere Scheidung und eine Schlacht ums Sorgerecht ausfochten. Die Kinder gerieten ins Kreuzfeuer. Immer wenn er das Gefühl hatte, von Wut und Bitterkeit überwältigt zu werden, griff er auf die RAIN-Übung zurück. »Sie hilft mir, mich ein bisschen weniger durchgedreht zu fühlen und auf eine konstruktive Weise mit meinen Gefühlen zu arbeiten, anstatt mich vor ihrer Intensität zu fürchten. Ich hatte wieder angefangen zu trinken, ich war so aufgebracht. Kürzlich habe ich abends eine ganze Flasche Wein in mich reingeschüttet. Ich wollte mich einfach betäuben. Es war so hart. Mein Herz ist gebrochen, ich habe Angst vor der Zukunft und verspüre den Wunsch nach Rache. Aber ich muss die Kinder an erste Stelle setzen.

Ich glaube, dass ich jetzt ein bisschen besser verstehe, wie weh das tut. Ich trinke nicht jeden Abend, lasse nicht mehr alles an meinen Kolleg:innen aus und schreie die Kinder nicht an. Ich lerne allmählich, mich inmitten dieses ganzen Chaos und Umbruchs zu entspannen.«

Die Illusion von Kontrolle

In unseren Fantasien über die Kinder, die wir in die Welt setzen werden, träumen wir oft davon, dass unsere besten Eigenschaften in ihnen weiterleben werden. Für viele Eltern ist es ein Schock, zu erkennen, dass ihre Kinder eine ganz eigene Persönlichkeit haben, mit ganz eigenen Wünschen und Bedürfnissen. Unsere Kinder sind nicht wir. Und je unterschiedlicher das Kind ist, desto schwieriger ist es oft für die Eltern. Viele Eltern geben sich selbst die Schuld, wenn das Kind nicht ihren Vorstellungen entspricht. In der Privatsphäre und Sicherheit des Beratungszimmers beklagen sich Eltern oft darüber, dass sie in eine Langzeitbeziehung mit einer oder einem Fremden katapultiert wurden. So hatten sie sich das nicht vorgestellt. Das ist nicht die Person, die sie sich erträumt hatten. Und oft mögen sie den oder die Fremde(n) nicht einmal besonders. Sie fragen sich sorgenvoll, ob mit ihnen vielleicht etwas nicht stimmt: Wieso können sie keine Bindung herstellen? Könnte das eine Folge des Kaiserschnitts sein? Können sie ihre gefühllose Mutter, ihren gefühllosen Vater dafür verantwortlich machen?

Während viele von uns stolz darauf sind, dass sie sich deutlich von ihren Eltern unterscheiden – einfühlsamer, aufgeschlossener, ausgeglichener, erfolgreicher sind, besser informiert über politische Entwicklungen oder den Zustand der Welt – stürzen wir oft in Verzweiflung, wenn unsere Kinder anders sind als wir oder sich entschließen, ein Leben nach ihren eigenen Vorstellungen und Werten zu führen, die oft im Widerspruch zu unseren stehen. Oft meinen wir, nicht nur unser eigenes Schicksal kontrollieren zu müssen, sondern auch das unserer Kinder.

Diese falsche Vorstellung ist ein Hauptgrund für Stress und Angst. Wenn wir anfangen, sie zu hinterfragen, erkennen wir, wie illusorisch sie ist. Bevor wir anfangen, auf uns herumzuhacken, könnten wir uns fragen »Wie hätte ich das kontrollieren können?« In den meisten Fällen hätten wir die schwierige Situation nicht verhindern können, an der wir uns dennoch die Schuld geben. Unsere Kinder unterscheiden sich biologisch von uns. Sie tragen rezessive Merkmale und genetisches Material in sich und sind in ihrem Umfeld Bedingungen unterworfen, die außerhalb unserer Kontrolle liegen. Wie Chrissie allmählich erkannte, besteht die Aufgabe darin, zu lernen, unsere Kinder zu lieben, wie sie sind, und nicht, weil wir uns selbst in ihnen spiegeln.

Das nächste Mal, wenn du den Wunsch verspürst, dein Kind zu ändern oder willst, dass es sich auf eine bestimmte Weise verhält oder so ist, wie du es dir erhoffst, versuche es mit dieser Reflexionsübung:

Reflexion: Lass dein Kind hervortreten

- Ein Großteil unseres Lebens, besonders bevor wir Kinder hatten, waren wir daran gewöhnt, das Zentrum unseres Universums zu sein und zumindest einige Aspekte unserer Welt kontrollieren zu können.
- Unsere Kultur bestärkt uns darin: die sozialen Medien ermutigen uns, andere dazu zu bringen, uns »zu folgen« oder uns »zu mögen«. Unsere Smartphones zeigen uns »unser« Wetter, »unsere« Nachrichten, »unsere« Aktienkurse an.
- Lass all das los. Komm mit deinem Atem, den Umgebungsgeräuschen, deinen körperlichen Empfindungen in deine Mitte.
- Wenn wir Kinder bekommen, verändert sich alles. Das Universum dehnt sich aus und wir verlieren unser Gefühl von Kontrolle und Meisterschaft. Plötzlich fühlen wir uns verwundbarer, alles fühlt sich unsicherer an, die Zukunft wird ungewiss.
- Schau, wie es sich anfühlt, wenn du aufhörst, so angestrengt zu versuchen, alles »auf die Reihe zu kriegen«.

- Komm zur Ruhe. Hör auf zu »pushen«. Lass locker in deinem Bestreben.
- Wir gehen oft davon aus, dass wir anders sein sollten, und dass unsere Kinder anders sein sollten und dass es unser »Job« ist, sie in Ordnung zu bringen.
- Je mehr Angst und Sorgen wir haben, desto verzweifelter versuchen wir, unser Leben und das unserer Kinder in den Griff zu bekommen.
- Es ist sehr ermüdend, 24 Stunden am Tag, sieben Tage die Woche zu versuchen, alles unter Kontrolle zu halten. Das Gefühl zu haben, dass wir es schaffen müssen, dass unsere Kinder es schaffen müssen.
- Wie wäre es, wenn du nicht versuchen müsstest, dein Kind dazu zu bringen, etwas zu sein? Wenn du ihm einfach erlauben könntest, zu sein? Sich am Leben zu freuen. Nicht soviel tun oder erreichen zu müssen?
- Stell dir vor, wie Michelangelo vor einem wunderschönen Steinquader sitzt und wartet und lauscht, um zu erfahren, was der Stein werden will. Kannst du dir vorstellen, deinem Kind diese freundliche, sanfte, liebevolle Haltung entgegenzubringen?
- Forciere nichts. Schau, ob du dieses Kind anleiten, unterstützen und sich entfalten lassen kannst.
- Wie ist es, still zu sagen »Ich sehe dich? Ich höre zu. Du und deine Bedürfnisse sind mir wichtig.«

Achtsamkeit unterstützt uns dabei, das gesamte Netzwerk der Bedingungen, Einflüsse und Faktoren zu sehen, die durch ihr Zusammenwirken jeden einzelnen Augenblick erschaffen. Wir sind Teil eines größeren Ganzen. So sehr wir uns das vielleicht wünschen (oder glauben, es sei so): Wir sind nicht diejenigen, die das Universum lenken und den Lauf der Dinge bestimmen. An einem guten Tag haben wir vielleicht ein bisschen Kontrolle über uns und unsere Kinder, bekommen sie vielleicht dazu, eine gesunde Mahlzeit zu essen, ihre Hausaufgaben zu machen und ihre Geschwister in Ruhe zu lassen, vielleicht sogar, sich auf eine tiefere Weise mit uns zu verbinden aber darüber hinaus ist unsere Macht doch sehr begrenzt. Das Gewahrsein eines größeren Ganzen, eines gewaltigeren Universums kann unsere Selbstanklagen und Schuldgefühle lindern, wenn unsere Kinder Probleme haben, sich daneben benehmen, unseren Erwartungen nicht entsprechen oder nicht das leisten, was sie unserer Meinung nach leisten sollten.

»Ich komme nicht aus dieser Tretmühle heraus«

In Kapitel 2 haben wir gesehen, wie Anton meinte, seine Kinder unter sein Mikromanagement zwingen zu müssen, bis hin zu dem Punkt, ihnen vorzuschreiben, was sie essen sollen. Dieser innere Drang entsprang seiner Angst vor der Zukunft und seinem Wunsch, das Leben für sie abzusichern. Aber er fühlte sich zunehmend erschöpft in seinem Bestreben, ein Geschäft zu führen, seine Kinder zu managen und seine Frau glücklich zu machen. »Ich habe das Gefühl, nicht aufhören zu können und ich mache mir Sorgen, dass alles auseinanderfallen würde, wenn ich es täte. Je mehr Angst ich habe, je unsicherer ich mich fühle, desto angestrengter versuche ich, alles zu managen und zu kontrollieren. Ich weiß, dass es nicht gut ist, und es ist mir peinlich, das zuzugeben, aber ich arbeite oft mit Drohungen und mache ihnen Schuldgefühle, um die gewünschten Resultate zu bekommen. Und ich gebe ihnen die Schuld daran, dass ich gestresst bin. Ich weiß, es ist ein Teufelskreis, aber manchmal habe ich das Gefühl, keine andere Wahl zu haben.«

Anton musste sich auf jeden Fall etwas entspannen. Ich dachte, dass ihm vielleicht eine Geschichte helfen könnte:

Es war einmal ein kleiner Junge, der ein paar weiße Haare auf dem Kopf seines Vaters bemerkte.

»Warum hast du diese weißen Haare, Papa?«, fragte der Sohn.

»Na, weißt du, wie sehr du dich manchmal daneben benimmst? Und dass du manchmal dein Abendbrot nicht essen willst? Oder mit deinem Bruder streitest? Oder mich verrückt machst? Oder deine Mutter zum

Weinen bringst? Jedes Mal, wenn du etwas Schlechtes tust, bekomme ich ein weißes Haar.«

Der kleine Junge grübelte und grübelte und war eine ganze Weile still.

»Aber Papa«, sagte er, den Widerspruch im Argument seines Vaters erkennend, »warum ist Großvaters Haar ganz weiß?«

Anton brach in Gelächter aus. »Das ist gut, wirklich gut«, meinte er und schlug sich auf die Schenkel. »Eigentlich will ich heute über Samir sprechen. Das Problem ist, dass Samir wieder total trotzig ist. Er macht einen riesigen Aufstand, wenn ich ihn auffordere, die Extra-Matheaufgaben zu lösen, die ich ihm täglich gebe.« Ich runzelte die Stirn.

»Die öffentliche Schule bereitet ihn nicht ausreichend vor. Er ist in einer großen Klasse mit ca. 30 Kindern und wird nicht gefordert. Und er neigt zur Faulheit. Gute Mathe-Fähigkeiten sind der Schlüssel zum Erfolg in dieser Welt. Die Lehrerin ist zu beschäftigt und überfordert, um ihm besondere Aufmerksamkeit zu widmen, also muss ich sicherstellen, dass er an seine Leistungsgrenze geht. Ich habe angefangen, ihm ergänzende Aufgaben zu geben, um sicher zu gehen, dass er diese Fähigkeiten erwirbt. Und ich bin gut in Mathe. Ich kann es ihm besser beibringen als die Lehrerin, die eine nette junge Frau ist, frisch von der Uni, aber keine Mathematikerin.

Das Problem ist, dass er jedes Mal gegen mich opponiert. Das ist respektlos. Ich tue das zu seinem Besten. Er schmollt, manchmal bekommt er einen Wutanfall. Ich denke, du kannst dir vorstellen, wie mir das gefällt.«

»Was sagt er?«, fragte ich.

Anton entspannte sich ein bisschen. »Er sagt, es ist langweilig; es interessiert ihn nicht.«

»Wofür interessiert er sich? Video-Spiele?«, fragte ich.

»Ja, wie die meisten Kinder in seinem Alter; er mag Geschicklichkeitsspiele. Und er ist gut darin. Aber vor allem mag er Tiere.«

»Mit Tieren zusammen zu sein?«

»Alles, was mit Tieren zu tun hat. Er liebt es, sie zu beobachten, über sie zu lesen, Tierfilme im Fernsehen zu schauen. Er ist besessen davon.«

»Klingt, als hätte er eine Leidenschaft entdeckt.«

»Es gibt da dieses alte, staubige Museum, das er so mag; es ist mit einer der Schulen in der Nähe verbunden. Und sie haben dort diese alten Ausstellungsstücke von Tieren aus aller Welt. Es ist ein naturhistorisches Museum. Er schwebt im siebten Himmel, wenn er dort ist. Meine Frau geht mit ihm hin; oft mit einigen seiner Freunde oder seinem Bruder. Es gibt dort Kurse, bei denen die Kinder etwas über wissenschaftliche Erkenntnisse und die Tiere und die alten Skelette lernen. Manchmal zeichnen sie sie oder fertigen Tiermodelle an, manchmal stellen sie Forschungen an. Und er hat wirklich Sinn für Humor: ›Papa, heute haben wir einen menschenfressenden Tiger gesehen. Er sah beängstigend aus. Dem würde ich nicht gerne im Dschungel begegnen! Und dann gab es noch einen Vogel, der war ganz bunt und sie nannten ihn ›Sekretär‹. Ist das nicht albern?‹«

»Wie reagierst du?«, fragte ich.

»Ich scherze mit ihm. ›Das ist nett. Jetzt mach deine Matheaufgaben. Der menschenfressende Tiger wird dir später keinen Job besorgen, mein Sohn. Das ist eine Ellenbogengesellschaft, in der jeder jeden frisst. Und du musst überlebensfähig sein. Mach dich an die Arbeit. Ich möchte nicht, dass dich dieser Tiger frisst.‹«

»Wie wäre es, wenn du nach den Matheaufgaben mit ihm eine Stunde im Museum verbringen würdest, als besondere Vater-Sohn-Zeit?«, fragte ich ihn.

»Das würde er lieben, aber ich habe wirklich nicht die Zeit.«

»Vielleicht siehst du das anders, aber ich wette, dass er, wenn du mit ihm eine Stunde im Museum verbringen und sehen würdest, was er liebt, nicht so viel gegen dich ankämpfen würde.«

Anton verdrehte die Augen. »Ich denke, ich könnte eine Stunde erübrigen aber das wird ihm nicht helfen, in dieser Welt einen Job zu bekommen oder zu überleben«, erwiderte er kritisch.

»Schau, Anton, ich sehe wie beschäftigt du bist und dass Freizeitaktivitäten wie Luxus erscheinen. Wir können den Stellenmarkt nicht kontrollieren aber du hast bis zu einem gewissen Grad die Kontrolle darüber, welches Verhältnis du zu deinem Sohn hast. Es könnte hilfreich sein, eine stärkere Beziehung zu ihm aufzubauen, die du dir ja wünschst. Und vergiss nicht, wir wissen nicht, wie sich die Wirtschaft in 15 oder 20 Jahren entwickelt haben wird. Seine Fähigkeit, Dinge zu klassifizieren, beobachten und analysieren kann sich in vieler Hinsicht auszahlen, okay?«

Anton stieß einen irritierten Seufzer aus.

»Anton, ich weiß, du möchtest, dass er etwas erreicht. Wir alle wollen, dass unsere Kinder etwas erreichen, gut zurechtkommen und erfolgreich sind. Aber es ist wichtig für die Kinder, in ein Gleichgewicht zu kommen. Und für Eltern, ihre Interessen zu unterstützen. Ich bitte dich nur, eine Stunde mit ihm zu verbringen. Abgemacht?«

Als Anton beim Verlassen der Praxis auf seine Smartwatch blickte, fragte ich mich, ob ich ihn je wiedersehen würde.

Größer, besser, schneller

Wir träumen davon, dass unsere Kinder optimierte Versionen unserer selbst werden: schlauer, sportlicher, attraktiver, erfolgreicher. Und wir unternehmen oft große Anstrengungen, um das zu erreichen. In meiner dreißigjährigen Praxis habe ich erlebt, dass Eltern, die über sehr begrenzte Mittel verfügten, an ihre Notgroschen gingen, um Privatunterricht zur Prüfungsvorbereitung oder Nachhilfelehrer:innen zu bezahlen, damit ihre Kinder alle Vorteile hatten, nur um dann voller Bitterkeit und Wut zu reagieren, wenn die zeitliche und finanzielle Investition kaum etwas oder gar nichts bringt. Als Jean Piaget, der schweizer Entwicklungspsychologe, in den 1960er Jahren nach Amerika kam, um Vorträge über seine Vorstellung von den Phasen der kindlichen Entwicklung zu halten, wurde er unweigerlich von irgend jemandem gefragt: »Wie können wir diese Phasen beschleunigen?« Die Frage wurde so allgegenwärtig, dass er irgendwann anfing, sie »die amerikanische Frage« zu nennen.[31]

Seine Gegenfrage offenbarte ein gewisses Maß an Zen-Weisheit: »Warum würden Sie das wollen?« Er sah keinen Sinn darin, Kinder über ihre Grenzen zu treiben und war der Meinung, dass das weder gesund noch wünschenswert sei. Er vertraute darauf, dass Kinder die Meilensteine der Entwicklung in ihrem eigenen Tempo erreichen würden.

Wir glauben gerne, dass unsere Kinder sich umso schneller entwickeln, je besser wir als Erziehende sind. Die Freude und das Spielerische gehen dabei allerdings verloren.

Der Kern dieses Problems ist allerdings ein grundlegender Wunsch, der sehr menschlich ist, einer, den auch Anton und Chrissie miteinander teilen: Wie kann mein Kind ein glücklicheres oder leichteres Leben haben als ich?

Doch die Wahrheit dahinter ist: Je mehr wir versuchen, die Dinge zu kontrollieren und bis ins Kleinste zu managen, desto stärker werden sich unsere Kinder dagegen wehren. Dazu fallen mir die Fadenspiele aus meiner Kindheit ein: Je mehr man sich bemüht, sich zu befreien, desto enger zieht sich der Faden zusammen. Die unschuldige Absicht hinter Antons Wunsch für seinen Sohn erkennend (auch wenn er sich mit kämpferischer Intensität manifestierte), erinnerte ich mich an die Versuche meiner Mutter, mir das Schreiben beizubringen. Sie war eine talentierte Journalistin gewesen und hatte davon geträumt, nach New York City zu ziehen, um ihren Lebenstraum zu verwirklichen. In der Geschichte, die sie erzählte, hatte sie einen Job bei einem renommierten Magazin aufgegeben, nachdem bei ihr ein Herzleiden diagnostiziert worden war. Sie gab ihren Traum auf, wurde Lehrerin, heiratete, zog in die Vororte und bekam zwei Kinder. Aber Träume sind nicht totzukriegen. Ihr rastloser, unerfüllter Ehrgeiz erwachte, als ich in der Mittelstufe war, und wurde zu ihrem neuen Fokus. Doch ich hatte weder Talent, noch Interesse. Je mehr sie versuchte, mich zum Schreiben zu motivieren, desto widerspenstiger und trotziger wurde ich und produzierte Texte, die einen totalen Mangel an Stil und Kreativität offenbarten. Ich interessierte mich mehr für bildende Kunst und Theater, und das ungelebte Leben meiner Mutter ließ mich kalt. Tatsächlich rannte ich so schnell ich konnte in die entgegengesetzte Richtung. Ich wollte einfach schauspielern. Schließlich gab sie dieses Projekt meiner Verbesserung auf.

Anton sagte seinen Termin für die darauffolgende Woche nicht ab. »Ich muss dir Anerkennung zollen,« sagte er kleinlaut. »Wir sind zusammen ins Museum gegangen. Ich glaube, ich kann mich nicht erinnern, wann ich Samir das letzte Mal so glücklich gesehen habe. Er rannte in allen Räumen herum, mit all diesen Vitrinen und uralten Ausstellungsstücken, zeigte auf die Bären, die Vögel, die blauen Schmetterlinge, das Skelett eines Dinosauriers, das Fossil eines prähistorischen Fisches. Er wusste so viel. Ich muss sagen, ich war beeindruckt. Er kannte all diese Tiere. Und er war so glücklich darüber, dass ich mit ihm dort war. Er umarmte mich ganz fest, als wir das Museum verließen. Normalerweise tut er das nicht mehr. Ich glaube, ich war so in meinen Ängsten gefangen, dass ich ihn gar nicht mehr sehen konnte. Wenn ich ihn anschaute, sah ich immer nur eine Spiegelung meiner eigenen Ängste.«

Wenn du feststellst, dass du dich in deinen eigenen Bedürfnissen und Ängsten verstrickst und dein Kind aus den Augen verlierst, probiere diese Reflexion aus.[32] Wenn du möchtest, nimm ein Blatt Papier und einen Stift zur Hand (oder dein Smartphone) und schreib auf, was bei dir hochkommt.

Reflexion: Dein Kind klar sehen

- Was gibt ihm Energie?
- Worüber spricht es am liebsten? (Auch wenn du dich gewöhnlich ausklinkst) Wobei ist es am kreativsten?
- Womit spielt es gerne?
- Was ist seine Leidenschaft?
- Was schätzen andere an deinem Kind?
- Denk einmal darüber nach, was dein Kind besonders gerne tut. Mach eine Liste:

  Bauen
  Zeichnen
  Kochen
  Kunst
  Sport

Tanzen
Experimentieren
In der Natur sein
Schreiben
Organisieren
Mit anderen Kindern zusammen sein
Träumen

- Wie kannst du deinem Kind helfen, seine Talente und Begabungen auszudrücken?

»Anton, ich bin neugierig. Spielt ihr je zusammen, macht ihr zusammen Dinge, die Spaß machen?«, fragte ich.

Seine Augen verengten sich. »Manchmal spielen wir zusammen Fußball. Es ist wichtig für ihn, agil und sportlich zu sein.«

»Sonst noch etwas? Hängt ihr manchmal einfach zusammen rum und verbringt Zeit miteinander?«

»Manchmal, aber ich versuche, produktiv zu sein«, erwiderte er. »Wir schauen nicht viel fern. Ich will nicht, dass er herumhängt.«

»Darf ich dir, bevor du gehst, etwas über einige Forschungsergebnisse aus der Gehirnentwicklung erzählen?«, fragte ich.

Spielen ist nichts Belangloses: Eine Prise Wissenschaft

Manche Eltern sind der irrigen Meinung, ihre Kinder sollten ihre kostbare Zeit nicht mit sinnlosem Spielen vergeuden, weil damit ja keine konkreten Ziele erreicht werden. Aber es zeigt sich, dass es notwendig für die Gesundheit ist. Neuere Forschungsergebnisse weisen darauf hin, dass ohne Spielen das Risiko für Depressionen und Angststörungen steigt. Spielen kann unseren Kindern helfen, resilientere Gehirne zu entwickeln.[33]

Für alle Kinder in allen Kulturen ist Spielen etwas Natürliches. Wir müssen es ihnen nicht beibringen. Aber als Erwachsene erkennen wir oft nicht seinen Wert. Der Psychiater Stuart Brown wies darauf hin, dass Spielen nicht nur unsere sozialen Kompetenzen stärkt, sondern uns auch hilft, innerlich ins Gleichgewicht zu kommen. Beim Spielen können wir uns für neue Möglichkeiten und kreative Ideen öffnen. Spielen macht unser Gehirn resilienter. Einige Wissenschaftler:innen sind der Ansicht, das Gegenteil von Spielen sei nicht Arbeiten, sondern Depression.

Mihaly Csikszentmihalyi führte ein Experiment durch, bei dem er seine Versuchspersonen bat, 48 Stunden lang nichts »Vergnügliches« zu tun. Nach nur einem Tag berichteten Studienteilnehmer von zunehmender Trägheit und Schlafstörungen. Die Verschlechterung der Stimmung war so gravierend, dass das Experiment abgebrochen wurde.

Marian Diamond, eine Professorin der Neurowissenschaften, führte einige klassische Experimente zum Thema Spielen durch. Sie teilte Ratten in drei Gruppen auf und bot ihnen entweder eine bereicherte Umgebung, eine Standard-Umgebung oder eine reizarme Umgebung an. In der bereicherten Umgebung gab es Spielzeug und Freunde. Die Standard-Umgebung war eine kleinere Box mit Freunden aber ohne Spielzeug. Und in der reizarmen Umgebung gab es weder Spielzeug, noch Freunde.

Die Auswertung zeigte, dass bei Tieren, die Spielzeug und Freunde zur Verfügung hatten, der Cortex dicker und die Anzahl der neuronalen Verbindungen höher war.

Bei den reizarm gehaltenen Ratten war die kortikale Dicke vermindert. (Der Cortex ist jener Teil des Gehirns, der für Aufmerksamkeit, Gewahrsein und kognitive Fähigkeiten zuständig ist). Diese Forschung brachte einen Durchbruch, indem sie zeigte, dass das Umfeld das Gehirn zum Besseren verändern kann und dass Spielen dem Gehirn womöglich helfen kann, effizienter zu funktionieren, weil dadurch Gehirnareale entwickelt werden, die für das Lernen, Erinnern und das Finden optimaler Entscheidungen zuständig sind.

Überlege dir, auf welche Weise du mit deinem Kind spielen könntest. Es könnten Besuche im Museum sein, Fangen spielen, die Teilnahme an einem Kunstprojekt oder spielerisches Raufen. Aber es kann auch etwas ganz Einfaches sein wie gemeinsam spazieren gehen oder den Himmel beobachten. Und es muss auch nicht stundenlang dauern. Die Forschung zeigt, dass ein Kind auch dann sehr profitiert, wenn ein Elternteil sich nur ein paar Minuten Extra-Zeit für es nehmen kann.

Und nicht nur die Kinder profitieren, sondern auch wir. Aber viele Erwachsene haben vergessen, wie man spielt oder welchen Wert das hat. Neuere Forschungsergebnisse über die Plastizität des Gehirns weisen darauf hin, dass unsere Gehirne sich immer noch verändern und weiterentwickeln. Es zeigt sich, dass auch bei Erwachsenen, wenn sie Spaß haben, das Gehirn weiterwächst und neue Verbindungen herstellt. Und diese werden zur Basis für Innovation. So wie Meditation das Gehirn zum Besseren verändern kann, Erinnerungsvermögen, Aufmerksamkeit und Mitgefühl fördern und sogar unsere Lebenszeit verlängern kann, brauchen unsere Gehirne die positiven Effekte des Spielens. Es ist eine Win-Win-Situation. Wir entspannen uns und bauen Stress ab, während unser Gehirn gleichzeitig davon profitiert.

Nach einigem Hin und Her entwickelten Anton und Samir folgende Praxis. Sie probierten sie unmittelbar nach einem Schneesturm aus aber sie kann an jedes Wetter, jede Jahreszeit oder Umgebung angepasst werden.

Abenteuer-Spaziergang

- Geht hinaus ins Freie; lasst die Handys im Haus. Nehmt euch ein paar Minuten, um »herunter zu kommen«. Vertraut darauf, dass in den nächsten paar Minuten kein Notfall eintreten wird.
- Atmet ein; spürt die frische Luft.
- Nehmt die Temperatur wahr. Spürt sie auf der Haut.
- Blickt nach oben. Nehmt das Licht des Himmels wahr. Wie ist das Wetter?
- Blickt nach unten; spürt die Erde unter den Füßen.
- Lauscht. Hört ihr Vögel singen?

- Wenn es geschneit hat: Könnt ihr Tierspuren entdecken? Welche Tiere waren hier?
- Schaut, was gerade wächst. Welche Blumen oder anderen Pflanzen könnt ihr entdecken?
- Wenn es warm ist, probiert aus, wie es ist, euch in einem Park ins Gras zu setzen. Beobachtet die Wolken.
- Wenn dein Kind Interesse daran hat, beobachtet gemeinsam den Nachthimmel. Schaut, ob ihr bestimmte Sternenkonstellationen identifizieren könnt.
- Begegne deinem Kind da, wo es ist. Oft beobachten kleine Kinder gerne den Verkehr, Lastwagen, Taxis oder Züge.
- Ein älteres Kind hat vielleicht Lust, irgendwo einzukehren und bei einer Tasse heißer Schokolade die vorbeigehenden Menschen zu beobachten.
- Sprecht miteinander über das, was ihr seht und hört.
- Unterhaltet euch.
- Höre deinem Kind zu. Sprich mit ihm. Genieße es, mit deinem Kind zusammen zu sein. Lass zu, dass ihr beide davon bereichert werdet. Wiederhole das so oft wie möglich.

Das ist Mitgefühl und Selbstfürsorge für dich und dein Kind. Ihr habt Gelegenheit, wertvolle Zeit miteinander zu verbringen und das »Sein« zu üben, nicht nur das Tun. Es hilft nicht nur, Stress abzubauen und fördert die Gehirnentwicklung, du konntest außerdem die kostbaren Momente genießen, einfach mit deinem Kind zu spielen.

Das Klaviervorspiel

Es war ein großer Tag für Alex und ihre Familie. Als ich ihr zum ersten Mal begegnete (siehe Kapitel 2), trug sie ein T-Shirt mit der Aufschrift »Heute kann ich nicht erwachsen sein«. Sie hatte immer noch ihre Vorbehalte, aber im Großen und Ganzen genoss sie das Elterndasein und ihren Kindern beim Aufwachsen zuzusehen. Aber irgendetwas war anscheinend immer. Alice, ihre inzwischen zehnjährige Tochter, sollte ihr erstes Klaviervorspiel bestreiten. Die ganze Familie (außer Alex Bruder Willi) waren gekommen, um Alice zu unterstützen und anzuspornen. In Alex Kindheit hatte vor allem ihr Bruder Aufmerksamkeit und Lob von der Familie bekommen. Deshalb bemühte sie sich, sicherzustellen, dass ihre Kinder sich gleichermaßen gesehen und unterstützt fühlten.

Alice war nervös. Sie spielte noch nicht sehr lange Klavier, aber ihre Lehrerin war der Meinung, dass sie vorspielen könne. »Es wird eine großartige Erfahrung sein«, versprach sie. Alice hatte wochenlang geübt und allmählich klappte es … zumindest schien es so, aber wann läuft schon mal irgendetwas rund?

»Alles sah gut aus«, erklärte Alex. »Sie hatte geübt und geübt – soviel, dass ich glaubte, beim Anhören einer weiteren bruchstückhaften Version von Chopsticks und Twinkle Twinkle schreien zu müssen. Sie sollte nur drei kurze Stücke spielen und es klang ziemlich gut, abgesehen von einem gelegentlichen Patzer.

Aber in der Nacht vor dem Vorspiel war sie so nervös, dass sie nicht schlafen konnte. Trost suchend kam sie in mein Bett – was sie seit Jahren nicht mehr getan hatte. Ich versuchte sie aufzubauen. ›Es wird gut gehen, mein Schatz‹, sagte ich, ›du schaffst das, glaub mir.‹ Ha, die berühmten letzten Worte. Jetzt habe ich das Gefühl, dass ich zu sehr gedrängt habe … dass sie es für mich getan hat. Dass ich nicht wirklich zugehört hatte, als sie sagte, sie wolle das nicht machen. Ich hatte mir so sehr gewünscht, dass sie glänzen könne …

Wie dem auch sei: Sie geht auf die Bühne, schaut ins Publikum und sieht absolut entsetzt aus. Sie wird blass. Sie fängt an zu spielen, macht ein paar kleine Fehler aber sie bleibt dran. Dann geht sie zu einer sehr einfachen und langsamen Chopin-Prélude über, für sie das schwierigste Stück, und ich weiß nicht, was passiert ist. Sie begann mit dem Stück, machte ein paar Fehler und hörte dann einfach auf. Die Lehrerin ging zu ihr hinüber, sie sprachen miteinander und sie fing nochmal von vorn an. Und dann erstarrte sie. Wieder. Sie konnte es nicht spielen. Im Publikum begann ein leises Geraune. Die Lehrerin ging noch einmal zu ihr, sie flüsterten, die Lehrerin kündigte eine kurze Unterbrechung an und führte sie von der Bühne. Tränen liefen ihr übers Gesicht.

Ich wollte nur noch weinen, ich fühlte mich so schlecht für sie. Und meine Mutter, empathisch wie immer, macht uns beide nieder und sagt ›Was war denn los? Hat sie den Druck nicht ausgehalten? Du warst genauso. Du bist auch immer zusammengebrochen‹. So wurde ich doppelt gedemütigt. Und ich war total wütend.

In der Pause kommen Leute auf uns zu, aufgesetzt freundlich und besorgt, und sagen Sachen wie ›Oh, ich hoffe, mit Alice ist alles in Ordnung‹. Oder spenden scheinheilig Trost ›Sowas passiert halt manchmal‹. Oder ›Es ist eine große Herausforderung, vor Publikum aufzutreten‹. Ich wollte einfach nur im Boden versinken aber ich musste lächeln und mitspielen.

Für den Rest des Klavierabends saßen wir da und beobachteten, wie die anderen Kinder ihre Sache großartig machten. Kein anderes Kind erstarrte. Sie wollte gehen aber ich sagte zu ihr, das sei unhöflich. Sie schämte sich so, dass sie nicht mit uns sprach und nichts essen wollte, als wir danach für die Feier in ihr Lieblingsrestaurant gingen. Sie bestrafte sich. ›Ich verdiene es nicht, zu feiern‹. Es war schrecklich. Einfach grauenhaft. Ich versuchte sie natürlich zu trösten.

Am unerträglichsten ist für mich jetzt der Gedanke, dass ich sie zu sehr gedrängt habe. Sie hat eigentlich nie gerne Klavier gespielt und es war immer ein Kampf, sie zum Üben zu motivieren. Ich wollte ja keine Konzertpianistin aus ihr machen aber ich dachte, wenn ich hartnäckig bleibe, macht es ihr vielleicht irgendwann Spaß. Jetzt habe ich das Gefühl, dass ich meinen Willen durchgesetzt habe; ich habe versucht, sie zu kontrollieren.

Und rate mal. Jetzt bin ich diejenige, die nicht schlafen kann. Ich hacke auf mir herum. Ich habe das Gefühl, dass ich wieder einmal ins Loch falle.« Sie fing an zu weinen. »Es fühlt sich an, als würde in meinem Leben immer irgendetwas auseinanderfallen.«

Wir alle haben Hoffnungen und Träume für unsere Kinder. Aber sehr oft laufen die Dinge nicht so, wie wir es uns erträumen. Tatsächlich läuft es sehr selten nach unseren Wünschen. Und wenn das so ist, reagieren wir darauf gewöhnlich mit noch mehr Anstrengung und Kontrolle. Ich wollte, dass meine Tochter Balletttänzerin wird, zum Teil, weil ich Ballett mag aber in der Mittelstufe damit aufgehört habe. Mein Körper veränderte sich in der Pubertät und ich hatte nicht die genetische Ausstattung, um weiterhin eine zarte, geschmeidige Ballerina zu sein. Aber sie hasste Ballett, und sie hasste die Ballettlehrerin. Sie weigerte sich, hinzugehen. Nach ein paar Wochen bestand ich nicht länger darauf, es war ein aussichtsloser Kampf. Sie war ein eigener Mensch und nicht bereit, etwas zu tun, nur weil ich darauf bestand. Ich ließ es los.

Natürlich müssen wir vieles im Leben unserer Kinder regeln – wir müssen dafür sorgen, dass sie zur Schule gehen, ihnen Frühstück, Mittagessen, Abendessen machen, sicherstellen, dass sie ihre Hausaufgaben machen, sie zur Nachhilfe, zum Sport und zu Verabredungen fahren und so weiter. Aber oft strengen wir uns so sehr an, weil wir versuchen, durch sie unsere eigenen Wunden zu heilen oder durchkreuzte Pläne doch noch zu verwirklichen.

Das ist nicht immer der Fall, aber es ist gut, einen ruhigen, verständnisvollen Blick auf das zu werfen, was hinter unserem unaufhörlichen Drang steckt, alles bis ins Kleinste zu kontrollieren.

Reflexion: Ein mitfühlender Blick aufs Mikromanagement

- Setz dich bequem hin und atme ein paarmal tief ein und aus.
- Komm zur Ruhe, indem du den Umgebungsgeräuschen lauschst, deinen Atem wahrnimmst, die Empfindungen in deinem Körper spürst.
- Denke an eine Situation, in der du das Gefühl hattest, dein Kind bis ins Kleinste zu kontrollieren.
- Leg eine Hand auf dein Herz. Sei freundlich zu dir, gehe sanft mit dir um.

- Was für eine Situation war das? Was hast du gemacht? Was hast du gesagt?
- Was hast du gefühlt? Was hast du gedacht?
- Mach ein paar Notizen. Was kommt hoch?
- Schau, ob du hinter die Dringlichkeit blicken kannst, die du vielleicht gespürt hast.
- Was hat dich angetrieben? Was hast du gebraucht? Was war dein Traum? Die Hoffnung? Der unerfüllte Wunsch?
- Kommst du in Kontakt mit nicht verheilten Wunden?
- Wenn ja, an was erinnerst du dich?
- Lass dich innerlich zur Ruhe kommen. Hab Mitgefühl mit dir.

Alex und ich probierten diese Übung gemeinsam aus. Hinterher berichtete sie Folgendes:

»Ich rief mir eine meiner Auseinandersetzungen mit Alice wegen des Klavierspielens ins Gedächtnis, und wenn ich jetzt zurückschaue, sehe ich, dass sie täglich stattfanden. Ich war einfach überzeugt, dass Kinder etwas über Musik lernen und ein Instrument spielen sollten. In meiner Kindheit gab es keine Musik, und ich denke, ich wollte meinen Kindern einfach etwas geben, was ich nicht hatte. Ich wollte, dass meine Kinder kultiviert sind. Dass sie ein Zuhause haben, wo Sport nicht das einzige Thema ist und der Fernseher nicht ständig im Hintergrund lärmt. Aber ich glaube, ich habe zu stark gedrängt. Ich bin darüber zu einer kleinen Diktatorin geworden.

Und ich hatte mich nicht daran erinnert, bis meine Mutter mich darauf hinwies. Ich hasste es, vor Leuten auf der Bühne zu stehen. Du wirst vielleicht lachen, aber einmal sollte ich bei einem Krippenspiel, ich war vielleicht acht Jahre alt, einen der Weisen aus dem Morgenland spielen.

Ich bekam soviel Angst, dass ich meinen Text vergaß und weinend von der Bühne rannte. Und ich hatte mich nicht mehr daran erinnert, bis meine Mutter ihre gemeine Bemerkung über Alice machte.«

Um ihr zu helfen, die Sache noch genauer zu untersuchen, machte ich Alex mit der folgenden Übung vertraut.

Du musst nicht alles kontrollieren

Aufnahme 6

- Spüre zuerst in deinen Körper hinein, gib dir einen Moment Zeit, um innerlich ruhig zu werden.
- Nimm wahr, wo du in deinem Körper Stress festhältst.
- Wie fühlst du dich? Erschöpft? Ständig in Aktion? Bereit für einen Urlaub von der Erziehungsarbeit?
- Denk darüber nach, wie deine Kinder deiner Meinung nach sein sollten. Denke über Zeiten und Situationen nach, in denen du drauf bestehst, dass die Dinge auf deine Art und Weise gemacht werden.
- Wann hattest du das Gefühl, dass dein Kind nicht gut genug ist? Dass es in Ordnung gebracht werden müsste? Dass du wünschtest, es sei anders als es ist.
- Mit welchen Gefühlen kommst du dabei in Kontakt: Angst, Anspannung? Besorgtheit? Traurigkeit?
- Was nimmst du in deinem Körper wahr?
- Wie wäre es, diesen Kampf aufzugeben, die Boxhandschuhe sinken zu lassen, und sei es nur für einen Moment? Ruhig zu werden? Dir selbst zuzuhören? Deinem Kind zuzuhören?
- Lass dich einfach zur Ruhe kommen. Einfach nur sein. Einfach die Stille aufnehmen.
- Bring ein bisschen Zärtlichkeit in diesen Kampf hinein.

- Versuche dein Verhalten und das Verhalten deines Kindes mit Mitgefühl und Freundlichkeit zu betrachten.
- Wie wäre es, wenn du und sei es nur für einen Moment aufhören würdest, dein Kind bis ins Kleinste zu kontrollieren?
- Lass die Dinge sein, wie sie sind.
- Leg eine Pause ein in deinem Kampf gegen die Realität.
- Halte inne. Ruh dich aus. Atme.
- Schau, ob du, wenn du wieder in deinen Alltag zurückkehrst, dich und dein Kind weiterhin mit mitfühlenden Augen sehen kannst.

»Das hat mir geholfen, etwas Klarheit im Hinblick auf den nächsten Schritt mit Alice zu gewinnen. Sie hat sich geweigert, weiterhin zum Klavierunterricht zu gehen, will weder die Klavierlehrerin, noch die anderen Kinder sehen – sie hat sich so geschämt – und ich wusste nicht, was ich tun sollte. Je mehr ich darüber nachdenke … ich denke, ich werde es über den Sommer ruhen lassen und nichts erzwingen. Ich glaube, das eigentliche Problem war nicht die Musik, sondern, dass sie nicht gezwungen werden wollte vor all den Leuten aufzutreten. Ich verstehe das – ich wollte das früher auch nicht. Geändert hat sich aber, dass ich nicht mehr den Drang verspüre, sie dazu zu zwingen. Ich kann den Druck raus nehmen und sie ihren eigenen Weg zurückfinden lassen.«

Ich probierte diese Übung auch mit Anton aus. Er war überrascht, als er spürte, wie »hundemüde« er war.

»Es war so eine Erleichterung, den ständigen Kampf aufzugeben. Anfangs machte es mir Angst, die Kontrolle über meinen Sohn loszulassen, weil ich dachte, dass dann etwas Schreckliches passieren würde. Und dann hast du mir die Erlaubnis gegeben, es wenigstens für einen Moment zu tun. Das hat es mir erleichtert. Mir wird klar, dass ich nicht ständig der Sklaventreiber sein muss – nur wenn es nötig ist«, scherzte er. »Als ich ihn im Museum beobachtete, erkannte ich, dass er sehr motiviert ist, wenn ihn etwas interessiert. Er liebt diese Tiere wirklich und erinnert sich an alle Informationen über sie. Ich habe einfach darauf bestanden, dass er tut, was ich für sein Überleben als notwendig betrachtete. Vielleicht lerne ich, ihm ein bisschen mehr zu vertrauen, anstatt nach der Quadratur des Kreises zu suchen, oder wie auch immer der Spruch lautet.« Anton lächelte und sah viel entspannter aus. »Und wir streiten weniger«, fügte er hinzu.

Der Knoten

Als wir ihm das letzte Mal begegneten, war Tim sieben und Leon und Kyra hatten Probleme mit seiner Erfahrung in der Baseball-Jugendliga. Jetzt, in der Mittelstufe, geht es ihm gut: »Er hat gute Freunde, er ist glücklich«, sagt sein Vater. »Er verbringt zu viel Zeit mit seinem Smartphone, wie die meisten Kinder. Damit haben wir Schwierigkeiten. Ich kann kaum glauben, dass er schon 13 ist. Aber wir sind jetzt wieder hier, weil Kyra gesundheitliche Probleme hat«, sagte er mit sorgenvollem Blick.

»Was ist los?«, fragte ich besorgt.

»Also, vor ein paar Monaten habe ich einen Knoten entdeckt. Ich habe dem keine große Bedeutung beigemessen, und ich hatte so viel zu tun in diesem Jahr. Ich schob es also eine Zeitlang beiseite, bis ich schließlich meine Ärztin anrief«, sagte Kyra und fing an zu weinen.

»Sie sagte, ich bräuchte eine Biopsie, was beängstigend ist, und schmerzhaft, wie ich höre. Der Termin ist in ein paar Tagen. Die Sorge und Unsicherheit zerren an meinen Nerven. Danke, dass du uns so kurzfristig eingeschoben hast.

Meine Mutter hatte Brustkrebs, wie du dich vielleicht erinnerst, und starb als Tim ein Kleinkind war. Deshalb mache ich mir wirklich große Sorgen. Ich habe so schreckliche Angst; ich befürchte, dass ich zu jung sterben werde, wie meine Mutter, und Tim ist ja noch sehr jung. Ich will das nicht durchmachen.

Ich habe das Gefühl, dass ich nicht in der Lage bin, für Tim da zu sein. Er weiß, dass ich mich Untersuchungen unterziehen muss, und ich kann sehen, dass er sich Sorgen macht. Ich bin emotional und mit den Gedanken woanders. Manchmal schaue ich ihn beim Abendessen an und breche in Tränen aus. Ich war noch nie gut darin, meine Gefühle zu verbergen.«

»Wie reagiert er?«, fragte ich.

»Mama, warum weinst du?«, fragt er dann und kommt zu mir herüber und umarmt mich. »Alles wird gut.«

»Aber ich glaube nicht, dass es gut wird mit mir. Ich habe gesehen, wie meine Mama gestorben ist und ich will nicht, dass er mich sterben sieht. Er ist zu jung und ich bin zu jung.«

»Ich verstehe dich«, sagte ich und dachte an die Menschen, die ich geliebt hatte und die gestorben waren. »Aber im Moment wissen wir nicht, was los ist; wir wissen nur, dass die Situation unsicher und auch beängstigend ist. Was brauchst du jetzt?«

»Nun, vor allem habe ich eine Scheißangst und ich habe das Gefühl, ich sollte sie nicht haben.«

»Natürlich solltest du. Wer hätte die nicht?«

»Wirklich; ich dachte, dass ich eine Memme sei. Dass ich einfach stark bleiben müsste. Aber so ist es nicht. Ich breche zusammen und fühle mich so schwach.«

»Woher stammt diese Überzeugung?«, fragte ich.

»Ich habe das Gefühl, dass ich stark sein muss, keine Schwäche zeigen darf.«

»Kyra, es ist in Ordnung, menschlich zu sein. Es ist in Ordnung, Gefühle zu haben, Angst zu haben«, sagte ich.

»Ja, aber so bin ich nicht erzogen worden. Man hat mir beigebracht, stark zu sein. Meine Gefühle nicht zu zeigen – außer Wut, natürlich«, sagte sie lächelnd. »Es ist schwer, das anders zu machen. Ich versuche, nicht überzureagieren, aber ich will nicht sterben.«

»Ich verstehe das,« sagte ich.

»Gut«, erwiderte sie. »Ich frage mich, ob du irgendetwas tun kannst, um mir zu helfen, ruhiger zu werden … bei dieser Situation zu sein? Ich sehe immer wieder meine Mama auf ihrem Sterbebett vor mir. Das ist nicht gut.« Sie lächelte. »Ich wette, du hast nie erwartet, so etwas von mir zu hören. Ich weiß, ich hab dich ganz schön zusammengestaucht, als Tim ein Baby war, aber jetzt brauche ich wirklich ein bisschen Zen«, lachte sie.

»Ich möchte dir ein paar Übungen zeigen, die dir helfen werden, während der ganzen Prozedur so ruhig wie möglich zu bleiben. Und um dir zu helfen, die Unsicherheit auszuhalten. Ich weiß, das scheint gegen unseren Instinkt zu gehen, weil wir normalerweise versuchen, unsere Gefühle zu kontrollieren aber lass dich mit allem sein, was hochkommt.«

Die folgende Übung hilft uns, ein bisschen Abstand zu gewinnen – was auch immer geschieht. Sie ist sehr nützlich in schwierigen Zeiten. Wenn wir aus dem Gleichgewicht geschleudert werden, lernen wir, in die Mitte zurück zu kommen. Wir lernen, uns nicht für die Gefühle, die hochkommen, zu verurteilen, sondern mit Verständnis und Freundlichkeit auf sie zu antworten … auf den Schmerz, den wir empfinden.

Ein Bild, das uns oft helfen kann, während der Prüfungen des Lebens etwas Gleichmut zu entwickeln, ist das eines Berges. Der Berg bleibt bei jedem Wetter stabil und standfest. Während viele Lehrer:innen eine andere Version anbieten, ist diese hier speziell für Eltern gedacht und kann dir helfen, dem Sturm standzuhalten, der vielleicht gerade in deinem Leben tobt, wie auch immer er sich äußert.

Ein stabiles inneres Zentrum finden

- Setz dich zunächst bequem hin oder lege dich hin, falls das für dich angenehmer ist. Nimm dir einen Moment Zeit, um dich mit dem Atem, den Umgebungsgeräuschen oder den Liebende-Güte-Sätzen zu verbinden.
- Visualisiere einen hohen Berg, entweder einen, den du irgendwann besucht hast, oder einen, den du dir vorstellst. Wie alle Dinge verändert sich dieser Berg, aber er verändert sich im Laufe der geologischen Zeit.
- Stell dir vor, dass dein Körper so stabil wie der Berg werden kann stabil und ruhig. Stell dir vor, dass die Beine das Fundament sind, die Arme und Schultern die Berghänge, das Rückgrat die Achse und der Kopf der Gipfel. Erlaube dir, geerdet und präsent zu sein. Was auch immer in deiner Familie vor sich geht, erlaube dir, präsent zu sein, lauf nicht davor weg.

- Visualisiere den Berg im Wandel der Jahreszeiten (du kannst mit der gegenwärtigen Jahreszeit beginnen und dann die anderen nacheinander visualisieren). Sieh den Berg im warmen, goldenen Licht des Herbstes. Allmählich geht der Herbst in den Winter über und der Berg wird von heftigen Winden, Schneestürmen, Eis, vielleicht auch einer Lawine angegriffen. Nimm wahr, dass der Berg die Stürme still und unbewegt übersteht.
- Beobachte, wie die Jahreszeiten ineinander übergehen. Im Frühling schmilzt der Schnee, die Vögel fangen wieder an zu singen, die Tiere kehren zurück. Wildblumen blühen. Die Flüsse treten aufgrund des Schmelzwassers über die Ufer.
- Sieh den Berg im Sommer, in Licht getaucht, majestätisch. Der Schnee ist verschwunden, außer auf den höchsten Erhebungen. Nimm wahr, dass der Berg in jeder Jahreszeit von Wolken verdeckt werden kann; plötzliche Stürme können aufkommen und wieder abflauen.
- Sieh den Berg im Tagesverlauf, beginnend mit dem ersten Licht des Tages. Beobachte das Morgenlicht, dann das intensive goldene Tageslicht und die Schatten des Nachmittags. Nimm wahr, wie der Tag dem farbenprächtigen Sonnenuntergang und schließlich der Dunkelheit der Nacht weicht, mit den vielen Sternen und Galaxien und dem endlosen offenen Raum.
- Schau, ob du wie der Berg werden kannst, still und erdverbunden, unabhängig vom Wetter, von der Tages- oder Jahreszeit unabhängig von äußeren Ereignissen. Lass alles kommen und gehen, akzeptiere die Veränderung, widersetze dich ihr nicht und schiebe sie nicht weg.

Kyra praktizierte diese Übung, wenn sie anfing, sich Sorgen zu machen und ängstlich wurde. Ich habe dieser Übung eine informelle Achtsamkeitsübung hinzugefügt, die uns hilft, im gegenwärtigen Moment zu bleiben. Kyra stellte fest, dass plötzlich innere Bilder auftauchten, auf denen sie sich auf ihrem Totenbett sah, was natürlich verstörend war. Ich wollte ihr helfen, im gegenwärtigen Moment zu bleiben – auch mit seinen Unsicherheiten und Sorgen.

Sich im Moment verankern

In meiner Praxis steht eine Schale mit natürlich polierten Steinen, die den Leuten helfen können, sich im gegenwärtigen Moment zu verankern und ihn auszukosten. Das ist eine informelle Übung, die man zu jeder Zeit überall praktizieren kann. Während wir in vielen alten Traditionen »Sorgensteine«, Rosenkränze, Malas und dergleichen finden, ist diese Version des »Hier-und-Jetzt-Steins« vom MSC-Kurs von Germer und Neff inspiriert. [34]

- Ich bat Kyra, sich einen Stein auszusuchen, der ihr gefiel.
- Schau, ob du auf einem Spaziergang an einem Strand, in einem Park, an einem Fluss oder See einen Stein finden kannst, der dich anspricht und dir gefällt.
- Untersuche deinen Stein zunächst. Nimm die Farbe des Steins wahr und wie das Licht die Konturen des Steins definiert.
- Freue dich an deinem Stein. Reibe ihn. Spüre ihn auf der Haut. Halte ihn an deine Wange.
- Schließe die Augen und spüre, wie hart der Stein ist. Welche Beschaffenheit hat er? Ist er rau oder glatt? Warm oder kalt?
- »Verbinde« dich mit dem Stein. Überlege, wie alt er wohl sein mag. Wissenschaftler:innen sagen uns, dass die Steine, die wir finden, mehrere Millionen bis eine Milliarde alt sein können.
- Lass dir von deinem Stein helfen, ein bisschen Abstand von den Ereignissen in deinem Leben zu gewinnen.
- Vielleicht stellst du fest, dass weniger Raum bleibt, um dir Sorgen über die Vergangenheit oder Zukunft zu machen, wenn du auf deinen Stein konzentriert bist, ihn spürst, erfühlst und wertschätzt.
- Lass dir von deinem Stein helfen, ins Gewahrsein des gegenwärtigen Augenblicks zu kommen.

Kyra nahm den Stein mit und hielt ihn während ihrer Biopsie in der Hand. Das half ihr, die Prozedur durchzustehen.

»Ich erkannte, dass ich alles noch schlimmer gemacht habe, indem ich dachte, dass ich sterben würde. Dass ich das ganze Drama hinzugefügt habe und das nicht tun musste. Anstatt mir zu sagen ›Kyra, das war's, du machst es nicht mehr lange‹, fing ich an, mir mit möglichst ruhiger Stimme zu sagen ›Kyra, wir wissen es nicht – so wie du es mir vor einiger Zeit gesagt hast. Ein Schritt nach dem anderen. Einen Moment nach dem anderen‹.

Man sagt sich ›Ja, es ist zur Zeit stürmisch auf dem Berg aber das wird sich wieder ändern. Bald wird das vorbei sein‹.

Und Tim hilft immer durch seinen Humor. Er hat schon immer Monty Python gemocht. Wenn ich besorgt oder nachdenklich bin oder will, dass er ein bisschen mehr hilft oder ein bisschen kurz angebunden bin, sagt er ›Mami, du bist noch nicht tot‹. Also sage ich mir, ›Kyra, die Sache nervt aber du bist noch nicht tot. Mach einfach weiter‹.

Und ich muss dir noch etwas Witziges erzählen. Ich war in der U-Bahn auf dem Weg zur Arbeit und die Bahn hält an. Das passiert öfter. Aber ich wollte nicht zu spät zur Arbeit kommen und fing an, mir Sorgen zu machen. Ich nehme also meinen Stein aus der Tasche und fange an, ihn zu reiben. Da fährt die U-Bahn wieder an. Und die Frau, die neben mir sitzt, sagt: ›Wie haben Sie das gemacht? Woher haben Sie diesen Stein? Ist es ein Zauberstein? Ich möchte auch einen haben‹. Darüber habe ich herzhaft gelacht.«

Einer der bemerkenswerten positiven Effekte des Selbstmitgefühls ist, dass es uns hilft, Resilienz zu entwickeln. Indem wir unsere Unzulänglichkeiten mehr akzeptieren – die Tatsache, dass wir unseren Körper, unsere Kinder unsere Eltern oder Partner und Partnerinnen nicht kontrollieren können – werden wir zunehmend fähig, Unsicherheit zu akzeptieren und uns mit den Ereignissen zu entspannen: So wie sie sind und nicht, wie wir sie haben wollen. Wir lernen, weniger festzuhalten und fangen an, unsere Vorstellung davon loszulassen, wie die Dinge sein sollten.

6 »Warum können nicht alle einfach mal runterkommen?«

DER UMGANG MIT UNVERMEIDLICHEN »HITZIGEN« GEFÜHLEN

Das Geburtstagsessen

Stephanie hatte sich so viel Mühe gegeben, um Danis vierzigsten Geburtstag zu etwas Besonderem zu machen. Ihre Kinder, der siebenjährige Andreas und die vierjährige Michaela hatten eigenhändig Geburtstagskarten entworfen und gemalt. Unter Stephanies Anleitung hatten sie hart daran gearbeitet, ein Album mit Familienfotos zusammenzustellen, und sie brachten Dani sogar das Frühstück ans Bett. Es war ein wunderschöner Sommertag und deshalb hatte Stephanie ein Picknick in ihrem Lieblingspark geplant, mit Fahrrädern, Trikes und Spielen. Alles lief perfekt.

Dani liebte französisches Essen, also hatte Stephanie einen Tisch in einem extravaganten französischen Restaurant in der City reserviert. Die Kinder waren noch nie in einem vornehmen Restaurant gewesen und ihr war klar, dass diese Aktion ein bisschen unrealistisch war, aber sie dachte, die Kinder würden es genießen. Sie versuchte alles richtig zu machen – kaufte Spielzeug und Bücher, um sie am Tisch beschäftigt zu halten, falls sie sich langweilten und reservierte für einen frühen Zeitpunkt, sodass sie nicht allzu hungrig oder müde sein würden.

Alle hatten ihre besten Sachen angezogen. Die Kinder hatten noch nie einen Parkservice erlebt, Kellner in Smokings oder weiße Leinentischdecken gesehen. Wenn sie bisher ausgegangen waren, dann immer in einen Schnellimbiss. Als der Kellner an den Tisch kam, um die Bestellung aufzunehmen, bestellte Stephanie, pochierten Lachs und gedünsteten Spinat für die Kinder. Andreas und Michaela protestierten lautstark und vergaßen ihre »Innenraum«-Stimmen. »Aber ich will einen Hamburger und Pommes und eine Cola«, sagte Andreas ziemlich laut. »Ich auch«, fügte Michaela weinerlich hinzu. Die anderen Gäste drehten sich um und starrten herüber.

Stephanie versuchte, sie zu beruhigen und erklärte, dass dies ein feines Restaurant sei, in dem man Papas Geburtstag feiern wolle. Andreas genoss die Aufmerksamkeit, die er bekam und sah eine Gelegenheit für mehr. Er nahm seinen Löffel und schlug damit auf den Tisch, so wie er es zu Hause manchmal tat. »Ich will einen Burger, ich will einen Burger«, rief er in einem Singsang und dachte, das sei lustig. Michaela, die dies als ein neues Spiel betrachtete, stimmte ein.

Beschämt scheuchte Stephanie die Kinder unter den vernichtenden und angewiderten Blicken der anderen Gäste und des Personals Richtung Ausgang. »Madame«, rügte sie der Restaurantbesitzer, »wir empfehlen, dass sich die Leute einen Babysitter nehmen«. »Jaa, das hilft mir, verdammt noch mal, jetzt auch nicht weiter«, dachte sie.

Sie führte die Kinder hinaus, beruhigte sie, gab ihnen Snacks aus ihrer Handtasche (sie hatte sich so bemüht, an alles zu denken) und handelte mit ihnen einen Kompromiss aus: Sie würden Nudeln ohne alles bekommen. Dann kehrten sie ins Restaurant zurück. Irgendwie schafften sie es, das Essen ohne Zwischenfälle hinter sich zu bringen und sangen alle »Happy Birthday« für Dani – sogar die Kellner sangen mit. Stephanie war überzeugt, dass sie eine schwierige Situation gut gemeistert hatte.

Auf der Heimfahrt war Dani jedoch still und kühl. Nachdem sie die Kinder ins Bett gebracht hatten, wollte er mit ihr reden.

»Wenn er in Bestform ist«, sagte Stephanie, »ist Dani kritisch und findet immer einen Fehler. Er kommt von der Arbeit nach Hause und bemerkt, dass ein Bild schief hängt. Er findet ein Problem, bevor er überhaupt ›Hallo‹ zu uns gesagt hat. Ich bin den ganzen Tag zu Hause, ich sehe solche Dinge nicht.

Er hasst es, blamiert zu werden, und er fühlte sich durch die Kinder blamiert. Vielleicht hatte er schlechte Laune, weil er vierzig geworden war und ein paar graue Haare bekommen hatte. Aber wir waren wieder einmal in einem vertrauten Minenfeld unserer Beziehung gelandet. Ich fühle mich verletzt, wenn er meine Erziehungsarbeit kritisiert, was er mit voller Wucht tat: Er war der Meinung, sie hätten sich wie ›Wilde‹ aufgeführt. Warum hatte ich Andreas erlaubt, mit dem Löffel auf den Tisch zu schlagen? Warum hatte ich nicht eher Grenzen gesetzt? Wie war ich überhaupt auf die Idee gekommen, ich könnte sie in ein feines Restaurant mitnehmen? Warum hatte ich keinen Babysitter engagiert? So ging es ununterbrochen weiter und die Situation eskalierte. Ich hatte ein schlechtes Urteilsvermögen, ich war zu nachgiebig, das Restaurant war zu teuer. Kaum ein Dank. Ich hatte versucht, einen perfekten Tag zu gestalten und hatte mich so angestrengt, alles hinzubekommen und ihn glücklich zu machen. Ich bekam keinerlei Anerkennung für meine Bemühungen und brach schließlich in Tränen aus. Ich fühlte mich abgewertet, nicht ausreichend gewürdigt.« Sie seufzte. »Keine gute Tat bleibt ungestraft. Am Ende schlief ich auf dem Sofa und weinte mich in den Schlaf. Anstatt eine wunderschöne Geburtstagsfeier zu haben, hatte sich der Elternabgrund zwischen uns aufgetan.«

Wir alle haben das schon erlebt. Es kommt selten vor, dass Paare sich in allem einig sind, und normalerweise gibt es erhebliche Differenzen in Bezug auf Disziplin, Regeln, Manieren, Geld – im Grunde in vielen einzelnen Bereichen des Lebens. Am schlimmsten ist aber, dass wir nicht erkennen können, dass wir am Rande dieses »Abgrunds« stehen. Der Tag beginnt perfekt, dann ändert sich das Terrain und plötzlich tut sich ein Abgrund auf. Selbst mit besten Absichten kann die besondere Geburtstagsparty, der Hochzeitstag oder der Urlaub den Bach runter gehen und was als festliches Ereignis geplant war, entwickelt sich zur totalen Katastrophe.

Zu wissen, wo in eurer Beziehung die »Verwerfungen« liegen, kann dir helfen, die üblichen »Schlaglöcher« oder gar Abgründe der Elternschaft zu meiden. Probiere diese Übung aus:

Reflexion: Den Elternschafts-Abgrund überwinden

- Nimm dir einen Moment Zeit und komm zur Ruhe. Achte auf deinen Atem oder nimm die Empfindungen in deinem Körper wahr.
- Fühlst du dich gestresst, aufgebracht, herabgesetzt? Bring liebevolles Gewahrsein in deine Erfahrung.
- Falls du gerade »Schiffbruch« erlitten hast, bring dir ein bisschen »Extra-Freundlichkeit« entgegen. Leg deine Hand auf dein Herz und erkenne an, dass dies ein Moment (oder viele Momente) des Leidens ist.
- Halte inne. Mach einen kurzen Bodyscan. Wo hältst du Spannung fest? Kannst du diese Stelle weicher werden lassen?
- Denke über folgende Frage nach: Wann befindet ihr du und dein Partner, deine Partnerin euch auf verschiedenen Kontinenten?
- Welche Themen führen zur Spaltung?
- In welchen Bereichen gibt es die größten Differenzen? Ist es …
Das Essen?
Das Verhalten?
Die Einstellung?
Die schulische Leistung?
Der Sport?
Die Hausarbeit?
Das Geld?
- Gibt es noch andere Bereiche, in denen ihr euch uneins seid?
- Tritt innerlich einen Schritt zurück und schau dir die »Top-Hits« an: die Dinge, die ihr einander vorwerft.

Zu empfindlich?
Zu kritisch?
Du hörst nie zu?
Du kannst keine Grenzen setzen?
Zu nachgiebig?
Zu knauserig?
Zu verschwenderisch?
Kein Einhalt gebieten?
Zu unorganisiert?
Du kannst nicht kochen?

Füge die Top-Hits deiner Beziehungskämpfe hinzu.

- Betrachte alles noch einmal mit Abstand und vergiss nicht, dir Freundlichkeit entgegenzubringen. Halte inne. Das ist hart.
- Stell dir vor, wie das aus einem zeitlichen Abstand von 40 Jahren aussehen wird. Das soll deine momentanen Gefühle nicht kleinreden, sondern ein bisschen relativieren. Wirst du einfach lachen, wenn dir der Restaurantbesitzer sagt, du solltest einen Babysitter engagieren? Wirst du diese Geschichte immer wieder den Kindern oder Enkeln erzählen mit einem arroganten französischen Akzent? Erkenne, wie die Bedeutung dieses Ereignisses aus dieser Perspektive schrumpft.
- Spulst du innerlich den Film dieses schrecklichen Geburtstagsessens immer wieder ab? Hast du genug von den endlosen Wiederholungen? Auch wenn die Geschichte nicht mehr während der »Hauptsendezeit« läuft läuft sie noch im Hintergrund?
- Versuch dir zu sagen: »Liebes [oder deinen Namen], du hast es versucht; das hast du wirklich. Aber du kannst nicht alles kontrollieren. Eigentlich kannst du gar nichts kontrollieren. Nicht alles läuft so, wie du es dir wünschst.«
- Brauchst du noch ein bisschen mehr, um den Teufelskreis der Grübelei und Selbstbeschimpfung zu durchbrechen? Dann probiere diesen Satz aus: »Wenn es nicht jetzt passiert, passiert es nicht.«

- Relativiere das Ereignis: »Es war nur ein Abendessen. Es ist vorbei.«
- Beruhige dich: es ist nicht nötig, die Sache größer werden zu lassen, als sie sein muss. Schau, ob du zulassen kannst, dass sie in die Vergangenheit entschwindet.
- Nimm dir noch ein paar Minuten Zeit, um bewusst auszuatmen, es loszulassen.
- Wenn du bereit bist, kehre in deinen Alltag zurück.

»Das hat mir sehr geholfen«, sagte Stephanie. »Das Problem ist, dass unsere Charaktere eigentlich nicht so gut zusammenpassen. Er ist sehr kritisch; ich bin sehr sensibel. Er ist sehr gut darin, Probleme zu entdecken (außer natürlich seine), und sieht alle meine Fehler.«

»Manchmal wünschte ich, er wäre kurzsichtig oder so«, scherzte sie. »Aber ich kann mich wie eine Versagerin fühlen und Auseinandersetzungen wiederkäuen, die wir von 15 Jahren hatten. Und ich kann mich dann immer noch darüber aufregen. Es ist schwer, die harten Worte zu vergessen. Sie gehen mir unter die Haut, und ich kann sie nicht vergessen. Als wir am Anfang unserer Ehe eine Paartherapie machten – wir stritten im Grunde über alles – sagte die Paartherapeutin etwas sehr Hilfreiches: ›Warum gehst du dahin zurück? Tut dir das gut?‹ Natürlich tat es mir nicht gut. Wenn ich mich also jetzt dabei ertappe, dass ich uralte Auseinandersetzungen endlos wiederkäue, frage ich mich einfach: ›Hilft dir das?‹ Das macht es mir leichter, loszulassen. Selbstmitgefühl gibt mir das Gefühl, dass es in Ordnung ist, Dinge zu tun, die mir helfen und guttun.« Sie hielt inne. »Und wenn dein Partner nicht daran interessiert ist, an sich zu arbeiten, ist es eine Notwendigkeit.«

Selbstmitgefühl ist nicht nur bei Spannungen in der Ehe eine Notwendigkeit; es ist auch ein Lebensretter, wenn unsere Kinder uns niedermachen (und wenn wir auf sie losgehen).

»Du siehst aus wie eine Schlampe«

Amélie und Sophie, Teil III: Als Sophie acht Jahre alt war (Kapitel 3), hatte sich Amélie Sorgen über Sophies körperliche Erscheinung gemacht. Jetzt, sechs Jahre später, macht sich Amélie Sorgen darüber, welches Bild von sich Sophie dadurch vermittelt, was sie an ihrem Körper trägt. Sophie ist jetzt in der zehnten Klasse und wechselt in die Oberstufe. Wie die meisten Kids in ihrem Alter will sie beliebt und cool sein. Sie strengt sich sehr an, dazuzugehören und wie alle anderen Jugendlichen auszusehen. Gerade wurde sie zu ihrer ersten Party eingeladen und Amélie und Sophie hatten einen heftigen Krach wegen der Kleider, die Sophie anziehen wollte.

»Sie kommt aus ihrem Zimmer in einem sehr tief ausgeschnittenen Top, das um die Brust herum viel zu eng ist, und mit hautengen Jeans, die so zerrissen sind, dass sie eher wie etwas aussehen, das man auf den Müll schmeißen will – sie waren derart aufgeschlitzt und zeigten soviel von ihren Oberschenkeln, dass es schon obszön war. Sie hat sie mit ihrem Babysitting-Geld gekauft und hat sie mir natürlich nie gezeigt. Ich glaube, sie hat sie für die Party aufgehoben. Dazu kombinierte sie noch ein paar schrecklich hohe Absätze. Und so viel Makeup! Sie sah aus wie eine Hure. Ich weiß, ich sollte das nicht sagen, aber sie sah wirklich so aus.«

Als Amélie Sophie in diesem Aufzug erblickte, »rastete sie aus«.

»Ich konnte nicht an mich halten. Ich platzte einfach heraus. ›So gehst du nicht aus dem Haus. Du siehst aus wie eine Schlampe. Zieh dir was anderes an.‹« Sie wollte sich nicht umziehen, also spitzte sich die Situation zu. Tom war natürlich nicht da, sodass ich niemanden hatte, der mir den Rücken stärkte.

›Aber alle anderen tragen auch solche Klamotten und benutzen Makeup‹, entgegnete sie.

›Das ist mir egal. Du bist nicht alle anderen. Geh jetzt und zieh dich um.‹

Nachdem der Streit noch eine Weile weitergegangen war, zog sie ein anderes Top an und wechselte die Schuhe. Sie wollte die Party nicht verpassen. Sie war mit einer Freundin verabredet, deren Mutter die Mädchen hinfahren wollte. Die beiden warteten draußen. Als sie aus der Tür ging, schrie sie mit einem schrecklichen Gesichtsausdruck ›Manchmal wünschte ich, du wärst nicht meine Mutter. Ich wünschte, ich hätte eine bessere Mutter. Ich HASSE dich!‹

Und ich schäme mich für das, was ich gesagt habe, aber ich bin einfach explodiert. ›Manchmal wünschte ich, ich hätte eine bessere Tochter!‹ Ich weiß, das hätte ich nicht sagen sollen. Ich bereue es. Aber ich hatte so die Nase voll von ihrem Mist.

Ich habe viel geweint. Ich war so wütend. Sie hatte noch nie zu mir gesagt, dass sie mich hasst. Ich hatte ein bisschen Zeit, Selbstmitgefühl zu praktizieren während ich auf ihre Rückkehr wartete und ich war dann ein bisschen weniger wütend. Aber sie war immer noch sauer auf mich. Als sie nach Hause kam, sagte ich: ›Es tut mir leid, dass ich dir so ein Schimpfwort an den Kopf geworfen habe, das war nicht in Ordnung aber du kannst nicht so mit mir reden und dich so aufführen‹.

Anstatt meine Entschuldigung anzunehmen und Verantwortung für ihr Verhalten zu übernehmen, machte sie mich sofort nieder: ›Du bist so eine Versagerin‹, schrie sie, ›du bist bloß eifersüchtig, weil dich niemand zu Partys eingeladen hat, als du in der Oberstufe warst‹. Und sie drehte sich um und stapfte davon, um ins Bett zu gehen.

Wir haben seitdem nicht mehr miteinander gesprochen und es ist schon fast drei Tage her. Das habe ich nicht verdient. Ich habe mich so wenig respektiert gefühlt. Sie spricht mit Tom, aber nicht mit mir.«

Amélie fing an zu weinen.

»Und sie weiß, womit sie mich verletzen kann. Ich war nicht beliebt und habe mich oft wie eine Verliererin gefühlt. Sie hat mich direkt an meiner empfindlichsten Stelle getroffen. Und es ist ein schrecklicher Zeitpunkt. Hier bin ich – mitten in den Wechseljahren, fett und hässlich, mit hormonellen Schwankungen, während ihre Hormone gerade in die andere Richtung ausschlagen. Ich bin ein einziges Chaos. Ich glaube, ich brauche noch mehr von diesem Selbstmitgefühlszeug. Aber sie muss freundlicher zu mir sein. Das hat wirklich wehgetan. Sie kann mich nicht wie einen Fußabtreter behandeln. Sonst wird ihre Pubertät für mich zur Hölle.«

Die Pubertät der Kinder ist wohl für fast alle Eltern eine Herausforderung; alle unsere Knöpfe werden gedrückt. Aber wenn du ausrastest, kannst du das nutzen. Das heißt, du kannst in das hineinspüren, was für dich passiert – schauen, was du brauchst und was hochkommt – und dann aus einer weniger reaktiven Haltung heraus mit deinem Kind arbeiten.

Es ist immer klug, mit Selbstmitgefühl anzufangen. Die folgende Praxis, bei der man sich selbst und einer anderen Person Mitgefühl schickt, ist eine der Kernübungen im MSC- (Selbstmitgefühls-) Programm. Es ist eine sehr alte Praxis, die auf einen indischen Lehrer zurückgeht, der im 10. Jahrhundert gelehrt hat.[35]

Die amerikanische Lehrerin Pema Chödrön hat diese Meditation bekannt gemacht. Ich habe sie für Eltern adaptiert, die sie im Eifer des Gefechts brauchen. Ich kann mir tatsächlich kaum eine nützlichere Übung für die Pubertätsstürme vorstellen (die der Kinder und unsere). Die Praxis baut auf den Atemübungen und der Liebende-Güte-Meditation auf, die in vorhergehenden Kapiteln beschrieben wurden.

Wenn ihr beide wirklich Mitgefühl braucht

- Setz dich bequem hin, schließe die Augen, wenn du magst, und leg eine Hand (oder beide Hände) auf dein Herz (oder dahin, wo du eine beruhigende Berührung brauchst). Spüre die Wärme und das tröstliche Gefühl der Berührung als liebevolle Erinnerung, dass du dir und dieser Erfahrung mit Gewahrsein und Mitgefühl begegnen kannst.
- Atme ein paarmal tief ein und aus, lass dich vom Atem halten und wiegen. Lass dich davon nähren. Lass dich beim Ein- und Ausatmen von deinem Atem beruhigen und trösten.
- Nimm dir einen Moment Zeit, um in einen natürlichen Atemrhythmus zu kommen. Bleib bei der Empfindung des Ein- und Ausatmens. Wenn du magst, stell dir vor, dass dich der Atem in dieser schwierigen Zeit trägt und nährt.
- Konzentriere dich jetzt auf das Einatmen, spüre die Empfindungen beim Einatmen, lass den Atem deinen Körper revitalisieren einen Atemzug nach dem anderen.

- Wenn du einatmest, nimm etwas Nährendes in dich auf etwas Gutes, das du vielleicht jetzt gerade brauchst. Vielleicht ein bisschen Freundlichkeit, etwas Mitgefühl, ein bisschen Liebe? Du kannst diese Qualität entweder einfach spüren oder ein Wort oder Bild zu Hilfe nehmen. Nimm dir einen Moment Zeit und atme ein.
- Konzentriere dich jetzt auf das Ausatmen. Nimm die Empfindung des Ausatmens und dabei vielleicht ein Gefühl des Loslassens, der inneren Befreiung, wahr.
- Sieh jetzt vor deinem geistigen Auge dein Kind (oder die Person, mit der du einen Konflikt hast und die dein Mitgefühl braucht). Visualisiere diese Person.
- Beginne nun damit, dieses Gefühl der Entspannung beim Ausatmen in Richtung dieser Person zu senden.
- Falls dir das schwerfällt, belasse es zunächst bei einem oder zwei Atemzügen.
- Wenn du möchtest, sende dieser Person nun bei jedem Ausatmen etwas Wärme und Freundlichkeit etwas, das sie nährt und unterstützt.

Einen für mich, einen für dich

- Konzentriere dich nun wieder auf dich selbst und die Empfindung, Mitgefühl für dich selbst ein- und auszuatmen. Wenn du dann bereit bist, versuche, für dich ein- und für dein Kind auszuatmen und sage dabei »Ein für mich, aus für dich.« »Einen Atemzug für mich, einen Atemzug für dich.«
- Wenn du eine wirklich schwere Zeit durchmachst, kannst du dich ein bisschen mehr auf dich selbst konzentrieren falls du ein bisschen Extra-Fürsorge brauchst. Hast du das Gefühl, dass die andere Person im Moment ein bisschen mehr braucht, ist es in Ordnung, sich etwas mehr auf ihre Bedürfnisse zu konzentrieren. Es kann auch ein gleichmäßiges Fließen sein so, wie es sich im Augenblick richtig anfühlt.
- Sollte mehr als eine Person Zuwendung brauchen, kannst du auch anderen Familienmitgliedern oder Freundinnen und Freunden etwas Positives senden.

- Lass deinen Atem ein- und ausströmen wie sanfte Meereswellen. Lass dieses Fließen grenzenlos sein, ein freies Hinein- und Hinausströmen. Werde Teil dieses grenzenlosen Stroms. Spüre das Meer des Mitgefühls.
- Wenn es genug ist, öffne behutsam die Augen und spüre, dass du dieses Mitgefühl in deinen Tag mitnehmen kannst.

Diese Übung ist gut geeignet, wenn du einen zwischenmenschlichen Konflikt hast. Stephanie wandte sie an, als sie wütend auf Dani war und Amélie stellte fest, dass sie ihr half, bei ihrem Versuch, die Beziehung zu Sophie zu kitten, einen kühlen Kopf zu bewahren. Nach zwei Tagen eisigem Schweigen, konnte sie auf Sophie zugehen und versuchen, über das, was geschehen war, zu sprechen. Sophie war abwehrend und bestand darauf, dass Amélie sich »durchgeknallt« benommen hatte.

»Ich sagte ihr, wie gemein sie zu mir gewesen war. Wir fingen wieder an zu streiten. Aber dann realisierte ich, dass dieser Streit eskalieren und alles nochmal von vorne anfangen könnte. Und nochmal. Ich hielt inne, atmete tief ein und gab mir ein bisschen Mitgefühl dafür, dass ich die Mutter eines wütenden Teenagers bin. ›Ich weiß, dass ich total wütend geworden bin. Es tut mir leid, dass ich explodiert bin. Aber ich habe mich gefragt, was mich tatsächlich derart aufgeregt hat. Willst du es wissen?‹ Sie wollte. ›Ich weiß, dass du aussehen willst, wie die anderen Kids, aber ich wollte nicht, dass du so, ääh, ›verfügbar‹ aussiehst. Ich hatte Angst, dass das jemand ausnutzen könnte. Ich weiß, das klingt dumm aber wahrscheinlich bin ich eine alte, überbehütende besorgte Mama‹.

Sie lachte zum ersten Mal seit Tagen. ›War es das, Oh, mein Gott, du liegst so daneben! Ich werde niemandem erlauben, mich auszunutzen‹.«

Amélie und Sophie konnten zusammen darüber lachen und ein gutes Gespräch über Mamas Bedürfnis, ihre Tochter zu beschützen, und Sophies Bedürfnis, gemocht und akzeptiert zu werden, führen. Gegenseitige Entschuldigungen bereiteten den Boden für eine bessere Beziehung und sie machten aus dem Vorfall sogar einen geheimen Witz. Wenn Sophie jetzt eine Fahrgelegenheit braucht, sagt sie: »Ääh, Mama, bist du verfügbar?«, und dann brechen beide in Gelächter aus.

Amélie ist nicht die einzige Mutter, die Kämpfe mit ihrer Tochter ausficht. Und nicht nur Jugendliche haben »hitzige Gefühle«. Wir alle haben sie. Wir alle sagen Dinge, die wir später bereuen. Und wenn du weißt, dass du damit nicht allein bist, dass die meisten Eltern diese Gefühlsexplosionen erleben, kann dir das helfen, wenn es sich anfühlt, als wärt ihr die chaotischste Familie im ganzen Viertel oder du die schlimmste Mutter der Welt. Aber anstatt einfach durchzuhalten, bis sich das Großhirn in die Gänge kommt (und manchmal passiert das nicht vor Mitte Zwanzig, oder noch später, und kann sich anfühlen wie geologische Zeit), kann das eine Gelegenheit sein, achtsamer und mitfühlender zu werden.

Unsere Kinder können uns daran erinnern, woran es in unserem Leben mangelt, sie können uns an unsere nicht verheilten Wunden erinnern, und es ist oft schwer, das anzuschauen.

Roberta hatte beispielsweise das Gefühl, sich in einem ständigen Kriegszustand mit ihrem Sohn Georg zu befinden.

»Es fühlt sich an, als wären wir ständig im Krieg. Wir streiten über alles aber jetzt, seit er 16 geworden ist, ist es noch schlimmer geworden. Wir streiten oft darüber, wie viel Zeit er am Bildschirm verbringen darf. Er verbringt einen großen Teil seiner Zeit mit Videospielen und ich will, dass er seine Hausaufgaben macht. ›Nur noch ein paar Minuten, Mama‹, und aus den Minuten wird eine halbe Stunde. Er ist besessen davon. Und wenn ich versuche, Grenzen zu setzen oder darauf bestehe, dass er sich auf seine Hausaufgaben konzentriert, rastet er aus. ›Mama, lass mich in Ruhe. Ich brauche eine Pause. Hör auf, mich zu nerven, halte dich einfach raus!‹, schreit er, und natürlich will ich nicht so behandelt werden, also schreie ich zurück und drohe ihm und die Sache eskaliert. Ich vermisse meinen süßen kleinen Jungen. Aber ich mache mir auch Sorgen, dass er nicht gut in der Schule mitkommt, wenn er seine Hausaufgaben nicht macht und dann auf keine Uni gehen kann. Alles ist so konkurrenzorientiert. Manchmal rege ich mich so auf, dass ich nachts nicht schlafen kann.«

Um Roberta zu helfen, mit dem, was bei ihr hochgekommen war, umgehen zu können, probierten wir diese Reflexion aus:

Reflexion: Zeitreise in deine Kindheit

- Setz dich bequem hin, atme ein paarmal tief ein und aus und komm zur Ruhe.
- Denk an die Zeit zurück als du im selben Alter warst wie dein Kind heute. Wie war die Situation in deiner Familie? Welche Erfahrungen hast du gemacht?
- Wie haben dich deine Eltern behandelt? Deine Geschwister? Andere Familienmitglieder?
- Wie lief es in der Schule? Wurdest du von Lehrerinnen oder Lehrern unterstützt?
- Hattest du Freundinnen oder Freunde? An welchen Aktivitäten hast du teilgenommen? Was hat dir Spaß gemacht?
- Welche Träume hattest du? Hattest du Hoffnungen oder Wünsche, die du damals noch nicht ausdrücken konntest?
- Welche Verletzungen hast du davongetragen? Wurde dein Herz gebrochen?
- Was waren deine Ambitionen? Was wolltest du werden?
- Und was ist aus diesen Träumen geworden? Wurden sie abgetan? Ignoriert? Lächerlich gemacht?
- Bleib in Kontakt mit dem, was du fühlst. Wenn schmerzliche oder unverarbeitete Gefühle hochkommen, schick dir ein bisschen Mitgefühl.

Roberta praktizierte diese Reflexion zu Hause, und was dabei für sie hochkam, war heftig.

»Ich war wirklich ehrgeizig in der Oberstufe. Wir hatten nicht tonnenweise Geld und mir wurde klar, dass ich hart arbeiten musste, um voranzukommen. Ich strengte mich so sehr an, perfekt zu sein, nie einen

Fehler zu machen. Der Sport half mir, zu überleben. Ich wurde sehr diszipliniert. Ich habe Fußball gespielt und habe mich richtig ins Zeug gelegt. Ich rannte jeden Tag, stemmte Gewichte, trainierte. Ich habe mich selbst so sehr angetrieben. Ich habe keine Pause gemacht. Ich hatte Angst, dass ich keinen Studienplatz bekommen würde, wenn ich nachließ – und das war meine Eintrittskarte in ein anderes Leben.« Roberta hielt inne. Es ist hilfreich aber auch schmerzhaft, zurückzublicken.

»Ich glaube, diese alte Angst und Anspannung kommt bei mir hoch, wenn ich sehe, dass Georg nachlässt, nicht arbeitet und Computerspiele spielt. Ich spüre sie in der Magengrube. Das passiert ganz automatisch, es überfällt mich. Und wenn ich darüber nachdenke, führt es mich zurück in die Zeit, als ich so alt war wie er und diese ganzen Existenzängste hatte. Ich konnte nicht locker lassen, konnte mich nicht entspannen und kann es immer noch nicht. Ich glaube, ich gerate in eine Art Panikzustand, wenn er nicht sein Bestes gibt.

Sagen zu können, ›das war damals, dies ist heute‹ hat mich wirklich befreit. Es schafft einen Puffer zwischen mir und der Vergangenheit; ich muss nicht immer weiter rennen.«

Als Roberta daran arbeitete, sich selbst etwas Mitgefühl entgegenzubringen, erkannte sie, dass sie sich die Erlaubnis geben konnte, inne zu halten und Dinge zu tun, die sie gerne tat. Sie war eine talentierte Künstlerin gewesen, hatte aber nicht die innere Freiheit gehabt, diesen Weg zu verfolgen, denn sie hatte sich vor allem darauf fokussiert, etwas zu erreichen – in der Lage zu sein, ihren Lebensunterhalt zu verdienen, ihr Elternhaus zu verlassen, Abitur zu machen und weit, weit wegzuziehen. Sie beschloss, sich in der örtlichen Kunstschule für einen Aquarell-Kurs anzumelden, was ihr großen Spaß machte. Indem sie anfing, sich selbst etwas Gutes zu tun, konnte sie auch Georg helfen, ein Gleichgewicht zwischen den schulischen Anforderungen und seinem Bedürfnis nach Entspannung zu finden.

Als Roberta sich bewusst dem zuwenden konnte, was sie an Georgs Verhalten störte, als sie es anerkennen und sich ihren lange Zeit tief vergrabenen Schmerz bewusst machen konnte, wurden die Auseinandersetzungen zwischen ihnen weniger. Wenn wir die Dinge aus einer umfassenderen und flexibleren Perspektive betrachten können, und erkennen, dass wir noch immer lernen und wachsen, kann unsere intensive emotionale Reaktion zu einem Meilenstein werden, der uns daran erinnert, unsere eigenen Bedürfnisse auszuloten und nicht bloß zu reagieren und uns auf den Erfolg unseres Kindes (oder den Mangel daran) zu fokussieren.

Wie hitzige Emotionen auf Körper und Geist wirken[36]

Nehmen wir uns einen Moment Zeit und stellen uns vor, was in Amélie und Roberta vorging als sie wütend auf ihre Kinder wurden. Ihre Amygdala, das Alarmzentrum im Gehirn, schaltete die Stressreaktion in Körper und Geist an. Wissenschaftler:innen bezeichnen diese Stressreaktion als »HPA-Achse«, weil damit auch eine Kettenreaktion zwischen dem Hypothalamus, der Hypophyse und der Nebenniere verbunden ist. Es ist wie ein Dominoeffekt. Die Amygdala sendet ein Signal an den Hypothalamus, der wiederum ein Signal an die Hypophyse sendet, die dann wiederum die Nebenniere veranlasst, die Stresshormone Cortisol und Adrenalin auszuschütten. Der Effekt ist allerdings kein positiver. Der erhöhte Cortisolspiegel kann zu einem Verlust essentieller Neuronen im präfrontalen Cortex (unserem Zentrum der kognitiven Kontrolle oder exekutiven Funktionen) und im Hippocampus (der die Gedächtnisleistung steuert) führen. Dadurch können das Kurzeitgedächtnis und das Urteilsvermögen beeinträchtigt werden.

Du stellst vielleicht fest, dass du nicht die klügsten Entscheidungen triffst, wenn du aufgebracht oder aufgeregt bist. Cortisol kann auch dafür sorgen, dass der Serotonin- und der Dopaminspiegel sinken, jene Neurotransmitter, die für unser Glücksgefühl zuständig sind. Durch das Absinken dieser Spiegel wir man eventuell schmerzempfindlicher und anfällig für Wutgefühle, was dazu führen kann, dass man aggressiver handelt. Der erhöhte Cortisolspiegel kann die Fähigkeit beeinträchtigen, zu denken, bevor man spricht. Während die Ausschüttung von Stresshormonen dem Körper durchaus einen vorübergehenden Energieschub gibt, kann ein Übermaß dieser Hormone zu häufigen Kopfschmerzen, Beeinträchtigungen der Schilddrüsenfunktion, einer Verlangsamung des Stoffwechsels, verminderter Knochendichte, einer Erhöhung des Blutdrucks, der Herzfrequenz und des Blutzuckers führen, wodurch die Wahrscheinlichkeit steigt, einen Herzinfarkt oder Schlaganfall zu erleiden. Auch eine Zunahme von Krebserkrankungen und der Anzahl virusinfizierter Zellen wurde damit in Verbindung gebracht.

Die gute Nachricht ist, dass Selbstmitgefühl unsere Gehirnchemie verändern kann. Wenn wir uns unseren schmerzlichen Gefühlen mit dem Balsam des Mitgefühls zuwenden, verändern wir nicht nur unser emotionales Erleben, sondern auch unsere Körperchemie. Forschungsergebnisse weisen darauf hin, dass wir durch Selbstkritik eine Erhöhung des Adrenalinspiegels, des Blutdrucks und des Cortisolspiegels auslösen. Praktizieren wir dagegen Selbstmitgefühl, triggern wir eine erhöhte Ausschüttung des Bindungshormons Oxytocin, das wiederum Gefühle der inneren Ruhe, der Sicherheit und Großzügigkeit verstärkt. Die Amygdala wird beruhigt und die stressbedingte negative Kettenreaktion löst sich auf.

Zusammenprall der Kulturen

Rachel lernte ich kennen, als sie sich zu einem MSC-Kurs in der Klinik anmeldete, in der ich lehre. Sie hatte zwei kleine Kinder und ein kompliziertes Verhältnis zu ihren Schwiegereltern. Sie hatten Rachel nie akzeptiert und die Beziehung war angespannt, also sagte sie sich, sie habe nichts zu verlieren, wenn sie es mit Selbstmitgefühl probierte. Vielleicht könnte es ihr helfen, die obligatorischen Familienfeste an den Feiertagen zu überstehen, ohne allzu wütend oder depressiv zu werden.

Ralf, Rachels Mann, stammte aus einer alteingesessenen Familie, und Rachel war die Tochter von Einwanderern. Sie waren sich auf dem College begegnet. Er hatte sich von ihrer Intelligenz, ihrer Schönheit, ihrem Esprit und ihrem leidenschaftlichen Temperament angezogen gefühlt. Sie arbeitete im öffentlichen Gesundheitswesen und reiste oft in vom Krieg verwüstete Länder, um Flüchtlingen zu helfen. Ihre Schwiegereltern waren davon ausgegangen, dass sie ihren Job an den Nagel hängen und ihre

Energie in lokale Aktivitäten stecken würde, wenn sie erst einmal Kinder hätte. Aber sie liebte ihre Arbeit, fand, dass sie ihrem Leben einen Sinn gab und nahm ihre Reisen wieder auf, als die Kinder alt genug waren.

Die Schwiegereltern hießen das nicht gut und es wurde zum Streitpunkt bei jedem Familientreffen. »Fährst du immer noch nach Afrika?«, fragte der Schwiegervater jedes Mal. »Meinst du nicht, dass das gefährlich ist? Und was ist, wenn du von dort eine Krankheit mitbringst und die Familie ansteckst? Meinst du nicht, du solltest das noch einmal überdenken? In meinen Augen ist das verantwortungslos.« Rachel hatte etwas gegen Dummköpfe und wenn sie etwas wollte, stellte man sich ihr besser nicht in den Weg oder sagte ihr, was sie zu tun hätte. Das hatte Ralf in den Jahren ihres Zusammenlebens gelernt. Bei fast jeder Familienfeier gab es Auseinandersetzungen, es flossen oft Tränen und es fielen harte Worte. Rachel gab nicht nach, aber ihre Schwiegereltern ebenfalls nicht. Das ging so weit, dass sich Rachel vor Weihnachten fürchtete, aber die Kinder liebten es, ihre Großeltern und Cousins zu treffen. Sie hatte das Gefühl, hingehen zu müssen, aber im Grunde hasste sie es. Die ganze Dynamik war zunehmend stressig geworden und Rachel bekam vor den Besuchen immer öfter Migräneanfälle. Ihr Internist empfahl ihr einen Achtsamkeitskurs.

Die folgende Übung *Weicher-werden-Umsorgen-Zulassen* (WUZ) hatte sich für Rachel als äußerst effektiv erwiesen.[37] Sie hatte sie in »Schlummernde Superpower gegen Angst« umbenannt.

Schlummernde Superpower gegen Angst (WUZ)

- Nimm eine bequeme Sitzhaltung ein und atme dreimal entspannt ein und aus.
- Leg deine Hände auf dein Herz oder eine andere bevorzugte Stelle (beruhigende Berührung). Erinnere dich daran, dass du, was auch immer geschieht, Freundlichkeit verdient hast.
- Konzentriere dich auf die gegenwärtigen Geschehnisse, die bei dir Unbehagen oder Stress auslösen.

- Sieh die Situation. Was ist passiert? Was wurde gesagt? Wer war da?
- Achte darauf, ob Gefühle hochkommen. Kannst du das Gefühl benennen, ihm einen Namen geben? Vielleicht spürst du beispielsweise:
  Traurigkeit
  Wut
  Kummer
  Angst
  Verzweiflung
  Schmerz
  Frustration
- Vielleicht nimmst du gleichzeitig eine ganze Reihe von Gefühlen wahr. Wähle das Gefühl aus, das sich am stärksten bemerkbar macht.
- Wiederhole das Wort für dieses Gefühl in einem freundlichen, warmem, verständnisvollen Ton, so als würdest du die Gefühle eines guten Freundes, einer guten Freundin anerkennen. »Ja, das ist Wut.« »Das ist Schmerz.«

Die Emotion im Körper wahrnehmen

- Nimm deinen ganzen Körper wahr.
- Denke wieder an die schwierige Situation und scanne deinen Körper, um zu lokalisieren, wo dieses Gefühl am stärksten spürbar ist. Taste den Körper vor deinem geistigen Auge von Kopf bis Fuß ab. Halte inne, wenn du Unbehagen oder Spannungen verspürst.
- Fühle, was du fühlen kannst.
- Wenn du kannst, konzentriere dich auf eine Stelle in deinem Körper, an der das Gefühl am stärksten ist. Vielleicht ist es ein wundes Gefühl, ein Herzschmerz oder eine Muskelverspannung. Falls nichts in den Vordergrund tritt, fokussiere dich auf den Bereich, in dem du einfach Unbehagen wahrnimmst.
- Bring diesem Bereich ein bisschen Wärme, Freundlichkeit und Verständnis entgegen.

Weicher werden, Umsorgen, Zulassen (WUZ)

- Lass diesen Bereich deines Körpers nun weicher werden (*soften*). Lass die Muskeln sich entspannen, so als befänden sie sich in warmem Wasser oder in einem Whirlpool. Weicher werden ... weicher werden ... weicher werden ... wir können das Gefühl nicht kontrollieren oder verändern oder zum Verschwinden bringen wir umarmen es einfach freundlich und zärtlich.
- Falls das zu viel ist, versuche den Bereich an den Rändern weicher werden zu lassen.
- Jetzt umsorge, tröste und beruhige dich selbst (*soothe*), denn das ist eine schwierige Zeit.
- Wenn du magst, greife wieder auf die beruhigende, unterstützende Berührung zurück, die für dich funktioniert. Geh zärtlich mit deinem Körper um, so wie du mit einem kleinen Kind umgehen würdest. Beruhigen ... beruhigen ... beruhigen.
- Gibt es bestimmte Worte, die du hören möchtest? Haben dich einige der Sätze der Liebende-Güte-Übung berührt? Was würde eine liebe Freundin, ein lieber Freund zu dir sagen?
- Schau, ob du zu dir sagen kannst: »Du liegst mir sehr am Herzen.« »Es ist hart, das durchzumachen.« »Möge ich freundlich zu mir sein.«
- Falls es zu intensiv wird, kehre einfach zum Atem zurück.
- Lass schließlich einfach zu, dass das Unbehagen da ist *(allow)*. Gib ihm Raum; leiste keinen Widerstand, versuche nicht, es zum Verschwinden zu bringen.
- Lass die Dinge sein, wie sie sind einfach genau so. Bestehe nicht darauf, den Moment oder die Ereignisse zu verändern, selbst wenn sie schwierig oder schmerzhaft sind.
- Weicher werden ... umsorgen ... zulassen.
- Lass die Übung los und konzentriere dich auf deinen Körper. Erlaube dir, zu fühlen, was du fühlst und genau so zu sein, wie du im Moment bist.
- Du kannst dich im Laufe des Tages immer, wenn du es brauchst, an das »Erwei-

chen, Umsorgen und Zulassen« erinnern. Diese Übung kannst du beim Spazierengehen machen oder wenn du die Kinder abholst oder das Essen zubereitest. Du musst dabei nicht die Augen schließen.

Rachel erkannte während der Übung, dass sie mit Ralfs Familie in ständigem Kampfmodus war. Sie war wütend und in Abwehrhaltung und entschlossen, sich nicht von ihnen herumkommandieren zu lassen. Das Ausmaß der Anspannung in ihrem Körper überraschte sie – kein Wunder, dass sie Migräneanfälle bekam. Als sie daran arbeitete, die schwierigen Gefühle einfach da sein zu lassen, verstand sie etwas, das sie zuvor nicht realisiert hatte. So wie sie sich wünschte, dass ihre Kinder sicher und geschützt waren, wollten die Schwiegereltern, dass ihre Enkel gesund, sicher und geschützt waren. Die Situation begann sich zu drehen, und auf einmal konnte sie die Sichtweise ihrer Schwiegereltern verstehen. Sie würde ihre Karriere deshalb nicht aufgeben aber sie konnte etwas verständnisvoller auf deren Ängste reagieren. Alles, was sie in den Nachrichten über Ruanda hörten, sagte ihnen, dass das Land ein gefährlicher und furchterregender Ort war. Natürlich verstanden sie nicht, was sie dort tat, wussten nichts von der Schönheit der Landschaft und der Menschen. Es war nicht so, dass sie die Weihnachtsfeier der Familie plötzlich genoss, aber zumindest wurde nicht mehr jeder Besuch zu einer größeren Schlacht.

Weich werden, Umsorgen und Zulassen (WUZ) ist eine der Kernübungen der Selbstmitgefühlspraxis (MSC). Wie Rachel betrachte ich sie als eine Art »Superpower«, die man immer und überall dabei haben kann. Die Eltern, mit denen ich arbeite, lächeln, wenn ich ihnen diese »Superpower zum Mitnehmen« vermittle. Richard, ein Vater, mit dem ich gearbeitet hatte, bezeichnete sie als seinen neuen »ständigen Begleiter. Ich verlasse das Haus nicht mehr ohne.« Er stellte fest, dass er bei frustrierenden Situationen im Laufe des Tages davon profitierte: im Berufsverkehr, bei Konfrontationen mit schwierigen Kolleg:innen, bei der Enttäuschung über einen nicht zustande gekommenen Geschäftsabschluss. Er fand die Übung auch hilfreich, wenn die Kinder aufgewühlt waren. »Vor ein paar Tagen war Katrina völlig aufgelöst. Sie ist erst zehn, hat aber bereits beschlossen, dass ihr Lebensziel darin besteht, Star in einem Musical zu werden. Sie wollte die Hauptrolle in einer Schulaufführung ergattern. Wochenlang übte sie Gesang, Stepptanz und den Text. Und sie bekam die Rolle nicht. Sie war am Boden zerstört. Mit zehn denkst du, das ist das Ende der Welt.« Er schlug sich mit einer dramatischen Geste an die Stirn. »Und als ich ihr sagte, es würde noch mehr Schulaufführungen und Rollen geben, seufzte sie und sagte mit Grabesstimme, ›Papa, du verstehst nichts.‹ Was soll ich also tun? Ihr von all den Enttäuschungen erzählen, die ich bereits erlebt habe? Das wollte sie nicht hören. Also hielt ich sie, während sie weinte und praktizierte meine Superpower-Übung, weil ich in dem Moment nichts für sie tun konnte, was die Situation verbessert hätte.« Er lächelte. »Und es half mir, mich weniger hilflos zu fühlen.«

Die Übung ist auch ein gutes Werkzeug, um Schamgefühle in den Griff zu bekommen, die ja alle Eltern und Kinder kennen. Welche Eltern haben sich nicht schon einmal für ihr Kind geschämt? Und welches Kind hat sich nicht schon mal für seine Eltern geschämt?

Scham ist ein intensives und problematisches Gefühl, und es ist im Allgemeinen sehr schwierig, daran zu arbeiten, weil wir uns unzulänglich und »defekt« fühlen. Es ist tief in unserem Gehirn verankert und kann schon im Alter von 15 Monaten empfunden werden. Scham führt oft dazu, dass sich Menschen isolieren und zurückziehen, weil sie Ablehnung fürchten. Scham ist eng mit unserem Selbstbild verknüpft. Selbstmitgefühl kann uns helfen, Scham und Selbstkritik hinter uns zu lassen, indem es uns erkennen hilft, dass alle Menschen Stärken und Schwächen haben; wir alle sind verletzbar und unvollkommen.

»Ich kann nicht glauben, dass er das getan hat!«

Carlas Sohn Samuel, der die Mittelsstufe besucht, hatte ein Foto von seiner Freundin Jessica gemacht – mit einem breiten Grinsen und der gut sichtbaren Zahnspange im weit geöffneten Mund. Dieses Bild hatte er dann unter der Überschrift »Willst du eine gute Zeit haben, rufe … an« in den sozialen Netzwerken gepostet. Es verbreitete sich natürlich wie ein Lauffeuer und natürlich fühlte sich Jessica beschämt. Genauso fühlte sich Carla, als die Schulleiterin anrief, um ihr mitzuteilen, dass Samuel wegen »ungebührlichen Verhaltens« suspendiert sei und der Schule verwiesen würde, sollte sich so etwas noch einmal wiederholen.

»Ich bin sicher, er hat das als unschuldigen Scherz betrachtet«, sagte Carla, »aber das war eine krasse Fehleinschätzung. Ich habe mich so für ihn geschämt. Ich musste meinen Arbeitsplatz verlassen und zur Schule fahren, um ihn abzuholen.«

Selbstmitgefühl: Ein Mittel gegen Scham

Scham ist eine universelle Emotion, die oft in der Jugend am intensivsten ist. Glücklicherweise ist Selbstmitgefühl ein Antidot für dieses schwierige Gefühl. Nehmen wir uns ein bisschen Zeit, um die Scham »auseinanderzunehmen«. Es ist im Grunde ein unschuldiges Gefühl, das dem Wunsch entspringt, zu lieben, geliebt zu werden, akzeptiert zu werden und dazuzugehören. Wir alle wünschen uns Anerkennung, insbesondere als Teenager. Und wir brauchen einander, um zu überleben. Scham ist das tiefe, dunkle Gefühl in uns, dass wir zu viele Schwächen haben, um von anderen akzeptiert und geliebt zu werden. Wenn wir uns isoliert oder abgelehnt fühlen, neigen wir dazu, in Panik zu geraten und werden angespannt. Die Scham kann besonders intensiv sein, wenn man bei kritischen Eltern aufgewachsen ist, eine Vorgeschichte von Kindheitstraumata oder Vernachlässigung hat, oder wenn man aufgrund seiner, Ethnie, Hautfarbe, Religion, seines Geschlechts oder irgend etwas anderem marginalisiert wurde. Scham kann auch generationsübergreifend sein und auf das Leiden oder Verhalten früherer Generationen zurückgehen. Der Psychologe und Mitgefühlslehrer Paul Gilbert weist auf die Vielfalt und Komplexität der Ursachen hin, betont aber, dass Scham nicht unsere Schuld ist. Allerdings liegt es in unserer Verantwortung, uns damit auseinanderzusetzen.

Oft herrscht eine gewisse Verwirrung im Hinblick auf den Unterschied zwischen Scham und Schuld. Scham bedeutet, dass wir uns schlecht damit fühlen, wer wir sind; Schuld bedeutet, dass wir uns schlecht fühlen in Bezug auf etwas, das wir getan haben. Bei Scham geht es nicht mehr darum, dass wir einen Fehler gemacht haben, sondern wir haben das Gefühl, dass wir ein Fehler sind. Oft verbergen sich hinter der Scham andere Emotionen wie Wut, Verzweiflung und Ängste. Häufig stoßen wir auf sie, wenn wir tiefer nach den Ursachen von Depressionen, Angstzuständen und Beziehungskonflikten graben.

Was können wir tun, wenn wir oder unsere Kinder eine Scham-Attacke erleben, uns »defekt«, unzulänglich, nicht liebenswert oder als Versager:in fühlen? Während Achtsamkeit uns bei schwierigen Erfahrungen helfen kann, geht es beim Selbstmitgefühl unmittelbar um die oder den Erfahrende(n) – um das Gefühl, dass das Selbst angegriffen wird. Wenn wir das Gesamtbild sehen, kann das dazu beitragen, den Schmerz abzumildern. Wir alle haben Stärken und Schwächen, erleben Situationen in denen wir glänzen und andere, in denen wir zu kämpfen haben. Hier kann folgender Spruch eine Hilfe sein: »Ich bin nicht perfekt aber einige Seiten von mir sind großartig.«

Wenn wir unsere Komplexität mit warmherzigem, offenem Gewahrsein annehmen können, hilft uns das, herausfordernde Erfahrungen zu relativieren. Es kann uns aus dem »Kaninchenbau« der Verzweiflung herausholen, aus einem Zustand, in dem wir uns vorstellen, dass wir unzulängliche Eltern sind, für immer »defekt« sind und unsere Kinder genauso »defekt« sein werden.

Die folgende Version der WUZ-Praxis half Carla und ihrer Familie, Verantwortung zu übernehmen, den Schaden wieder gut zu machen und auf konstruktive Weise voranzugehen (die Übung ist auch eine Adaption aus dem MSC-Kurs).

Bitte Beachten: Diese Übung kann herausfordernd sein.[38] Falls du eine Vorgeschichte mit Traumata oder Vernachlässigung hast, ist es ratsam, die Übung unter Anleitung einer ausgebildeten Fachkraft zu praktizieren, die dir helfen kann, eventuell auftauchende problematische Emotionen zu bearbeiten. Du kannst diese Übung auch ausprobieren, um an einem Ereignis zu arbeiten, das ein moderates Schamgefühl ausgelöst hat, wenn du beispielsweise in einer Situation überreagiert oder etwas gesagt hast, das deine Kinder (oder dein Partner/deine Partnerin) dumm fanden.

Weich werden – Umsorgen – Zulassen (WUZ) bei Schamgefühlen

- Finde zunächst eine angenehme Sitzposition und atme ein paarmal tief ein und aus. Falls du während der Übung feststellst, dass dich irgendetwas zu sehr aufwühlt, kannst du jederzeit abbrechen und zum Atem zurückkehren oder anderweitig für dich sorgen.
- Leg eine Hand aufs Herz, um dich daran zu erinnern, dass du hier bist und lass ein bisschen Freundlichkeit von der Hand in deinen Körper fließen.
- Wähle ein Ereignis aus, das ein im Körper wahrnehmbares Schamgefühl auslöst. Beginne mit etwas, das auf einer Intensitätsskala von 1 bis 10 bei etwa 3 liegt.
- Wähle etwas aus, von dem du nicht möchtest, dass andere davon erfahren, weil sie, wenn sie es wüssten, vielleicht nicht mehr so gut über dich denken würden.
- Beginne mit einer Situation, die dir ein schlechtes Gefühl in Bezug auf dich selbst gibt. Spüre behutsam in dieses Ereignis hinein.

Grundüberzeugungen benennen

- Denke einen Moment darüber nach: was genau ist es, von dem du nicht willst, dass es andere über dich erfahren? Versuche, dieser Sache einen Namen zu geben. Vielleicht »Ich bin nicht in Ordnung« oder »Ich bin keine gute Mutter (Vater)« oder »Ich bin eine Schwindlerin, ein Schwindler«.
- Wenn du ein paar negative Grundüberzeugungen findest (oft finden wir welche), wähle eine der stärksten aus.
- Falls du dich isoliert fühlst, solltest du wissen, dass du nicht die Einzige bist, die so etwas glaubt. Wir alle haben Schamgefühle; es ist ein universelles Gefühl.
- Benenne diese Grundüberzeugung mit ein bisschen Wärme und Freundlichkeit. Beispielsweise »Oh, du hast das Gefühl, nicht gut genug zu sein. Ja, das tut weh«. Oder sage einfach »Nicht gut genug. Ah, ich fühle mich nicht gut genug«.

- Denk daran, dass das, was du fühlst und denkst, ein Glaubenssatz ist und keine Tatsache. Und dass es dem Wunsch, geliebt und akzeptiert zu werden entspringt.
- Falls du eine Pause brauchst, nimm einen tiefen Atemzug und öffne die Augen.

Scham im Körper wahrnehmen

- Nimm nun deinen Körper als Ganzes wahr.
- Ruf dir die Situation ins Gedächtnis und scanne deinen Körper, um festzustellen, wo sich das Schamgefühl manifestiert. Scanne den Körper von Kopf bis Fuß und halte inne, wo du ein unangenehmes Gefühl wahrnimmst.
- Fokussiere dich nun auf einen Körperbereich, in welchem du die Scham am stärksten spürst.
- Sende freundliche Aufmerksamkeit in diesen Bereich.

Weich werden Umsorgen Zulassen

- Wende dich vor deinem inneren Auge nun diesem Körperbereich zu.
- Entspanne dich in diesem Bereich hinein, werde dort weicher. Lass zu, dass sich die Muskeln entspannen, so als würdest du in warmem Wasser liegen. Weicher werden … weicher werden … weicher werden. Wir versuchen nicht, irgendetwas zu ändern oder das Unbehagen zum Verschwinden zu bringen. Wir umarmen es einfach nur zärtlich und liebevoll.
- Tröste und beruhige dich nun wegen dieser herausfordernden Situation.
- Wenn du magst, lege eine Hand auf die Stelle, an der du das Schamgefühl am stärksten festhältst. Stell dir vor, dass Wärme und Freundlichkeit von deiner Hand in deinen Körper hineinfließen. Beruhigen … beruhigen … beruhigen.
- Gibt es ein paar tröstende Worte, die du hören müsstest? Stell dir vor, du hättest eine Freundin, die mit dem gleichen Problem zu kämpfen hätte. Was würdest du zu ihr sagen, wenn sie dir ihr Herz ausschüttete? (»Du liegst mir sehr am

Herzen. Das ist wirklich sehr schwierig. Ich bin für dich da«.) Was sollte deine Freundin deiner Meinung nach wissen?

- Sende dir nun die gleiche Botschaft. Lass die Worte und das Gefühl so tief wie möglich in dich einsinken.
- Erlaube dir zu sein, wie du bist, genau so, jetzt erst einmal.

Mitgefühl in die Tat umsetzen

»Die Übung hat mir geholfen, Dinge anders zu machen«, berichtete Carla, »und konstruktiver zu sein als ich sonst gewesen wäre. Zuerst wollte ich ihm für den Rest seines Lebens Hausarrest geben oder zumindest nichts mehr mit ihm zu tun haben«, sagte sie lächelnd. »Ich begann mich darauf zu fokussieren, was für eine schlechte Mutter ich bin. Als Jens nach Hause kam, setzten wir uns zusammen und sprachen darüber. Seine erste Reaktion war, dass da viel Lärm um nichts gemacht werde. Er meinte, die Rektorin habe überreagiert und Samuel sei doch nur ein pubertierender Junge. Er wollte das Ganze als Lärm um nichts abtun. Wir waren unterschiedlicher Meinung, da ich nicht bereit war, Samuel aus der Verantwortung zu entlassen. Er war unbedarft, dachte offensichtlich nicht nach und ja, es war eine harte Lektion aber sie hätte noch viel härter ausfallen können.

Durch die Übung kam ich in Kontakt mit einem Vorfall, bei dem ich auf der Uni in Bezug auf meine Sexualität beschämt worden war. Ich hatte meinen ersten Freund und machte erste sexuelle Erfahrungen. Ich wohnte in einem Studierendenwohnheim und die Wände waren sehr dünn, sodass man Dinge mithören konnte. Als ich eines Abends allein über meinen Hausaufgaben saß, hörte ich, wie die Typen im Nebenzimmer über mich sprachen, sich über mich lustig machten und über mich lachten. Ich schämte mich so sehr und schleppte diese Demütigung jahrelang mit mir herum. Und deshalb fragte ich mich, wie sich Jessica wohl fühlen musste. Also rief ich ihre Mutter an und wir gingen alle zu ihnen rüber und ich brachte ihr Blumen mit. Samuel entschuldigte sich und sie zogen ihn zur Rechenschaft. Sie gingen hart mit ihm ins Gericht. Es war unangenehm für ihn aber er konnte ihre Gefühle nachvollziehen und es tat ihm aufrichtig leid. Ihm wurde klar, wie sehr er sie verletzt und beschämt hatte, ohne das beabsichtigt zu haben. Ich war froh darüber, dass er Verantwortung übernehmen und sich entschuldigen konnte. Es scheint, dass sie die Sache miteinander geklärt haben.«

Unsere Kinder machen alles mögliche, das uns schockiert und uns peinlich ist. Robert ging mit seiner Familie durch die Sicherheitskontrolle am Flughafen, auf dem Weg zu einem Familienbesuch, als die Sicherheitsbeamt:innen in seinem Schokocremeglas Haschisch fanden. Robert dachte, das Röntgengerät würde das nicht anzeigen. Da hatte er sich getäuscht. Der verantwortliche Sicherheitsbeamte nahm Roberts Vater Erwin beiseite und erklärte die Situation. Die Polizei wurde gerufen und die Familie verpasste nicht nur ihren Flug, sondern hatte nun auch ein juristisches Problem am Hals.

Sandras Tochter Katy war mit einer Freundin im Einkaufszentrum als ein Verkäufer die beiden beim Ladendiebstahl erwischte. Es war ihr erstes Vergehen aber man rief die Polizei, die ihnen eine strenge Verwarnung erteilte. Sie hatten Glück. Der Ladenbesitzer verzichtete auf eine Anzeige und erklärte den Mädchen stattdessen, was es für ihn bedeutete, wenn Leute seine Waren stahlen. Er schlug ihnen außerdem vor, Sozialstunden zu leisten, um einen Eintrag ins Strafregister zu vermeiden.

Edwin und Sandra schämten sich zu Tode und hatten das Gefühl, als Eltern ihrer Verantwortung nicht ausreichend nachgekommen zu sein und darin versagt zu haben, ihren Kindern Grundwerte zu vermitteln. Anstatt die Sache auf sich beruhen zu lassen, wurden beide Eltern aktiv, nachdem sie die Situation bewertet hatten. Katy zeigte noch andere besorgniserregende Verhaltensweisen und Sandra nutzte die Gelegenheit, um Katy zur psychologischen Beratung zu bringen. Edwin hatte bis zu dem Vorfall bei der Sicherheitskontrolle nicht gewusst, dass sein Sohn mit Drogen experimentierte. Sie sprachen darüber und kamen überein, dass eine Drogenberatung notwendig war. Während sowohl Edwin als auch Sandra das Problem anfangs leugnen wollten, konnten sie mit Hilfe von Selbstmitgefühl akzeptieren, dass es eine wichtige Angelegenheit war, um die sie sich kümmern mussten. Rückblickend betrachteten beide die Sache als schmerzhaften aber wichtigen Weckruf.

»Das Haus sieht aus wie ein Schweinestall«

Manche Eltern stören sich nicht an unaufgeräumten Zimmern. Andere haben diesen Kampf aufgegeben. Peter konnte es nicht ertragen. Er kam zu einem Achtsamkeits- und Selbstmitgefühls-Workshop für Eltern. Seine Frage drehte sich darum, wie er seine Kinder dazu bringen könnte, ihre Zimmer aufzuräumen und sauber zu halten. Andere Eltern hatten ähnliche Sorgen.

»Ich habe drei Kinder und in meinem Haus herrscht ständig Unordnung. Ich weiß, es heißt, Kindern hinterher zu räumen sei dasselbe, als würde man Schneeräumen bevor der Schneesturm vorüber ist, aber es ist einfach zu viel. Meine Tochter verstreut ihre Klamotten über den ganzen Boden in ihrem Zimmer, mein Sohn macht seine Hausaufgaben auf der Wohnzimmercouch, überall liegen Papiere und Stifte herum und mein Jüngster hat seine Legosteine in allen Zimmerecken. Und ich trete ständig drauf. Ich bekomme schlechte Laune, wenn ich von der Arbeit nach Hause komme. Außerdem liegen überall Sportsachen herum – Schlittschuhe, Baseball-Handschuhe, Fußballschuhe, Trainingshosen, übelriechende Laufschuhe, was sie wollen. Und es ist ein Sicherheitsrisiko! Meine Frau sagt, ich sei ein «Kontroll-Freak» und solle versuchen, das Ganze zu ignorieren, aber oft schreie ich am Ende alle an, wenn ich nach einem harten Arbeitstag wieder in dieses Chaos komme, oder ich ziehe mich wütend zurück (meine Frau nennt es Schmollen). Wie kann ich das loslassen?«

Peter stellte fest, dass die Weich-werden-Umsorgen-Zulassen-Praxis ihm half, sich zu entspannen und sich nicht so sehr aufzuregen. »Ich glaube, ich bin einfach ein ziemlicher Freak. Es macht mich wirklich nervös, wenn nicht alles in Ordnung ist. Meine Frau betrachtet es als eine normale Begleiterscheinung des Alltags mit mehreren Kindern. Das ganze Zeug gibt ihr das Gefühl, ein erfülltes Leben zu haben. Mir gibt es das Gefühl, keine Luft zum Atmen zu haben.«

Mit Humor arbeitete die Familie gemeinsam daran, eine häusliche Umgebung zu schaffen, die es nicht auf die Liste der peinlichsten Heimvideos schaffen würde. Alle trugen dazu bei, dass das Haus nicht mehr aussah wie eine jederzeit drohende Katastrophe.

Ich schlug folgende Reflexionsübung vor, um Peter zu helfen, mit seiner Wut klar zu kommen und weniger reaktiv zu sein.

Reflexion: Lass dich nicht in ihr Chaos hineinziehen – ziehe sie in deine Ruhe hinein

- Wenn du Wut im Körper wahrnimmst, gib dir ein bisschen Zeit, um »nach Innen« zu gehen. Mach möglichst eine Pause und suche dir einen ruhigen Platz im Haus, der beruhigend auf dich wirkt. Manchmal ist das Badezimmer der einzige ruhige Ort, den du finden kannst.
- Formuliere innerlich die Absicht, deine Wut und deinen Groll gegenüber deinem Kind (deinen Kindern) und das Gefühl, ungerecht behandelt worden zu sein, in den Griff zu bekommen.
- Es mag sich berechtigt anfühlen. Doch wenn du dich damit unablässig im Kreis drehst oder die hitzigen Gefühle nährst, wird dir das nicht helfen, das Problem zu lösen.
- Das heißt nicht, dass du dich mundtot machen oder passiv sein sollst. Es bedeutet nicht, dass du keine Grenzen setzen oder keinen vernünftigen Rahmen vorgeben kannst.
- Dein Ziel ist es, jetzt so klar im Kopf und liebevoll im Herzen zu werden wie möglich. Wenn du nicht aus der Wut heraus reagierst, werden deine Worte und dein Verhalten mehr bewirken.

- Versuche als erstes, die Dinge zu relativieren. Überlege, was du an deinem Kind (deinen Kindern) bewunderst. Was macht dich glücklich? Was bereitet dir Freude? Vielleicht kannst du das im Moment nicht fühlen, aber erinnere dich an das Positive, das dein Kind tut.
- Denke an die neurologischen Turbulenzen, die im Gehirn deines Kindes gerade stattfinden. Neuropsycholog:innen sagen uns, dass das kindliche Gehirn größtenteils chaotisch funktioniert und noch »im Bau« ist. Erlaube dir, ein bisschen auf Distanz zu den Auswirkungen zu gehen. Du könntest dir sagen: »Ich bin hier; er (sie) ist dort«. Atme einmal tief ein und aus und spüre den Raum.
- Nimm die Sache nicht persönlich. Ja, was dein Kind gesagt hat, war gemein. Aber oft platzen Kinder einfach heraus und meinen nicht wirklich, was aus ihrem Mund kommt.
- Bring Selbstmitgefühl in diesen Moment hinein. Ja, es war nicht in Ordnung, es war nicht fair. Ja, das Haus ist ein einziges Chaos und das gefällt dir nicht. Leg eine Hand auf dein Herz, probiere eine beruhigende Berührung aus. Umarme dich, um dich mehr geerdet zu fühlen. Nimm dieses Mitgefühl an.
- Schau, ob du einem emotionalen Ausbruch (oder Streit) mit Freundlichkeit begegnen kannst. Denke an die Zeit zurück, als dein Kind Trotzanfälle hatte. Das hier ist kein großer Unterschied. Versuche, liebevoll zu bleiben. Schau, ob du ruhig und zentriert bleiben kannst, obwohl dein Kind dich beleidigt hat.
- Sprich deine Wahrheit so klug und besonnen wie möglich aus. Vielleicht willst du dein Kind davor bewahren, betrunken Auto zu fahren oder du willst es vor bösartigen Menschen oder einer anderen Gefahr schützen. Sage ihm das, ohne dich in eine Debatte hinein ziehen zu lassen.
- Denk daran: Das geht vorbei. Womit du auch zu kämpfen hast, es wird sich verändern. Falls dein Kind im Teenageralter ist, vergiss nicht, dass die

Pubertät nicht ewig dauert. Die neunte Klasse (oder welche Klasse auch immer) dauert nicht ewig. Versuche, großzügig mit deiner Geduld zu sein.

- Erinnere dich daran, wie du selbst als Kind oder Teenager gerne behandelt worden wärst. Je mehr du versuchst, eine Basis des Mitgefühls, der Empathie, des Zuhörens, der Freundlichkeit und Ruhe zu schaffen, desto mehr nährst du diese Qualitäten und desto eher wirst du einen sicheren Hafen vor den Stürmen der Elternschaft haben.

»Sie hat angefangen! Nein, er hat angefangen!« Einen Waffenstillstand im Geschwister-Krieg ausrufen

Janette hatte genug von den ständigen Streitereien ihrer Kinder. »Es ist mir peinlich, meine Kinder irgendwohin mitzunehmen. Einer ist ein Teenager, die andere in der Vorpubertät und die dritte ist in der Grundschule und sie gehen ständig aufeinander los, wie Hund und Katz! Manchmal fühle ich mich wie die Elternpolizei.«

Johanns Kinder waren acht und fünf und hackten ununterbrochen aufeinander herum. Er sagte scherzhaft, die einzige Zeit, in der Frieden in der Familie herrsche, sei, wenn die Kinder schliefen oder aßen. »Und ich mag es ruhig. Ich kann es nicht leiden, wenn ständig Lärm ist. Wird das noch zehn Jahre so weitergehen? Bis dahin bekomme ich graue Haare«, scherzte er.

»Meine Kinder«, sagte Margarete, »versuchen, mich mit hinein zu ziehen, wenn sie sich streiten: ›Er hat angefangen‹. ›Nein sie‹. ›Mami, du bist immer auf ihrer Seite‹. ›Du hast ihn lieber‹. Ich bin erschöpft.«

Es dauert nur ein paar Minuten

Als Achtsamkeitslehrerin inspirierte mich die Übung »Drei-Minuten-Atemraum« aus der Achtsamkeitsbasierten Kognitiven Therapie (MBCT), ein Behandlungsprogramm, das von Zindel Segal, Mark Williams und John Teasdale entwickelt wurde. Sie betrachten diese Übung als die wichtigste bei der MBCT.

Der folgende Drei-Minuten-Mitgefühlsraum ist an die Struktur des Drei-Minuten-Atemraums angelehnt, aber hier werden bewusst Herzenswärme und Mitgefühl hinzugefügt. Wir beginnen, indem wir uns Gedanken, Gefühle und Empfindungen bewusst machen, uns mit Hilfe des Atems verankern und dann das Wahrnehmungsfeld mit einer Adaption der MSC-Praxis »Geben und Empfangen von Mitgefühl« erweitern.

Drei-Minuten-Mitgefühlsraum

Aufnahme 7

Nimm zunächst eine angenehme Sitzposition (und dabei eine würdevolle Haltung) ein. Wenn du eine bequeme Position gefunden hast, schließe die Augen.

Gedanken, Gefühle und Empfindungen mit mitfühlendem Gewahrsein wahrnehmen

- Frag dich: Was geht in diesem Moment in mir vor?
- Nimm dir einen Moment Zeit, um die Gedanken wahrzunehmen, die dir durch den Kopf gehen. Heiße sie freundlich willkommen.
- Welche Gefühle sind da? Wende dich eventuell vorhandenem emotionalem Unbehagen zu und antworte darauf mit mitfühlender Aufmerksamkeit.
- Welche körperlichen Empfindungen nimmst du wahr? Führe einen schnellen Bodyscan durch, um Verspannungen, Schmerzen und Blockaden wahrzunehmen. Heiße sie ebenfalls willkommen.

Sich verankern

- Richte, falls es sich gut anfühlt, deine Aufmerksamkeit auf deine Empfindungen beim Atmen. Heiße jeden Atemzug liebevoll willkommen.
- Dein Atem begleitet dich seit deiner Geburt. Er ist dein ständiger Begleiter. Er ist immer bei dir und erhält dich stets am Leben.
- Heiße jedes Einatmen und Ausatmen willkommen wie einen guten Freund oder ein geliebtes Kind. Lass zu, dass du geatmet wirst vom Atem gehalten wirst.

Sich für Mitgefühl öffnen

- Dehne dein Wahrnehmungsfeld soweit aus, dass es den ganzen Körper einbezieht. Nimm jegliche Anspannung, Enge und jeden Widerstand wahr. Heiße alles, was auftaucht mit freundlicher Aufmerksamkeit willkommen.
- Falls du Härte, Kritik, Verwirrung, Geringschätzung, Wut, Traurigkeit oder Verzweiflung wahrnimmst, achte auf die Stellen im Körper, an denen sich diese Gefühle manifestieren. Es ist nicht notwendig, hier etwas in Ordnung oder zum Verschwinden zu bringen. Nimm einfach wahr, was da ist, ohne zu urteilen.
- Versuche, wenn möglich, Mitgefühl für jeglichen Schmerz, jegliches Unbehagen oder Leiden einzuatmen und Mitgefühl für jeglichen Schmerz, jegliches Unbehagen oder Leiden auszuatmen.
- Übe das ein paar Atemzüge lang. Mitgefühl einatmen, Mitgefühl ausatmen.

Greife im Laufe des Tages immer wenn du es brauchst, auf den Drei-Minuten-Mitgefühlsraum zurück. Die meisten Leute können drei Minuten erübrigen; diese einfache »Mitgefühl-zum-Mitnehmen«-Übung ist fast immer in den Tagesablauf integrierbar. Ich habe festgestellt, dass sie sehr hilfreich für Eltern ist, die sich wegen Geschwister-Kämpfen die Haare raufen, für Eltern von Kindern mit besonderem Bedarf an Zuwendung und Fürsorge sowie für Alleinerziehende, die so viel allein bewältigen müssen. Wie steht es mit dir? Wann könntest du diese schnelle Übung brauchen?

Mitfühlend zuhören lernen

Es ist schwer, inne zu halten und einander wirklich zuzuhören. Oft wollen wir sofort reagieren und die Dinge in Ordnung bringen oder unmittelbar unsere Meinung kundtun, oder wir wollen Recht haben oder andere wissen lassen, wie klug wir doch sind. Wir sehen diese Dynamik ständig in der Interaktion zwischen Eltern und Kindern sowie zwischen Geschwistern. Auch in der Politik können wir das beobachten. Aber zu lernen freundlich und verständnisvoll zuzuhören ist eine wichtige Fähigkeit in allen Beziehungen und kann einen riesigen Unterschied in der Familiendynamik ausmachen. Es zeigt sich, dass wir umso weniger zuhören, je weniger Vertrauen da ist.

Ich habe vor vielen Jahren während meiner Ausbildung in Systemischer Therapie mit der inneren Familie (IFS) eine wichtige Lektion im Zuhören gelernt. Es gab eine Übung, bei der wir drei Minuten lang einem anderen Kursmitglied zuhörten, ohne ihn oder sie zu unterbrechen oder eine Bemerkung zu machen. Für eine Gruppe von Therapeutinnen und Therapeuten war das eine herausfordernde und paradoxe Übung, denn wir waren ja überzeugt, dass wir Dinge ansprechen und unsere Weisheit einbringen müssten, um anderen zu helfen. Doch wir bekamen die Rückmeldung, dass einfach nur zuzuhören und ganz präsent zu sein heilsamer war als unsere Ratschläge – wie demütigend und wie wichtig.

Die folgende Übung kann man mit der ganzen Familie praktizieren.

Mitfühlend zuhören

- Setzt euch zunächst bequem hin, die Augen sind halb offen oder werden behutsam geschlossen.
- Lauscht den Umgebungsgeräuschen. Nehmt die Geräusche des Straßenverkehrs, des Regens, des Windes, der Vögel wahr.
- Ihr müsst die Geräusche nicht benennen, nicht daran festhalten und sie nicht wegschieben.

- Stellt euch vor, eure Körper seien riesige Ohren, die die Geräusche im 360-Grad-Umkreis wahrnehmen. Lauscht mit dem Herzen. Lauscht mit dem ganzen Körper.
- Denkt einen Augenblick nach kennt ihr einen guten Zuhörer, eine gute Zuhörerin?
- Welche Qualitäten nehmt ihr bei dieser Person wahr, wenn sie euch zuhört? Respekt? Offenheit? Urteilslosigkeit? Keine Unterbrechungen?
- Was hält euch davon ab, anderen zuzuhören?
- Habt ihr das Gefühl, keine Zeit zu haben? Hört ihr zu, um etwas zu erwidern aber nicht, um zuzuhören?
- Achtet darauf, was in euch vorgeht, wenn ihr jemandem zuhört. Schaut, ob ihr euch bewusst füreinander öffnen könnt.
- Versucht, mit dem Herzen zuzuhören nicht nur mit dem Kopf.
- Wie fühlt es sich an, nicht zu streiten? Niemanden zu unterbrechen?

Zen-Meister Thich Nhat Hanh sagt, dass mitfühlendes Zuhören das Leiden eines anderen lindern kann. Wie ist es für dich, deinen Familienangehörigen wirklich zuzuhören?

Anita war gespannt darauf, diese Übung mit ihrer Familie auszuprobieren. Dieter, ihr Mann, war kein großartiger Zuhörer. Wenn sie oder die Kinder etwas sagten, unterbrach er sie oft oder wechselte abrupt das Thema. Das gefiel ihr ganz und gar nicht, aber sie dachte, dass sie damit leben müsse. Es kam ihr nie in den Sinn, dass sie etwas dagegen tun könnte. Sie und die Kinder machten ab und zu eine Bemerkung darüber aber er ging dann jedes Mal in die Defensive und fühlte sich kritisiert. Er reflektierte sein Verhalten nicht und wollte auch keine Rückmeldung darüber.

Weil Anita während ihres MSC-Kurses aber glücklicher wirkte, war ihre Familie daran interessiert, zu erfahren, was sie dort lernte. Und Anita konnte raffiniert sein. »He, Leute, ich habe im Kurs dieses tolle neue Spiel gelernt. Wollt ihr es ausprobieren? Jeder bekommt zwei Minuten.« Sie hörten einander zu und sprachen dann über ihre Erfahrung. Was Dieter zu sagen hatte, half ihnen, ihn in einem anderen Licht zu sehen. »Ich fühle mich immer so unter Druck, ich habe das Gefühl, dass nicht genug Zeit ist, um zuzuhören, oder dass ich damit meine Zeit verschwende. Aber es war wirklich entspannend, langsamer zu machen und mich nicht so angespannt oder gehetzt zu fühlen. Und mir ist bewusst geworden, dass ich zu wissen glaube, was die anderen sagen werden, aber in Wirklichkeit weiß ich es nicht«, gab er verlegen zu.

Schau, was in deiner Familie passiert, wenn ihr langsamer werdet und euch genügend Zeit lasst, um einander wirklich mit offenem Herzen zuzuhören.

Achtsamkeit im Alltag

Es folgen einige Übungen, die du inmitten deiner Alltagsroutine anwenden kannst.

Die hitzigen Gefühle »herunterkühlen«

Kürzlich wartete ich in der Kassenschlange im Supermarkt. Ich hatte die kürzeste Schlange gewählt, denn ich war in Eile, um rechtzeitig zu einem Meeting zu kommen. Aber in meiner Hektik hatte ich nicht aufgepasst. Es gab dort ein Schild, auf dem stand: »Kassiererin in Ausbildung.« Oh je. Zu spät, um mich in einer anderen Schlange anzustellen. Ich spürte, wie meine innere Unruhe zunahm und ließ einen ärgerlichen Seufzer hören. Ja, das war unhöflich. Und dann ertappte ich mich dabei, wie ich mich für diese Unhöflichkeit kritisierte. »Na toll, das ist jetzt genau das richtige Verhalten«, dachte ich.

Ich versuchte es mit einer kleinen Atemübung, spürte in meine Fußsohlen hinein und gab mir ein bisschen Mitgefühl. Und während ich ruhiger wurde, erkannte ich, dass ich aus der Situation eine große Sache gemacht hatte, obwohl es keine war. Im Grunde war nichts verkehrt daran, in der Schlange zu stehen. Nichts Schreckliches geschah. Es würde, realistisch betrachtet, nur etwa fünf Minuten länger dauern. Kein Weltuntergang. Ich musste das nicht persönlich nehmen. Die Welt hatte sich nicht gegen mich verschworen, damit ich zu spät zu meinem Meeting kam. Ich dachte über die junge Kassiererin nach – wie sehr sie sich bemühte, alle Codes für die ganzen Artikel zu lernen. Es stellte sich heraus, dass es ihr erster Arbeitstag war. Natürlich hatte sie Schwierigkeiten und war langsam. Meine Gereiztheit bewirkte nicht, dass es schneller ging. Ich stellte fest, dass ich mit ein bisschen gutem Willen freundlich und unterstützend anstatt verärgert auf sie reagieren konnte. Das hier war wirklich kein Problem. Ich machte es zu einem Problem.

Ich musste an eine Zen-Geschichte denken, die eine meiner Lehrerinnen gerne erzählt. Ein Schüler fragte einen Zen-Meister: »Wie kann ich heiß und kalt vermeiden?« Der Meister antwortet: »Warum gehst du nicht an einen Ort, wo es keine Hitze oder Kälte gibt?«

»Aber es gibt keinen Ort, an dem es keine Hitze oder Kälte gibt«, sagt der Schüler. Der Meister lacht und lacht, denn wir können im Leben weder Hitze noch Kälte vermeiden.

Er lächelt und sagt: »Erzeuge keine Hitze, erzeuge keine Kälte!«

Probiere das aus, wenn du das nächste Mal in einer Kassenschlange vor Wut schäumst, es dir im Berufsverkehr heiß unter dem Kragen wird oder du wütend auf ein Kind wirst, das zu spät kommt. Oder wenn du das nächste Mal mit deinem Kind streitest, es in dir brodelt und du versucht bist, etwas wirklich Gemeines zu sagen. Oder wenn du deine(n) Partner:in oder dein Kind das nächste Mal mit eisigem Schweigen strafst. Schau dir die Story an, die dein Kopf sich ausdenkt. Halte inne. Ist sie hilfreich? Wir können auf so viele Arten Hitze und Kälte erzeugen.

Ein Cocktail aus Achtsamkeit und Mitgefühl, der uns durch den Tag bringt

Dies ist ein alkoholfreier »Cocktail«, der dir helfen soll, an einem stressigen Tag »bei Trost zu bleiben«. Er ist eine gute Methode, um den Tag zu überstehen, wenn die Dinge schwierig sind: wenn du und dein(e) Partner:in nicht miteinander klar kommen, wenn du mit deinem Kind streitest, wenn du oder deine Kinder ein gesundheitliches Problem haben, wenn dein Vater oder deine Mutter oder deine Schwiegereltern zunehmend mit geistigen Einschränkungen zu kämpfen haben, oder wenn du ein bisschen Extra-Unterstützung brauchst, beispielsweise während der Stürme der kindlichen Trotzphase, der Grundschulzeit, der Mittelschule, der Pubertät, der College-Bewerbungen und aller anderen Situationen, die dich stressen. Denk mal darüber nach: gibt es irgendeine Phase im Elterndasein, die nicht stressig ist?

- Beginne morgens, bevor die Kinder aufwachen den Tag damit, dass du dich um dich selbst kümmerst (Kapitel 1).
- Praktiziere die Meditation »Kaffeetrinken«, während du das Frühstück für die Kinder zubereitest (Kapitel 1).
- Falls du die Kinder in die Schule fährst und sie auf der Rückbank zu streiten beginnen, versuche es mit dem Selbstmitgefühls-Lebensretter für Eltern (Kapitel 2).
- Fühlst du dich zittrig? War es bis dahin ein harter Tag? Versuche es mit »Ego-Klebstoff« (Kapitel 3)
- Versuche dir während der Mittagspause etwas Zeit zu nehmen, um nach draußen zu gehen und ein bisschen frische Luft und Bewegung zu bekommen. Versuche es mit dem Abenteuer-Spaziergang (Kapitel 5). Du hast keine Zeit? Der Drei-Minuten-Mitgefühlsraum hilft dir praktisch im Handumdrehen. (Kapitel 6)
- Wenn du die Kinder abholst und sie anfangen, einander zu piesacken, lenke sie mit »Achtsamkeit und Mitgefühl im Auto« ab. (Kapitel 2)

- Hausaufgaben? Spielverabredungen? Die Kinder zu unterschiedlichen Aktivitäten fahren? »Fußsohlen« ist eine gute Übung beim Autofahren. (Kapitel 3).
- Schnell zum Supermarkt hetzen, um eine Zutat zu holen, die du für das Abendessen brauchst? Oh, oh, ein Wutanfall droht? Versuche es in der Hitze des Gefechts mit »Beruhigende Berührung«. (Kapitel 3)
- Noch ein Streit beim Abendessen? Beim Putzen? Versuche es mit »Wenn ihr beide wirklich Mitgefühl braucht«. (Kapitel 6)
- Kämpfe beim Zubettbringen oder beim Baden? Versuche es mit »Mit freundlichen Augen schauen«. (Kapitel 1)
- Verbinde dich, bevor du zu Bett gehst, mit Hilfe der Liebende-Güte-Meditation wieder mit dir selbst. (Kapitel 4)
- Du kannst nicht schlafen oder wachst um 2 Uhr morgens panisch auf? Damit bist du nicht allein. Versuche es mit »Baum der mitfühlenden Wesen«. (Kapitel 8)
- Wiederhole diese so oft du es brauchst und mach damit weiter, wenn sie auf die Uni gehen oder einen Job annehmen, heiraten oder selbst Kinder bekommen. Das ist ein lebenslange Praxis. Und es ist nie zu spät, damit anzufangen.

7 »Es ist einfach alles zu viel«

DIE KRAFT DES MITGEFÜHLS IN BESONDERS SCHWIERIGEN ZEITEN NUTZEN

Die Reise der Elternschaft verläuft selten auf einer ebenen Straße mit herrlichen Ausblicken. Die Freude und das Entzücken über unsere Kinder geht oft in einem Gewirr von Hindernissen und Herausforderungen unter. Der Versuch, Kinder, Arbeit, Haushalt und familiäre Verpflichtungen unter einen Hut zu bringen, verlangt allen sehr viel ab und wir können das Gefühl bekommen, dass wir gleichzeitig in viele verschiedene Richtungen gezerrt werden. Wenn wir nicht alles unter Kontrolle halten können und die Dinge nicht so laufen, wie wir wollen, geben wir uns normalerweise selbst die Schuld daran. Aber es bedeutet nicht, dass wir nicht gut genug oder intelligent genug sind oder einfach nicht genug Glück haben oder etwas vermasselt haben. Schau dich um. Kennst du irgendeine Familie, die keine Herausforderungen zu bewältigen hat? Die nicht auf die eine oder andere Art zu kämpfen hat? Die keinen Schicksalsschlag, keinen Todesfall, keine Tragödie erlebt hat? Die Vorstellung, die Straße müsse eben und angenehm sein, ist ein sicheres Rezept für Leiden. Ein afrikanisches Sprichwort bringt das schön auf den Punkt: »Eine ruhige See hat noch nie einen geschickten Seemann hervorgebracht«. Und konfliktfreie Zeiten bringen keine weisen oder geschickten Eltern hervor. Vielleicht ist es leichter, schwere Zeiten zu ertragen und unser Leiden mit anderen Augen zu sehen, wenn wir in dem ganzen Elend einen bisher unbeachteten positiven Aspekt oder einen Silberstreifen entdecken. Die Poetin Jane Hirshfield drückt das sehr schön aus: »Das Leiden führt uns zur Schönheit, so wie uns Durst zum Wasser führt.«[39]

Wenn ich über mein Leben nachdenke, erinnere ich mich an eine Zeit, in der gar nichts gut lief. Eins kam zum anderen – mein Vater verlor seine Arbeit, mein Großvater erkrankte unheilbar an Krebs, meine Tante nahm sich das Leben, ich durchlebte eine Risikoschwangerschaft; dann wurde ein Kind krank und mein Vater starb plötzlich und unerwartet. Ich geriet ins Taumeln und meine Familie kam beim Versuch, untereinander Halt zu finden und einfach nur den Tag zu überstehen, an ihre Grenzen. Wenn ich zurückblicke, kann ich sehen, dass diese schwere Zeit mir half, mein Herz für die Erkenntnis zu öffnen, wie schmerzhaft und tragisch unser Leben sein kann und wie wenig Kontrolle wir über die Umstände haben. Und sie half mir, mitfühlender zu werden und dankbar für die Zeiten zu sein, in denen alles glatt läuft.

Eine Meditationslehrerin ermutigt ihre Schüler:innen, sich zu erlauben, in solchen Zeiten ein »mitfühlendes Durcheinander« zu sein. Aber sehr viele von uns haben das Gefühl, alles unter Kontrolle halten zu müssen (oder zumindest den Anschein zu erwecken) oder in derart herausfordernden Zeiten »die Ohren steif halten zu müssen«. Sowohl in meiner Ursprungsfamilie als auch in der Familie, in die ich hineingeheiratet habe, wird überhaupt nicht über schwierige Phasen gesprochen (und die »steifen Ohren« werden oft zum »steifen Drink«). Nicht jeder hat ein Interesse daran, Gedanken und Gefühle zu bearbeiten und manche Menschen fühlen sich überfordert, wenn sie es versuchen – es kann sich anfühlen, als öffnete man die Büchse der Pandora mit jahrelang angesammeltem Schmerz.

Wenn es wirklich hart kommt, wissen wir oft nicht, was wir tun sollen. Also ziehen wir uns zurück oder lenken uns mit unseren Smartphones, unserer Arbeit, mit Essen, Trinken, Einkaufstouren oder Sport ab. Und weil wir uns anderen nicht aufdrängen wollen, oder meinen, andere wollten nicht durch unsere Sorgen belastet werden, versuchen wir angestrengt, eine Fassade aufrecht zu erhalten, die signalisieren soll, dass alles bestens ist und wir alles unter Kontrolle haben. Ich muss an Caroline denken, eine meiner engsten Freundinnen, die ein sehr zurückhaltender Mensch ist. Sie litt jahrelang still in einer qualvollen Ehe und sprach nur mit ihrer Therapeutin darüber. Als sie sich schließlich für die Scheidung entschied, waren die meisten ihrer Freundinnen und Bekannten schockiert: nach außen hin hatte alles so gut ausgesehen.

Über schwierige Zeiten zu sprechen ist allerdings auch keine Garantie dafür, dass die Dinge dadurch leichter werden. Johanna kam in ihrem Leben an einen Punkt, an dem sie die »volle Katastrophe« erlebte. Ihre Mutter erlitt einen Schlaganfall, ihr Schwiegervater kämpfte gegen den Krebs und ihr jüngstes Kind erhielt die Diagnose Autismus. Alle schienen besondere Pflege und Fürsorge zu brauchen. Sie stießen an ihre Grenzen und niemand hatte irgendwelche Reserven – weder finanziell noch emotional. »In meiner Familie wird geredet und geredet und geredet, wir verbringen Stunden am Telefon aber es hilft nicht. Am Ende grübeln wir und machen uns Sorgen und niemand bekommt genügend Schlaf. Wir haben versucht, uns aus den Problemen herauszuanalysieren aber ich glaube, die sind einfach zu groß, um durch Reden gelöst werden zu können.« Sie war davon ausgegangen, dass das Analysieren ihrer Probleme eine gute Sache wäre und dazu beitragen würde, ihre zerstörerische Wucht abzumildern. Aber nachdem sie mit der Achtsamkeitspraxis begonnen hatte, erkannte sie, dass das nicht der Fall war. »Ich dachte, all das Intellektualisieren würde helfen, ich dachte, ich wäre rational und vernünftig, und dann erkannte ich, dass es mich noch mehr aufwühlte.«

Es kann eine Überraschung sein, festzustellen, dass der Versuch, uns aus Problemen »herauszudenken«, alles noch schlimmer machen kann. Oft führt es dazu, dass wir alte Verletzungen ausgraben, uns gedanklich im Kreis drehen, uns hauptsächlich »im Kopf aufhalten« und uns letztendlich noch hilfloser und entmutigter fühlen. Hier kann Mitgefühl eine wichtige Rolle spielen.

Der Blick auf die gemeinsame menschliche Daseinserfahrung, eine der Grundlagen des Selbstmitgefühls, kann ebenfalls helfen. Es ist eine

Erleichterung, zu erkennen, dass wir alle schwere Zeiten durchmachen und dass wir alle leiden. In solchen Zeiten gehen wir mit uns selbst oft hart ins Gericht, isolieren uns und unterdrücken unsere Gefühle. Du bist mit dieser Reaktion nicht allein. Sie ist universell. Rückzug ist aber nicht die Antwort und kann unser Leiden noch vergrößern. Achtsamkeitslehrer:innen sagen: »Schmerz ist unvermeidlich, Leiden ist optional.« Die Achtsamkeits- und Mitgefühlsübungen in diesem Kapitel sind für Belastungsproben konzipiert; sie sollen dir helfen, harte Zeiten mit Freundlichkeit und Weitsicht (und hoffentlich ein bisschen Humor) zu überstehen. Und denk daran: Auch das geht vorbei.

Wenden wir uns nun mit Achtsamkeit und Gewahrsein den Herausforderungen zu, mit denen du (und deine Familie) konfrontiert bist:

Reflexion: Welche Hindernisse liegen vor dir?

- Nimm dir einen Moment Zeit, um eine angenehme Sitzposition zu finden oder noch besser: leg dich hin.
- Leg zunächst deine Hand auf dein Herz oder wähle, wenn du magst, eine der Formen der beruhigenden Berührung (Kapitel 3), die dir das Gefühl gibt, gehalten zu werden und in Sicherheit zu sein.
- Bring Gewahrsein in die »Bremsschwellen«, mit denen du es zu tun hast.
- Mit welchen Herausforderungen bist du gegenwärtig konfrontiert? Was »zerreißt« dich zur Zeit innerlich?
- Hast du gesundheitliche Probleme?
- Gibt es Probleme in deiner Beziehung?
- Hat dein Kind Schwierigkeiten? Wenn ja, welcher Art?
- Machst du dir Sorgen um ein Familienmitglied? Einen Freund, eine Freundin?

- Hast du Probleme mit Übergangsphasen deiner Kinder, beispielsweise dem Eintritt in die Pubertät oder ins College oder brauchen deine Eltern neuerdings Pflege oder Betreuung?
- Was ist mit deiner eigenen Reise? Hast du das Gefühl, nicht an dem Punkt zu sein, an dem du sein solltest, und nicht die Kraft zu haben, das zu ändern?
- Fordert der Stress seinen Tribut von deinem Körper? Schlägt er dir aufs Gemüt? Beeinträchtigt er dein Wohlbefinden?
- Welche Unterstützungsmöglichkeiten gibt es für dich?
- Nimm dir jetzt einen Moment Zeit für Achtsamkeit und Mitgefühl. Lass dich einfach sein; es ist nicht nötig, etwas zu ändern oder in Ordnung zu bringen.
- Vielleicht weisen uns diese Bremsschwellen darauf hin, dass wir ein bisschen langsamer machen sollen?
- Erlaube dir, inne zu halten, und sei es auch nur für einen Moment.
- Wenn du bereit bist, notiere die Probleme, die sich für dich am schlimmsten anfühlen.
- Lass dir ein bisschen Mitgefühl zukommen. Elternschaft kann sich manchmal unmöglich anfühlen.
- Wenn du bereit bist, nimm ein paar tiefe Atemzüge und bewege behutsam deine Arme und Beine.
- Gönne dir im Laufe des Tages, immer wenn du es brauchst, eine beruhigende Berührung.

Wir fühlen uns im Alltag auf so viele Arten herausgefordert und so vieles kann schieflaufen. Wir müssen nicht mit einer tödlichen Krankheit konfrontiert sein oder eine verheerende Veränderung unserer Lebensumstände erleben. Unser(e) Partner:in ignoriert uns, unsere Kinder respektieren uns nicht, unser(e) Chef:in zollt uns keine Anerkennung für unsere harte Arbeit, ein alternder Elternteil fordert Aufmerksamkeit und wir haben nicht die Zeit, sie ihm zu geben. »Harte Zeiten« können sich auch durch eine endlose Liste kleinerer Belastungen ergeben, die uns genauso herunterziehen können, wie ein einzelnes großes Ereignis.

Oder sie ergeben sich aus den natürlichen Übergängen des Lebens. Wenn unsere Kinder älter werden und sich durch den Entwicklungsprozess der Individuation von uns entfernen, haben sie oft an allem, was wir sagen oder tun, etwas auszusetzen, machen uns häufig nieder – oft genug vor Freund:innen und Angehörigen. Mag all das auch zu einem »sich entwickelnden Gehirns« dazugehören, es tut dennoch weh und fühlt sich unfair an. Und manchmal dauert die Pubertät bis Anfang zwanzig (hoffentlich nicht länger). Es kann sich anfühlen, als seien alle ständig nervös und reizbar. Wird das jemals aufhören? Wird alles irgendwann wieder »normal« (was immer das bedeutet)? Manchmal kann ein anderer Blick auf das Problem helfen. Eine Studie, die ich als tröstlich empfand, kam zu dem Ergebnis, dass Teenager eine völlig neutrale Bemerkung als Kritik verstehen können. Kein Wunder, dass wir uns so oft missverstehen.[40]

Sogar freudige Ereignisse wie Hochzeiten können verschüttete Gefühle und Ressentiments an die Oberfläche bringen. Und wir alle wissen, was Todesfälle und Beerdigungen auslösen können. Mithilfe eines zeitlichen Abstands von zehn Jahren oder mehr, können wir auf Ereignisse zurückblicken, die uns einst so erschüttert oder aufgebracht haben und können oft darüber lachen – aber im fraglichen Augenblick ist es schwierig, die Dinge mit Humor zu nehmen oder zu relativieren. In solchen Momenten ist es wichtig, sich an Selbstmitgefühl zu erinnern und sich selbst den Rücken zu stärken. Die Weisheit des alten Rabbi Hillel ist immer noch aktuell: »Wenn du nicht für dich bist, wer wird es sein?«

Wenn die Dinge nicht wie erwartet funktionieren

Wie viel wir auch planen, wie hart wir auch arbeiten, die Zukunft, die wir uns vorgestellt und auf die wir hingearbeitet haben, tritt nicht immer ein. Es ist schwer genug, das Gefühl zu haben, dass der launische, reizbare Teenager, der vor dir steht, dich kaum noch an das Kind erinnert, das du großgezogen hast. Aber dann geht es darum, diesem Teenager zu helfen, den Übergang in die Welt der Erwachsenen und den Abschied vom Elternhaus zu vollziehen. Es kann sich anfühlen, als sei alles einfach zu viel.

Vanessa kam völlig verzweifelt zu mir, weil Jason von keiner der Unis aufgenommen worden war, die er sich ausgesucht hatte. Er stand auf der Warteliste einiger Universitäten aber er fühlte sich abgelehnt, weil seine Top-Favoriten ihn nicht aufgenommen hatten. Vanessa hatte keine Uni besucht, denn es war ein Luxus, den ihre Familie sich ihrerzeit nicht leisten konnte, und sie und ihr Mann hatten getan, was sie konnten, um Jason zum Erfolg zu verhelfen. Der Beratungslehrer seines Gymnasiums hatte ihn nicht genügend unterstützt, also hatten sie einen privaten Uni-Bewerbungsdienst engagiert und Geld ausgegeben, das sie eigentlich nicht hatten: sie hatten ihre Altersvorsorge angezapft.

Jason war ein guter Tennisspieler und liebte diesen Sport. In der zehnten Klasse hatte er in der Schulmannschaft gespielt. Doch der Uni-Berater hatte ihm gesagt, er müsse alle relevanten Leistungskurse belegen, um auf eine »gute« Uni zu kommen. Mathe war nicht seine Stärke aber seine Eltern hatten ihn gedrängt, am Mathematikkurs teilzunehmen. Es fiel ihm schwer mitzuhalten, und er brauchte lange für seine Hausaufgaben. Zwischen der Arbeit mit den Mathe-Tutoren und zusätzlicher Nachhilfe blieb keine Zeit mehr für Tennis. Jason war ein pflichtbewusster Sohn und gab das Tennisspielen auf. Aber jetzt, nachdem er all diese Arbeit auf sich genommen und Opfer gebracht hatte, hatte er das Gefühl, überhaupt nichts in der Hand zu haben.

»Ich bin so niedergeschlagen«, sagte Vanessa. »Ich habe so viel Zeit und Energie investiert, damit das funktioniert. Jetzt komme ich morgens kaum aus dem Bett. Mein Hausarzt hat mir vorgeschlagen, eine Gesprächstherapie zu machen. Wir haben so große Hoffnungen in ihn gesetzt. Und unsere Tochter Rebecca hat das Down-Syndrom und wird nie Abi machen. Wir lieben sie, sie ist ein Engel, aber Jason war unsere Zukunft. Wir haben so viel Geld ausgegeben, das wir eigentlich gar nicht hatten.

Aber das Schlimmste ist, dass ich mich so schuldig fühle und mir Vorwürfe mache. Der Mathe-Leistungskurs war hart für ihn und er wäre so viel glücklicher gewesen, wenn wir ihn einfach hätten Tennis spielen lassen. Es ist solch ein Verlust auf so vielen Ebenen«, seufzte sie.

Unser Leben ist immer ein Experiment. Wir wissen nie, wie die Dinge ausgehen. Hier können Selbstmitgefühl und Resilienz einen großen Unterschied machen. Ich versuchte, Vanessa etwas Mitgefühl nahezubringen, indem ich anerkannte, dass sie getan hatte, was sie konnte – und Jason ebenfalls. Sie warf sich vor, schlechte Entscheidungen getroffen zu haben. Jason war deprimiert, denn er hatte das Gefühl, die Familie im Stich gelassen zu haben. »Ich höre ihn nachts weinen, er weint sich in den Schlaf. Ich sage ihm, dass alles gut wird, aber er schüttelt nur den Kopf. Er schämt sich, weil er denkt, er habe unser Geld verschwendet, habe versagt, und er verbringt seine ganze Zeit allein in seinem Zimmer.«

In der Pubertät ist es schwer, sich ein Bild von der Komplexität des Lebens zu machen und zu erkennen, dass eine Studienplatz-Ablehnung zwar hart ist, dass sich aber andere Chancen ergeben und andere Türen öffnen werden. Kinder fühlen sich oft unzulänglich und haben das Gefühl, versagt zu haben. Selbstmitgefühl kann uns erkennen helfen, dass wir alle scheitern und dass das zu diesem Leben dazugehört. Anstatt in Verzweiflung zu stürzen, können wir aus schwierigen Erfahrungen lernen. (Mehr über das Vermitteln der Übungen zu Selbstmitgefühl an unsere Kinder findest du in Kapitel 8. In der Selbstmitgefühls-Werkzeugkiste für Eltern am Ende dieses Buches auf Seite 351 gibt es eine nach Themen geordnete Liste der Übungen, um sie leichter zugänglich und familienfreundlich zu machen).

Um Vanessa zu helfen, die Dinge sowohl für sich selbst als auch für Jason zu relativieren, fragte ich sie nach etwas, das wir in der MSC den »Silberstreifen« nennen – ein Ereignis, das zum fraglichen Zeitpunkt eine Katastrophe war, sich aber später auf eine unvorhersehbare Weise als nützlich erwies. Sie dachte an eine Zeit zurück als sie bei einer Beförderung übergangen worden war. Ein Kollege hatte üble Gerüchte über sie verbreitet, also bekam sie den Job nicht. Nachdem er die Stelle dann bekommen hatte, erwartete er, dass sie ihn unterstützte. »Er stieß mich quasi vor den Bus und erwartete dann von mir, dass ich den Reifen wechsle. Zum Teufel! Ich verließ die Firma. Es war beängstigend, denn ich war eine Zeitlang arbeitslos. Die Leute sagten, ich sei dumm, ich solle das einfach klaglos hinnehmen, aber ich war nicht bereit, mich demütigen zu lassen. Ich landete auf meinen Füßen mit einem besseren Job, der besser bezahlt wurde. Und ein Extra-Bonus war, dass ich an dieser neuen Arbeitsstelle meinen Mann kennenlernte – was natürlich nie passiert wäre, wenn ich im alten Job geblieben wäre.«

Probiere die folgende Reflexionsübung aus, wenn du schwere Zeiten durchmachst. Vanessa nannte sie »Limonaden-Stand«, weil sie und Jason gerne Limonade herstellten und in der Nachbarschaft verkauften. Sie freute sich über seine Motivation und seinen Unternehmergeist. Es half ihr, sich mit seinen Stärken zu verbinden. »Also«, sagte sie, »wenn dir das Leben Zitronen gibt … du kennst das Sprichwort. Ich lerne gerade, dass man aus Enttäuschungen wirklich etwas machen kann.«

Reflexion: Limonaden-Stand

Notiere deine Gedanken entweder auf Papier oder in deinem Smartphone.

- Nimm dir einen Moment Zeit. Schließe die Augen und atme ein paarmal tief ein und aus.
- Denk an eine Zeit in deinem Leben, die schwer erträglich schien, dir aber rückblickend eine wertvolle Lektion vermittelt hat oder zu einem positiven Ergebnis führte.

- Wähle ein Ereignis aus der Vergangenheit, das inzwischen abgeschlossen ist und durch das du deiner Meinung nach gelernt hast, was du lernen musstest.
- Was für ein Ereignis war das? Notiere es. Was war passiert? Wie bist du damit umgegangen?
- Wie hast du aus der Zitrone Limonade gemacht?
- Welche grundlegendere Lektion hat dich diese Herausforderung gelehrt, die du andernfalls nicht gelernt hättest?
- Gibt es gegenwärtig in deinem Leben eine Situation, in der du eine Zitrone bekommen hast? Schreib das auf.
- Halte inne. Bring dir in diesem Moment etwas Mitgefühl entgegen.
- Könnte in dieser Situation eine Lektion verborgen sein? Schreib es auf.
- Kehre im Laufe der kommenden Tage oder Wochen zu dieser Übung zurück, wenn du das Gefühl hast, deine Sichtweise ändern zu müssen.

Vanessa wandte diese Übung im Laufe der Woche an. Und sie berichtete, dass sie aufgehört habe, sich Vorwürfe zu machen. Sie hatte auch das Gefühl, Jason helfen zu können, nachdem sie sich wieder auf seine Stärken besonnen hatte. »Ich sagte ihm, dass die Dinge nicht immer so ausgehen, wie wir es uns wünschen, dass aber gerade das unseren Charakter stärkt. Das hat mir auch meine kluge Großmutter gesagt. Wir haben überlegt, ob es andere Optionen gibt – dachten über ein Brückenjahr nach oder ob er sich nach Jobs oder Praktika umschauen könnte. Er scheint jetzt ein bisschen optimistischer in die Zukunft zu blicken. Er hatte mich noch nie so aufgewühlt erlebt. Ich hatte versucht, mich zusammenzureißen aber ich war wirklich niedergeschlagen, und er wusste das. Es fühlte sich wie ein schwerer Schlag an. Wir hatten finanziell und emotional über einen so langen Zeitraum so viel investiert. Aber nachdem ich ihm gezeigt hatte, dass ich wieder auf die Beine kommen konnte, schien sich seine Stimmung ein bisschen zu heben. Es ist schwer für uns alle aber es ist nicht das Ende der Welt. Er ist jung und das Leben ist lang. Und ich sagte zu ihm, er solle freundlich zu sich sein. Ich wollte nicht das Wort «Mitgefühl» benutzen – darüber würde er spötteln – ich sagte einfach ›Das ist hart. Wir bekommen das hin. Sei freundlich zu dir.‹«

Manchmal gibt uns das Leben so viele Zitronen, dass wir das Gefühl haben, ein Verkaufsstand würde gar nicht ausreichen – wir könnten ein ganzes Limonadengeschäft eröffnen (oder ein Unternehmen starten)! Vielen meiner Schüler:innen und Patient:innen hat diese Übung eine neue Perspektive aufgezeigt und das war in der Regel dringend nötig. Karl wandte die Übung an, als er vor Kurzem durch eine wirtschaftliche Krise sein Geschäft verlor und sich niedergeschlagen und wertlos fühlte. Er machte sich Sorgen darüber, dass seine Kinder den Respekt vor ihm verlieren könnten. Trudy, die kürzlich eine Fehlgeburt erlitten hatte, spürte, dass diese Praxis ihr half, eine Perspektive zu entwickeln, und ihr das Durchhaltevermögen und den Mut verlieh, weiter zu machen: »Ich hatte das Gefühl, irgendwie «defekt» zu sein, dass irgendetwas mit meinem Körper nicht stimmte und diese Übung half mir durchzuhalten. Die Dinge laufen nicht immer gleich beim ersten Mal nach Wunsch.«

Was ist mit dir? Wann könntest du diese Übung gebrauchen? Es ist eine Praxis, die du mit Freundinnen und Freunden, älteren Kindern, deinem Partner oder Partnerin und Angehörigen teilen kannst, wenn es passt und sie offen dafür sind.

Wenn es sich anfühlt, als fiele einem die Decke auf den Kopf

Manchmal, wenn wir das Gefühl haben, dass aus vielen Richtungen an uns gezerrt wird, wenn wir uns überfordert fühlen und sorgenvoll in die Zukunft blicken, ist es schwer, einfach weiter zu machen. Robert, der sich Sorgen wegen der Probleme machte, die seine Tochter seit Kurzem mit »gemeinen Mädchen« hatte, fühlte sich plötzlich wie »in der Zange«. Roberts Mutter war gestürzt. Sie hatte sich die Hüfte gebrochen und musste für einige Wochen in ein Reha-Zentrum, um Physiotherapie zu bekommen und mit den Schmerzen umgehen zu können. Nach ihrer Entlassung war sie auf seine Hilfe angewiesen, er musste sie zu physiotherapeutischen Behandlungen und zahlreichen Ärzt:innenterminen fahren. Diese Fahrten wirkten sich negativ auf seine Arbeitsleistung aus und er fühlte sich erschöpft. Außerdem war er sehr beunruhigt über eine Veränderung, die er kürzlich an seiner Tochter Hannah wahrgenommen hatte.

Hannah hatte gerade mit der Oberstufe begonnen und es fiel ihr schwer, sich sozial und schulisch zurechtzufinden. Sie war mit einer völlig neuen Gruppe von Schülerinnen und Schülern konfrontiert, hatte noch keine engen Freundinnen gefunden und kürzlich einen Test in Geschichte vermasselt. Gestresst und reizbar kam sie von der Schule nach Hause, schloss ihre Zimmertür hinter sich und blieb bis zum Essen in ihrem Zimmer. Sie murrte, sie habe keine Zeit, den Tisch zu decken oder das Geschirr in die Spülmaschine zu räumen. Als Robert sie fragte, ob alles in Ordnung sei, antwortete sie, es ginge ihr gut – sie habe einfach so viele Hausaufgaben zu erledigen und würde es hassen, sich all diese Daten und Schlachten für den Geschichtsunterricht zu merken. Er spürte, dass irgendetwas nicht stimmte aber er wollte sie nicht drängen und wusste nicht, wie er sie darauf ansprechen sollte.

Als er eines Abends den Müll rausbrachte, entdeckte er einem roten Fleck auf einem Papiertaschentuch. Zuerst dachte er sich nichts dabei, aber dann sah er noch andere Papiertaschentücher mit getrocknetem Blut. Er sprach mit seiner Frau, die sich ebenfalls Sorgen machte, und dann sprachen sie mit Hannah.

»Zuerst stritt sie alles ab,« sagte er, »und wurde wütend. ›Meine Güte, beruhigt euch mal, Leute. Ich habe mich einfach beim Rasieren geschnitten. Ich bin ein Tollpatsch, das wisst ihr doch‹, log sie. Wir glaubten ihr nicht, aber wir wussten nicht, was wir tun sollten.

›Du verletzt dich doch nicht selbst, Liebes?‹, fragte ich.

Hannah beharrte darauf, dass es ihr gut ging. ›Ihr müsst mich keinem Kreuzverhör unterziehen‹, schrie sie. Aber als ich sie abends beim Gute-

Nacht-Sagen umarmte, bemerkte ich ein paar Rasierklingenschnitte an ihrem Unterarm, die teilweise vom Schlafanzugärmel verdeckt wurden.

Mir war klar, dass sie in die Defensive gehen würde, wenn ich sie damit konfrontierte. Also sagte ich nur ›Wir lieben dich, mein Schatz, und wir sind für dich da. Du kannst mit uns reden, wenn dich was bedrückt.‹ Ich glaube, sie wollte, dass ich die Papiertaschentücher finde, konnte das aber nicht sagen. Ich glaube, es war ihr zu peinlich.

Am nächsten Tag wollte sie unter vier Augen mit mir sprechen. Sie erzählte mir, dass sie sich geritzt hatte. ›Bitte sei nicht böse auf mich, Papa‹, bat sie. Sie hatte mich nicht beunruhigen wollen, weil ich durch die Fürsorge für meine Mutter so erschöpft war. Sie erzählte mir, dass sie sich wertlos und hässlich fühlte. Sie befürchtete, dass niemand an der neuen Schule sie mochte oder sich für sie interessierte.« Er hielt inne und begann zu weinen. »Was kann ich tun, um ihr zu helfen? Es ist schrecklich für einen Vater, zu wissen, dass sein Kind sich selbst verletzt. Und ich weiß im Moment nicht, wo mir der Kopf steht. Was mache ich jetzt? Ich habe das Gefühl, die Decke fällt mir auf den Kopf.«

Wenn Kinder anfangen, sich selbst zu verletzen, ist es entscheidend, professionelle Hilfe zu suchen, bevor die Situation schlimmer wird. Hannah wollte ganz offensichtlich, dass ihre Eltern wussten, dass sie litt. Ich denke da an den berühmten Ausspruch des britischen Analytikers Donald Winnicott: »Kinder lieben es, sich zu verstecken – aber es ist eine Katastrophe, nicht gefunden zu werden.«

Wir fanden eine Kindertherapeutin, die Hannah begutachten sollte. Obwohl Hannah anfangs nicht mit ihr reden wollte, reagierte die Therapeutin sehr warmherzig und wusste, wie sie an sie herankommen konnte. Es dauerte einige Zeit aber irgendwann entstand eine Verbindung. Sie arbeitete mit Hannah daran, Fertigkeiten zu entwickeln, die ihr helfen würden, mit der neuen Schule, der Herausforderung, neue Freundschaften zu schließen und den erhöhten schulischen Anforderungen zurechtzukommen. Nach ein paar Monaten fühlte sich Hannah allmählich weniger niedergeschlagen.

Um Roberts Gefühl, dass ihm die Decke auf den Kopf falle, etwas entgegen zu setzen, schlug ich ihm die folgende Übung »Himmelsbeobachtung«

vor.[41] Zuerst machte er sie allein aber als Hannah ihn im Gras liegen und in den Himmel schauen sah, wollte sie mitmachen. »Das sieht sehr entspannend aus«, sagte sie. Es ist eine großartige Übung für Familien. (In Kapitel 8 gibt es eine Version, die wir »Die Unendlichkeit des Nachthimmels« nennen und die ebenfalls sehr familienfreundlich ist).

Von der Erde gehalten, offen für den Himmel

Die folgende Meditation ist besonders für einen warmen Sommertag oder -abend geeignet, kann aber zu jeder Jahreszeit praktiziert werden. Wenn es zu kalt ist, um sie draußen zu machen, setz dich an ein Fenster und schau hinaus. Die Übung kann sowohl im Liegen als auch im Sitzen gemacht werden. In dieser Fassung ist sie für Jugendliche, Erwachsene und Kinder geeignet.

Himmelsbeobachtung

- Leg dich auf einer Decke oder einem Strandlaken auf den Rücken. Ideal wäre es, die Übung auf einem Flecken mit weichem Gras oder Sand zu praktizieren aber man kann sie auch auf einer Dachterrasse in der Stadt oder einem Liegestuhl machen. Ein Fenster mit Blick auf den Himmel ist ebenso geeignet.
- Beginne mit ein paar tiefen Atemzügen. Lass deinen Körper in die Erde »einsinken«. Die Augen können geschlossen oder offen sein.
- Lass dich spüren, wie du von der Erde gehalten wirst. Nimm wahr, wie die Erde dich beruhigt, wie sie dir »Rückendeckung« gibt.
- Entspanne bewusst jeden Bereich deines Körpers: Die Füße, die Beine, das Becken, den Rücken, die Schultern, die Arme, den Brustkorb, den Nacken, den Kiefer und die Augen.

- Erlaube dir, zur Ruhe zu kommen, erlaube deinen Muskeln, weicher zu werden und locker zu lassen. Schau, ob du alle Spannungen und Blockaden loslassen kannst.
- Finde zu deinem natürlichen Atemrhythmus, lass den Atem kommen und gehen, ohne ihn zu kontrollieren oder zu forcieren.
- Nimm den Raum und die Offenheit in deinem Körper wahr.
- Wenn du bereit bist, öffne die Augen, falls du sie geschlossen hattest. Ist der Himmel strahlend hell, möchtest du vielleicht eine Sonnenbrille aufsetzen.
- Komm zur Ruhe, während du beobachtest, wie die Wolken über den Himmel ziehen. Nimm die Weite und Offenheit des Himmels wahr. Stell dir vor, dass du diese Offenheit auf deinen Körper übertragen kannst.
- Falls Gedanken, Gefühle oder Empfindungen auftauchen, erlaube ihnen, so leicht und luftig vorbei zu ziehen, wie die Wolken.
- Es ist nicht nötig, an irgendetwas festzuhalten; entlasse es einfach in die Weite des offenen Himmels.
- Erlaube dir, in der Weite innerhalb und außerhalb deines Körpers zu verweilen.
- Schau, ob du dieses Gefühl der Offenheit im Laufe des Tages beibehalten kannst.

Diese Übung eignet sich auch wunderbar für den Urlaub oder als Erholungspause während einer stressigen Woche. Es ist eine Meditation, die uns hilft, unsere Batterien wieder aufzuladen und unser Leben und unsere Sorgen mit etwas Abstand zu betrachten.

Robert fand ebenso wie Hannah Trost in dieser Übung. »Sie gibt mir das Gefühl, dass es in meiner Welt etwas Raum gibt, wenn mir die Decke auf den Kopf fällt«, berichtete er. »Wenn ich anfange, über all das nachzudenken, was ich zu tun habe – für meine Mutter sorgen, sie in der ganzen Stadt herumfahren, für sie Lebensmittel einkaufen, kochen, sie zu ihren Arztterminen bringen – und über meine Sorgen um Hannah, denke ich an den Himmel, halte inne und atme einmal tief ein und aus. Und mir ist ein hilfreicher Satz eingefallen. Ich sage ›Ja, deine Mutter ist nicht mehr auf der Höhe, aber sie ist immer noch da‹. Und dafür bin ich dankbar. Und ›Hannah hat ein hartes Jahr‹. Und dann füge ich hinzu ›Und der Himmel ist blau‹. Es hilft mir, mich an den grenzenlosen Himmel zu erinnern und an dieses Gefühl von Weite. Dann fühle ich mich nicht mehr gefangen.«

Ich brachte die Übung auch Vanessa bei, die sie zusammen mit Jason praktizierte. Es gefiel ihr, sich mitten am Tag hinzulegen. Jason, der sich für wissenschaftliche Themen interessierte und intellektuell sehr aufgeschlossen war, nutzte die Übung »Unendlichkeit des Nachthimmels« (Kapitel 8), um Sternbilder zu entdecken. Ihm gefiel es, dass seine Sorgen, wenn er in die Unermesslichkeit des Himmels blickte, weniger bedrückend zu sein schienen.

Die Himmelsbeobachtung ist eine meiner Lieblingsübungen – etwas, das ich gerne an einem warmen Sommertag mache. Man kann sie in den verschiedensten Situationen nutzen, nicht nur in herausfordernden oder aufwühlenden Zeiten – beispielsweise wenn man gestresst ist, zu lange am Computer oder Schreibtisch gearbeitet hat, oder einfach eine Pause braucht (besser als Essen, Fernsehen oder Onlineshoppen).

Eleonore, die sich vom Papierkram kurz nach dem Tod ihres Vaters überfordert fühlte, wandte die Übung an, um mit dem Stress zurecht zu kommen. Albert, den die Konflikte innerhalb seiner Familie aufregten, nutzte die Übung, um sich zu entspannen und die Streitigkeiten nicht noch weiter anzuheizen. Jonathan, der erschöpft war vom täglichen Pendeln an seine Arbeitsstelle, das jedes Jahr mehr Zeit in Anspruch zu nehmen schien, nutzte die Übung, um sich zu regenerieren, wenn er von der Arbeit nach Hause kam. Für ihn war das eine notwendige Auszeit vom Stress seines Arbeitslebens und half ihm, sich abends auf das Zusammensein mit seiner Familie einzustellen. Hin und wieder machte die ganze Familie mit. Manchmal versuchten sie, Formen in den Wolken zu entdecken, sahen Dinosaurier und Drachen und manchmal lauschten sie einfach dem Gezwitscher der Vögel und, bei Nacht, dem Zirpen der Grillen. Für mich ist es Achtsamkeit »durch die Hintertür«: so kann ich den Kindern beibringen, sich zu entspannen, aber nicht auf eine strenge oder formelle Art.

Mit unseren Gedanken arbeiten

Valerie hatte in den vergangenen fünf Jahren aufgrund einer konfliktreichen Scheidung und einem Kampf ums Sorgerecht eine schwere Zeit durchgemacht. Ihr zehnjähriger Sohn Matthis versuchte, mit den Nachwirkungen zurecht zu kommen: seinen im Streit liegenden Eltern und dem Leben in zwei verschiedenen Haushalten. Es fiel Valerie schwer, ihm Grenzen zu setzen, denn sie wollte nicht der »böse Cop« sein aber Matthis kooperierte nicht und stellte ihre Autorität infrage.

»Es war schlimm genug, meinen Ehemann und die finanzielle und soziale Unterstützung zu verlieren. Das Ende dieser Ehe hat mir das Herz gebrochen und mich sehr einsam zurückgelassen, und ich bin natürlich wütend, aber das Schlimmste ist, dass ich das Gefühl habe, auch Matthis verloren zu haben – anstatt ihn jeden Tag zu sehen, bekomme ich ihn nur 50 % der Zeit. Er war der Mittelpunkt meines Lebens, mein Universum. Es ist so unfair. Ohne ihn fühlt sich alles so leer und sinnlos an. Und wenn ich ihn sehe, streitet er mit mir und fordert mich heraus. An den Wochenenden habe ich ihn nicht und fühle mich so allein. Es ist ja nicht so, dass alle meine Freundinnen jung und alleinstehend sind und wir ausgehen und Spaß haben können. Alle haben Familie und ihr Zuhause und wollen ihre Freizeit nicht mit mir verbringen. Meine Situation erinnert sie daran, dass eine Ehe scheitern kann, und sie wollen nicht darüber nachdenken, dass ihnen das auch passieren könnte – dass ihr Mann eine Affäre haben und sie verlassen könnte.

Und ich gebe mir die Schuld am Scheitern unserer Ehe. Wenn ich nicht soviel zugenommen hätte, wäre ich vielleicht attraktiver gewesen und er hätte sich nicht in diese dreiste Trainerin in seinem Fitnessstudio verliebt. Hätte ich mich einer Schönheitsoperation unterziehen sollen?

Am schlimmsten ist für mich, dass ich das Gefühl habe, Matthis Respekt zu verlieren. Und er ist auch wütend auf mich. Das alles hat zu einem enormen Bruch in seinem Leben geführt. Sein Vater und dessen neue Freundin machen tolle Ausflüge, sie gehen Wandern und Skifahren und Matthis Leben mit ihnen macht ihm viel mehr Spaß. Ich kann es mir finanziell nicht leisten, mit ihm an besondere Orte zu fahren. Ich befinde mich in einer Dauerschleife, in der ich innerlich ständig aufs Neue durchlebe, was passiert ist, meine Gedanken drehen sich im Kreis und ich spiele die Ereignisse immer wieder durch. Ich habe das Gefühl, weniger präsent für Matthis zu sein. Die meiste Zeit über fühle ich mich unzulänglich und unerwünscht. Ich bin im Moment keine vergnügliche Gesellschaft für ihn. Für niemanden.«

Als Valerie und ich darüber sprachen, wie sie ihm faire und konsequente Grenzen setzen könne, arbeiteten wir auch daran, ihre Depression in den Griff zu bekommen. Eine der effektivsten Methoden, mit Depressionen zu arbeiten, besteht darin, mit den eigenen Gedanken zu arbeiten: nicht auf jeden negativen Gedanken einzusteigen oder daran zu glauben. Wenn wir am Boden sind, kreisen unsere Gedankenmuster oft in der einen oder anderen Form um das Thema Unzulänglichkeit und Selbstverachtung und bleiben dort stecken. Während der Scheidung hatte Valerie das Gefühl, mit ihrem Ex-Mann im Krieg zu sein und jetzt führte sie eine Schlacht gegen sich selbst. Wenn wir dieses verzerrte Denken über unseren Wert aber als absolute Wahrheit betrachten, zementieren wir unsere Depression. Achtsamkeit kann uns helfen, ein neues Verhältnis zu unseren Gedanken zu bekommen. Anstatt sie zu analysieren oder zu versuchen, sie loszuwerden, lernen wir, sie einfach da sein zu lassen. Wenn wir einen Gedanken wie »Ich bin unerwünscht«, als bloßen Gedanken wahrnehmen können, können wir seine Macht brechen, er kann uns nicht mehr bis ins Mark erschüttern. Bei der Achtsamkeitspraxis wird uns oft beigebracht, unsere Gedanken – beispielsweise, Gedanken wie »Ich bin unerwünscht« oder »Ich bin unzulänglich« – zu benennen. Die folgende Übung geht einen Schritt weiter und verbindet sich mit der Praxis des Mitgefühls.

Dass du es denkst, bedeutet noch lange nicht, dass es wahr ist

- Finde eine angenehme Sitzposition und komm zur Ruhe. Nimm deinen Atem oder die Empfindungen in deinem Körper wahr.
- Komm in den gegenwärtigen Moment, indem du dich über das Atmen oder die Umgebungsgeräusche verankerst.
- Wenn du bereit bist, richte deine Aufmerksamkeit auf deine Gedanken, lass sie im Fokus deines Gewahrseins sein.
- Nimm wahr, wie sie auftauchen, intensiver werden und dann wieder entschwinden.
- Schau, ob du sie beobachten kannst, ohne dich darin zu verstricken nur beobachten, nicht mit ihnen übereinstimmen.
- Forciere diesen Prozess nicht, versuche nicht, deine Gedanken zum Verschwinden zu bringen, versuche nicht, sie aus dem Kopf zu bekommen.
- Versuche, deine Gedanken mit ein bisschen Wärme und Freundlichkeit zu betrachten. Wenn du beispielsweise den Gedanken bemerkst, du seist wertlos oder eine schlechte Mutter, leg eine Hand auf dein Herz und halte inne. (Du kannst auch beide Hände aufs Herz legen, wenn du magst). Das ist ein schwieriger Gedanke. Ja, das tut weh.
- Beobachte deine Gedanken wie du die Handlung in einem Film anschauen würdest. Du kannst dir, wenn du magst, auch vorstellen, dass du in einem Zug sitzt und die Gedanken Teil der vorüberziehenden Landschaft sind.
- Wie bei der vorhergehenden Übung »Himmelsbeobachtung«, kannst du dir die Gedanken auch als über den Himmel ziehende Wolken vorstellen. Manche sind dunkle, bedrohlich wirkende Gewitterwolken, andere sind helle, luftige Kumuluswolken. Nimm sie wahr und lass sie sich auflösen.
- Verbinde dich mit der Weite aber anerkenne, dass manche Gedanken Stürme und Unwetter mit sich bringen. Wisse, dass auch sie vorübergehen.

- Wenn dich zu irgendeinem Zeitpunkt ein Gedanke davonträgt und du anfängst, dich niedergeschlagen zu fühlen, oder das Gefühl hast, in den Sturm deiner Gedanken hineingesogen zu werden, halte inne. Bring dir Mitgefühl entgegen. Diese Gedanken sind da. Das ist ein schwieriger Moment. Aber Gedanken dauern nicht ewig.
- Hast du das Gefühl, von einem Gedanken in »Geiselhaft« genommen zu werden? Halte inne und beruhige deinen Geist. Betrachte jedes Einatmen als Chance für einen neuen Anfang und jedes Ausatmen als Chance, loszulassen.
- Wenn du feststellst, dass du abgelenkt wurdest, kehre zu deinem Atem oder deinen Körperempfindungen zurück. Lass dein Gewahrsein so zur Ruhe kommen.
- Wenn die Gedanken im Laufe des Tages auftauchen, kannst du dir sagen »Das ist nur ein Gedanke; das ist nicht die Wahrheit.«

Valerie praktizierte die Übung während der Woche. Zuerst fiel es ihr schwer, bei einem Gedanken zu bleiben und ihn zu beobachten, anstatt sich von ihm davontragen zu lassen. Aber je länger sie praktizierte, desto leichter fiel es ihr, ihren Gedanken zu folgen und sich vorzustellen, sie würde sie wie eine Landschaft von einem Zug aus beobachten. Sie empfand es als Erleichterung eine gewisse Distanz dazu herzustellen. Sie sah, wie sie in ihr übliches »Ende-der-Welt-Szenario« verfiel und konnte dieses Muster dann unterbrechen. »Das half mir, zu erkennen, dass alles, was ich über mich selbst glaubte und fühlte, nichts als Gedanken waren – und nicht das, was ich wirklich bin.«

Aber am meisten half ihr, dass sie allmählich die Verbindung zwischen ihren Gedanken und ihren Gefühlsstürmen erkennen konnte. »Es taucht also ein Gedanke über unseren bösartigen Sorgerechtsstreit auf und – wow – der Gedanke löst diesen intensiven Gefühlssturm aus. Und ich bin außer mir – rasend vor Wut. Meine Fäuste sind geballt, ich bin in dieser Lawine der Gefühle gefangen. Ich hasse meinen Ex-Mann. Und dann halte ich inne und realisiere, dass diese ganze Wut und dieses Drama gar nicht nötig ist; es ist nur ein Gedanke. Er ist nicht im Zimmer, seine

Anwälte sind nicht da, der Richter ist nicht da, seine Freundin ist nicht da. Ich bin einfach allein hier in meiner neuen Wohnung. Das Drama ist vorbei. Ich kann mich entspannen!« Sie hielt inne. »Ich habe erkannt, dass ich diesen Alptraum immer und immer wieder abgespult habe und ich konnte damit aufhören. Was für eine Erleichterung!«

Meditationslehrerinnen und Lehrer fordern uns auf, die Natur des Denkens genauer zu erforschen – »Was ist ein Gedanke?« – und sie sagen uns, dass ein Gedanke als solcher substanzlos ist. Dennoch kann er eine enorme Auswirkung auf uns haben, und wenn wir nicht auf unsere auftauchenden Gedanken achten, können wir plötzlich in das Drama und die Emotionen, die von ihnen ausgelöst werden, hineingezogen werden. Wenn wir jedoch innehalten und realisieren können, dass es nur Gedanken sind, die uns aufwühlen oder verstören, und dass diese Gedanken »real aber nicht wahr« sind, können wir die Wut, die Verärgerung, das Grübeln und die endlosen Rechtfertigungen umgehen.

Reflexion: Welche Gedanken bringen dich in Wallung?

Wenn du magst, notiere, was während dieser Übung hochkommt.

- Nimm dir einen Moment Zeit und fang an, dich für die Gedanken zu interessieren, die dich aufregen.
- Hast du Gedanken, die dich gefangen nehmen und in den Kaninchenbau stürzen lassen?
- Was für Gedanken sind das? Verstrickst du dich, indem du die Auseinandersetzung, die du heute morgen mit deinem Partner oder deiner Partnerin hattest, innerlich noch einmal durchlebst?
- Drehen sich deine Gedanken immer noch um die Herabsetzung durch deine Schwiegermutter beim letzten Weihnachtsfest? Oder war das vor einigen Jahren? (Keine Sorge, dies ist eine urteilsfreie Zone. Wir halten oft jahrelang an Kränkungen fest).

- Die rüde Bemerkung deiner Tochter über dich versetzt dir noch Wochen später einen Stich?
- Drehen sich deine Gedanken wie besessen um ein Problem, das dein Kind in der Schule hat?
- Oder um eine Beleidigung durch eine Person, die du als Freund/Freundin betrachtest?
- Denkst du immer noch über eine Auseinandersetzung mit deiner Mutter nach? Bist du deswegen noch wütend?
- Was ist mit der gemeinen Bemerkung deines Chefs?
- Sprichst du nicht mehr mit einem Bruder, einer Schwester oder einem anderen Familienmitglied? Dem Verwandten, dem nichts daran lag, zu deiner Hochzeit zu kommen?
- Komm zurück in den Moment: Löse dich von dem Gedankenstrom. Lass ihn einfach vorbeifließen.
- Bring dir ein bisschen Mitgefühl entgegen. Leg eine Hand auf dein Herz oder praktiziere »Beruhigende Berührung«.
- Hacke nicht auf dir herum. Du hast diesen Gedanken nicht eingeladen. Du hast ihn nicht gebeten, sich dir an diesem friedlichen Tag aufzudrängen.
- Atme ein; beginne von Neuem mit diesem frischen Atemzug. Atme aus; lass es los.

Deine kritischen Gedanken bemerken

Die oben beschriebene Praxis kannst du auf viele verschiedene Arten in deinem Alltag nutzen. Viele der Menschen, mit denen ich arbeite, empfinden sie als eines der nützlichsten Werkzeuge in der Selbstmitgefühls-Werkzeugkiste für Eltern am Ende des Buches. Miriam realisierte, dass sie sich ständig in ihrem Muttersein kritisierte und sich vorstellte, dass andere ebenfalls über sie urteilten und sie kritisierten und der Meinung seien, sie mache als Mutter keinen besonders guten Job. Das gab ihr Gelegenheit, zu erkennen, dass Kritisieren und Urteilen nur eine andere Form des Denkens war. Wenn sie sich dabei ertappte, dass sie dachte »Ich bin eine schlechte Mutter«, gelang es ihr, den Gedankengang zu unterbrechen und mit ein bisschen Weisheit und Humor zu reagieren. »Na ja, nicht in jedem Augenblick«, gewöhnte sie sich an, zu sich selbst zu sagen. »Die Art, wie ich mit Jerrys Wutanfall umgegangen bin, als er das Treffen mit seinen Spielkameraden nicht beenden wollte, war verdammt gut.« Wenn sie sich in Bezug auf sich selbst besonders schlecht fühlte und eine »Aufbauspritze« brauchte, um mit einem besonders klebrigen kritischen Gedanken fertig zu werden, fügte sie zur Unterstützung der Arbeit an ihrer kritischen inneren Stimme noch die »Du-bist-nicht-an-dir-Schuld-Übung« (Kapitel 1) hinzu.

Jakob wurde auf einen kritischen Kommentar aufmerksam, der sich ständig in seinem Kopf abspulte, so als höre er bei einer Sportsendung oder Reality-TV-Show zu: »Leute, da ist wieder Jakob; er ist wieder ausgerastet. Warum hast du das zu Samuel gesagt? Das war dumm. Jakob ist als Vater ein totaler Versager. Schaut, wie er wieder alles vermasselt. Er versagt bei allem, was er tut. Wie viele Jahre Psychotherapie werden seine Kinder später brauchen, um sich von einem so inkompetenten Vater zu erholen? Er ist das schwache Glied. Er ist gefeuert. Verschwinde von hier!«

Eine hilfreiche Technik bestand darin, diesen Gedankenmustern einen Namen zu geben. Miriam nannte ihre Litanei »Schlechte Mutter«. Jakob nannte seine »Der Versager-Vater wird gefeuert.« Idealerweise helfen uns solche Bezeichnungen, unsere negativen Gedankenmuster mit etwas Humor und Abstand zu betrachten. Jakob experimentierte damit, seine Gedanken in unterschiedlichen Tonlagen zu singen, so als wären sie ein dramatisches Musical oder eine Oper. Da er es lustig fand, die Sätze in hohen Tönen zu trällern und dann mit einem dramatischen Bariton und Bass darauf zu antworten, konnte er sich das Lachen nicht verkneifen. Und seine inneren Kommentare verloren ihre Macht über ihn.

Mach ein Lied draus

Versuche, deine kritischen Kommentare musikalisch umzusetzen – welches Genre dir auch passend erscheint.

- Hip Hop?
- Country and Western?
- Blues?
- Rock'n Roll?
- Folk?
- Eine melodramatische Oper?
- Ein Musical? Wenn du magst, kannst du das mit ein bisschen Bewegung verbinden.

Hab Spaß dabei. Du kannst sogar deine »Top-Ten-Hitliste« von den Dingen aufstellen, die in deinem inneren Dialog üblicherweise auftauchen.

Wenn wir zulassen können, dass unsere Gedanken gesehen, gehört und erkannt werden, und dann realisieren, dass es einfach nur Gedanken sind, bekommen wir ein anderes Verhältnis zu ihnen und sie verlieren ihre Macht über uns. Auf diese Weise können wir uns – musikalisch, humorvoll oder achtsam – von ihrem toxischen, destruktiven Potenzial befreien. Indem wir erkennen und verstehen, was vor sich geht, indem wir mitfühlend auf diese schmerzhaften inneren Kommentare antworten, können wir sie loslassen. Es ist ein Geschenk, das wir uns immer machen können, wenn alles zu viel wird und wir uns überfordert fühlen. Ja, es erfordert etwas Übung und Arbeit, aber die Bereitschaft, unsere »inneren Opern« anzuschauen, ist ein Geschenk der Freiheit.

Finde den »Mentor« im »Tormentor«[42]

Teenager stellen für die meisten Eltern eine Herausforderung dar. Selbst wenn wir nicht mit einer ganzen Palette von anderen Problemen konfrontiert sind, die unsere Zeit und Aufmerksamkeit in Anspruch nehmen, kann die Pubertät der Kinder eine schwierige Phase für uns Eltern sein. Das jugendliche Gehirn befindet sich noch »im Rohbau«, weshalb diese Zeit oft von raschen Stimmungsumschwüngen, Verhaltensänderungen und wechselnden Interessen und Freundschaften geprägt ist. Je besser es uns gelingt, ruhig und standfest zu bleiben, desto besser wird es allen Beteiligten ergehen. Manchmal könnten wir den Eindruck bekommen, unsere Kinder oder Partner:innen seien eigens auf die Welt gekommen, um uns zu quälen, aber wenn wir – wie Richard Schwartz, der Begründer des Inneren Familien-Systems (IFS), es einst ausdrückte – innerlich einen Schritt zurücktreten und erkennen können, was wir aus der Situation zu lernen haben, können sie zu unseren »Mentoren« werden. Aber seien wir realistisch. Wenn wir uns respektlos behandelt, herabgesetzt oder beleidigt fühlen, ist es schwer, etwas anderes zu sehen als unsere Wut und Reaktivität. Wie können wir innerlich so ruhig werden, dass wir diesen Übergang gut meistern? Schauen wir, wie Chrissie und Margot »bei Trost« blieben, als sie an ihre Grenzen stießen.

Pinkfarbene Haare und blaue Tattoos

Vor einigen Jahren hatte sich das Verhältnis zwischen Chrissie und ihrer Stieftochter Jenny etwa ein Jahr nach der Hochzeit von Chrissie und Jennys Vater verbessert und ihre Hauptsorge hatte ihrem Sohn Steffen gegolten. Inzwischen hat sich Steffens ADHS stabilisiert und Chrissie hat wieder schlaflose Nächte wegen Jenny.

»Der Umgang mit diesem Kind ist eine der größten Herausforderungen in meinem Leben«, erklärte Chrissie. »Es schien, als hätten wir Waffenstillstand geschlossen und ich hatte alles so weit im Griff, dass ich keine Therapie brauchte. Wir hatten gelernt, einander zu respektieren und miteinander auszukommen. Manchmal konnten wir das Zusammensein sogar genießen und hatten Spaß miteinander. Aber jetzt ist Jenny 15 und ein ›Hansdampf in allen Gassen‹. Alles artet in Streit aus. Sie stellt jede Grenze infrage, die ich setze. Sie denkt, sie kann argumentieren und über alles verhandeln. Sie dazu zu bringen, kooperativ zu sein, erscheint mir schwieriger als im Mittleren Osten Frieden zu schaffen. Es ist einfach unmöglich.

Aber das letzte Wochenende setzte allem die Krone auf: Sie geht mit einer Freundin ins Einkaufszentrum und hat ihr eigenes Geld dabei, das sie beim Babysitten verdient hat. Außerdem hatte sie gerade Geburtstag und noch etwas Extrageld von ihrer Großmutter. Sie kommt nach Hause – man stelle sich vor – mit pinkfarbenen Haaren und einem Tattoo am Knöchel. Es ist klein aber es ist ein echtes Tattoo. Sie hat weder mich noch meinen Mann um Erlaubnis gefragt (er ist natürlich auf Geschäftsreise). Sie hat es einfach gemacht. Ich glaube, sie hatte das schon seit Wochen geplant.

Wie du dir vorstellen kannst, ging ich an die Decke. Ich habe ihr zwei Wochen Hausarrest gegeben.

Und sie wehrt sich. ›Das ist mein Körper. Du hast kein Recht, über meinen Körper zu bestimmen‹, erwidert sie scharf. Sie weiß, dass ich eine starke Verfechterin von Frauenrechten bin, aber sie ist doch noch ein Kind. Und ich versuche, ein verantwortungsvoller Elternteil zu sein. Also sage ich ›Du lebst in diesem Haus und du hältst dich an die Regeln, die wir aufstellen. Du bist zu jung für ein Tattoo‹.

›Ich hasse dich, ich hasse dich. Ich wünschte, du wärst nicht meine Mutter‹, schreit sie und stürmt die Treppe hinauf zu ihrem Zimmer. Wir haben tagelang nicht mehr miteinander gesprochen. Es hat sich wie ein Déja-vu angefühlt.«

Für diejenigen unter uns, die auch mal Teenager waren oder versucht haben, Teenager zu erziehen, klingt das wahrscheinlich vertraut. Fast alle Eltern können eine Geschichte über Piercings, Tattoos, Nasenringe oder irgendeine andere körperbezogene Rebellion erzählen. Judith Hermann, eine meiner Mentorinnen und eine Pionierin auf dem Gebiet der Trauma-Forschung, erklärte das einst einer Gruppe von Studierenden folgendermaßen: Teenager sehen vielleicht aus wie Erwachsene, nachdem sie ihre volle Körpergröße erreicht haben, aber mit Tattoos, Piercings und so weiter bekräftigen sie ihre Unabhängigkeit und teilen der Welt mit, dass sie keine Erwachsenen sind und die Normen der Erwachsenenwelt ablehnen.

Wie können Eltern also während der wiederholten Trotzreaktionen ihrer Teenager bei Trost bleiben?

Reflexion: Trotzhandlungen

Beginne mit deiner eigenen Geschichte und schau dann, wie sich Trotz in deiner Familie äußert. Nimm Papier und Stift oder dein Smartphone zur Hand.

- Auf welche Weise hast du als Teenager deine Unabhängigkeit und Autonomie verteidigt? Sex? Drogen? Alkohol? Musik? Ungebührliches Verhalten in der Schule?
- Auf welche Weise hast du deine Eltern herausgefordert? Wie bist du mit den von ihnen gesetzten Grenzen umgegangen? Mit den festgesetzten Ausgehzeiten? Mit den Regeln in Bezug auf das Familienauto?
- Auf welche Weise verteidigt dein Teenager seine oder ihre Unabhängigkeit? Sex? Drogen? Alkohol? Musik? Piercings? Tattoos?
- Auf welche Weise stellt dein Teenager die von dir gesetzten Grenzen infrage?
- Tritt innerlich einen Schritt zurück und schau dir dein Verhalten sowie das Verhalten deines Kindes an. Was regt dich am meisten auf?
- Schau, ob du deine Selbstgerechtigkeit beiseite schieben kannst. Was könntest du von deinem Kind lernen? Gibt es in dir oder an deinem Verhalten etwas, mit dem du dich auseinandersetzen möchtest? Wenn ja, was?
- Schreib deine Antworten auf und nimm dir ein paar Minuten Zeit, um zu reflektieren, was hochgekommen ist.

Chrissie probierte die Übung aus und kehrte kleinlaut zurück. »Ja, ich war wirklich kein Engel. Wie bequem, dass ich vergessen hatte, was für ein absoluter Elternschreck ich war! Ich habe mich nachts aus dem Haus geschlichen, hatte mitten in der Nacht im Park Sex mit meinem Freund, habe Marihuana geraucht und noch stärkere Sachen genommen. Ein Wunder, dass ich nicht erwischt wurde. Ich habe es meinen Eltern wirklich schwer gemacht. Aber ich wünschte dennoch, Jenny hätte vor dem Tattoo und den pinkfarbenen Haaren um Erlaubnis gefragt.«

»Und was hättest du gesagt?«, fragte ich. »Ich vermute, sie kannte die Antwort und hat deshalb trotzig auf dich regiert.«

»Okay, ich verstehe«, sagte sie und lächelte. »Aber jetzt bin ich in der Elternrolle. Ich will schlechtes Verhalten nicht dulden oder ihr den Eindruck vermitteln, sie könne damit durchkommen.« Sie hielt inne. »Okay, ich komme von meinem hohen Ross herunter. Aber hier ist die Eine-Million-Euro-Frage: Wie kann ich es vermeiden, wegen ihr auszurasten?«

Die Kraft der Gelassenheit

Gelassenheit wird oft in Meditationszentren gelehrt aber kaum in Elternratgebern erwähnt. Dennoch ist sie von enormem Wert für Eltern. In der Achtsamkeitspraxis nennen wir sie die »geheime Zutat«. Sie hilft uns, innerlich ins Gleichgewicht zu kommen, zu vermeiden, dass wir vom Leben überfordert werden, aber dennoch ein offenes Herz zu bewahren. Wie Achtsamkeit und Mitgefühl ist Gelassenheit eine Fähigkeit, die man mitten im Alltag entwickeln kann. Wir müssen nicht in ein Retreat in den Bergen flüchten, um sie zu kultivieren – das Laboratorium der Elternschaft ist mit all dem Chaos und der Frustration eine perfekte Umgebung. Gelassenheit ist eine perfekte Ergänzung zu Achtsamkeit und Mitgefühl und unterstützt diese Praktiken. Mit ihr können wir die Dinge klar sehen und akzeptieren, wie sie sind, ohne uns in unserem Wunsch zu verstricken, die Situation möge anders sein. Das Konzept, dessen Wurzeln aus der uralten buddhistischen Philosophie kommen, bedeutet »mit Geduld und Verständnis sehen«, Qualitäten, die wir als Eltern im Überfluss brauchen. Ein Bild für Gelassenheit, das oft von Meditationslehrerinnen und Lehrern benutzt wird, ist das eines weisen Großvaters, der sich mit einem Kleinkind auf einem Spielplatz befindet: Beim fröhlichen Schaufeln im Sandkasten, zerbricht die rote Lieblingsschaufel des Kindes und es beginnt zu heulen, ist untröstlich und betrachtet das als Tragödie. Der Großvater, der in seinem Leben echte Verluste erlitten hat, redet die Erschütterung des Kindes nicht klein, sondern tröstet es und vermittelt damit eine Perspektive für den Umgang mit den Kümmernissen des Alltags.

Ich wollte Chrissie eine Erfahrung von Gelassenheit vermitteln und begann mit der folgenden Übung. Es ist die Adaption einer Meditation, die der Dalai Lama Tausende an der Harvard University gelehrt hat. Sie verwendet das Bild eines ruhigen Ortes unter der Oberfläche einer stürmischen See, um Gelassenheit oder Gleichmut zu kultivieren. Diese Übung eignet sich gut in turbulenten Zeiten und könnte zu deiner wichtigsten Praxis nach einem Streit mit deinen Kindern, deinem oder deiner Partner:in, deinen Schwiegereltern, deinen Kolleginnen oder Kollegen oder anderen Menschen werden.

Ruhiger Ort unter stürmischer See

- Setz oder leg dich zunächst bequem hin und atme ein paarmal tief ein und aus, um dich zu erden und in deine Mitte zu kommen. Du kannst deinen Atem, die Empfindungen in deinem Körper oder Sätze der liebenden Güte nutzen, um in den gegenwärtigen Augenblick zu kommen.
- Visualisiere ein Boot, das in einem Hafen fest verankert ist. Es ist ein heiterer, friedlicher Tag und das Wasser ist ruhig. Aber plötzlich dreht der Wind. Dunkle Wolken ziehen auf und Wind und Wellen schlagen gegen das Boot.
- Nimm wahr, wie der Sturm zunimmt, mit heftigen Windböen, Hagel, Starkregen und enormen Wellen.

- Stell dir nun vor, dass du unter die stürmische Meeresoberfläche tauchen kannst, vielleicht mit einer Taucherausrüstung, und richte deine Aufmerksamkeit auf den Anker am Meeresgrund.
- Lass dich hier am Meeresgrund zur Ruhe kommen und sieh den Sturm, die Windböen und Wellen hoch oben über dir.
- Schau, ob du trotz des tobenden Sturms hier unten etwas Ruhe und Weite wahrnehmen kannst.
- Lass dich hier zur Ruhe kommen, gönne dir eine Pause von den Stürmen in deinem Leben und den Stürmen und Windböen der Elternschaft.
- Gönne dir ein paar Minuten zur Regeneration und Erneuerung.
- Wenn du bereit bist, atme ein paarmal tief ein und aus, bewege behutsam deine Arme und Beine und öffne die Augen.
- Wenn du dann an die stürmische Oberfläche deines Lebens zurückkehrst, denk daran, dass du auch jederzeit, wenn du es brauchst, in diese Stille zurückkehren kannst.

»Ich glaube, ich bin eingeschlafen«, sagte Chrissie und entschuldigte sich. »Ich war so aufgewühlt, dass ich heute Nacht nicht schlafen konnte. Es war gut, eine Erholungspause von dem täglichen Kampf mit Jenny zu bekommen. Ich habe das alles so persönlich genommen. Ich weiß, dass es mir diese Woche wie der Weltuntergang vorkam aber ich bin mir sicher, dass wir darauf zurückblicken und darüber lachen werden, wenn sie erst Mal dreißig ist und eigene Kinder hat. Ich fühle mich jetzt viel weniger gestresst, weniger reaktiv.«

Reflexion: Wieder ins Gleichgewicht kommen

»Ja klar,« sagst du vielleicht. »Wann war ich zuletzt im Gleichgewicht? Nicht mehr, seit die Kinder auf der Welt sind. Und vielleicht noch nicht mal davor«, seufzt du. Zusätzlich zur Übung »Ruhiger Ort« stell dir folgende Fragen, die dir helfen sollen, eine Situation mit mehr Geduld und Verständnis zu betrachten.

Nimm Papier und Stift (oder dein Smartphone) zur Hand und notiere deine Gedanken.

- Welche Situation macht dir Sorgen? Was ist passiert? Was hat dein Kind (oder dein Partner, deine Partnerin) gemacht? Was wurde gesagt?
- Halte jetzt inne und überlege. Warum empfinden die anderen so? Was könnten die Gründe sein? Zum Beispiel Jenny: Was wollte sie? Woher kam der Wunsch nach pinkfarbenen Haaren und einem Tattoo?
- Schau, ob du, anstatt dich in deiner Haltung »ich habe Recht, sie hat Unrecht« festzufahren, dich von diesem Konflikt aus zu einem tieferen Verständnis hin bewegen kannst.
- Das ist nicht schwer, aber es ist schwer, sich daran zu erinnern, es zu tun. Lobe dich dafür, dass du dich darum bemüht hast.
- Frag dich: Was kann ich aus dieser Situation lernen? Können wir es nächstes Mal anders machen?

Chrissie arbeitete im Lauf der Woche mit diesen Fragen und der Übung »Ruhiger Ort unter stürmischer See«. Sie begann Jennys Standpunkt zu verstehen, und was sie erkannte, überraschte sie. »Zuerst habe ich nur eine Trotzreaktion gesehen und dachte, das hätte nur mit mir und ihrem Bedürfnis, gegen mich zu rebellieren, zu tun. Als ich dann aber einen Gang herunterschaltete und darüber nachdachte, was sie wohl fühlte, sah ich ein kleines, unsicheres Kind, das verzweifelt versucht, «cool» zu sein und dazu zu gehören. Sie dachte, pinkfarbene Haare und ein Tattoo würden plötzlich dazu beitragen. Mein Herz öffnete sich ein bisschen mehr. Es ist heutzutage so schwer, ein Mädchen im Teenager-Alter zu sein.«

Guten Morgen, Herzschmerz

Janina hatte das Gefühl, am Tiefpunkt ihres Lebens angekommen zu sein. Sie hatte sich vor Kurzem aus einer missbräuchlichen Ehe mit einem Alkoholiker gelöst, in der sie viele Jahre verharrt hatte. Während sie einerseits froh war, dort herausgekommen zu sein, fühlte sie sich andererseits einsam und fürchtete sich davor, auf sich allein gestellt zu sein und zu versuchen, den Lebensunterhalt für sich und ihre 16-jährige Tochter mit ihrem mageren Einkommen als Kabarett-Sängerin zu bestreiten. Aber als ob das noch nicht genug wäre, hatte ihre 90-jährige Mutter, die immer ihr »Fels in der Brandung« gewesen war, eine Demenz entwickelt. Der geistige Verfall schritt rasch voran und war herzzerreißend. Als die Mutter anfing, nachts nackt durch die Straßen zu irren, wurde Janina klar, dass ihre Mutter zu Hause nicht mehr sicher war. All der Stress und die ganzen Veränderungen forderten ihren Tribut, und Janina wachte mitten in der Nacht auf und konnte nicht mehr einschlafen, während ihr unablässig der Billie-Holiday-Song »Good Moring Heartache« durch den Kopf ging.

»Man würde meinen, das sei genug,« erzählte sie mir, »aber meine Tochter wurde gerade wegen Plagiatsvorwürfen suspendiert. Sie ist ein gutes Mädchen und sagte, ihr sei nicht klar gewesen, dass sie etwas Unrechtes getan habe – zumindest nichts furchtbar Schlimmes. Sie lächelte ironisch. «Eine Freundin bot ihr an, ihr eine Hausarbeit zur Verfügung zu stellen, um ihr zu helfen, und sie ist faul und war außerdem völlig durch den Wind aufgrund all dessen, was in der Familie passiert. Also dachte sie, sie könne ein paar kleine Veränderungen vornehmen und die Arbeit einreichen. Niemand würde etwas merken. Es funktionierte nicht, sie wurde erwischt. Sie suspendierten sie für eine Woche und sie ist jetzt auf Probe gesetzt. Jetzt habe ich noch ein Problem zu lösen. Wie konnte sie nur so dumm sein? Und so nachlässig! Ich bin völlig ausgerastet, wirklich explodiert und habe sie angeschrien, sie als rücksichtslos und faul beschimpft; habe ihr vorgeworfen, dass sie keine Arbeitsmoral hat. Und ich habe sie geohrfeigt. Ich weiß, das hätte ich nicht tun sollen, aber es war der letzte Tropfen, der das Fass zum Überlaufen gebracht hat. Ich komme einfach nicht hinterher. Ich habe das Gefühl, dass mich das Leben gerade umhaut. Ich versuche nur noch, meinen Kopf über Wasser zu halten.«

Angesichts der vielen Stressfaktoren, mit denen Janina konfrontiert war, brachte ich ihr eine Gelassenheitsübung bei, um ihr zu helfen, auf den Wellen des Stresses zu reiten und ein inneres Gleichgewicht aufrechtzuerhalten. Aber vorher anerkannte ich ihren Schmerz und wie schwer das Elterndasein in stressigen Zeiten ist. Manchmal fühlt es sich an, als könnten wir keine einzige weitere stressige Sache verkraften. Diese sind jedoch unvermeidlich und wenn wir sie ausblenden oder Widerstand leisten, kann das alles noch schlimmer machen. Es gibt ein Sprichwort, das ich nützlich finde in Zeiten, in denen wir uns überfordert fühlen und Schwierigkeiten haben, alles unter einen Hut zu kriegen: »Du kannst die Wellen nicht aufhalten aber du kannst lernen, zu surfen.«

Es folgt eine nützliche Übung für das Surfen auf starken Gefühlen wie Wut, Traurigkeit, Angst oder innerer Anspannung, sowie intensivem Verlangen nach Essen oder Sex. Diese Übung ist inspiriert von der wegweisenden Arbeit von Alan Marlatt, der eine Übung mit dem Titel »Notfall-Surfen« entwickelt hat, um Patient:innen zu helfen, mit Süchten klarzukommen.[43] Und dies ist meine Sofort-Hilfe-Übung, für Zeiten, in denen man das Gefühl hat, dass einen das Leben umhaut.

♥ *Auf den Wellen der Elternschaft surfen*

- Setz dich bequem hin, nimm dir einen Moment Zeit, um zur Ruhe zu kommen und dein Gewahrsein zu verankern.
- Du kannst dem Atemrhythmus folgen, deine körperlichen Empfindungen wahrnehmen oder Liebende-Güte-Sätze anwenden, um in deine Mitte zu kommen.

- Denke an einen Vorfall mit einem Kind (oder deinem Partner, deiner Partnerin oder einem Elternteil), bei dem dein Verhalten nicht deinen eigenen Ansprüchen genügt hat und du dich auf eine Weise benommen hast, die weder für dich noch für dein Kind hilfreich war. (Bitte keine Selbstverurteilung). Vielleicht hast du geschrien, bist explodiert oder wurdest extrem wütend aufgrund einer schwierigen Interaktion.
- Während du an diesen Vorfall denkst, schau, ob du dich an das Gefühl erinnern kannst, das diesem Verhalten vorausging. Geh zu diesem Gefühl zurück und bleibe dabei. Benenne es, wenn du magst: »Das ist Wut.« »Das ist Frustration«. »Das ist Traurigkeit.« »Das ist Verzweiflung.«
- Schau, ob du in dem Moment, bevor du explodierst oder bevor die Emotion ihren Höhepunkt erreicht, innehalten kannst. Bleib an der Peripherie. Atme und entspann dich in die Erfahrung hinein, anstatt Widerstand zu leisten.
- Beobachte, während du über den Vorfall nachdenkst, wie die Welle der Gefühle und Gedanken möglicherweise intensiver wird. Bleib bei dieser Intensivierung und nimm deine körperlichen Empfindungen wahr. Schau, ob du eher bei diesem »Anstieg« bleiben kannst, anstatt gegen die Welle anzukämpfen oder unterzugehen. Vertraue darauf, dass die Welle, wie hoch sie auch werden mag, wieder abebben wird.
- Versuche, den Atem oder die Sätze der liebenden Güte als Surfbrett zu benutzen, um im Gleichgewicht zu bleiben. Mach dir keine Sorgen, wenn du »wackelst«, während du versuchst, dein Gleichgewicht zu finden. Das Abenteuer der Elternschaft erfordert kontinuierliche Anpassung, so wie beim Surfen auf einem echten Surfbrett. Schau, ob du zu einem flexiblen, dynamischen Gleichgewicht finden kannst.
- Wenn du »aus der Rolle fällst« oder runterfällst, mach dir keine Sorgen. Wir alle geraten als Eltern aus dem Gleichgewicht. Wir alle werden »umgehauen«. Mach dich nicht nieder; steig einfach wieder aufs Brett und reite auf diesen Wellen. Das ist eine lebenslange Übung. Die Wellen hören im Grunde nicht auf … und manchmal kommen sie aus allen Richtungen.
- Sei freundlich zu dir. Du tust, was du kannst.

- Bleib so standhaft wie möglich, bis die Welle der Emotionen in sich zusammenfällt und verebbt. Du kannst zu deinem Atem oder den Sätzen der liebenden Güte zurückkehren, bevor du dich wieder in deinen Alltag begibst.

Janina gefiel es, etwas tun zu können, das ihr half. »Wenn ich aufgewühlt bin, gehe ich normalerweise an den Kühlschrank, schenke mir einen harten Drink ein und verfalle in Selbstmitleid. Manchmal habe ich das Gefühl, in meinem Kummer zu ertrinken. Das hier hilft mir, das Gefühl zu bekommen, dass ich wieder auf die Beine kommen kann.« Um an wirklich schweren Tagen noch etwas in Reserve zu haben, probierte Janina auch die folgende Reflexionsübung aus – »Wann fällst du vom Brett?« Sie stellte fest, dass ihr die Reflexion half, vorab zu erkennen, was ihre Knöpfe drücken würde und konstruktiv darauf zu antworten, anstatt auszurasten.

Wir alle kennen Dinge, die unsere Knöpfe drücken und Situationen, die uns »vom Brett« werfen. Cecilia rastete normalerweise aus, wenn sie die Zimmertür ihrer Tochter öffnete und Berge von schmutziger Kleidung, Büchern und Sportsachen aufgetürmt sah. »Ich machte mir Sorgen, dass sie ein Messie werden könnte. Sie schien völlig unfähig, irgendetwas auf einen Bügel zu hängen oder wegzuräumen. Es machte mich rasend und ich wurde dann normalerweise zur Berserkerin. Ich rastete jedes Mal völlig aus. Jetzt, nachdem ich gelernt habe, die Welle zu reiten und ein gewisses Maß an innerem Gleichgewicht aufrechtzuerhalten, haben wir einen Zeitpunkt in der Woche festgelegt, an dem jede(r) von uns ihre oder seine Sachen aufräumt – auch mein Mann und ich. So hat sie nicht das Gefühl, die Zielscheibe zu sein. Und wenn das Haus dann aufgeräumt ist, gehen wir alle zusammen ein Eis essen. Jetzt ist alles viel einfacher.«

Reflexion: Wann fällst du vom Brett?

(Das ist eine Schreib-Übung)

- Nimm dir einen Moment Zeit und komm zur Ruhe ... Ahhhh
- Gib dir Gelegenheit, darüber nachzudenken, wann du ausrastest.
- Manchmal sind es Kleinigkeiten: ein Kind hat beispielsweise den Tisch nicht abgeräumt oder die Spülmaschine nicht eingeräumt.
- Ein andermal ist es der Klassiker mit der »verschütteten Milch«. Oder die nicht gesäuberte Katzentoilette? Oder es wurde versäumt, mit dem Hund Gassi zu gehen? Oder dein Kind ist trotzig? Gibt Widerworte? Ist faul oder schlampig?
- Manchmal passiert es, wenn sich jemand chronisch verspätet oder vergisst, anzurufen oder eine Nachricht zu schreiben. Oder wenn dein Partner, deine Partnerin spätabends ein Meeting hat und es dir nicht mitteilte und du ein wirklich tolles Abendessen zubereitet oder einen schönen Familien-Ausgeh-Abend geplant hast.
- Es können aber auch schwerwiegendere Dinge sein. Jemand, der dich anlügt, dich täuscht oder betrügt.
- Notiere, was es ist, das dich ausrasten lässt.
- Erkennst du ein bestimmtes Muster? Wenn ja kannst du irgendetwas anders machen?
- Kannst du darüber sprechen, wie man die Dinge anders handhaben könnte, sodass es nicht ständig Streitereien gibt?
- Schau, ob deine Familie gemeinsam mit dir ein Brainstorming machen kann, um Vorschläge zu sammeln.
- Versuche einen Plan auszuarbeiten, der dazu beiträgt, dass die Interaktionen reibungsloser verlaufen.
- Denk daran, auch wenn es vielleicht nicht so scheint: Niemand will wirklich, dass du »vom Brett fällst«.

Wenn es »Extrastark« sein muss

Es gibt Zeiten im Leben, in denen es nur mit Extrastärke geht. Manchmal sind Situationen so herausfordernd, dass du das Gefühl hast, zehn extrastarke Übungen zu brauchen, anstatt einer einzigen, die dich durch den Tag bringt – oder auch nur durch die nächste Stunde. Das Ende einer Ehe, der Verlust eines Kindes, eine lebensbedrohliche Erkrankung oder Verletzung, ein sterbender Elternteil oder eine Sucht kann dir das Gefühl geben, dass dein Leben aus den Fugen gerät. In solchen Zeiten ist es schwer, das Leben zu bewältigen, einen Sinn in deinem Leid zu sehen, eine höhere Bedeutung oder einen übergeordneten Wert darin zu entdecken.

Margots Sohn Hannes ist jetzt in der Oberstufe und alles lief gut, bis er anfing, Marihuana zu rauchen. »Er hatte Freunde, spielte Fußball, und dann fing er an, mit dieser Clique herumzuhängen, diesen ›Zu-cool-für-die-Schule-Faulenzern‹, und sie begannen gemeinsam Gras zu rauchen. Ich bin nicht bieder und habe es auf der Uni ebenfalls ausprobiert. Ich weiß auch, dass es demnächst wahrscheinlich legalisiert wird, aber ich wollte nicht, dass er zu viel raucht und seine Motivation verliert. Wir haben darüber geredet und er hat versprochen, damit aufzuhören. Ich habe ihm vertraut; ja, wirklich. Und die Dinge schienen sich für eine Weile zum Besseren zu wenden. Aber in den letzten Wochen hat er sich seltsam verhalten, er lässt die ganze Zeit sein Fenster offen und wir haben bemerkt, dass er sich Abends aus dem Haus schleicht. Seine Noten werden schlechter, er schwänzt die Schule und ich mache mir Sorgen um ihn. Vor ein paar Tagen hatte er ganz glänzende Augen, war nervös und reizbar und es schien, als sei irgendwas im Busch. Eine Zeitlang traf er sich regelmäßig mit einem netten Mädchen, sie hatte einen guten Einfluss auf ihn, aber dann ließ sie ihn für einen Football-Spieler fallen und seitdem ist er total niedergeschlagen. Ihm wurde zum ersten Mal das Herz gebrochen. Ich habe versucht, mit ihm darüber zu sprechen, aber er wollte nicht mit seiner Mama reden. Das verstehe ich. Ich wollte in diesem Alter meine Probleme auch nie mit meiner Mutter besprechen.«

»Aber gestern haben Daniel und ich Wäsche zusammengelegt und Daniel trug sie in Hannes Zimmer. Hannes war mit seinen Freunden unterwegs. Eine Schublade seiner Kommode stand offen und Daniels Blick fiel auf etwas. Wir schnüffeln nicht herum aber Daniel zog die Schublade heraus und fand unter Hannes T-Shirts Drogenutensilien, Pillen und einen Packen Bargeld. Ich mache mit solche Sorgen. Ich höre so viel über die Opioid-Krise; ich habe Angst und befürchte, dass er süchtig wird.

Danach war ich völlig durch den Wind. Ich konnte letzte Nacht nicht schlafen und gab mir die Schuld an der Situation. Und ich hatte Alpträume, in denen er eine Überdosis genommen hatte. Ich weiß, du denkst wahrscheinlich, dass das eine übertriebene Reaktion ist aber ich mache mir Sorgen. Daniel und ich haben beschlossen, heute Abend mit ihm zu sprechen.«

»Natürlich machst du dir Sorgen, das ist eine völlig normale Reaktion und natürlich bist du aufgewühlt«, erwiderte ich. »Aber du weißt noch nicht genau, was los ist. Schauen wir also erst einmal in Ruhe, was da vor sich geht. Ich möchte dich, bevor du mit ihm sprichst, mit einer Übung vertraut machen, die dir helfen wird, geerdet zu bleiben und einen klaren Kopf zu bekommen.«

Es ist eine Reflexionsübung, die in schweren Zeiten hilft, klar zu bleiben und auch in Phasen des Übergangs angewendet werden kann – von der Realschule aufs Fachgymnasium, vor dem Eintritt in die Uni oder sogar, wenn dein Kind in den Kindergarten oder in die Grundschule kommt. Die Übung gibt dir Gelegenheit, dich zu sammeln, deiner Liebe, deinen Hoffnungen und Ängsten Ausdruck zu geben. Du musst diese Übung nicht unbedingt an deine Kinder weitergeben, außer, du möchtest das – es ist eine Übung für dich.

Reflexion: Brief an mein Kind

Nimm Papier und Stift zur Hand

- Finde eine angenehme Position, wende dich deinem Atem und den Empfindungen in deinem Körper, den Umgebungsgeräuschen oder den Sätzen der liebenden Güte zu.
- Atme ein paarmal tief ein und aus. Lass dich zur Ruhe kommen.
- Beginne mit Liebe und Mitgefühl. Vielleicht möchtest du mit einem Bild oder einer Erinnerung anfangen, die für dich besonders war aus der Zeit, als dein Kind noch klein war oder während der Schwangerschaft oder Geburt. An was erinnerst du dich? Was hast du damals gefühlt?
- Vielleicht möchtest du etwas über die Verbindung aufschreiben, die du zu deinem Kind gespürt hast. Die Momente der körperlichen Nähe. Die Momente, als ihr euch in die Augen geschaut habt, als es zum ersten Mal lächelte oder lachte.
- Erinnere dich an die wunderschönen gemeinsamen Zeiten. Wie du dein Kind auf dem Spielplatz auf der Schaukel angeschubst hast, wie ihr in den Ferien zusammen an den Strand gegangen seid, zusammen gereist seid, einen Sonnenuntergang beobachtet habt, an einer Blume geschnuppert habt, ein Tierbaby entdeckt habt. Schreib etwas über die Zeiten auf, in denen du dich deinem Kind wirklich nah gefühlt hast.
- Erinnere dich auch an die lustigen Situationen. Was hat dein Kind getan oder gesagt, das dich laut auflachen ließ. Denke an Situationen, die dich so dankbar für dieses kostbare Wesen werden ließen. Schreib auch das auf.
- Jetzt denke an die schweren Zeiten, die ihr zusammen durchgemacht habt einen Umzug, einen Verlust, eine Scheidung, eine Krankheit, eine Naturkatastrophe. Wie seid ihr durch diese schwere Zeit gekommen? Was hat euch zusammengeschweißt? Nimm die Stärken dieser Beziehung wahr; denk daran, wie ihr die Stürme überstanden habt und wie widerstandsfähig ihr wart.

- Schau dir an, was nicht so gut gelaufen ist, Dinge die du gesagt oder getan hast und bereust, Dinge, die du gerne noch einmal anders machen oder »zurücknehmen« würdest. Vielleicht gibt es etwas an deinem Verhalten, das du ändern würdest. Herausforderungen, weil eure Temperamente kollidiert sind? Fehler, die du gemacht hast? Schreib das auch auf.
- Vermeide Schuldzuweisungen, werde nicht selbstgerecht. Bestehe nicht darauf, dass du immer recht hast und die Tugend in Person bist und dein Kind fehlgeleitet und dumm ist. Urteile jetzt nicht.
- Denk zum Schluss darüber nach, wie du vielleicht gerne auf eine positive Weise weitermachen würdest. Wie kannst du neu beginnen? Anerkenne, dass ihr beide fehlbare menschliche Wesen seid und dass du keine perfekte Mutter (oder Vater) bist.
- Schau, ob du auf dein Kind zugehen kannst, die Wunden, die da sind, heilen kannst, den Schaden reparieren kannst, ob du Dinge sagen kannst, die du noch nie zuvor gesagt hast und die heilsam wirken könnten. Schreib das auf. Übernimm Verantwortung für deine Fehler, für die Zeiten, in denen du dein Kind missverstanden hast, die Zeiten, in denen du es im Stich gelassen hast.
- Überleg dir eine Strategie für den Umgang mit den Punkten, die innerhalb der Beziehung angesprochen werden müssen. Wie kannst du konstruktiv weitermachen, ohne dein Kind zu beschuldigen oder zu beschämen?
- Nimm dir noch ein paar Minuten Zeit, um andere Dinge aufzuschreiben, die dir in den Sinn kommen und die du ausdrücken möchtest.
- Wenn du bereit bist, konzentriere dich wieder auf deinen Atem, die Empfindungen in deinem Körper oder die Sätze der liebenden Güte. Lege eine oder beide Hände auf dein Herz. Und danke dir dafür, dass du diesen Brief geschrieben hast.
- Schau, ob du dich von der Liebe und dem Mitgefühl, die sich in diesem Brief ausdrücken, in deinen Gesprächen mit deinem Kind leiten lassen kannst.

Margot schrieb den Brief zwischen den Sitzungen und las ihn mir bei unserem nächsten Treffen vor. »Hannes ist von mir gewöhnt, dass ich ihn anschreie und kritisiere und er war überrascht, als ich bei unserem Gespräch Verständnis zeigte. Das heißt aber nicht, dass wir zimperlich miteinander umgingen. Er war stinksauer darüber, dass wir seine Sachen inspiziert hatten und nahm deswegen eine totale Abwehrhaltung ein. Aber als wir weiter sprachen, stellte sich heraus, dass er sich unter Druck fühlte, mehr Drogen auszuprobieren – riskantere Drogen und Schmerzmittel. Seine Freunde stahlen Medikamente aus den Arzneischränkchen ihrer Eltern. Ich glaube, er war erleichtert, obwohl er wütend auf uns war. Er gab zu, dass es ihm schwerfiel, nein zu sagen und dass er unter Druck nachgab. Wir haben mit den anderen Eltern Kontakt aufgenommen, damit sie wissen, was los ist. Und wir haben darauf bestanden, dass er zur Drogenberatung geht. Das will er nicht, aber er weiß, dass er in einer gefährlichen Lage ist. Ich glaube, er war tatsächlich erleichtert, – obwohl er das nie zugeben würde – dass wir es bemerkt haben und ihm helfen.«

Margot fragte mich, ob sie noch irgendetwas anderes tun könne, wenn sie mitten in der Nacht wach lag und über all ihre Versäumnisse und Fehler grübelte und wünschte, dass das nicht ihr und ihrem Sohn passierte.

Für manche erfordert die folgende Übung vielleicht ein bewusstes Beiseiteschieben ihrer Zweifel, aber für diejenigen, die sie ausprobieren, kann sie zu einem bedeutenden Perspektivwechsel führen. Es ist eine gute Übung für Extremsituationen aber auch sehr brauchbar bei alltäglichen Enttäuschungen.

Wenn alles auseinanderbricht

- Setz dich bequem hin. Atme ein paarmal tief ein und aus nimm dir einen Moment Zeit, um zur Ruhe zu kommen und dich zu erden. Praktiziere, was immer du hilfreich findest: konzentriere dich auf den Atem, auf deine körperlichen Empfindungen oder auf die Sätze der liebenden Güte.

- Richte deine Aufmerksamkeit auf die schwierige Situation, mit der du konfrontiert bist. Bleib in Kontakt mit allem, was du fühlst, was du denkst und auch mit deiner Angst.
- Nimm wahr, wo du das im Körper spürst. Sitze einfach inmitten dieses Durcheinanders.
- Stell dir vor und an dieser Stelle ist es vielleicht notwendig, deine Zweifel beiseite zu schieben dass du, bevor du geboren wurdest, entschieden hast, diese Erfahrung zu machen, um dein persönliches Wachstum zu fördern.
- Stell dir vor, du sitzt mit einigen weisen Alten oder Ratgeber:innen zusammen, denen du am Herzen liegst und die nur das Beste für dich wollen. Sprich mit ihnen darüber, wie diese Ereignisse dir helfen, zu lernen.
- Kannst du diese Ereignisse, anstatt dich gegen sie zu wehren, einfach da sein lassen? Können sie für dich zu Zitronen werden? Kannst du mit ihnen arbeiten?
- Sitze mit dem, was bei dir hochkommt und schau, ob du diese Situation mit neuen Augen siehst.
- Wie ist es, dir vorzustellen, dass du diese Situation gewählt hast, anstatt sie aufgezwungen zu bekommen?
- Stell dir vor, dass diese Umstände zu einer Chance werden können, neue Stärken und Qualitäten zu entwickeln und nicht nur eine Belastung sind.
- Wenn weiterhin Herausforderungen auftauchen oder wenn du feststellst, dass du dich als Opfer fühlst, schau, wie die Schlaglöcher auf der Straße zu einer Chance für Wachstum und Lernen werden können.

Margot war skeptisch aber sie probierte die Übung aus und stellte fest, dass sie etwas bewirkte. »Zuerst habe ich Selbstmitleid empfunden habe mich gefragt ›Warum ich? Warum habe ich so einen Sohn bekommen?‹, aber die Übung half mir, die Opferrolle loszulassen. Kürzlich trafen wir zufällig frühere Nachbarn, die wir seit Längerem nicht mehr gesehen hatten. Ihr Sohn hatte mit Depressionen und Drogensucht zu kämpfen und durchlief Rehabilitationsprogramme – mehrfach. Schließlich schlugen sie an und er drehte sein Leben um 180 Grad. Heute arbeitet er mit Drogenabhängigen. Er ist dreißig. Der Nachbar scherzte, sein Sohn sei wirklich gut bei seiner Arbeit, weil er die Rehabilitation von innen kennt. Aber er sagte etwas, das mich wirklich berührt und inspiriert hat. ›Ich erzähle den Leuten, dass es bei der Arbeit meines Sohnes um die Rettung von Seelen geht‹. Seine Worte machten mir Hoffnung.«

Achtsamkeit im Alltag

Hast du je das Gefühl, ein bisschen Hoffnung zu brauchen? Oder zumindest etwas Trost? Es ist mitten in der Nacht. Du kannst nicht schlafen – schon wieder. Du hast Schafe gezählt, deine Atemzüge gezählt, hast es mit den beruhigenden Berührungen probiert, hast sogar versucht, deine Gefühle zu benennen. Es sind so viele, dass du mit dem Zählen kaum hinterher kommst – Wut, Angst, Besorgtheit, das Gefühl, verraten worden zu sein, Verzweiflung. Ja, Elternschaft kann so sein. Mitgefühl hilft ein bisschen, aber das Gedankenkarussell dreht sich weiter. Es ist schwer, mit dem Grübeln aufzuhören. Deine Gedanken drehen sich ständig im Kreis. Ein Meditationslehrer hat einmal zu mir gesagt, dass wir mitten in der Nacht kaum jemals hilfreiche Gedanken haben. Er hatte recht. In dieser dunklen Stille, die oft endlos erscheint, sind unsere Gedanken oft dramatischer und reaktiver, als es uns vielleicht lieb ist. Manchmal fühlt es sich an, als würde der Morgen niemals kommen. Probiere etwas anderes aus – versuche, aufzustehen und eine Geh-Meditation zu machen, um den Teufelskreis der Grübelei zu unterbrechen. Das Ziel besteht nicht unbedingt darin, wieder einschlafen zu können, sondern, dir zu erlauben, ein fehlbarer, unvollkommener und belasteter Mensch zu sein, ein »mitfühlendes Durcheinander«.

Wenn wir in den ersten Jahren der Elternschaft versuchen, unser Baby zum Schlafen zu bringen, ist uns oft nicht klar, dass unser Schlaf für viele Jahre unterbrochen sein wird – es scheint immer etwas Neues zu geben, über das man sich Sorgen machen kann. Die folgende Übung kann helfen, wenn du ein bisschen »mehr« brauchst.

 *Achtsamkeit um vier Uhr morgens*

Aufnahme 8

- Steh einfach auf, wenn du stundenlang vergeblich versucht hast, einzuschlafen. Manchmal kannst du es einfach nicht erzwingen.
- Schalte eine Nachtlampe ein, damit du nicht über irgendetwas stolperst. Such dir eine Fläche, auf der du hin- und hergehen kannst, auch wenn es nur eine kleine ist.
- Stell dich bequem hin, die Augen sind offen, die Füße etwa hüftbreit auseinander.
- Lass dich spüren, dass du vom Untergrund gehalten wirst. Wenn du magst, stell dir vor, dass die Erde dich unterstützt und hält.
- Nimm etwaige Empfindungen in deinen Füßen wahr. Du kannst dein Gewicht von einer Seite auf die andere verlagern.
- Fang jetzt langsam an zu gehen aber bleib dabei entspannt und aufmerksam. Nimm die Empfindungen beim Kontakt deiner Füße mit dem Boden wahr.
- Du kannst zu dir sagen »berühren, berühren«.
- Richte deine Aufmerksamkeit auf jede deiner Bewegungen beim Gehen den Kontakt mit dem Boden, die Bewegung und das Aufsetzen des Fußes.
- Nimm dein inneres Erleben beim Gehen wahr, (wenn du in deinem Schlafzimmer bist, gehst du vielleicht im Kreis. Elternschaft fühlt sich auch so an).
- Wenn du magst, kannst du dein Gewahrsein ausdehnen, um die Geräusche, Strukturen, Gerüche und Schatten um dich herum wahrzunehmen.
- Falls deine Gedanken anfangen, sich im Kreis zu drehen oder wenn du dich überwältigt fühlst, bring dir ein bisschen Freundlichkeit entgegen, berühre dich, lege eine Hand oder beide auf dein Herz, wenn du möchtest.
- Versuche es nicht zu kontrollieren, lass es entspannt sein. Du kannst zu dir sagen »Nur dieser Moment. Sonst nichts«.

- Falls das eine Zeit ist, in der du wirklich etwas »Extra-Starkes« brauchst, füge folgende Sätze hinzu: »Möge ich sicher und geschützt sein, selbst wenn es keine Sicherheit gibt.«
- »Möge ich inneren Frieden haben, selbst wenn es keinen Frieden gibt.«
- »Möge ich in Freundlichkeit eingehüllt sein, selbst wenn es keine Freundlichkeit gibt.«
- Wenn du das Gefühl hast, dass es genug ist, richte deine Aufmerksamkeit wieder auf deinen Atem und die Empfindungen in deinen Füßen beim Kontakt mit dem Boden.
- Schau, ob du dieses Gewahrsein und Mitgefühl in deine nächste Aktivität mitnehmen kannst.

8 Wurzeln und Flügel

WAS WIR UNSEREN KINDERN MITGEBEN

Der Journalist Hodding Carter schrieb »Es gibt nur zwei dauerhafte Vermächtnisse, die wir hoffentlich unseren Kindern mitgeben können. Das eine sind Wurzeln, das andere sind Flügel.« Wenn wir erst einmal Kinder haben, scheint alles ein Lernprozess im Loslassen zu sein – von der ersten Babysitterin, über die ersten Schritte des Kleinkindes, mit denen es sich von uns entfernt, Verabredungen mit Spielkameraden, vom Kindergarten, den Übernachtungen bei Spielfreunden, den mehrtägigen Klassenfahrten bis hin zur Uni und so diesen und jenen Abenteuern. Wie können wir ihnen helfen, geerdet zu sein und darauf vertrauen, dass sie gute Entscheidungen treffen werden, anstatt ängstliche Helikopter- oder Schneepflug-Eltern zu sein? Je mehr es uns gelingt, mitfühlend und beständig zu bleiben, desto einfacher wird es für sie, ihre Flügel auszubreiten.

Beim Lesen von Alice Walkers Gedicht *Even As I Hold You* haben mich besonders die letzten beiden Zeilen beeindruckt: »Even as I hold you / I am letting go«(»Sogar während ich dich halte, lasse ich los«).[44] Walker hat diese permanente Spannung gut auf den Punkt gebracht. Plötzlich fühlte ich mich an jenen Tag zurückversetzt, an dem ich meine Tochter, mein jüngstes Kind, zum ersten Mal in den Kindergarten brachte. An diesem Morgen glaubte ich, ich würde mich darauf freuen, ein bisschen mehr Zeit für mich selbst und endlich eine verlässliche Kinderbetreuung zu haben. Doch ich wurde von der Wucht des Gefühls überrascht, das ich plötzlich wahrnahm.

Beim Kindergarten lief mir meine gute Freundin Naomi über den Weg. Unsere Söhne hatten sich ein paar Jahre zuvor im Kindergarten angefreundet und es hatte sich eine enge Freundschaft zwischen uns allen entwickelt. Naomi war Schauspielerin, Bühnenautorin und Regisseurin, stammte aus einem anderen Land und konnte sehr gut mit Emotionen umgehen.

»Wie geht es dir?«, fragte sie.

»Sie in den Kindergarten zu schicken ist schwerer als ich dachte«, sagte ich, während sich meine Augen mit Tränen füllten. Verlegen entschuldigte ich mich schnell. Sie umarmte mich und sagte: »Keine Entschuldigungen. Das ist ein großer Schritt. Geh heim und weine mal ordentlich.«

Ich war beeindruckt von ihrer Wärme und ihrem Mitgefühl. Die meisten meiner anderen Freundinnen hätten beim Eingestehen meiner Trauer die Augen verdreht, mir gesagt, ich solle das wegstecken oder hätten mir in irgendeiner Form zu verstehen gegeben, dass ich überreagiere oder dramatisiere. Oder sie hätten mich höflich wissen lassen, dass sie gerade gar keine Zeit hätten. Naomi war älter, ihre Kinder waren älter und sie war die weise, manchmal wilde, unangepasste Schwester, die ich nie hatte. Und sie war nicht an die Regeln dieser Kultur gebunden.

»Und führe dich selbst zu einem feinen Mittagessen aus; das hast du verdient.« Sie lächelte, während sie mich noch einmal umarmte.

Darauf wäre ich selbst nie gekommen; es erschien mir zu maßlos. Aber ich habe es gemacht. Und ich erinnere mich noch heute, über zwei Jahrzehnte später genau an dieses Essen an einem perfekten Septembertag. Anstatt die Situation zu verdrängen oder mich mit dem Gedanken an die zuverlässige Kinderbetreuung, die ich so dringend benötigte, abzulenken, anerkannte, betrauerte und feierte ich diesen Übergang. Für mich hatte diese selbstmitfühlende Reaktion etwas Radikales. Obwohl ich Jahre der Therapie und des Achtsamkeitstrainings hinter mir hatte, war ich hart zu mir selbst; ich versuchte, mich nicht zu beklagen und keine Drama-Queen zu sein. Wenn ich heute zurückblicke und wünschte, ich könnte mich bei Naomi bedanken (die viel zu jung starb), erkenne ich, dass ihre Sprache und ihr Handeln ganz natürlich von Mitgefühl durchdrungen waren.

Es war ein Übergang, das Ende eines Lebensabschnitts und ich versuchte, »die Ohren steif zu halten«, anstatt zu fühlen, was ich fühlte. Und es war eine Erleichterung, anzuerkennen, was vor sich ging. Meine Sorge war, dass ich zu einem emotionalen Häufchen Elend würde aber ich drehte nicht durch – tatsächlich bemerkte ich, dass ich die komplexen, bittersüßen Gefühle annehmen konnte.

Dieser kluge und liebevolle Rat von Naomi und die Erfahrung, dass ich mir selbst die Erlaubnis geben konnte, beides zu fühlen – die Freude und die Trauer – führten zu folgender Meditation. Diese Übung kann immer hilfreich sein, ganz gleich, wie jung oder alt unsere Kinder sind.

Festhalten/Loslassen

- Atme ein paarmal tief ein und aus. Nimm dir kurz Zeit, um in dich hinein zu spüren.
- Wo stehst du momentan innerhalb des Spektrums von Festhalten und Loslassen?
- Wenn deine Kinder noch klein sind: werden sie tagsüber betreut? Von einem Familienmitglied, einer Nachbarin oder Tagesmutter?
- Gehen sie zur Schule? Sind sie Schulanfänger oder schon im Vollzeitunterricht?
- Wenn sie älter sind: leben sie noch zu Hause? Wohnen sie woanders?
- Sind sie aus finanziellen Gründen wieder zu Hause eingezogen? Haben sie Startschwierigkeiten? Gesundheitliche Probleme? Eine gescheiterte Beziehung?
- Was bedeutet Loslassen emotional für dich?
- Hältst du um jeden Preis fest?

- Stell dir vor, du hättest eine Freundin, die genau verstünde, wie es dir momentan geht. Diese Freundin wäre vielleicht ein bisschen älter und weiser oder eine erfahrenere Mutter.
- Stell dir vor, diese Freundin (gerne auch ein Freund) könnte intuitiv wahrnehmen, was du brauchst, noch bevor du es selbst spürst. Was würde sie oder er dir sagen? Vergiss nicht: sie oder er würde dich nicht verurteilen und die Dinge auch nicht schönreden.
- Halte inne. Hör zu. Was würde diese Person zu dir sagen?
- Leg eine Hand auf dein Herz. Es hat keine Eile. Komm in Kontakt mit dem, was du brauchst. Gib dir die Erlaubnis, auf deine Bedürfnisse zu antworten.
- Dadurch wirst du nicht schwach, maßlos oder egoistisch.
- Deine Bedürfnisse sind wichtig. Es ist schwer, Kinder ziehen zu lassen. Es ist schwer uns selbst weiter gehen zu lassen.
- Fasse bewusst den Entschluss, dich in einen Kreis liebevoller und fürsorglicher Freundinnen, Freunde und Familienmitglieder einzubetten. Tu das vor deinem geistigen Auge.
- Fühle dich von Wärme und Weisheit umgeben.
- Kehre zu dieser Übung zurück, wann immer du dich überfordert fühlst.

Tanja, die an einem Workshop für Eltern teilnahm, plante, nach ihrer viermonatigen Mutterschaftszeit wieder Vollzeit zu arbeiten. »Ich habe mich ziemlich weinerlich gefühlt und mir gesagt, dass ich mich nicht so fühlen sollte, dass ich mich einfach zusammenreißen sollte. Wir brauchen das Einkommen. Zu hören, dass wir als Eltern immer loslassen, war hilfreich und hat mich auf den Übergang vorbereitet.«

Johanns Tochter war für ein paar Wochen auf einem Tenniscamp. Das Haus war ungewöhnlich still und er vermisste ihre Energie und ihr Geplauder, obwohl es auch nett war, ein bisschen länger schlafen zu können und sie an den Wochenenden nicht in der Gegend herumfahren zu müssen. Charlotte, seine Frau, schien es zu genießen, dass sie eine Pause hatte, und verbrachte ihre Zeit damit, mit ihren Freundinnen Drinks zu nehmen, Essen zu gehen und spät nach Hause zu kommen. Johann fühlte sich einsam und fragte sich, wie es wohl in ein paar Jahren sein würde, wenn die Tochter auszöge, um auf die Uni zu gehen. »Meine Eltern waren nicht sehr emotional und deshalb frage ich mich, ob mit mir irgendetwas nicht stimmt, wenn ich intensive Gefühle habe. Es war eine solche Erleichterung, zu hören, dass sich viele Eltern so fühlen. Obwohl ich überzeugt bin, dass meine Mutter eine Flasche Gin aufgemacht hat, als ich das Haus verließ«, lächelte er, »und nie eine Träne vergossen hat.«

Manchmal ist es schwierig, nicht ausschließlich die Bedürfnisse seines Kindes im Blick zu haben, selbst wenn das eigene Wohlbefinden von einem gewissen Maß an Selbstfürsorge abhängt. Wenn ein Kind ernsthafte gesundheitliche Probleme hat oder es Komplikationen während der Schwangerschaft gab, fällt es beispielsweise oft schwer, das Kind einer fremden Person zu überlassen, nur um ein paar erholsame Stunden im Kino zu verbringen.

Jerome und Tabea hatten jahrelang versucht, ein Kind zu bekommen und es hatte länger gedauert, als erwartet. Es war eine komplizierte Schwangerschaft gewesen und das Baby war zu früh auf die Welt gekommen. Obwohl die Versorgung des Kindes anstrengend war, wollte sie ihre Tochter nicht einer fremden Babysitterin überlassen. Die Verwandten lebten weit entfernt und es gab keine Person, der sie genug vertrauten, um sie auf das Kind aufpassen zu lassen. »Ich habe noch nie jemanden so geliebt und sie ist so verletzlich. Wie könnte ich sie einem Risiko aussetzen?«

Sie gingen nicht mehr ins Kino bis Chiara zwei Jahre alt war, und dann auch nur, weil eine Freundin ihnen zum Hochzeitstag einen Abend mit einer Babysitterin geschenkt hatte. Tabea war extrem nervös und schrieb der Babysitterin eine Textnachricht, bevor der Film begann: »Ist alles in Ordnung«. Als der Film zu Ende war schrieb sie erneut: »Schläft sie?« Obwohl sie nervös waren fühlte es sich großartig an, eine Pause zu haben und wieder einmal etwas zu tun, was sie genossen.

Als sie anfingen, sich wieder in die Welt hinaus zu wagen, und Chiara bei einer zuverlässigen Betreuerin ließen, dachten sich Jerome und Tabea

Sätze der liebenden Güte aus, die ihnen halfen, mit der Trennung umzugehen. Folgende Sätze fielen ihnen ein: »Mögest du sicher sein.« »Mögest du gesund sein.« »Mögest du mit der Babysitterin glücklich sein.« »Mögest du Freude beim Spielen haben, während wir fort sind.« »Mögest du gut schlafen und gute Träume haben.« »Mögest du wissen, dass wir dich lieben und bald wieder nach Hause zurückkehren.«

Die folgende Übung »Die warme Decke« wirkt sehr beruhigend und tröstlich. Wir können sie an vielen Stationen unserer Reise der Elternschaft praktizieren. Mütter, mit denen ich arbeite, haben sie während der Schwangerschaft angewendet, andere praktizierten sie, wenn ein Kind krank war oder eine Operation brauchte. Sie eignet sich auch wunderbar nach einem stressigen Tag zu Hause oder bei der Arbeit oder wenn du ein kleines »Extra« brauchst und dich davon abhalten willst, im Internet zu surfen oder an den Kühlschrank zu gehen. Versuche, sie immer dann zu machen, wenn du ein bisschen mehr Selbstfürsorge, Trost und Verbundenheit brauchst. Diese Übung, die man am besten im Liegen macht, basiert auf der Fähigkeit zur Visualisierung.

Die warme Decke

Aufnahme 9

- Leg dich hin und nimm ein paar tiefe, entspannende Atemzüge.
- Bring dir ein bisschen Freundlichkeit entgegen, indem du eine Hand oder beide Hände auf dein Herz legst (oder dorthin, wo du eine beruhigende Berührung brauchst).
- Stell dir vor, dass an deinen Füßen eine angenehme, weiche Decke liegt. Sie kann aus jedem Material bestehen, das du magst Baumwolle, Fleece, Mohair, Seide irgendetwas, mit dem du Sicherheit assoziierst.
- Lass die Decke sanft deine Füße bedecken. Lass die Muskeln weich werden, lass alle Spannungen los.

- Lass dich zur Ruhe kommen und nimm dieses tröstliche Gefühl in dich auf.
- Stell dir vor, dass sich die Decke nach oben bewegt, um deine Waden und Schienbeine einzuhüllen. Nimm dieses Gefühl auf.
- Wenn du bereit bist, lass die Decke langsam deine Knie umhüllen vorne und hinten. Lass die Knie weich werden und entspannen. Halte inne. Komm zur Ruhe.
- Lass die Decke weiter nach oben wandern, sodass sie deine Oberschenkel vorne und hinten einhüllt. Lass die Berührung genau so sein, wie du es brauchst. Weich, sanft, warm.
- Lass dich von der Decke halten.
- Lass sie sich hinauf zu deinem Becken und deinem Gesäß bewegen. Lass alle verspannten Stellen weicher werden.
- Lass dich zur Ruhe kommen.
- Stell dir vor, dass die Decke sich um deinen Bauch und deinen unteren Rücken legt. Lass alle Sorgen oder Spannungen, die du vielleicht festhältst, aufweichen.
- Spüre, wie die Decke deinen Bauch einhüllt. Wir halten oft eine Menge Gefühle und Spannungen in unserem Bauchbereich fest. Spüre die Wärme und den sanften Druck der Decke. Halte inne. Ruhe.
- Nimm dieses Gefühl im mittleren Rücken wahr. Lass auch diese Muskeln weicher werden.
- Stell dir vor, dass sich die Decke weiter nach oben bewegt und deine Brust und deinen oberen Rücken einhüllt. Pausiere wieder, komm zur Ruhe und nimm das tröstliche Gefühl in dich auf.
- Spüre, wie die Decke deine Schultern, Arme und Finger umhüllt. Lass Verspannungen los und erlaube den Muskeln, wenn möglich, weicher zu werden.
- Lass die Decke nun sanft weiter nach oben gleiten und deinen Nacken und Hals einhüllen. Weicher werden. Entspannen.
- Lass sie nun bis zu deinem Kiefer und deinen Wangen hochkommen. Pause.

- Wenn du magst, kannst du sie auch am Hinterkopf spüren.
- Lass die warme Decke zum Schluss sanft deine Stirn und deine Augen bedecken, wenn du magst, aber lass viel Raum zum Atmen.
- Lass deine Gesichtsmuskeln weicher werden. Ruhe.
- Lass deinen ganzen Körper von der warmen Decke gehalten, berührt und getröstet werden.
- Wenn du bereit bist, kehre zu deinen alltäglichen Aktivitäten zurück oder gönne dir einen guten Nachtschlaf.

Eltern, mit denen ich arbeite, greifen auf diese Übung zurück, wenn es ihnen schwer fällt, loszulassen oder von ihrem Kind getrennt zu sein. Sonja wandte sie während einer komplizierten zweiten Schwangerschaft an, andere nutzten sie während medizinischer Behandlungen oder Eingriffe (ihrer eigenen oder denen ihres Kindes). Ellen, die sich große Sorgen wegen einer großen Operation machte, die ihrem Sohn bevorstand, erzählte mir, sie würde sich beim Bodyscan (Freundlich zum Körper sein, Kapitel 3) die Körperteile als separate Einheiten vorstellen. »Das berührt alles von mir, und hält mich zusammen.« Es ist auch in Ordnung, Wörter und Sätze hinzuzufügen, wie beispielsweise »Es ist schwierig, loszulassen und einfach mit einem unsicheren Ausgang zu sein. Lass mich damit sein, lass es mich fühlen. Lass mich damit sein, es nicht zu wissen.«

Als Chiara größer wurde und nicht mehr so verletzlich zu sein schien, konnten Jerome und Tabea nicht nur ins Kino gehen, sondern länger wegbleiben und probierten es mit Aktivitäten, die eine längere Abwesenheit erforderten (zum Beispiel Einladungen zum Abendessen bei Freunden). Sie stellten fest, dass die oben erwähnten Sätze ihre Angst und Anspannung verringerten und ihnen halfen, den nächsten Schritt zu tun.

Jasmin war aufgelöst, als ihr jüngstes Kind in die Grundschule kam. Jetzt hatte sie niemanden mehr zu Hause. Während es einerseits ganz nett war, ein bisschen Extra-Zeit zu haben, vermisste sie die süßen Kleinen und ihre Umarmungen. Diese Übung war eine behutsame Erinnerung daran, dass dies nur der erste von weiteren Abschieden und Übergängen war aber es gab ja noch andere Möglichkeiten, miteinander verbunden zu bleiben.

Die *Warme Decke* ist eine Übung, die du auch mit deinen Kindern teilen kannst, wenn sie sich trösten wollen. Der achtjährige Mark war nervös vor seiner ersten Übernachtung bei seinem Freund Danny. Er hatte schon bei seinen Großeltern übernachtet aber die kannte er ja schon sein Leben lang. Danny war ein neuer Freund und sie kannten dessen Familie nicht besonders gut. Mark hatte viele Sorgen: Was, wenn Danny ihn hänseln würde? Was, wenn er ihn herausforderte, etwas Gefährliches mit dem Skateboard zu machen? Was, wenn sie ihm etwas zu essen anböten, das er hasste, wie beispielsweise Weißkraut? Manchmal, wenn er ein bisschen ängstlich oder angespannt war, schlief er mit seinem alten Stofftier, aber er wusste, dass er es nicht mitnehmen konnte. Und was wäre, wenn er seine Familie vermisste?

Seine Mutter Sasha versuchte ihn zu unterstützen und die Sache gelassen zu nehmen, aber sie war ebenfalls besorgt. Sie fragte sich, wie es Mark wohl erging, und konnte nicht einschlafen. Obwohl sie sich an unterschiedlichen Orten befanden, suchten beide Trost in der Übung »Die warme Decke« und sie half beiden. Bei dieser wie bei vielen anderen Achtsamkeits- und Selbstmitgefühls-Praktiken, muss niemand wissen, worauf du deine Aufmerksamkeit richtest.

Bring ihnen bei, wie sie ohne dich überleben können

Als unsere Tochter in der Mittelstufe war, nahmen sie und eine Freundin an einem spannenden gemeinnützigen Programm in einem Entwicklungsland teil. Sie war noch nie so lange ohne uns gewesen. Sie war begeistert aber ich war ein Nervenbündel. Ihr Bruder hatte ein Schulhalbjahr an einer Highschool im Ausland verbracht und eine wunderbare Zeit gehabt, bis er auf einer Klassenfahrt furchtbar krank wurde. Er hatte extreme Schmerzen. Seine Lehrerinnen brachten ihn zum Arzt aber seine Symptome waren sehr diffus. Vielleicht lag es an etwas, das er gegessen hatte? Oder war es eine Magen-Darm-Grippe? Die Ärzt:innen waren ratlos und die Schmerzen blieben. Schließlich stellte sich heraus, dass er eine Blinddarmentzündung hatte. Unglücklicherweise brach sein Blinddarm durch, sodass er eine Notoperation benötigte – mit einem

Krankenhausaufenthalt in einem Land, dessen medizinische Standards sich ziemlich von denen unterschieden, die wir gewohnt waren. Mein Mann flog sofort hin, um bei ihm zu sein und er schien sich zu erholen. Aber dann hatte er eine allergische Reaktion auf ein Antibiotikum, gefolgt von einer Infektion und einem weiteren Krankenhausaufenthalt. Nach ungefähr zwei Wochen tauschten wir die Plätze und ich flog hinüber, um bei unserem kranken Sohn zu sein, damit mein Mann an seine Arbeitsstelle zurückkehren konnte.

Ich fühlte mich allein und ängstlich in einem fremden Land, wo ich versuchte, mich in einem völlig anderen Gesundheitssystem zurechtzufinden, in einer Sprache zu kommunizieren, die ich kaum beherrschte, in einem Land, in dem Frauen nicht sehr respektvoll behandelt wurden. Sollte ich jetzt, ein paar Jahre später so verrückt sein, meine Tochter reisen zu lassen? Was, wenn ihr etwas zustieß? War es dumm von uns, zu erlauben, dass sie dieses Risiko einging?

In der Woche ihrer geplanten Abreise hatte ich meinen monatlichen Termin bei einer Beraterin, die zwei Kinder großgezogen hatte. Ich vertraute ihr meine Sorgen an. Und sie sagte etwas, das ich nicht mehr vergessen habe: »Dein Job als Mutter oder Vater ist es, ihnen beizubringen, ohne dich in der Welt zu überleben.« Hä? Das hatte ich noch nie gehört, oder wenn, dann war ich nicht bereit gewesen, zuzuhören. Und natürlich wollte ich es auch jetzt nicht hören, ich wollte noch nicht mal darüber nachdenken. All die Zeit und Mühe und Aufmerksamkeit, die ich aufgewendet hatte, um eine Bindung herzustellen und präsent zu sein – und jetzt sollte ich darüber nachdenken, nicht mehr da zu sein? Ich wusste nicht, was ich erwidern sollte, und es kommt selten vor, dass mir die Worte fehlen. Es war schwer, das in meinen Kopf zu kriegen. Und jetzt, Jahre später, muss ich zugeben, dass das immer noch ein erschreckender Gedanke für mich ist. Aber heute kann ich zunehmend die Weisheit darin erkennen.

Meine Tochter trat die Reise an, es gab keinen Notfall und wir bekamen einen Vorgeschmack auf ein leeres Nest. Aber ich wollte die Zusicherung, dass das Universum wohlwollend sein und Gott nicht um meine Kinder würfeln würde. Damals bekam ich diese Rückversicherung nicht und ich habe sie auch heute nicht. Die Dinge sind unsicher und es liegt nicht in unserer Macht, etwas daran zu ändern. Niemand kann das. Aber wir müssen unsere Kinder trotzdem flügge werden lassen – trotz unserer Angst und Besorgtheit.

Auf die folgende Übung greife ich zurück, wenn ich es nötig habe, zu glauben, dass es Liebe und Führung gibt, dass das Dorf, in dem wir leben, nicht voller Idioten ist und dass es Menschen auf der Welt gibt, die fürsorglich und weise und mitfühlend sind.

Dies ist eine klassische tibetische Praxis, die ich für Eltern adaptiert habe.[45]

Baum der mitfühlenden Wesen

- Lass dich zur Ruhe kommen und sammle dich ein paar Minuten lang.
- Lass dich in deinen Körper »einsinken«.
- Spüre das Gewicht und die Stabilität deines Körpers.
- Erlaube dir, dich geerdet zu fühlen, mit der Erde verbunden zu sein.
- Stell dir vor, dass du wie ein starker Baum unter dir Wurzeln hast, die tief ins Erdreich hinein reichen.
- Nimm wahr, dass die Wurzeln mit dem Baumstamm verbunden sind. Visualisiere sie verbunden mit dem Zentrum deines Körpers.
- Spüre die Unterstützung dieses Baumes.
- Erlaube dir, geerdet und stabil zu sein. Nimm ein Gefühl der Verankerung und Würde wahr.
- Stell dir vor, dass über deinem Kopf Äste mit Blättern und Blüten sind, die sich in den Himmel strecken.
- Im Geäst des Baumes sind zwischen den Blättern die Gesichter von Lehrerinnen, Lehrern, Mentor:innen, Freunden, Freundinnen, Wohltätern und Wohltäterinnen, Weisen, Heiligen zu sehen. Menschen, die dich geliebt, inspiriert, unterstützt haben.

- Spüre deine Verbundenheit mit jedem und jeder Wohltäter/in. Nimm ihre Liebe und Führung an. Beeil dich nicht. Lass das bei dir ankommen. Spüre die Verbindung zu jedem dieser Wesen; lass dich von dieser Liebe und Weisheit nähren.
- Erlaube dir, dich gesehen, sicher und stabil zu fühlen.
- Spüre die direkte Verbindung zwischen dir und jedem Wohltäter, jeder Wohltäterin. Nimm die Unterstützung wahr.
- Nimm das in dich auf. Hier. Jetzt. Sauge dieses Mitgefühl und diese emotionale Nahrung auf.
- Du kannst jederzeit zu diesem Baum der mitfühlenden Verbundenheit zurückkehren, wenn du Führung brauchst oder dich bei deiner Erziehungsaufgabe alleingelassen, hilflos oder isoliert fühlst.

Caro wendete diese Praxis an, als ihr Kind an einem vierwöchigen Zeltlager teilnahm. Nicht nur Elmar hatte Heimweh, auch Caro hatte »Kinderweh«. Anfangs fanden beide, dass die Trennung durch die Unmöglichkeit, miteinander zu telefonieren, verschlimmert wurde. Mobiltelefone waren nicht erlaubt und in den entlegenen Wäldern gab es ohnehin kaum Empfang. Sollte es einen Notfall geben, würde die Leitung des Zeltlagers die Eltern kontaktieren. Um Angst und Anspannung zu verringern lud das Zeltlager alle paar Tage Bilder von den Kindern hoch. Während es einerseits gut war, Elmar lächelnd und zumindest äußerlich wohlauf zu sehen, spürte Caro ein intensives Verlangen, mit ihrem Sohn zusammen zu sein.

Um die Trennung gut zu verkraften, achtete Caro darauf, genug Zeit zu finden, um sich mit ihren Freundinnen und anderen Müttern von Kindern aus Elmars Klasse zu treffen, und sie organisierte in ihrem Lieblingsrestaurant ein Abendessen für ihre Gruppe, die sie scherzhaft nach ihrem Lieblingscocktail »Margarita-Mamas« nannte. Ihre Freundinnen verstanden, wie schwer es für sie war und sie fühlte sich nicht verurteilt oder kritisiert – die anderen machten dasselbe durch. Wenn sie Elmar vermisste, konnte sie innehalten und anerkennen, dass es schwierig war, ihn so weit entfernt zu wissen und nicht täglich Kontakt zu ihm haben zu können. Die anderen Mütter versicherten ihr, dass sie keine Idiotin war, weil sie manchmal weinte, wenn sie sich danach sehnte, mit ihm zu sprechen oder ihn zu umarmen.

Kyras Mutter war vor vielen Jahren gestorben, und es gab so viele Zeiten, in denen sie sich wünschte, jemanden um Rat und Hilfe bitten zu können, wenn die Dinge in ihrem Leben schwierig wurden. Sie sehnte sich nicht nur nach der Weisheit ihrer Mutter im Hinblick auf den Umgang mit Tims Pubertät oder mit der Herausforderung, ein männliches Wesen mit dunkler Hautfarbe in einer weißen Gesellschaft und Kultur großzuziehen. Sie hätte auch gerne gewusst, wie ihre Mutter es geschafft hatte, ihrer eigenen Ehe Kraft zu geben und jahrelang positiv zu bleiben, während sie gegen den Krebs kämpfte. »Meine Mama war mein Fels, mein Anker. Ich konnte mit ihrem Rat wirklich etwas anfangen. Ich vermisse sie jeden Tag«, sagte Kyra. Der »Baum der mitfühlenden Wesen« half ihr, sich mehr mit ihrer Mutter verbunden zu fühlen und außerdem die Präsenz des Pfarrers ihrer Kirchengemeinde zu spüren, der vor ein paar Jahren verstorben war. Er war ebenfalls eine Quelle der Kraft und Resilienz für Kyra gewesen. »Ich bekomme dann das Gefühl, dass die Menschen, die mich geliebt haben von diesem Baum der mitfühlenden Wesen auf mich herunter blicken und mich ermutigen, weiter zu machen.« Sie lächelte. »Ich brauche alle Hilfe, die ich bekommen kann.«

Die Bedeutung der Rückverbindung

Kinder lieben oft eine feste Struktur und Rituale, die ihnen helfen können, sich gesehen und sicher zu fühlen. Manchmal, wenn sie von ihrem Schultag zurückkehren, von einer Übernachtung bei Freunden, einem Ferienlager oder einer längeren Abwesenheit, können ihnen einfache Dinge helfen, sich zu Hause gehalten und willkommen zu fühlen. Das müssen keine besonderen oder teuren Dinge sein: für ein kleineres Kind kann schon der Besuch in der Lieblingseisdiele oder Bäckerei oder einfach ein gemeinsamer Spaziergang eine Möglichkeit sein, sich am Ende eines Tages wieder miteinander zu verbinden. Für ältere Kinder hält beispielsweise eine Wanderung auf einem Lieblingsweg, Fangen spielen, ein Brettspiel oder gemeinsames Fahrradfahren die Beziehung stabil und das Gespräch im Fluss. Während sich Kinder zunehmend aus dem Zuhause lösen, gibt es immer noch genügend Möglichkeiten, verbunden zu bleiben. Im Sommer gemeinsam ein Fußballspiel, im Winter ein Basketballspiel anzuschauen oder zusammen ein großes sportliches Ereignis zu verfolgen, bietet eine Möglichkeit, wieder eine Verbindung herzustellen. Auch Interesse an dem zu zeigen, was sie lesen oder sich anschauen, vertieft die Verbindung. Gemeinsame Interessen und Erinnerungen wieder aufleben zu lassen, kann helfen, sich zu Hause wieder heimisch zu fühlen.

Obwohl unser Sohn nicht mehr in der Nähe lebt (und ich schreibe dieses Kapitel tatsächlich zwei Wochen nach seiner Hochzeit) bestand eine seiner liebsten Sommeraktivitäten darin, jeden August von der Dachterrasse unseres gemieteten Ferienhauses am Meer die Sternschnuppen der Perseiden zu beobachten. Es wurde zu einem Ritual, sich etwas zu wünschen, wenn wir eine Sternschnuppe sahen (und während des Meteorstroms sieht man mit hoher Wahrscheinlichkeit einige). Auch wenn er inzwischen in einem anderen Land lebt und wir uns nicht jeden Sommer sehen, erinnert er mich an die Perseiden, wenn die Zeit näher rückt.

Schau, welches Ritual deines sein könnte – vielleicht miteinander einen Sonnenuntergang oder -aufgang beobachten, Angeln gehen, einen Lieblingsweg entlangwandern, in einem nahegelegenen See, Schwimmbad oder Meer baden.

Das Beobachten des Nachthimmels kann uns eine weite Perspektive eröffnen. Wir können unsere Lieblingskonstellationen und Planeten entdecken – den großen Wagen, den kleinen Wagen, die Milchstraße, Mars und Venus. Und vergiss nicht, dass die Seeleute den Nachthimmel beobachteten und sich besonders am Polarstern orientierten, um in der Dunkelheit auf Kurs zu bleiben.

Die Unendlichkeit des Nachthimmels

- Nimm ein paar Decken und suche dir an einem warmen Sommerabend mit deinem Kind, deinen Kindern oder der ganzen Familie einen schönen Platz auf einer Fläche mit Gras oder Sand oder einer Dachterrasse.
- Schau in den Nachthimmel. Lass die Augen sich an die Dunkelheit gewöhnen.
- Schau, was du erkennen kannst. Du kannst benennen, was du siehst.
- Sei dir, während du in den unendlichen Himmel blickst, dessen bewusst, dass das, was du siehst, oft Lichtjahre entfernt ist, und denk darüber nach, wie unbedeutend deine Probleme im Lichte dieser Unendlichkeit erscheinen können.
- Vom Mond oder dem Sternenhimmel aus gesehen, sind wir nichts als ein winziger Fleck.
- Schau, ob du den Polarstern entdecken kannst.
- Denk über dein Leben nach; was leitet dich?
- Nutze den Moment, um deinen Blick zu weiten.
- Schau, ob du Verletzungen, Kränkungen, Missverständnisse in Bezug auf deine Kinder oder deine erweiterte Familie, an denen du bis jetzt festgehalten hast, loslassen kannst.
- Kannst du im Raum dieser Unendlichkeit loslassen? Oder vielleicht ein bisschen weniger festhalten?
- Schau, ob dir das ein bisschen mehr Freiheit geben kann oder ein wenig mehr Abstand zu den Dingen, die dich belasten.
- Mach dir bewusst, dass diese Momente flüchtig sind. Und sie sind kostbar.
- Schau, ob du etwas von dieser Weite des Himmels in dich aufnehmen kannst.
- Vielleicht möchtest du über diesen Spruch nachdenken: »der Körper wie die Erde, der Geist wie der Himmel.«
- Fühle die Liebe, die dich mit deinen Kindern, deiner Familie verbindet. Und die Liebe, die dich mit diesem fragilen Planeten verbindet.

- Und wenn ihr mögt, haltet euch an den Händen und wünscht euch etwas.
- Bleibt dort solange ihr wollt und reflektiert über die Unendlichkeit des Nachthimmels.

Janelle und ihr Sohn Ralph, der die Mittelstufe besuchte, hatten eine turbulente Beziehung. Janelles Art, in Verbindung zu bleiben – obwohl der Gesprächsfaden oft hätte abreißen können – bestand darin, kontinuierlich eine »sichere Zone« zu finden. Obwohl sie häufig stritten, bemühte sie sich, nicht auf dem Konflikt oder den ständigen Herabsetzungen »herumzureiten« und so die Streitereien am Laufen zu halten, sondern Dinge zu finden, die sie gerne gemeinsam machten. Janelle hatte sich vor Kurzem von Ralphs Vater scheiden lassen und es gab Spannungen und Wut wegen der Trennung. Janelle hatte sich in eine Frau verliebt und Ralph war wütend darüber. Aber sie beschloss, sich nicht in endlosen Diskussionen und gegenseitigen Schuldzuweisungen zu verlieren und lenkte das immer wieder um. Sie versuchte, nicht über Ralphs Worte, der sie für das Scheitern ihrer Ehe verantwortlich machte, zu grübeln. »Ich weiß, dass er seinen Vater vermisst; ich verstehe das. Er ist ein Kind und schlägt um sich. Aber ich bin entschlossen, nicht zuzulassen, dass seine Beschuldigungen sich dauerhaft auf mein Herz legen. Ich kann sehen, wohin es uns führen würde, wenn ich es persönlich nehmen und meine Wunden lecken und mich durch seine harten Worte in der Opferrolle fühlen würde. In ein paar Jahren wird er achtzehn und ich will ihn nicht verlieren. Ich habe ganz bewusst entschieden, ihm etwas Raum zu geben, seine Wut auszudrücken. Wenn ich in Versuchung gerate, den falschen Weg zu wählen und auch gemeine Sachen zu ihm zu sagen, halte ich inne und denke ›Was braucht mein Kind wirklich von mir in diesem Augenblick?‹ Die Antwort lautet kaum jemals ›Noch mehr Mist von Mama‹.«

Janelle schloss sich Ralph bei Aktivitäten an, die er mochte, wie zum Beispiel Computerspielen (was sie eigentlich nicht interessierte) und versuchte, Dinge zu finden, die ihn glücklich machten, wenn seine

Laune sank. Die Unendlichkeit des Nachthimmels war beispielsweise eine Übung, die für sie beide funktionierte. Sie war nach der Scheidung in eine kleine, vollgestopfte Wohnung in der Innenstadt gezogen aber ein Vorteil des Gebäudes bestand darin, dass es eine Dachterrasse hatte. Nach dem Abendessen holten sie oft ihre Ferngläser hervor, gingen nach draußen und beobachteten den Sonnenuntergang und den Abendhimmel. Sie fanden Trost bei den Sternen und gewannen eine umfassendere Perspektive für ihr Leben.

Die Bedeutung der »Basisstation«

Wie können wir die unweigerlich mit dem Loslassen verbundenen Herausforderungen als Chance nutzen, um uns noch tiefer zu verbinden? Schmerz und Unbehagen helfen uns oft, unserem Leben eine neue Richtung zu geben und zu unseren eigentlichen Werten zu finden, ja sogar einen neuen Sinn im Leben und den verborgenen Wert in unseren Konflikten zu entdecken. Und wie können wir weiterhin dafür sorgen, dass unser Zuhause eine sichere Basis ist, von der aus unsere Kinder in ihr eigenes Leben starten können, aber auch ein Ort, an den sie zurückkehren können, um Trost zu finden, wenn die Dinge nicht wie erwartet laufen?

Wohin führt mich mein Weg von hier?

Valerie machte sich Sorgen darüber, dass Matthis sein Zuhause verlassen würde, um auf die Uni zu gehen. Sie konnte kaum glauben, dass schon so viel Zeit vergangen war. In den letzten paar Jahren hatte sich ihr Leben stabilisiert. Die Scheidung, die ziemlich hässlich abgelaufen war, lag hinter ihr. Sie hatte wieder begonnen, sich zu verabreden und traf sich nun regelmäßig mit einem Mann, den sie mochte. Gemeinsam mit ihrem Ex-Mann hatte sie sich darum bemüht, Matthis nicht zur Schachfigur in ihren Scheidungsverhandlungen zu machen und ihr Umgang war nun freundlich.

Sie machte sich Gedanken darüber, wie ihr Leben wohl aussehen würde, wenn Matthis das Haus verließ. Fast achtzehn Jahre lang war er der Mittelpunkt ihres Lebens gewesen, ihr Grund, morgens aufzustehen. Er sorgte dafür, dass sie während der angstbesetzten Zeit, die auf die Scheidung folgte, weiter funktionierte. »Es ist mir peinlich, das zu sagen, aber ich glaube, meine Trennungsangst ist größer als seine«, räumte sie ein. »Meine Identität hat sich die ganze Zeit auf das Muttersein beschränkt. Das war der Sinn und Zweck meines Lebens. Ich frage mich, was ich jetzt tun werde. Ich möchte nicht die nächsten paar Jahre damit zubringen, im Garten zu werkeln, mir einen neuen Welpen zuzulegen, Bridge zu spielen und auf Enkel zu warten, wie es einige meiner Freundinnen tun – das klingt trostlos!«

Bei einer Übung des MSC-Programms, die Valerie, dir und anderen Eltern helfen kann, die schwierige Übergänge zu meistern haben – beispielsweise das Flüggewerden der Kinder und das dadurch entstehende leere Nest – geht es darum, die zentralen Werte zu identifizieren, die dich beim Loslassen und Gestalten eines neuen Lebens leiten; eines Lebens, das du persönlich als sinnvoll empfindest. Unser Leiden wird teilweise durch die Werte verursacht, die wir verinnerlicht haben. Wenn beispielsweise das Sorgen für unsere Familie einen hohen Wert für uns darstellt, kann ein Jobverlust eine Katastrophe sein. Wenn das Reisen und Erleben von Abenteuern für uns einen hohen Stellenwert hat und wir die finanziellen Mittel haben, unsere Kinder mitzunehmen, kann sich der Verlust einer Arbeitsstelle wie eine Befreiung anfühlen.

Wie wir auf Ereignisse in unserem Leben reagieren, hängt stark davon ab, wo wir gerade im Leben stehen und welche Bedürfnisse und Werte wir zum jeweiligen Zeitpunkt haben. Marlies rutschte auf einer Eisfläche aus und erlitt eine Rückenprellung. Sie musste sich schonen und man sagte ihr, sie dürfe nichts Schweres heben. Ihr war es allerdings sehr wichtig, ihre kleinen Kinder hochheben zu können, also kam ihr diese ärztliche Anweisung äußerst ungelegen. Aber alles ist relativ. Wenn deine Kinder größer und etwas unabhängiger sind, könnten ein paar Tage Ruhe ein unerwarteter Luxus sein und dir Gelegenheit bieten, von morgens bis abends deine Lieblingsserien zu schauen.

Zentrale Werte unterscheiden sich von Zielen:

- Ziele kann man erreichen. Zentrale Werte leiten uns vor und nach dem Erreichen unserer Ziele.
- Ziele sind Orte, Situationen; zentrale Werte sind Richtungen.
- Bei Zielen geht es um etwas, das wir tun; zentrale Werte sind etwas, das wir sind, etwas, das wir verkörpern.
- Ziele setzen wir uns; zentrale Werte sind etwas, das wir entdecken müssen.

Unsere zentralen Werte entdecken

Ich habe diese Übung aus dem MSC-Programm für Eltern adaptiert.[46] Wir werden dabei unsere zentralen Werte entdecken und darüber nachdenken, wie wir im Einklang mit diesen Werten leben können. Nimm Papier und Stift zur Hand.

- Frag dich selbst: Was sind die Werte, nach denen ich zu leben versuche und die mir wirklich etwas bedeuten?
- Schauen wir uns ein paar übliche zentrale Werte an:
  Großzügigkeit
  Mitgefühl
  Verbundenheit
  Loyalität
  Ehrlichkeit
  Fairness
  Mut
- Bei vielen unserer Werte geht es nicht nur darum, wie wir andere behandeln, sondern, wie wir uns selbst behandeln und persönliche Bedürfnisse erfüllen, die uns wichtig sind. Diese persönlichen zentralen Werte sind vielen Menschen wichtig:
  Familie
  Persönliches Wachstum

Dinge entdecken
Ruhe
Natur
Autonomie
Kreativität

- Gehen wir nun noch ein bisschen tiefer und schauen uns die zentralen Werte an, die dich dein Leben lang motiviert haben.
- Schließe bitte die Augen. Schenk dir ein Lächeln zur Begrüßung.
- Leg eine Hand auf dein Herz. Lass dich deinen Körper spüren. Dieser Körper ist seit Jahren bei dir und versucht, ein glückliches und erfülltes Leben mit dir zu führen.

Schau auf dein Leben zurück

- Stell dir vor, du würdest dich dem Ende deines Lebens nähern und auf die Jahre zwischen heute und damals zurückblicken.
- Halte inne. Was schenkt dir tiefe Befriedigung? Freude? Zufriedenheit? Glücksgefühle?
- Welche Werte hast du bisher in deinem Leben als sinngebend und befriedigend empfunden?
- Welchen zentralen Werten hast du in deinem Leben Ausdruck verliehen?
- Bitte schreibe sie einschließlich deiner persönlichen zentralen Werte auf (gib dir genug Zeit, um über dein Leben nachzudenken).

Du lebst nicht in Einklang mit deinen Werten?

- Notiere jetzt bitte, auf welche Weise du nicht im Einklang mit deinen zentralen Werten lebst. In welchen Bereichen es eine Diskrepanz zwischen deinem Leben und deinen Werten gibt insbesondere deinen persönlichen Werten:
- Vielleicht hat die Zeit, die du mit deinen Kindern verbringst einen hohen Stellenwert für dich aber du arbeitest die ganze Zeit?

- Vielleicht möchtest du mehr Zeit mit deinem Partner/deiner Partnerin verbringen aber irgendwie scheint es nie dazu zu kommen?
- Vielleicht möchtest du mit deiner Familie Dinge unternehmen, die allen Spaß machen, aber andere Aktivitäten und die Hausarbeit lassen dir keine Zeit zum Spielen.
- Wenn du bemerkst, dass einige Dinge aus dem Gleichgewicht geraten sind, wähle eines aus, das dir besonders wichtig erscheint, um es dir während dieser Übung genauer anzuschauen.

Sind äußere Hindernisse im Weg?

- Oft gibt es äußere Hindernisse, die es uns schwer machen, im Einklang mit unseren Werten zu leben. Manchmal liegt es am Geldmangel. Manchmal haben wir nicht genug Zeit, oder andere Verpflichtungen haben Vorrang.
- Denke über diese Hindernisse nach und schreib auf, um welche es sich handelt.

Sind innere Blockaden das Problem?

- Möglicherweise existieren auch innere Blockaden, die dich daran hindern, im Einklang mit deinen zentralen Werten zu leben.
- Hast du Angst, zu scheitern oder zu versagen?
- Zweifelst du an deinen Fähigkeiten?
- Rät dir dein innerer Kritiker davon ab, das Risiko einzugehen?
- Bitte schreibe jedes innere Hindernis auf, das du bemerkst.

Wie könnte Selbstmitgefühl helfen?

- Überlege, ob Selbstfreundlichkeit und Selbstmitgefühl dir helfen könnten, im Einklang mit deinen zentralen Werten zu leben.
- Könnte beispielsweise Selbstmitgefühl dir helfen, mit deinem inneren Kritiker klarzukommen, der dir sagt, dass du nicht gut genug oder nicht klug genug bist und unweigerlich scheitern wirst?

- Könnte Selbstmitgefühl dir helfen, soviel Selbstbewusstsein zu entwickeln, dass du neue Dinge ausprobierst, Risiken eingehst oder Dinge loslässt, die dir nicht guttun.

Unüberwindliche Hindernisse?

- Schau, ob es unüberwindliche Hindernisse für ein Leben im Einklang mit deinen zentralen Werten gibt.
- Wenn ja: kannst du dir Freundlichkeit und Mitgefühl für dieses harte Los entgegenbringen?
- Was könnte dir helfen, deine Werte trotz der schwierigen Bedingungen lebendig zu halten?

Bevor du in deinen Alltag zurückkehrst, nimm dir ein paar Minuten Zeit, um zu reflektieren, was du gelernt hast.

Valerie brachte einige Zeit mit dieser Übung zu, indem sie sich zunächst ihre zentralen Werte und dann ihre persönlichen Werte anschaute. Treue und Ehrlichkeit hatten für sie immer einen hohen Stellenwert gehabt und sie verstand dadurch besser, warum sie es als besonders schweren Verrat empfand, als sie herausfand, dass ihr Mann sie betrog. Die Familie stand ganz oben auf der Liste ihrer zentralen Werte, außerdem persönliches Wachstum, Kreativität und soziales Handeln. Da sie sich in den vergangenen Jahren ganz ihrer Aufgabe als Vollzeitmutter gewidmet hatte, hatte sie diese Werte beiseite geschoben. Das äußere Hindernis hatte darin bestanden, dass sie Matthis nicht zurücklassen konnte, aber das änderte sich gerade. Als innere Blockade identifizierte sie ihr permanentes Gefühl der Unzulänglichkeit und Verzagtheit. Eine ihrer Freundinnen, die nach einer Scheidung mit einem leeren Nest zurückgeblieben war, entschloss sich, dem Friedenskorps (US-amerikanische Entwicklungshilfe-Organisation, A.d.Ü.) in Afrika beizutreten. Valerie sprach fließend Spanisch und hatte früher im Pflegebereich gearbeitet …

vielleicht, nur vielleicht, könnte sie versuchen, im Einklang mit ihren zentralen Werten zu leben? Als sie realisierte, dass sogar Menschen in ihren Siebzigern und Achtzigern noch ehrenamtlich tätig waren, erschien ihr diese Vorstellung noch verlockender.

Andere Eltern bekamen in Kursen und Workshops durch diese Übung neue Energie, weil sie das Gefühl hatten, dass sie ihnen die Erlaubnis gab, lang vergessene Träume und Hoffnungen aufleben zu lassen. Und es muss nicht immer etwas Großes oder Dramatisches sein. Erik hat aufgrund eines wirtschaftlichen Abschwungs gerade seinen Job verloren, während sein Sohn Bernd gerade Abitur gemacht hat. Gibt es einen besseren Zeitpunkt für eine Vater-Sohn-Abenteuerreise quer durchs Land? Und Bernd könnte dabei auch ein bisschen mehr Fahrpraxis erwerben. Was wolltest du schon immer machen, das du aufgrund äußerer oder innerer Hindernisse nicht getan hast?

Patrizia beschloss, es mit Bergsteigen zu versuchen, und begann in einer Kletterhalle in der Nähe zu üben, um Selbstvertrauen aufzubauen. Hector wollte Sporttauchen lernen aber er war kein besonders guter Schwimmer. Er arbeitete an seiner Ausdauer und nahm dann Tauchunterricht.

Was sind deine Träume? Was wolltest du tun und hast es aufgeschoben? Wie können deine zentralen Werte deine tiefste Sehnsucht nach Lebenssinn widerspiegeln?

Die Bedeutung von zentralen Werten wurde mir vor einigen Jahren schlagartig klar, als ich zufällig Deidre traf, deren Kinder dasselbe Gymnasium besucht hatten wie meine, aber ein bisschen älter waren. Ihr Jüngster war gerade ausgezogen, um auf die Uni zu gehen.

»Wie fühlst du dich jetzt?«, fragte ich sie.

»Beraubt, absolut beraubt«, antwortete sie.

Ich begann mich vor dem drohenden leeren Nest zu fürchten und beschloss, mir Deidres Geschichte als warnendes Beispiel vor Augen zu halten. Ich wollte alles tun, um weiterhin ein erfülltes, lohnenswertes Leben zu haben, wenn meine Kinder das Haus verließen und ihren eigenen Interessen nachgingen. Das Elternhaus zu verlassen ist ein normaler und gesunder Entwicklungsschritt und ich schwor mir, dass ich nicht auseinanderfallen würde, nur weil sie flügge geworden waren. Ich erinnerte mich an eine Zeile aus *Animal Dreams* von Barbara Kingsolver: »Es bringt dich um, sie aufwachsen zu sehen. Aber es würde dich noch eher umbringen, wenn sie es nicht täten«.

Eine Möglichkeit, im Einklang mit deinen zentralen Werten zu bleiben ist, sie in deine tägliche Achtsamkeits- und Mitgefühlspraxis zu integrieren (oder deine geplante tägliche Praxis). Mir half es beispielsweise, mir meine zentralen Werte als tägliche Vitamindosis vorzustellen, etwas, an das ich nur eine Sekunde denken musste und das mich stark und gesund erhalten würde. Du kannst an deine zentralen Werte denken, wenn du am Morgen aufwachst oder bevor du Abends einschläfst. Oder du kannst sie in deine tägliche Meditation einbauen.

Sie in die Tat umsetzen

Betrachte deine zentralen Werte als einen Weg, wieder mit dir selbst in Kontakt zu kommen, wenn du einen schweren Tag hinter dir hast, wenn du das Gefühl hast, die Orientierung verloren zu haben oder einen Anker brauchst, um dich zu erden. Diese Werte sind vergleichbar mit dem Atem in der Meditation. Sie erlauben uns, zurückzukommen, neu zu starten oder eine Absicht zu formulieren. Sie können auch ein Weg sein, Mitgefühl zu praktizieren, wenn wir aus unserer Mitte geschleudert werden – keine Scham, keine Schuldzuweisung. Wir können uns auch wieder neu auf unsere Werte ausrichten.

Neuausrichtung

- Atme zunächst ein paarmal tief ein und aus, lass dich zur Ruhe kommen.
- Wähle nun einen zentralen Wert aus, der dich in diesem Moment am stärksten anspricht oder einen, den du als Anker benutzen willst.
- Lass es etwas sein, das dir hilft, dich zu orientieren: deinen persönlichen Polarstern.

- Schreib es auf; nimm dir ein paar Minuten Zeit, um es so klar zu formulieren, wie du es haben möchtest.
- Es kann wie einer deiner Liebende-Güte-Sätze sein, aber halte es persönlich.
- Frage dich, wann du diese Qualität, diesen Wert am meisten brauchst: Morgens nach dem Aufwachen? Am Abend vor dem Einschlafen?
- Es muss nicht unbedingt etwas mit deiner Erziehungsaufgabe oder Elternschaft zu tun haben, es geht darum, eine Absicht im Hinblick darauf zu formulieren, wie du dein Leben leben willst.
- Vielleicht möchtest du beispielsweise sagen: »Möge ich mir selbst und anderen mit Freundlichkeit begegnen.« Oder: »Möge ich mit meiner Familie liebevoll und mitfühlend umgehen.«
- Denk darüber nach, wie du dich noch auf andere Arten täglich an diesen zentralen Wert erinnern könntest.

Flüggewerden kann ein Prozess sein

Das Verlassen des »Nests« läuft nicht immer reibungslos ab. Manchmal fällt das Loslassen den Kindern und den Eltern schwer, und es fühlt sich behaglich und tröstlich an, am Vertrauten festzuhalten. Aber manchmal braucht es auch noch mehr »Erwachsenwerden«, bis eine Familie bereit für diese Trennung ist. Das Loslassen als Prozess zu betrachten kann Kritik und Selbstvorwürfen vorbeugen, die sich Eltern häufig machen, wenn der Start ihrer Kinder ins eigene Leben etappenweise und nicht schon beim ersten Versuch reibungslos verläuft. Wenn wir es allerdings unter dem kulturellen Meme des »Nesthockers« oder »Spätzünders« einordnen, haben wohl alle das Gefühl, nun ja, versagt zu haben. Selbstmitgefühl sowohl auf Seiten der Eltern als auch des Kindes kann das Leiden und das Stigma für alle verringern.

Als es Sarah Probleme bereitete, sich an der Uni einzugewöhnen und in einem Studentenwohnheim zu wohnen, fühlte sie sich schwach und unzulänglich und hatte das Gefühl, ihre Eltern enttäuscht zu haben. Ihre

Mutter, Misaki, hatte wiederum das Gefühl, ihre Tochter nicht auf diesen Übergang vorbereitet zu haben, und machte sich Vorwürfe.

Die Universität war nicht Sarahs erste Wahl gewesen und war weit entfernt von ihrem Zuhause und ihrer Familie aber sie hatte gedacht, sie könne es irgendwie schaffen. Doch das Semester begann mit einem sehr holprigen Start. Sie kam nicht gut mit ihrer Zimmerkollegin aus, die schon in der ersten Woche Jungs zum »Kennenlernen« mit aufs Zimmer brachte. Schon bald wurde Sarah während dieser kurzen Sex-Abenteuer aus dem Zimmer verbannt und wusste nicht, wohin sie gehen sollte. Sie versuchte, ein anderes Zimmer oder eine andere Mitbewohnerin zu bekommen, aber die Wohnheimverwalterin meinte, die Mädchen sollten miteinander eine Lösung finden. Die Zimmerkollegin sagte zu Sarah, sie solle sich um ihre eigenen Angelegenheiten kümmern und war zu keinem Kompromiss bereit.

In der Oberstufe war Sarah ein Star gewesen, aber jetzt sah das anders aus. Sie hatte gedacht, die Dozent:innen an der Universität würden von ihren Leistungen beeindruckt sein, aber hier gab es viele andere Studentinnen und Studenten, die hart arbeiteten und extrem motiviert waren. Bei ihrem ersten Biologietest bekam sie nur eine 2-, was sie als schlechte Note betrachtete. Es lief einfach nicht gut. Es war schwer, Freundinnen zu finden, sie passte einfach nicht dazu und außerdem kam es ihr vor, als würde es fast jeden Tag regnen. Sie vermisste ihr Zuhause und ihre Familie. Sie sprach mit ihren Eltern, die sie ermutigten, es weiterhin zu versuchen und durchzuhalten. Aber es fiel ihr immer schwerer, morgens aufzustehen, um zum Unterricht zu gehen, besonders, weil ihre Mitbewohnerin das Zimmer häufig bis nach Mitternacht in Beschlag nahm. Sie fiel bei ihrer Kursarbeit zurück und es war schwer, aufzuholen.

Als sie ihre Familie besuchte, kamen sie und ihre Eltern zu dem Schluss, dass es nicht funktionierte, und Sarah ließ sich beurlauben. Sowohl Sarah als auch ihre Mutter hatten das Gefühl, gescheitert zu sein. Sarahs Freundinnen waren anscheinend alle glücklich. Misaki schämte sich und konnte niemandem erzählen, was passiert war. Sie wurde depressiv und hatte das Gefühl, als Mutter versagt zu haben. Durch Selbstmitgefühl konnte sie aufhören, auf sich herum zu hacken, und die Dinge mit anderen Augen sehen.

In der Zwischenzeit war Sarah sehr erleichtert darüber, zu Hause zu sein, aber es war dennoch eine demütigende Erfahrung für sie. Sie fand einen Job in einem Labor, meldete sich für den Rest des Jahres von der Uni ab, bewarb sich an einer anderen Hochschule, die sie aufnahm und die besser zu ihr passte.

Es folgt die Übung, die für Mutter und Tochter in diesem herausfordernden Jahr funktionierte; der Titel stammt von Sarah:

Auch eine Lotosblume ernährt sich vom Schlamm

- Nimm eine bequeme Sitzhaltung ein. Konzentriere dich auf deinen Atem und komm zur Ruhe.
- Spüre das Gewicht deines Körpers. Erlaube dir, dich geerdet und verankert zu fühlen.
- Beginne mit dem Bild einer Lotosblume auf einem Teich.
- Stell dir vor, du könntest dem langen Stängel der Blume bis zu ihrer Wurzel am Grund des Teichs folgen.
- Erkenne, dass der Lotos im Schlamm und Morast verwurzelt ist.
- Die wunderschöne Blume ist nicht getrennt vom trüben, schlammigen Wasser, sondern wird davon genährt.
- Der Lotos zieht seine Nährstoffe aus dem verrottenden Material im Teich und verstoffwechselt es.
- Sitze aufrecht in deiner Erfahrung der Trauer, des Leidens, der Scham und Niedergeschlagenheit.
- Kannst du für dich aus dieser Erfahrung des Leidens eine verborgene Weisheit oder etwas Nährendes mitnehmen?
- Kann dich die Lotosblume lehren, die Dunkelheit und den Schlamm des Lebens zu verstoffwechseln?

- Welche Tiefe, Nahrung oder Bereicherung kannst du in deiner schwierigen Erfahrung finden?
- Kannst du dir Mitgefühl für diese Qual entgegenbringen?
- Bleib beim Bild der Lotosblume, die aus der Tiefe emporwächst.
- Du kannst jederzeit zu dieser Übung zurückkehren, wenn du es nötig hast, deinen Blickwinkel zu ändern.

Diese Übung kann man auf der Reise der Elternschaft und des Lebens in vielen Situationen anwenden. Der Meditationslehrer Thich Nhat Hanh würde sagen »Kein Schlamm, kein Lotos«. Es ist eine meiner bevorzugten Übungen in schwierigen Zeiten.

Rose musste sich seit Kurzem mit einer Krebs-Diagnose auseinandersetzen und wünschte sich etwas, das ihr helfen könnte, die durch die Chemotherapie und Bestrahlung verursachten Erschöpfungszustände durchzustehen und außerdem zuversichtlich zu bleiben, damit sie für ihre Kinder da sein konnte und nicht in Verzweiflung stürzen würde. Diese Meditation half ihr, sich auf die Möglichkeit zu fokussieren, dass etwas Wertvolles aus ihrem Leiden hervorgehen könnte.

Loslassen kann viele Formen annehmen

Loslassen kann ein komplexer Prozess sein und es ist nicht immer das, was wir uns darunter vorstellen. Oft müssen wir uns dabei von unseren Träumen und Hoffnungen im Hinblick auf den Werdegang unserer Kinder verabschieden. Und unsere Kinder erfüllen nur sehr selten unsere Erwartungen. Manchmal beklagen sich Eltern, ihr Kind sei so anders – eine extrovertierte Stimmungskanone weiß vielleicht nicht, wie sie mit einem schüchternen, zurückgezogenen, introvertierten Kind umgehen soll, während ein Elternteil, der der Ausnahmesportler an seinem College war, vielleicht von seinem künstlerisch veranlagten Kind enttäuscht ist, das kein Interesse an Sport hat.

Wir müssen uns oft dran erinnern, dass sich nicht alles um uns dreht, sondern, dass es darum geht, das Kind, das wir haben, zu lieben und zu umsorgen – nicht das Kind, das wir uns zusammenfantasiert haben. Derrick und Bettina kamen zu mir, um über ihren Sohn Ben zu sprechen, der zu jener Zeit die siebte Klasse besuchte. Er war zerstreut und abgelenkt, seine Noten wurden schlechter und er hatte täglich Kopfschmerzen. Der Übergang von seiner kleinen Grundschule auf die weiterführende Schule war ihm schwergefallen. Als Bettina nach einem Besuch beim Kinderarzt mit ihm sprach, erzählte er ihr zögernd und ängstlich, dass er sich zu einem Jungen aus seiner Basketballmannschaft hingezogen fühlte, aber nicht wusste, wie er mit seinen Gefühlen umgehen sollte. Er hatte Angst davor, ausgegrenzt zu werden, wenn er seine Gefühle offenbarte. Der Stress und die Verwirrung machten ihn krank und machten es ihm schwer, sich zu konzentrieren. Als Bettina mit Derrick über die Situation sprach, wurde er wütend und schlug eine Therapie vor, um ihn »in Ordnung zu bringen«. »Keiner meiner Söhne wird ein Homosexueller sein«, schäumte er.

Aber als Ben über seine Gefühle sprach, wurde klar, dass er schon seit längerem so empfand; er hatte es bisher nur nicht ausdrücken können. Aber während er sich im Hinblick auf seine sexuelle Identität besser zu fühlen begann und seine Verwirrung und sein innerer Konflikt allmählich nachließen, wurde Derrick immer wütender. »Ich stamme aus einer konservativen Familie, ich bin mit drei Macho-Brüdern aufgewachsen. Das sollte einfach nicht sein; so etwas habe ich mir nicht von einem Sohn gewünscht.«

Es dauerte ein paar Monate, bis Derrick anfing, Ben so zu akzeptieren, wie er war, und ihn nicht mehr »in Ordnung bringen« oder verändern wollte. Er empfand den Prozess des Loslassens als Trauerprozess. Er hatte eine Achterbahn der Gefühle durchlebt: zuerst empfand er Scham und Demütigung, dann machte er seiner Frau Vorwürfe, weil sie Ben angeblich zu weich erzogen hatte, später dann mir, weil ich keine gute Therapeutin sei, und zu guter Letzt der Schule, die Bens offenen Umgang mit der Angelegenheit unterstützte. Als Derrick schließlich in der Lage war, selbstmitfühlend mit seinen widerstreitenden Gefühlen umzugehen, entspannte er sich allmählich und realisierte, das wir alle einfach nur Menschen sind: Wir sind verschieden und wünschen uns unterschiedliche Dinge und wir können nicht bestimmen, was aus unseren Kindern wird, auch wenn wir das gerne hätten.

Aber Derrick liebte seinen Sohn aufrichtig. Während Bens Kopfschmerzen nachließen, schloss er Freundschaften und spielte weiterhin Basketball. Er interessierte sich wieder für die Schule und trat dem Wetter-Club bei, um mehr über den Klimawandel zu erfahren. Derrick konnte sehen, dass sein Sohn zu einer eigenständigen Person heranwuchs, ein kluger Junge, der sich gut ausdrücken konnte. Er erinnerte sich an Zeiten, in denen er die Erwartungen seines Vaters nicht erfüllt hatte, und daran, wie schmerzhaft es für ihn gewesen war, als sein Vater ihm daraufhin die emotionale Unterstützung entzog. Als Derrick über sich sprach und wir seine Enttäuschung verarbeiteten, erkannte er, dass es nicht um ihn ging. Seine Aufgabe als Vater war es, Ben so gut wie möglich zu unterstützen. Er wollte Ben spüren lassen, dass er ihn liebte, auch wenn er immer noch ein Problem damit hatte, Bens sexuelle Orientierung zu akzeptieren. Angesichts des Umfelds, in dem sie lebten, und der Werte seiner Ursprungsfamilie, war ihm klar, dass es ein steiniger Weg werden würde. Er erkannte, dass Ben ihn jetzt dringender brauchte als je zuvor und beschloss, für ihn einzustehen.

Er stellte fest, dass der Selbstmitgefühls-Lebensretter (Kapitel 2), ihm half, wenn er wütend und aufgebracht wurde. Die Lotos-Übung (siehe oben) gab ihm Hoffnung, dass sie ihren Weg durch diesen ganzen Morast finden würden »und nicht für den Rest ihres Lebens im Schlamm versinken würden.« Derrick und seine Frau hatten sich auf den Weg gemacht, für ihren Sohn so gute Eltern zu sein, wie irgend möglich.

Selbstwertschätzung

»Wie bitte? Selbstwertschätzung? Ist das nicht narzisstisch?«, fragst du dich vielleicht. Aber ist es nicht interessant, dass es sich so unangenehm und peinlich, ja fast wie ein Tabu anfühlt, sich als Eltern selbst wertzuschätzen. Wir arbeiten so hart als Eltern, bringen so oft Opfer, vernachlässigen unsere Bedürfnisse, geben unsere Zeit, unsere Energie, unser Geld hin und verzichten auf Dinge, die wir uns wünschen, damit es unseren Kindern gut geht. Und nur selten erfahren wir dafür Wertschätzung von unseren Kindern (zumindest nicht ab einem bestimmten Alter, und für die meisten von uns ist das spätestens ab der Mittelstufe Geschichte). Auch bekommen die meisten von uns Kritik und kein Lob von unserem Partner oder unserer Partnerin für unsere Erziehungsarbeit. Wann hast du das letzte Mal gehört: »Toll, diese Situation hast du wirklich gut gemeistert!« Wenn das Leben aus Fußballspielen, Fahrgemeinschaften, Hausaufgaben, Prüfungsvorbereitungen, Nachhilfestunden, Tanzstunden, Musikunterricht, den Bedürfnissen und Ansprüchen alternder Eltern, Job-Angelegenheiten (und mehr) besteht, können wir von Glück sagen, wenn es uns gelingt, den Kopf über Wasser zu halten.

Aufgrund der natürlichen Negativitätstendenz (Negativitätsdominanz) unseres Gehirns müssen wir besonders hart daran arbeiten, positive Erfahrungen wahrzunehmen und zu verinnerlichen. Forscher:innen sagen uns, dass schmerzhafte Erfahrungen eher erinnert werden als angenehme. Der Neurowissenschaftler und Psychologe Rick Hanson drückt das sehr schön aus: Es ist, als wäre das Gehirn mit Haftstreifen für negative Erfahrungen und mit Teflon für positive ausgestattet. Das bedeutet, dass sich unser Gehirn zur negativen Seite neigt. Wenn wir die positiven Dinge in unserem Leben wahrnehmen können – das Lächeln eines Kindes, den guten Gesundheitszustand unserer Kinder, einen wunderschönen Sonnenuntergang sowie die positiven Qualitäten in uns selbst (Freundlichkeit, Fairness, Humor, Energie, Hingabe) – können wir anfangen, unser Gehirn neu zu verdrahten, um für uns selbst und unsere Familien ein glücklicheres Leben zu schaffen. Was Rick Hanson »Das Gute in uns aufnehmen« nennt, ist sowohl wissenschaftsbasiert als auch psychologisch sinnvoll. Und es ist nicht nur gut für uns, es hilft auch unseren Kindern, mehr Resilienz zu entwickeln.

Wenn wir uns nicht bewusst darum bemühen, können wir leicht in die natürliche Negativitätstendenz des Gehirns verfallen und anfangen, über unsere Erfahrungen zu grübeln. Helen Keller drückte das kurz und bündig so aus: »Wenn sich eine Tür zum Glück schließt, öffnet sich eine andere aber oft starren wir so lange auf die geschlossene Tür, dass wir die, die für uns geöffnet wurde, nicht sehen.«[47]

Wir sind oft dankbar für unsere Kinder, unsere Freund:innen, unsere Partner:innen, unsere Familie, unser Zuhause, vielleicht auch unsere Arbeit, aber nur selten dankbar für uns selbst. Normalerweise haben wir an dem, was wir tun und sagen etwas auszusetzen – so, wie unsere Kinder und oft auch unsere Partner:innen. Das kann dazu führen, dass wir uns unsichtbar fühlen, nicht gesehen und uns darüber ärgern, dass andere unsere guten Eigenschaften und unsere Bemühungen als selbstverständlich hinnehmen. Komplimente werden überhört, aber wenn wir negative Rückmeldungen bekommen fixieren wir uns darauf – manchmal für Tage, Wochen, Monate oder sogar Jahre.

Es gibt viele Möglichkeiten, Selbstmitgefühl zu praktizieren. Wenn wir das Gesamtbild betrachten, erkennen wir, dass viele unserer guten Eigenschaften vielen Menschen und Situationen zu verdanken sind – unseren Eltern, unseren Familien, unseren Lehrer:innen und Mentor:innen. So viele unterschiedliche Faktoren haben uns zu dem gemacht, was wir sind. Deshalb ist die Wertschätzung unserer guten Eigenschaften kein narzisstischer Akt, sondern ein Akt der Verbundenheit und ein Anerkennen unserer Interdependenz. Wenn wir unsere eigene Güte, unsere Kompetenzen und unsere Freundlichkeit zu schätzen wissen, bedeutet das nicht, dass wir denken, wir seien besser als andere oder versuchen, andere herabzusetzen.

Jede Mutter und jeder Vater hat wundervolle Qualitäten zusammen mit einigen weniger wunderbaren. Wie sagt man so schön: »Ich bin vielleicht nicht perfekt aber einige Teile von mir sind ausgezeichnet.«

Selbstwertschätzung ist letztendlich nicht egoistisch. Sie gibt uns ein Fundament des Optimismus und der Resilienz, das wir brauchen, um durchs Leben zu kommen und es an unsere Familien weiterzugeben. Zu lernen, sich selbst wertzuschätzen ist ein weiteres Geschenk des MSC-Programms.[48]

Dich selbst als Mutter oder Vater wertschätzen

- Schieße die Augen. Atme einmal tief ein und aus. Halte inne.
- Lass dich in deinen Körper hinein sinken. Lass dich zur Ruhe kommen.
- Wenn du bereit bist, denke an zwei oder drei Dinge, die du an dir als Mutter oder Vater schätzt.
- Schau, ob du dich für das öffnen kannst, was du wirklich im tiefsten Innern an dir magst.
- Sei nicht überrascht, wenn das bei dir ein gewisses Unbehagen auslöst. Wir erlauben uns normalerweise nicht, über so etwas nachzudenken.
- Erlaube dir, diese positiven Qualitäten anzuerkennen. Verinnerliche sie, schiebe sie nicht beiseite.
- Du sagst damit nicht, dass du diese Qualitäten immer hast oder dass du besser bist als andere.
- Denke an die Menschen, die dir geholfen haben, diese positiven Eigenschaften zu entwickeln Eltern, Lehrer:innen, Freund:innen, Mentor:innen, deine Familie und sogar deine Kinder.
- Schicke jeder dieser Personen etwas Dankbarkeit und Wertschätzung.
- Wenn wir uns selbst anerkennen, anerkennen und würdigen wir damit auch diejenigen, die uns geholfen haben zu wachsen und uns zu entwickeln.
- Erlaube dir, diese Menschen und dich selbst wertzuschätzen.
- Nimm das in dich auf; erlaube dir, dich gut mit dir und deiner Elternschaft zu fühlen und sei es auch nur für einen Moment.
- Lass das in dich einsinken, genieße es vielleicht ist das eine völlig neue Erfahrung für dich.

Theresa war in einer strengen Familie aufgewachsen. Sie wurde selten gelobt, denn ihre Eltern wollten nicht, dass sie überheblich oder eingebildet wurde. Ihre Eltern kritisierten sie, um sie unter Kontrolle zu halten. Sie scherzte, ihr Vater sei der »Chef-Kritiker« gewesen und habe an ihrer Mutter und allen fünf Kindern stets etwas auszusetzen gehabt. »Sagen wir mal so: Wir waren keine ›gefühlsduselige‹ Familie.«

Die zentralen Werte, die sich für sie herauskristallisierten, drehten sich um Bescheidenheit und Loyalität. Ihr Mann kritisierte sie oft. Er warf ihr vor, egoistisch zu sein und keine Opfer für die Familie zu bringen. Aber Theresa tat, was sie konnte. Sie versuchte, ihre Arbeit, ihre alternden Eltern und drei Kinder, von denen eines besondere Fürsorge brauchte, unter einen Hut zu bringen. Oft war es schwierig, die Kinder dazu zu bewegen, ihren Teil beizutragen, den Tisch zu decken oder nach dem Essen abzuräumen. »Einen Moment, einen Moment«, hieß es dann, während sie kaum von ihren Bildschirmen aufblickten.

Wenn sie versuchte, Grenzen zu setzen, äfften sie oft nach, was sie gehört hatten: »Ihr seid so fordernd«. Eine Freundin aus ihrem Heimatort, die über das Wochenende zu Besuch war, sagte zu ihr: »Theresa, du arbeitest so hart und tust so viel, du musst dir diese Unverschämtheiten nicht gefallen lassen!«

Als sie begann, sich hinzusetzen und darüber nachzudenken, was sie alles tat und schließlich anfing, sich selbst wertzuschätzen, war sie in der Lage, für sich einzustehen. Sie sagte, sie habe zum ersten Mal das Gefühl gehabt, sich selbst Rückhalt zu geben (Vgl. Sich selbst Rückhalt geben, Kapitel 4) und habe die Kinder aufgefordert, mehr zu tun. Als sie sich zugestehen und anerkennen konnte, was sie für die Familie tat, konnte sie um mehr Kooperation bitten. »Ich wünschte, ich könnte diese Unterstützung und Bestätigung von anderen Menschen in meinem Leben bekommen aber das wird wahrscheinlich nicht passieren. Aber es war erhellend, dass ich nicht bis zum Sankt-Nimmerleinstag warten muss. Ich konnte sie mir selbst geben.«

Dankbarkeit

Wenn wir uns auf das konzentrieren, was wir oder unsere Kinder nicht haben – die Preise, die sportlichen Erfolge, die Tore, die nicht geschossen wurden – verharren wir in einem negativen Gemütszustand und bleiben in der Hölle der Negativitätsdominanz stecken. Und das ist kein Ort, an dem wir leben wollen. Dankbarkeit heißt, die guten Dinge in unserem Leben zu würdigen, besonders die kleinen Dinge, die wir oft übersehen.[49]

Die folgende Übung kann uns auch mit anderen verbinden. Sie kann unseren Kindern helfen, sich zu erden und widerstandsfähige Wurzeln zu entwickeln, während sie anfangen, ihre Flügel auszubreiten.

Die kleinen Dinge sehen

- Setz dich hin und atme tief ein und aus.
- Ja, Dankbarkeit dafür, dass du eine Pause machen und dich hinsetzen kannst!
- Jetzt, in diesem Moment, musst du nichts tun und für niemanden sorgen.
- Lass dich innehalten.
- Wenn du bereit bist, schreibe fünf bis zehn kleine, unbedeutende Dinge auf, die du oft ignorierst, die aber dein Leben leichter machen. Wie wäre es beispielsweise mit:

  Knöpfen
  Reißverschlüssen
  Klettband
  Brillen
  Sonnenschein
  Kühlen Brisen
  Babytragen
  Schirmen
  Schaukeln
  Ein Kinderlächeln

- Schreib auf, was dir einfällt.
- Schau, wie du dich nach dieser Übung fühlst.

Eine meiner Meditationslehrerinnen sagte oft, dass man seinen Gemütszustand mit nur drei Atemzügen ändern kann. Man kann ihn auch durch eine kurze Dankbarkeitsübung ändern. Wenn du wieder mal einen Tag hast, an dem alles schiefläuft, nimm dir einen Moment Zeit und mach eine Pause. Schau, was passiert.

Jochen hatte einen frustrierenden Tag. Sein Chef war wegen eines großen Projekts gestresst und ließ das an ihm aus. Im Berufsverkehr schnitt ihn ein anderer Fahrer und er hätte fast einen Unfall gehabt. Als er nach Hause kam, schrie seine Frau ihn an, weil er vergessen hatte, Waschpulver mitzubringen (weil er noch fix und fertig wegen des Beinahe-Unfalls war). Und der Boden war übersät mit Jonas Legosteinen. Fast hätte er einen zerbrochen als er barfuß darauf trat – und es endete damit, dass er herumhüpfte und sich den schmerzenden Fuß hielt. Er war kurz davor, zu explodieren. Aber Jonas war begeistert darüber, dass sein Papa da war, rannte zu ihm hinüber und umarmte ihn stürmisch. »Oh«, dachte Jochen, »ich bin dankbar für diese Umarmung.« Und er wurde ruhiger und bemerkte andere Dinge im Zimmer. »Und für Legosteine, wenn ich nicht drauf trete. Und für die Klettverschlüsse an Jonas Schuhen, sodass ich sie nicht ständig wieder zubinden muss. Und für den Hund«, der angelaufen kam und erfreut mit dem Schwanz wedelte. Jochen realisierte, dass bereits das bewusste Wahrnehmen von ein paar kleinen, unbedeutenden Dingen ihm geholfen hatte, »mich zusammenzureißen.« Und ein gutes Abendessen mit einem Glas Wein taten ein Übriges.

Diese Übung soll Spaß machen. Kein Grund, ernst zu sein. Als Chrissie sie ausprobierte, dachte sie an Radiergummis, »weil ich immer Fehler mache«. Sie waren gerade dabei, mit den Kindern zu ihrem ersten Campingurlaub aufzubrechen, also wurde »innere Instandhaltung« zur Liste hinzugefügt. »Meine Güte, wir betrachten alles als selbstverständlich!« Und sie fügte die kleinen Dinge hinzu, die die Kommunikation innerhalb der Familie erleichterten. »Bei uns zu Hause ist Nagellack der ›Ego-Klebstoff‹ für Jenny und mich. Wenn es schwierig wird, rufe ich einen ›Mani-Pedi‹-Notfall aus und wir beide lachen, machen unsere Nägel und lachen wieder. Und Emojis sind enorm wichtig; sie versehen unser Leben und unsere Texte täglich mit einem Lächeln.«

Alles ändert sich

Amélie kam traurig in die Sitzung. Sophie würde im Herbst ihr Zuhause verlassen, um auf die Uni zu gehen. Zur selben Zeit lag Amélies Mutter im Sterben, denn der Krebs hatte gestreut und Knochenmetastasen gebildet. Sie hatte an ein paar experimentellen klinischen Studien teilgenommen und war bei Amélie eingezogen, um guter medizinischer Versorgung näher zu sein.

Mit Sophie lief es inzwischen besser, sie war eine große Stütze für Amélie geworden. »Meine Mutter hat Schmerzen und Angst. Sie will mich ständig um sich haben. Sie kann es nicht ertragen, allein zu sein.« Es fiel Amélie schwer, diese ganze Ungewissheit auszuhalten und inmitten all dieser Veränderungen im Gleichgewicht zu bleiben. Und es fiel ihr schwer, still zu sitzen aber die Geh-Meditation funktionierte für sie. »Ich versuche, dankbar für meine Mutter zu sein; wir hatten eine gute Beziehung. Sophie ist reifer geworden. Sie liebt ihre Großmutter; sie waren einander immer sehr verbunden. Meine Mama war eine großartige Bäckerin und machte die besten Zimtsterne der Welt. Manchmal steht Sophie früh am Sonntagmorgen auf und backt welche, – einfach um den wundervollen, tröstlichen Duft im Haus zu haben und ihrer Oma ein Lächeln ins Gesicht zu zaubern. Du weißt ja, dass Sophie immer alle meine Knöpfe gedrückt hat. So vieles, was ich über das Leben gelernt habe, habe ich durch das Großziehen meiner Kinder gelernt.« Sie lächelte. »Jetzt ist alles so unsicher und es ist wirklich schwer, meine Mutter und Sophie gleichzeitig loszulassen.«

Erarbeitetes Mitgefühl, erarbeitete Gelassenheit

Nicht allen Menschen fällt es leicht, in ein inneres Gleichgewicht zu kommen. Und es stellt sich auch nicht von selbst ein. Es erfordert ein gewisses Bemühen und Praxis. Wir wollen am Vergnügen festhalten und den Schmerz wegschieben. Wir wollen, dass wir Recht haben und die andere Person Unrecht hat. Wir versuchen, Scham und Schuld, Verlust und Versagen zu vermeiden. Wir wünschen uns Lob und Erfolg, und davon immer mehr. So ist unser Gehirn ausgelegt. Für die meisten Eltern sind Mitgefühl und Gelassenheit etwas, das sie sich verdient haben – normalerweise durch ihre Bereitschaft, die eigenen Muster und Verhaltensweisen anzuschauen. In der Familientherapie lautet eine Maxime »Du kannst Recht haben oder du kannst in einer Beziehung sein.«

Als Amélie anfing, die Dinge von Sophies Standpunkt aus zu sehen, erkannte sie allmählich auch zerstörerische und einschränkende Muster aus ihrer eigenen Kindheit. In diesen Momenten lernte sie, dass sie eine Wahl hatte: entweder ihre Tochter weiterhin schlecht zu machen und herabzusetzen oder innezuhalten und zu schauen, was hinter ihrer eigenen heftigen Reaktion steckte. Als sie dann in der Lage war, sich zu fragen, was vor sich ging und warum sie so heftig reagierte, konnte sie auch sehen, in welche Richtung sich die Dinge entwickelten – normalerweise in eine, die für niemanden gut ausging. Sie begann sich bewusst darin zu üben, ihre anderen Optionen zu sehen und Sophies Bedürfnisse in ihr Denken einzubeziehen. Ihre Bemühungen zahlten sich aus: sie lernte mitfühlender mit sich und mit Sophie umzugehen, sich zu bremsen und die Richtung zu ändern, wenn sie kurz davor war, etwas Verletzendes zu tun oder zu sagen. In Sophies letztem Schuljahr war ihre Beziehung viel freundlicher und liebevoller geworden, denn Sophie bekam die Liebe, das Verständnis und die Aufmerksamkeit, die sie von ihrer Mutter brauchte.

Amélie war die geborene Gärtnerin und erfreute sich an ihrem Gemüsebeet und ihren Blumen. Sie fand, dass die Gartenarbeit sie erdete und zuversichtlich stimmte. Wenn sie wegen der bevorstehenden Trennungen traurig war, tröstete sie sich, indem sie sich sagte: »Eine harte Woche, aber die Tulpen blühen«. Oder: »Ich bin wirklich traurig und ich kann mir mein Leben nicht ohne meine Mama vorstellen, oder ohne dass Sophie um mich herum ist und mich neckt und veräppelt, aber ich bin dankbar für die schönen bunten Dahlien und die Zucchini-Rekordernte.«

Da der Garten ihr half, die Zyklen des Lebens und den Lauf der Zeit zu akzeptieren, entwickelte ich folgende Übung, die sie mit ihrer Mama (die schwach aber mobil war) und Sophie oder auch allein praktizieren konnte. Man kann die Übung draußen in einem Garten oder Park oder als Visualisierung machen.

Weitergehen/Loslassen

- Setz dich bequem hin, entweder draußen in einem Garten oder Park oder in einem, den du dir vorstellst.
- Spüre deine grundsätzliche Würde. Nimm dir einen Augenblick Zeit, um dich zu erden und mithilfe deines Atems oder der Umgebungsgeräusche in deine Mitte zu kommen. Nimm das Vogelgezwitscher und das Brummen der Insekten im Garten in dich auf.
- Lass diesen Garten voller Blumen und anderen Pflanzen sein, die du magst in allen Farben, Formen und Größen.
- Geh entweder real oder vor deinem geistigen Auge durch den Garten und nimm die Farben und Düfte, den Sonnenschein oder den Regen wahr.
- Nimm wahr, dass sich alle Blumen und anderen Pflanzen in unterschiedlichen Wachstumsphasen befinden. Manche bilden gerade erst Knospen aus, andere stehen kurz vor der Blüte, manche stehen in voller Blüte und sind dabei, abzusterben.
- Widme allen im gleichen Maße Aufmerksamkeit den duftenden, voll erblühten wie den verwelkten oder abgestorbenen. Achte auf diejenigen, die von Insekten angefressen wurden, sieh die Löcher und skelettierten Strukturen.
- Nimm wahr, dass auch in diesem Garten alles Leben einen Anfang, eine mittlere Phase und ein Ende hat.

- Bleib dabei: Alle Beziehungen, alles Bemühen, alle Aktivitäten beginnen und enden.
- Wenn du magst, halte inne und konzentriere dich auf eine einzige Blume, verbringe etwas Zeit mit ihr, schau wirklich hin, nimm sie wahr, schenke ihr deine volle Aufmerksamkeit.
- Versuche das auf fünf oder zehn Minuten auszudehnen. Schau, was passiert.
- Beobachte, wie Bienen und Schmetterlinge herbeifliegen, um Nektar zu sammeln. Beobachte, wie der Wind durch die Blätter streicht.
- Wisse, dass diese Blume morgen oder übermorgen welken und sterben wird.
- Lass dich im Garten zur Ruhe kommen, verinnerliche die Schönheit, Zerbrechlichkeit und Vergänglichkeit all dessen und würdige sie.
- Sei dir bewusst, dass das der Gang des Lebens und aller Dinge ist.
- Vielleicht magst du dir die Worte von Frida Kahlo ins Gedächtnis rufen »Nichts ist absolut. Alles verändert sich, alles ist in Bewegung, alles dreht sich, alles fliegt davon und entschwindet.«
- Atme ein paarmal tief ein und aus, strecke dich und kehre in deinen Alltag zurück, wenn du bereit bist.
- Schau, ob du dieses Gewahrsein der Vergänglichkeit aller Dinge in deinen Tag und deine nächste Aktivität mitnehmen kannst.

»Es gibt noch Hoffnung für mich«

»Gestern gab es einen riesigen Streit zwischen Alice und ihrer jüngeren Schwester Mara«, erzählte Alex. »Mara neckte sie und Alice reagierte, indem sie Mara fest in den Bauch boxte. Ich schickte Alice für eine Auszeit in ihr Zimmer. Und dann rege ich mich total darüber auf, dass sie sich streiten und fange an, mir Sorgen über ihre weitere Beziehung zu machen. Aber dann höre ich diesen Lärm aus dem Wohnzimmer und schaue nach. Mara spielt die ganze Sache durch: Sie singt, tanzt, ballt die Fäuste, macht ein Drama daraus. Und sie sagt Dinge wie ›Ich werde für den Rest meines Lebens nie wieder mit Alex reden. Ich hoffe, sie wird von einem wilden Monster gefressen, einen Bissen nach dem anderen‹. Die Heftigkeit erinnert ein bisschen an eine Szene aus den Märchen der Brüder Grimm.«

»Aber dann ist Alices Auszeit vorbei, sie entschuldigt sich bei Mara, die sich wiederum dafür entschuldigt, dass sie Alice provoziert hat. ›Komm, lass uns Fahrrad fahren‹, sagt Alice, und Mara erwidert ›klar‹, und schon verschwinden sie lachend und kichernd nach draußen wie die besten Freundinnen.«

»Das hat mich wirklich nachdenklich gemacht. Das bedeutet es also, im gegenwärtigen Moment zu leben. So können Achtsamkeit und Mitgefühl also aussehen. Ich konnte mich einfach entspannen und den Kindern vertrauen. Das war etwas Neues! Und ich begann, mich daran zu erinnern, wie es war, als mein Bruder Willi und ich in der Kindheit stritten. Aber ich grübelte nicht. Ich spürte keinen Groll. Es bescherte mir keine schlaflose Nacht. Wir rangelten, dann war es vorbei und wir waren wieder Freunde. Mir wird klar, dass ich angeblich erwachsen bin aber ich halte an Dingen fest. Ich bin immer noch wütend über Dinge, die er vor 15 Jahren gesagt hat. Ich bin wütend über etwas, das mein Mann letzte Woche gesagt hat. Ich bin nicht im Moment, ich befinde mich im Keller und staube das ganze alte Gepäck ab und verhalte mich, als sei meine Wut ein kostbares Erbstück. Ich habe eine Menge gelernt, indem ich einfach beobachtete, wie die Mädchen streiten und dann weitermachen. Jetzt empfinde ich Mitgefühl dafür, dass ich die Fähigkeit verloren habe, einfach zu lachen und loszulassen.«

»Ich erkenne allmählich, dass das für uns alle mehr Spaß im Leben bedeuten könnte. Alice hat das Klavierspielen aufgegeben und ich bin so froh, dass der Kampf vorbei ist. Sie wollte es mit Malen versuchen. Ich nahm sie mit ins Museum zu einem Mutter-Vater-Kind-Kunstkurs. Wir betrachteten ein Gemälde von Picasso und der Lehrer sagte, dass Picasso in seinen mittleren Jahren die Welt mit der Frische von Kinderaugen sehen wollte. Er versuchte, diese Spontaneität, überschäumende Begeisterung und Energie zurückzugewinnen. Die Kinder liebten diese Geschichte; sie fühlten sich gewürdigt.

Aber ich erkannte, dass ich so überfordert und auf Kontrolle fixiert gewesen war, dass ich meine Kinder nicht gewürdigt hatte – ich hatte mich nicht an ihnen erfreut. Ich hatte sie kaum gesehen. Achtsamkeit und Mitgefühl haben mir geholfen, das Ganze von einer höheren Warte aus zu sehen. Ich finde es wunderbar, dass ihr Streit mir Gelegenheit gab, eher ihre Stärken zu sehen, anstatt mir nur Sorgen über ihr aggressives Verhalten zu machen. Und eine Chance, loszulassen.« Sie hielt inne und lächelte. »Weißt du, ich glaube, es gibt noch Hoffnung für mich.«

Selbstmitgefühls-Werkzeugkiste für Eltern

Diese Übersicht enthält Vorschläge zur Anwendung der diesem Buch vorgestellten Übungen und Reflexionen in stressigen Zeiten. Die Übungen können einzeln oder in Kombination angewendet werden. Natürlich ist jeder Mensch einzigartig. Es sind also nur Vorschläge, die auf meinen Erfahrungen hinsichtlich dessen beruhen, was für andere Eltern funktioniert hat. Viele Übungen können in unterschiedlichen Situationen hilfreich sein, weshalb du sie in mehreren Kategorien finden kannst. Suche dir einfach diejenigen aus – einzeln oder in Kombination – die dir für deine Bedürfnisse am geeignetsten erscheinen. Und teile sie mit deinen Kindern, wenn du das Gefühl hast, dass sie ihnen helfen können. Manche der Praktiken sind geführte Übungen mit Audioaufnahmen (siehe auch die Informationen am Ende des Inhaltsverzeichnisses, sowie Seite 371).

Versagensängste

- Die Situation relativieren (Kapitel 4, Seite 146)
- Erfolg ist nicht alles (Kapitel 4, Seite 147)

Süchte

- Auf den Wellen der Elternschaft surfen (Kapitel 7, Seite 295)
- Wann fällst du vom Brett (Kapitel 7, Seite 298)
- Brief an mein Kind (Kapitel 7, Seite 301)

Wut

- Was drückt deine Knöpfe? (Kapitel 1, Seite 37)
- Mit freundlichen Augen schauen (Kapitel 1, Seite 39)
- Selbstmitgefühls-Lebensretter für Eltern (Kapitel 2, Seite 69)
- Ego-Klebstoff für Eltern (Kapitel 2, Seite 75
- Was zur Hölle ist das? (Kapitel 2, Seite 86)
- Fußsohlen (Kapitel 3, Seite 121
- Verletzungen, die wir mit uns herumtragen (Kapitel 3, Seite 122)
- RAIN/Hurrikan des Selbstmitgefühls (Kapitel 5, Seite 192)
- Schlummernde Superpower gegen Angst (WUZ) (Kapitel 6, Seite 239)
- Ruhiger Ort unter stürmischer See (Kapitel 7, Seite 291
- Brief an mein Kind (Kapitel 7, Seite 301)
- Die Unendlichkeit des Nachthimmels (Kapitel 8, Seite 323

Körperliche Aspekte

- Das Gepäck, das wir erben (Kapitel 3, Seite 107)
- Freundlich zum Körper sein (Kapitel 3, Seite 109)
- Das eigene Körperbild »zurücksetzen« (Kapitel 3, Seite 114)

Rowdys/Gemeine Mädchen

- Selbstmitgefühls-Lebensretter für Eltern (Kapitel 2, Seite 69)
- Fußsohlen (Kapitel 3, Seite 121)
- Verletzungen, die wir mit uns herumtragen (Kapitel 3, Seite 122)
- Kämpferisches Mitgefühl (Kapitel 3, Seite 126)
- Sauerstoffmaske für turbulente Flüge (Kapitel 4, Seite 171)
- Wenn ihr beide wirklich Mitgefühl braucht (Kapitel 6, Seite 231)
- Zeitreise in deine Kindheit (Kapitel 6, Seite 235)
- Schlummernde Superpower gegen Angst (WUZ) (Kapitel 6, Seite 239)
- Trotzhandlungen (Kapitel 7, Seite 289)
- Ruhiger Ort unter stürmischer See (Kapitel 7, Seite 291)
- Wieder ins Gleichgewicht kommen (Kapitel 7, Seite 293

Unruhiges Baby/Koliken

- Meditation »Mit dem Baby schwingen« (Kapitel 1, Seite 35)
- Selbstmitgefühls-Lebensretter für Eltern (Kapitel 2, Seite 69)

Konflikte

- Die Elternpause (Kapitel 1, Seite 29)
- Den Elternschafts-Abgrund überwinden (Kapitel 6, Seite 226)

Kontrolle/Mikromanagement

- Lass dein Kind hervortreten (Kapitel 5, Seite 198)
- Dein Kind klar sehen (Kapitel 5, Seite 205)
- Ein mitfühlender Blick aufs Mikromanagement (Kapitel 5, Seite 212)
- Du musst nicht alles kontrollieren (Kapitel 5, Seite 214)

Alltagsleben

- Badezimmer-/Schlafenszeitkämpfe: Mit freundlichen Augen schauen (Kapitel 1, Seite 39)
- Schmutzige Windeln (Kapitel 1, Seite 52)
- Meditation »Kaffeetrinken« (Kapitel 1, Seite 54)
- Schmutziges Geschirr/Wäsche: Achtsamkeit für die Hände (Kapitel 1, Seite 56)
- Gemeinsam entdecken: Abenteuer-Spaziergang (Kapitel 5, Seite 208)
- Lebensmittelgeschäfte und andere (unendliche) Geschichten: Die hitzigen Gefühle »herunterkühlen« (Kapitel 6, Seite 258)
- Lass dich nicht in ihr Chaos hineinziehen – ziehe sie in deine Ruhe hinein (Kapitel 6, Seite 251)
- Achtsamkeit und Mitgefühl im Auto (Kapitel 2, Seite 98)
- Spielplatz: Liebende Güte auf dem Spielplatz (Kapitel 4, Seite 184)
- Partys: Die ruinierte Mitbringparty (Kapitel 4, Seite 179)
- Regentage: Silly Walks (Kapitel 3, Seite 137);
- Schönheit entdecken (Kapitel 3,Seite 138)
- Trotzanfälle: Beruhigende Berührung im Eifer des Gefechts (Kapitel 3, Seite 133)
- Verkehrsstaus: Die hitzigen Gefühle »herunterkühlen« (Kapitel 6, Seite 258)

Depressive Stimmungen

- Was würde deine beste Freundin/dein bester Freund sagen? (Kapitel 1, Seite 48)
- Du bist nicht schuld an dir (Kapitel 1, Seite 50)
- Selbstmitgefühls-Lebensretter für Eltern (Kapitel 2, Seite 69)
- RAIN/Hurrikan des Selbstmitgefühls (Kapitel 5, Seite 192)
- Sich im Moment verankern (Kapitel 5, Seite 220)
- Dass du es denkst, bedeutet noch lange nicht, dass es wahr ist (Kapitel 7, Seite 281).

- Welche Gedanken bringen dich in Wallung? (Kapitel 7, Seite 283)
- Wenn alles auseinanderbricht (Kapitel 7, Seite 303)

Schwierige Gefühle

- Was ist deine Standardeinstellung? (Kapitel 2, Seite 74)
- Ego-Klebstoff für Eltern (Kapitel 2, Seite 75)
- Wenn du zu kämpfen hast (Kapitel 2, Seite 80)
- Weich werden – Umsorgen – Zulassen bei Schamgefühlen (Kapitel 6, Seite 246)
- Mach ein Lied draus (Kapitel 7, Seite 286)
- Wenn alles auseinanderbricht (Kapitel 7, Seite 303)
- Achtsamkeit um vier Uhr morgens (Kapitel 7, Seite 306)

Enttäuschung

- Welche Träume hast du? (Kapitel 3, Seite 118)

Ängste

- Selbstmitgefühls-Lebensretter für Eltern (Kapitel 2, Seite 69)
- Kämpferisches Mitgefühl (Kapitel 3, Seite 126)
- In diesem Moment (Kapitel 3, Seite 130)
- Dir selbst Rückhalt geben (Kapitel 4, Seite 156)

Wenn du dich überfordert fühlst

- Zu dir finden (Kapitel 1, Seite 22)
- Sich um sich selbst kümmern (Kapitel 1, Seite 23)
- Was brauche ich? (Kapitel 1, Seite 24)
- Was überfordert dich? (Kapitel 2, Seite 90)
- Die Winde der Elternschaft (Kapitel 2, Seite 92)
- Ego-Klebstoff für Eltern (Kapitel 2, Seite 75)
- Die Schlummertaste drücken (Kapitel 2, Seite 95)

Dankbarkeit

- Schönheit entdecken (Kapitel 3, Seite 138)
- Abenteuer-Spaziergang (Kapitel 5, Seite 208)
- Die kleinen Dinge sehen (Kapitel 8, Seite 343)

Feiertagsstress

- Wie sieht es in deiner Familie aus? (Kapitel 4, Seite 161)
- Mit der Liebende-Güte-Meditation das Gehirn neu ausrichten (Kapitel 4, Seite 164)

Krankheit

- Die Klänge des Lebens (Kapitel 1, Seite 42)
- Freundlich zum Körper sein (Kapitel 3, Seite 109)
- Ein stabiles inneres Zentrum finden (Kapitel 5, Seite 218)
- Sich im Moment verankern (Kapitel 5, Seite 220)

Loslassen

- Festhalten/Loslassen (Kapitel 8, Seite 311)
- Die warme Decke (Kapitel 8, Seite 314)
- Weitergehen/Loslassen (Kapitel 8, Seite 347)

Trotzanfall

- Wann hast du eine Rettungsinsel gebraucht? (Kapitel 2, Seite 62)
- Wann hast du andere freundlich behandelt? (Kapitel 2, Seite 64)
- Selbstmitgefühls-Lebensretter für Eltern (Kapitel 2, Seite 69)
- Selbstmitgefühl im eigenen Leben aktivieren (Kapitel 2, Seite 69)

Resilienz

- Dir selbst Rückhalt geben (Kapitel 4, Seite 156)
- Dich selbst als Mutter oder Vater wertschätzen (Kapitel 8, Seite 341)

Trennung

- Baum der mitfühlenden Wesen (Kapitel 8, Seite 319)
- Die Unendlichkeit des Nachthimmels (Kapitel 8, Seite 323)
- Unsere zentralen Werte entdecken (Kapitel 8, Seite 327)

Geschwisterrivalitäten

- Drei-Minuten-Mitgefühlsraum (Kapitel 6, Seite 254)
- Mitfühlend zuhören (Kapitel 6, Seite 256)

Stress

- Kontaktpunkte für gestresste Eltern (Kapitel 2, Seite 83)
- Mit der Liebende-Güte-Meditation (LKM) das Gehirn neu ausrichten (Kapitel 4, Seite 164)

Harte Zeiten

- Wie war es für dich? (Kapitel 4, Seite 156)
- Dir selbst Rückhalt geben (Kapitel 4, Seite 156)
- Welche Hindernisse liegen vor dir? (Kapitel 7, Seite 266)
- Limonaden-Stand (Kapitel 7, Seite 271)
- Himmelsbeobachtung (Kapitel 7, Seite 276)
- Neuausrichtung (Kapitel 8, Seite 332)
- Auch eine Lotosblume ernährt sich vom Schlamm (Kapitel 8, Seite 335)

Unsicherheit

- Der Umgang mit den Unsicherheiten des Elterndaseins (Kapitel 5, Seite 189)
- RAIN/Hurrikan des Selbstmitgefühls (Kapitel 5, Seite 192)

Sorgen

- Was sind deine Ängste? (Kapitel 4, Seite 148)
- Achtsamkeit um vier Uhr morgens (Kapitel 7, Seite 306)
- Baum der mitfühlenden Wesen (Kapitel 8, Seite 319)

Literatur

Ariès, Philippe: *Geschichte der Kindheit.* München und Wien: Hanser Verlag, 1975 (orig. ders.: *L'enfant et la vie familiale sous l'ancien régime.* Paris: Plon, 1960).

Baraz, James und Alexander, Shoshana: *Freude.* Mit einem Geleitwort von Jack Kornfield. München: Nymphenburger Verlag, 2011. 2. als: *Freude: erfüllt und glücklich leben.* Freiburg: Herder Verlag, 2013 (orig. dies.: *Awakening joy: 10 steps that will put you on the road to real happiness.* New York, NY: Bantam Books, 2010).

Bluth, Karen: *The self-compassion workbook for teens.* Oakland, CA: New Harbinger, 2017.

Brach, Tara: *Mit dem Herzen eines Buddha: heilende Wege zu Selbstakzeptanz und Lebensfreude.* München: Knaur Verlag, 2005 (orig. dies.: *Radical acceptance: Embracing your life with the heart of a Buddha.* New York, NY: Bantam Books, 2004).

Chödrön, Pema: *Wenn alles zusammenbricht. Hilfestellung für schwierige Zeiten.* Hamburg: Hoffmann und Campe, 1998. TB: München: Goldmann-Verlag, 7. Aufl. 2001 (Orig. dies.: *When things fall apart: Heart advice for difficult times.* Boston, MA: Shambhala Publ., 2000).

Chödrön, Pema: *Das Unwillkommene willkommen heißen: mit offenem Herzen Verletzungen, Traumata und Ängste überwinden.* München: Arkana Verlag, 2020 (orig. dies.: *Bu shun yi de ri zi shun xin guo (Welcoming the unwelcome).* Taibei Shi: Xin ling gong fang wen hua shi ye gu fen you xian gong si, 2020).

Coleman, Mark: *Schließe Frieden mit Dir selbst: Wie wir uns mit Achtsamkeit und Mitgefühl vom inneren Kritiker befreien können.* Freiburg: Arbor Verlag, 2018 (orig. ders.: *Make Peace with Your Mind: How Mindfulness and Compassion Can Free You from Your Inner Critic.* Novato, CA: New World Library, 2016).

Dalai Lama XIV (Bstan-vdzin-rgya-mtsho): *Mit weitem Herzen: Die Kraft des Mitgefühls stärken.* Bielefeld: Theseus Verlag, 2002 (orig. ders.: *An open heart – practicing compassion in everyday life.* Boston: Little Brown, 2001).

Druckerman, Pamela: *Warum französische Kinder keine Nervensägen sind – Erziehungsgeheimnisse aus Paris.* München: Mosaik Verlag, 2013 (orig. dies.: *Bringing up bébé – one American mother discovers the wisdom of french parenting.* New York, NY: Penguin Books, 2012).

Germer, Christopher und Salzberg, Sharon: *Der achtsame Weg zum Selbstmitgefühl: Wie man sich von destruktiven Gedanken und Gefühlen befreit.* Freiburg: Arbor Verlag, 2017 (orig. dies.: *The mindful path to self-compassion.* New York, NY: Guilford Press, 2009).

Gilbert, Paul und Choden: *Achtsames Mitgefühl: ein kraftvoller Weg, das Leben zu verwandeln.* Freiburg: Arbor Verlag, 2014 (orig. ders.: *Mindful Compassion: How the science of compassion can help you understand your emotions, live in the present, and connect deeply with others.* Oakland, CA: New Harbinger Publications, 2014).

Goldstein, Elisha: *Der Weg zurück ins Glück. Depression durch Achtsamkeit und Selbstmitgefühl überwinden.* Freiburg: Arbor Verlag, 2016 (orig. ders. *Uncovering Happiness.* New York, NY: Atria, 2015).

Goleman, Daniel und Davidson, Richard: *Altered Traits: Science Reveals How Meditation Changes Your Mind, Brain, and Body.* New York, NY: Avery/Random House, 2017.

Gopnik, Alison: *The gardener and the carpenter: what the new science of child development tells us about the relationship between parents and children.* New York, NY: Farrat, Strauss & Giroux, 2016.

Hanson, Rick, *Das Gehirn eines Budhha: Die angewandte Neurowissenschaft von Glück, Liebe und Weisheit.* Freiburg: Arbor Verlag, 2010 (orig. ders., *Buddha's brain: The practical neuroscience of happiness, love and wisdom.* Oakland, CA: New Harbinger, 2009).

Hanson, Rick, *Denken wie ein Buddha: wie wir unser Gehirn positiv verändern; Gelassenheit und innere Stärke durch Achtsamkeit.* München: Irisiana Verlag, 2013 (orig. ders., *Hardwiring happiness: the new brain science of contentment, calm, and confidence.* New York, NY: Harmony Books., 2013).

Hanson, Rick und Hanson, Forrest: *Das resiliente Gehirn – Wie wir zu unerschütterlicher Gelassenheit, innerer Stärke und Glück finden können.* Freiburg: Arbor Verlag, 2019 (orig. dies.: *RESILIENT – How to Grow an Unshakable Core of Calm, Strength, and Happiness.* New York, NY: Harmony Books, Penguin Random House LLC, 2018).

Harris, Dan: *Wie ich die entscheidenden 10 % glücklicher wurde: Meditation für Skeptiker.* München: dtv, 2016 (orig. ders.: *10 % happier: how I tamed the voice in my head, reduced stress without losing my edge, and found self-help that actually works: a true story.* London: Yellow Kite, 2019).

Hayes, Stephen, Strosahl, Kirk und Wilson, Kelly: *Akzeptanz- & Commitment-Therapie: Achtsamkeitsbasierte Veränderungen in Theorie und Praxis.* Paderborn: Junfermann, 2014 (orig. dies.,: *Acceptance and Commitment Therapy: The Process and Practice of Mindful Change.* New York, NY: Guilford Press, 2012).

Hoffman, Kent; Cooper, Glen und Powell, Bert: *Aufwachsen in Geborgenheit: wie der »Kreis der Sicherheit« Bindung, emotionale Resilienz und den Forscherdrang Ihres Kindes unterstützt.* Freiburg: Arbor Verlag, 2019 (orig. dies.: *Raising a secure child.* New York, NY: Guilford Press, 2017).

Hulbert, Ann: *Raising America: experts, parents, and a century of advice about children.* New York, NY: Alfred A. Knopf, 2003.

Kabat-Zinn, Jon, *Zur Besinnung kommen: die Weisheit der Sinne und der Sinn der Achtsamkeit in einer aus den Fugen geratenen Welt.* Freiamt: Arbor Verlag, 2006 (orig. ders., *Coming to our senses: Healing ourselves and the world through mindfulness.* New York, NY: Hyperion, 2006).

Kabat-Zinn, Myla und Kabat-Zinn, Jon, *Mit Kindern wachsen: Die Praxis der Achtsamkeit in der Familie.* Freiburg: Arbor Verlag, 2015 (orig. dies., *Everyday Blessings: The Inner Work of Mindful Parenting.* New York, NY: Hyperion, 1998. Neu: New York, NY: Hachette Books, 2009).

Kornfield, Jack: *Frag den Buddha und geh den Weg des Herzens: was uns bei der spirituellen Suche unterstützt.* Müchen: Kösel Verlag, 2017 (orig. ders., *A Path with*

Heart: A Guide through the Perils and Promises of Spiritual Life. New York, NY: Bantam Books, 1993).

Kornfield, Jack: *Das weise Herz: Die universellen Prinzipien buddhistischer Psychologie.* München: Arkana Verlag, 2014 (orig. ders., *The Wise Heart: A Guide to the Universal Teachings of Buddhist Psychology.* New York: Bantam Books, 2009).

Kornfield, Jack: *Wahre Freiheit: der buddhistische Weg, in jedem Augenblick glücklich und geborgen zu sein.* München: O.W. Barth Verlag, 2018 (orig. ders.: *No time like the present – finding freedom, love, and joy right where you are.* New York, NY: Atria Books, 2017).

LeVine, Robert und Sarah: *Do parents matter? Why Japanese Babies Sleep Soundly, Mexican Siblings Don't Fight, and American Families Should Just Relax.* New York, NY: Public Affairs, 2016.

Lythcott-Haims, Julie: *How to raise an adult: break free of the overparenting trap and prepare your kid for success.* New York, NY: St. Martins Press, 2015.

Naumburg, Carla: *Parenting in the present moment: How to Stay Focused on What Really Matters.* Berkeley, CA: Parallax Press, 2014.

Nhat Hanh, Thich: *Liebe: Wie wir sie in unserem HerzGeist nähren können.* Berlin: Edition steinrich, 2015 (orig. ders.: *Cultivating the mind of love: the practice of looking deeply in the Mahayana tradition.* Berkeley, CA: Parallax Press, 1995).

Neff, Kristin: *Selbstmitgefühl: wie wir uns mit unseren Schwächen versöhnen und uns selbst der beste Freund werden.* München: Kailash Verlag, 2012 (orig. dies., *Self-compassion: Stop beating yourself up and leave insecurity behind.* New York, NY: HarperCollins, 2011).

Neff, Kristin und Germer, Christopher: *Selbstmitgefühl – Das Übungsbuch: Ein bewährter Weg zu Selbstakzeptanz, innerer Stärke und Freundschaft mit sich selbst.* Freiburg: Arbor Verlag, 2019 (orig. dies.: *The Mindful Self-Compassion Workbook: A Proven Way to Accept Yourself, Build Inner Strength, and Thrive.* New York, NY: Guilford Publications, 2018).

Peterson, Charlotte: *The mindful parent.* New York, NY: Skyhorse Publ., 2015.

Pollak, Susan; Pedulla, Thomas und Siegel, Ronald: *Gemeinsam sein: grundlegende Kompetenzen für die achtsamkeitsbasierte Psychotherapie.* Freiburg: Arbor Verlag,

2015 (orig, dies.: *Sitting together: essential skills for mindfulness-based psychotherapy.* New York, NY: Guilford Press, 2018).

Salzberg, Sharon: *Metta-Meditation: Buddhas revolutionärer Weg zum Glück; geborgen im Sein.* Freiamt: Arbor Verlag, 2003 (orig. dies., *Lovingkindness: the revolutionary art of happiness.* Boston, MA: Shambhala Publ., 1995).

Salzberg, Sharon: *Entdecke die Kraft der Meditation: das 28-Tage-Programm.* München: Lotos Verlag, 2011 (orig. dies., *Real happiness: the power of meditation: A 28-day program.* New York, NY: Workman, 2010).

Salzberg, Sharon: *Wahre Liebe: der buddhistische Weg, mit sich selbst und anderen glücklich zu leben.* München: O. W. Barth Verlag, 2017 (orig. dies., *Real Love: The Art of Mindful Connection.* New York, NY: Flatiron Books, 2017).

Siegel, Daniel und Payne Bryson, Tina: *Das achtsame Gehirn.* Freiburg: Arbor Verlag, 2007 (4: 2014) (orig. dies., *The mindful brain: reflection and attunement in the cultivation of well-being.* New York, NY: W.W. Norton Publishers, 2007).

Siegel, Daniel und Payne Bryson, Tina: *Achtsame Kommunikation mit Kindern: zwölf revolutionäre Strategien aus der Hirnforschung für die gesunde Entwicklung Ihres Kindes.* Freiburg: Arbor Verlag, 2013 (orig. dies., *The Whole-Brain Child.* New York, NY: Delacorte Press (Random House), 2011).

Siegel, Daniel und Hartzell, Mary: *Gemeinsam leben, gemeinsam wachsen: Wie wir uns selbst besser verstehen und unsere Kinder einfühlsam ins Leben begleiten können.* Freiamt: Arbor Verlag, 2003, 2. Aufl. 2009 (orig. dies.: *Parenting from the inside out: How a deeper self-understanding can help you raise children who thrive.* New York, NY: Tarcher / Penguin, 2003).

Tsabary, Shefall: *The awakened family: how to raise empowered, resilient, and conscious children.* New York, NY: Penguin Books, 2016.

Willard, Christopher: *Achtsam und stark fürs Leben: 10 Prinzipien für glückliche Familien und resiliente Kinder.* Freiburg: Arbor Verlag, 2018 (orig. ders.: *Raising Resilience: The Wisdom and Science of Happy Families and Thriving Children.* Boulder, CO: Sounds True, 2017).

Williams, Mark; Teasdale, John; Segal, Zindel und Kabat-Zinn, Jon: *Der achtsame Weg durch die Depression.* Freiburg: Arbor Verlag, 2009, 4. Aufl. 2013 (orig. dies.: *The Mindful Way Through Depression: Freeing Yourself from Chronic Unhappiness.* New York, NY: Guilford Press, 2007).

Danksagung

Die in diesem Buch beschriebenen Meditationsübungen sind die Frucht jahrzehntelanger Meditationspraxis sowie vieler Lehrjahre bei Lehrern und Lehrerinnen der verschiedenen Traditionen. Für diese Weisheit und Inspiration und dieses Mitgefühl möchte ich mich von Herzen bei allen bedanken, bei denen zu lernen ich das Privileg hatte, insbesondere bei seiner Heiligkeit, dem Dalai Lama sowie Jack Kornfield, Sharon Salzberg, Joseph Goldstein, Trudy Goodman, Pema Chödrön, Ram Das, Thich Nhat Hanh, Pir Vilayat Khan, Pir Zia Inayat Khan, Kalu Rinpoche, Sylvia Boorstein, Tara Brach, Narayan Helen Liebenson, Larry Rosenberg und Lama Willa Miller.

Ich möchte auch einigen der Vorreiterinnen und Pionieren danken, die uns geholfen haben, tiefer zu verstehen, wie Achtsamkeits- und Mitgefühlsübungen uns bei der Bewältigung unserer Alltagsprobleme aber auch ernsterer Schwierigkeiten und Störungen helfen können, einschließlich Sylvia Boorstein, Richard Davidson, Jack Engler, Mark Epstein, Paul Gilbert, Daniel Goleman, Rick Hanson, Steven Hayes, Jon Kabat-Zinn, Marsha Linehan, Alan Marlatt, Richard Schwartz, Zindel Segal, Daniel Siegel, Tania Singer, John Teasdale und Mark Williams. Auch möchte ich mich bei Kristin Neff und Christopher Germer dafür bedanken, dass sie das Mindful-Self-Compassion-Programm entwickelt und eingeführt haben. Mein Dank gilt ebenso meinen Kolleginnen und Kollegen am Center for Mindful Self-Compassion, Michelle Becker, Christine Brähler und Steve Hickman.

Sehr dankbar bin ich auch für die Führung durch viele klinische Supervisor:innen und Professor:innen, die mir halfen, die Kunst und Wissenschaft der Psychotherapie, die Komplexität der menschlichen Entwicklung und der Erziehungsaufgabe zu verstehen. Mein besonderer Dank gilt hier Robert Bosnak, Diana Eck, Janina Fischer, Howard Gardner, Carol Gilligan, Judith Lewis Herman, Alfred Margulies, Richard Niebuhr, Bennett Simon und Merry White.

Großer Dank gebührt auch dem »Dream-Team« von Guilford Press.

Chefredakteurin Kitty Moore und Acquisitionslektorin Christine Benton sind die beiden klügsten, lustigsten und belesendsten Frauen, die ich kenne. Wir haben fast soviel gelacht wie gearbeitet. Ich danke ihnen für ihre unermüdliche Unterstützung dieses Buchprojekts und so vieler anderer Bücher über Achtsamkeit und Mitgefühl. Besonders dankbar bin ich Art-Direktor Paul Gordon für seine intuitive Gestaltung des drolligen Cover-Designs. Einfach großartig!

Meine langjährigen Freund:innen und Kolleg:innen am Institute for Meditation and Psychotherapy haben zu meinem Verständnis des Zusammenhangs zwischen diesen beiden Feldern beigetragen. Ich danke Doug Baker, Paul Fulton, Trudy Goodman, Inna Khazan, Sara Lazar, Bill Morgan, Susan Morgan, Andreas Olendzki, Megan Searles, Dave Shannon, Ron Siegel, Charles Styron, Janet Surrey, Laura Warren und Christopher Willard. Tatsächlich trug eine Reihe von Gesprächen mit Christopher Willard zur Entstehung dieses Buches bei.

Die Harvard Medical School/Cambridge Health Alliance (CHA) hat mir ein Heim geboten, in dem ich seit 1996 Achtsamkeit lehre. An unserem Center for Mindfulness and Compassion möchte ich Liz Gaufberg, Richa Gawande, Todd Griswold, Bridget Kiley und Zev Schuhman-Olivier sowie Deb Hulihan am CHA dafür danken, dass sie Achtsamkeit und Mitgefühl im medizinischen und pflegerischen Bereich unterstützt haben.

Meine besten Lehrer:innen aber waren meine Patientinnen und Patienten, die ihre Herzen geöffnet und mir ihre tiefsten Zweifel, Frustrationen und Sorgen anvertraut haben. Sie sind die treibende Kraft hinter diesem Buch. Obwohl ihre Geschichten im Vordergrund und Mittelpunkt stehen, wurden ihre Namen geändert, um ihre Identität zu schützen.

Schließlich bin ich auch noch allen meinen Freundinnen zu Dank verpflichtet, die mich unterstützt und mir Kraft gegeben haben. Eine besondere und bemerkenswerte Gruppe von Frauen haben sich zum Frühstück getroffen seit unsere Kinder klein waren. Wir waren bei allen Freuden und Sorgen der Mutterschaft füreinander da. Zu diesen unerschütterlichen Frauen gehören Maggie Booz, Lisa Dobberteen, Hannah Faris, Christine Herbes-Sommers, Pattie Heyman und Carrie Jones.

Außerdem möchte ich mich bei den Mitgliedern der Mittwochs-Meditationsgruppe bedanken: Jerry Bass, Matt Czaplinsky, Dan Foley Suzanne Hoffman, Joshua Lowenstein, Tom Pedulla, Tom Putnam, Janet Yassen und Ed Yeats. Obwohl einige Mitglieder verstorben oder verzogen sind, waren und sind unsere Meditationen, Studien, Gespräche und Freundschaften ein echtes Refugium.

Weiterhin danke ich meinen lieben Freundinnen Elissa Ely, Stephanie Morgan, Carin Roberge, Sally Anne Schreiber, Niti Seth, Janna Malamud Smith, Lori Stern und Sherry Turkle, die alle weisen Rat beigesteuert haben.

Und natürlich wäre nichts von alldem möglich gewesen ohne meine Eltern Rita und Robert Pollak, meine Tante Faye Levey, die mir schon im Grundschulalter Meditation und Yoga nahebrachte, und meinen Bruder Rick Pollak und seine Frau Anita.

Den größten Dank schulde ich allerdings meinem Ehemann Adam, der das Manuskript las und kommentierte, Trost und technische Unterstützung bot und während dieser zwei Jahre des Schreibens großzügig darüber hinwegsah, dass ich so häufig abgelenkt und wenig präsent war. Und last but not least möchte ich unseren Kindern Nathaniel und Hillary sowie unserer Schwiegertochter Katherine für ihre unermüdliche Ermutigung und ihren Humor danken.

Über die Autorin

Susan Pollak ist Psychologin mit privater Praxis in Cambridge, Massachusetts und Mutter von zwei erwachsenen Kindern. Sie praktiziert seit vielen Jahren Meditation und Yoga und integriert seit den 1980er Jahren Meditationstechniken in ihre psychotherapeutische Arbeit. Sie ist Mitbegründerin des Center for Mindfulness and Compassion an der Harvard Medical School/Cambridge Health Alliance an welchem sie lehrt, und Präsidentin des Institute for Meditation and Psychotherapy. Sie ist Co-Autorin des Buches *Gemeinsam Sein – Grundlegende Kompetenzen für die achtsamkeitsbasierte Psychotherapie* (für Fachkräfte im Bereich mentale Gesundheit).

Liste der Audioaufnahmen

Die Audioaufnahmen zu diesem Buch stehen Ihnen mit dem Code **5c4jum** im Arbor Online Center für den persönlichen Gebrauch zum Download zur Verfügung. Geben Sie auf *www.arbor-online-center.de/begleitmaterial* den Code ein oder gehen Sie direkt zu *www.arbor-online-center.de/5c4jum*.

Nr.	Titel	Dauer
1	Sich um sich selbst kümmern	3:41
2	Selbstmitgefühls-Lebensretter für Eltern	2:11
3	Das Gepäck, das wir erben	12:01
4	Fußsohlen	4:15
5	Dir selbst Rückhalt geben	5:46
6	Du musst nicht alles kontrollieren	5:45
7	Drei-Minuten-Mitgefühlsraum	5:48
8	Achtsamkeit um vier Uhr morgens	5:46
9	Die warme Decke	8:31
10	Dich selbst als Mutter oder Vater wertschätzen	5:31

Nutzungsbedingungen

Endnoten

1 »To be a mother«. In: Olsen, Tillie: *Silences.* New York, NY: The Feminist Press, 1965, S. 18.

2 Lerner, Max*: Amerika, Wesen und Werden einer Kultur* – Geist und Leben der Vereinigten Staaten von heute. Frankfurt a.M.: Europäische Verlagsanstalt, 1957, im Orig. S. 562.

3 Neff, Kristin und Germer, Christopher: *Selbstmitgefühl – Das Übungsbuch: Ein bewährter Weg zu Selbstakzeptanz, innerer Stärke und Freundschaft mit sich selbst.* Freiburg: Arbor Verlag, 2019.

4 Eine ausführliche (englischsprachige) Zusammenfassung der Forschung über Selbstmitgefühl (*self-compassion*) findet sich auf Kristin Neffs Website *www.self-compassion.org*. Umfassende Ressourcen und Hilfen in deutscher Sprache finden sich auf *www.arbor-online-center.de/themen/achtsames-selbst-mitgefuehl*

5 Charles Schwab, zitiert in Coleman, Mark: *Schließe Frieden mit Dir selbst: Wie wir uns mit Achtsamkeit und Mitgefühl vom inneren Kritiker befreien können.* Freiburg: Arbor Verlag, 2018, Seite 65.

6 Brach, Tara: *Mit dem Herzen eines Buddha: heilende Wege zu Selbstakzeptanz und Lebensfreude.* München: Knaur Verlag, 2005 (orig. dies.: *Radical acceptance: Embracing your life with the heart of a Buddha.* New York, NY: Bantam Books, 2004, S. 53).

7 Tara Brach: A.a.O., Seite 52.

8 Du bist nicht deine Schuld – »You are not your fault«: Meditationslehrer Wes Nisker, zitiert in: Coleman, Mark: *Schließe Frieden mit Dir selbst: Wie wir uns mit Achtsamkeit und Mitgefühl vom inneren Kritiker befreien können.* Freiburg: Arbor Verlag, 2018 (orig. ders.: *Make Peace with Your Mind: How Mindfulness and Compassion Can Free You from Your Inner Critic.* Novato, CA: New World Library, 2016). Seite 43.

9 Goleman, Daniel und Davidson, Richard: *Altered Traits: Science Reveals How Meditation Changes Your Mind, Brain, and Body.* New York, NY: Avery/Random House, 2017.

10 Zitiert nach: Murphy, Sean: *One bird, one stone: 108 American Zen stories.* New York, NY: Renaissance Books, 2002. Seite 85.

11 Jamison, Leslie: *In the shadow of a fairy tale.* New York Times Magazine, 6. April 2017, S. 51.

12 McGonigal, Kelly: *Changing the default with mindfulness.* Sounds True Konferenz (Spitzentreffen von Neurowissenschaftlern), Vortrag am 16. Mai, 2016.

13 Zitiert nach: Salzberg, Sharon: *Entdecke die Kraft der Meditation: das 28-Tage-Programm.* München: Lotos Verlag, 2011 (orig. dies., Real happiness: the power of meditation: A 28-day program. New York, NY: Workman, 2010, S. 106).

14 Vgl. Creswell, David et al.: *Neural Correlates of Dispositional Mindfulness During Affect Labeling.* In: Psychosomatic Medicine, 69 (6), 2007, S. 560–565.

15 Vgl. Lieberman, Matthew: *Diaries: A Healthy Choice.* Auf: *www.nytimes.com/roomfordebate/2012/11/25/will-diaries-be-published-in-2050/diaries-a-healthy-choice*

16 Vgl. Neff, Kristin und Germer, Christopher: *Selbstmitgefühl – Das Übungsbuch: Ein bewährter Weg zu Selbstakzeptanz, innerer Stärke und Freundschaft mit sich selbst.* Freiburg: Arbor Verlag, 2019.

17 Bhikkhu, Thanissaro: *Under Your Skin. A Thai forest monk explains why a healthy body image is not what you think it is.* In: Tricycle Magazine. Winter 2014 (https://tricycle.org/magazine/under-your-skin/).

18 Soloway, Jill und Hess, Amanda: *Being seen stops us from being.* In: The New York Times, 7. Mai 2017.

19 Mark Coleman fragt, wie es wäre, alle deine schmerzhaften Gefühle willkommen zu heißen – was die Grundlage dieser Übung ist. Vgl. Coleman, Mark: *Schließe Frieden mit Dir selbst: Wie wir uns mit Achtsamkeit und Mitgefühl vom inneren Kritiker befreien können.* Freiburg: Arbor Verlag, 2018, Seite 177ff.

20 Hanson, Rick und Hanson, Forrest: *Das resiliente Gehirn – Wie wir zu unerschütterlicher Gelassenheit, innerer Stärke und Glück finden können.* Freiburg: Arbor Verlag, 2019. Dieses Buch vermittelt ein tiefes Verständnis der Negativitätstendenz / Negativitätsdominanz und viele Methoden, damit zu arbeiten.

21 I-Aah ist der depressive und schnell gelangweilte Esel aus dem Kinderbuch »Pu der Bär« (A.d.Ü.).

22 Neff, Kristin: *Selbstmitgefühl: wie wir uns mit unseren Schwächen versöhnen und uns selbst der beste Freund werden.* München: Kailash Verlag, 2012.

23 Beschreibung des erfundenen Städtchens »Lake Wobegon«, Schauplatz einer populären, amerikanischen Radiosendung, die amerikanische Sozialideale satirisch aufnimmt.

24 Neff, Kristin, ebd.

25 *Thanksgiving* = Erntedankfest: das wichtigste Familienfest in den USA (A.d.Ü.).

26 Vgl. z. B. Pace, Thaddeus et al.: *Effect of compassion meditation on neuroendocrine, innate immune and behavioral responses to psychosocial stress.* In: Psychoneuroendocinology, 43 (1), 2009, S. 87–98.

27 Vgl. Neff, Kristin und Germer, Christopher: *Selbstmitgefühl – Das Übungsbuch: Ein bewährter Weg zu Selbstakzeptanz, innerer Stärke und Freundschaft mit sich selbst.* Freiburg: Arbor Verlag, 2019.

28 Vgl. Raichle, Marcus et al.: *A default mode of brain function.* In: Proceedings of the National Academy of Sciences of the USA, 98 (2), 2001, S. 676–682.

29 Die Geschichte von Robert Thurman, von der diese Übung inspiriert ist, findet sich in Salzberg, Sharon: *Entdecke die Kraft der Meditation: das 28-Tage-Programm.* München: Lotos Verlag, 2011.

30 Angelou, Maya: *Letter to my Daughter.* New York, NY: Random House: 2008, S. xii.

31 Diese Geschichte wird in kolportiert in: Druckerman, Pamela: *Warum französische Kinder keine Nervensägen sind – Erziehungsgeheimnisse aus Paris.* München: Mosaik Verlag, 2013.

32 Diese Praxis ist inspiriert von der Idee, die Begabungen in unseren Kindern sowie unsere eigenen zu sehen. Siehe: Kornfield, Jack: *Wahre Freiheit: der buddhistische Weg, in jedem Augenblick glücklich und geborgen zu sein.* München: O.W. Barth Verlag, 2018.

33 Eine exzellente Auswertung der Forschung über das Spielen findet sich in: Goldstein, Elisha: Der Weg zurück ins Glück. Depression durch Achtsamkeit und Selbstmitgefühl überwinden. Freiburg: Arbor Verlag, 2016, S. 188ff.

34 Neff, Kristin und Germer, Christopher: *Selbstmitgefühl – Das Übungsbuch: Ein bewährter Weg zu Selbstakzeptanz, innerer Stärke und Freundschaft mit sich selbst.* Freiburg: Arbor Verlag, 2019.

35 Germer, Christopher: *Der achtsame Weg zum Selbstmitgefühl.* Freiburg: Arbor Verlag, 2015. Für die aktuelle MSC-Version der Übung, welche durch diese Praxis inspiriert wurde, siehe: Neff, Kristin und Germer, Christopher: *Selbstmitgefühl – Das Übungsbuch: Ein bewährter Weg zu Selbstakzeptanz, innerer Stärke und Freundschaft mit sich selbst.* Freiburg: Arbor Verlag, 2019.

36 Siehe Kornfield, Jack: Das weise Herz. Freiburg: Arbor Verlag, 2008, für ein philosophisches Verständnis von »Wut« aus der Perspektive der buddhistischen Psychologie. Siehe Hanson, Rick: *Das Gehirn eines Buddha.* Freiburg: Arbor Verlag, 2010, für einen neurowissenschaftlichen Blick auf das »Herunterkühlen des Feuers der Wut«.

37 Im engl. Original: »*Soften-Soothe-Allow* (SSA)«, vgl. Neff, Kristin und Germer, Christopher: *Selbstmitgefühl – Das Übungsbuch: Ein bewährter Weg zu Selbstakzeptanz, innerer Stärke und Freundschaft mit sich selbst.* Freiburg: Arbor Verlag, 2019, Kap. 16, Seite 195ff.

38 Für eine ausgezeichnete Erörterung des Themas »Scham« siehe Neff, Kristin & Germer, Christopher: *Selbstmitgefühl – Das Übungsbuch.* A.a.O., Kapitel 17; sowie Gilbert, Paul: *Mitgefühl – Wie wir Mitgefühl nutzen können, um Glück und Selbstakzeptanz zu entwickeln und es uns wohl sein zu lassen.* Freiburg: Arbor Verlag, 2011, Kapitel 10.

39 »Suffering leads us to beauty«, zitiert nach: Matousek, Mark: *Felt in its fulness – An interview with poet and Soto Zen practitioner Jane Hirshfield.* In: Trycicle, the buddhist review, 10. April, 2015. Auf: https://tricycle.org/trikedaily/felt-its-fullness/ (Stand: 5. 10. 2021).

40 Zeigt man Teenagern bei Gehirnscans Gesichter mit neutralem Gesichtsausdruck, kann das die Amygdala aktivieren, was bei Erwachsenen nicht der Fall ist. Das kann uns helfen, ihre oftmals heftigen und irritierenden Reaktionen zu verstehen. Vgl. Siegel, Daniel*: Aufruhr im Kopf: Was während der Pubertät im Gehirn unserer Kinder passiert.* München: mvg Verlag, 2015.

41 Ich lernte diese Übung von Lama Willa Miller (*www.naturaldharma.org*).

42 Im Original ein Wortspiel: *Tormentor* bedeutet auf Englisch »Quälgeist« (A.d.Ü.).

43 Vgl. Marlatt, Alan und Donovan, Dennis: *Relapse Prevention – Maintenance Strategies in the treatment of addictive behavior.* New York, NY: Guilford Press, 2007.

44 Walker, Alice: *Even as I hold you.* In: dies.: *Good night, Willie Lee, I'll see you in the morning.* New York, NY: Dial Press, 1979.

45 Ich habe diese Übung von Lama Willa Miller gelernt, die sie *Refuge Tree Meditation* (»Zufluchtsbaum-Meditation«) nennt. Sie ist auf *www.naturaldharma.org* zu finden.

46 Diese Praxis wurde entwickelt von: Hayes, Stephen, Strosahl, Kirk und Wilson, Kelly: *Akzeptanz- & Commitment-Therapie: Achtsamkeitsbasierte Veränderungen in Theorie und Praxis.* Paderborn: Junfermann, 2014. Adaptiert in: Neff, Kristin und Germer, Christopher: *Selbstmitgefühl – Das Übungsbuch: Ein bewährter Weg zu Selbstakzeptanz, innerer Stärke und Freundschaft mit sich selbst.* Freiburg: Arbor Verlag, 2019.

47 Keller, Helen: *To love this life: Quotations.* New York, NY: AFB Press, 2001.

48 Siehe Kapitel 26 in Neff, Kristin und Germer, Christopher: *Selbstmitgefühl – Das Übungsbuch.* A.a.O.

49 Adaptiert für Eltern von Neff, Kristin & Germer, Christopher: *Selbstmitgefühl – Das Übungsbuch.* A.a.O.

Weitere Literatur aus dem Arbor Verlag

ISBN 978-3-86781-239-9

KRISTIN NEFF & CHRISTOPHER GERMER

Selbstmitgefühl – Das Übungsbuch

Ein bewährter Weg zu Selbstakzeptanz, innerer Stärke und Freundschaft mit sich selbst

Achtsames Selbstmitgefühl meint eine innere Haltung, die von Freundlichkeit, Verständnis und Fürsorge uns selbst gegenüber geprägt ist – besonders in schwierigen Momenten des Lebens.

Selbstmitgefühl bedeutet, sich selbst die Freundlichkeit und Fürsorge entgegenzubringen, die wir unserem besten Freund oder unserer besten Freundin schenken.

Kristin Neff

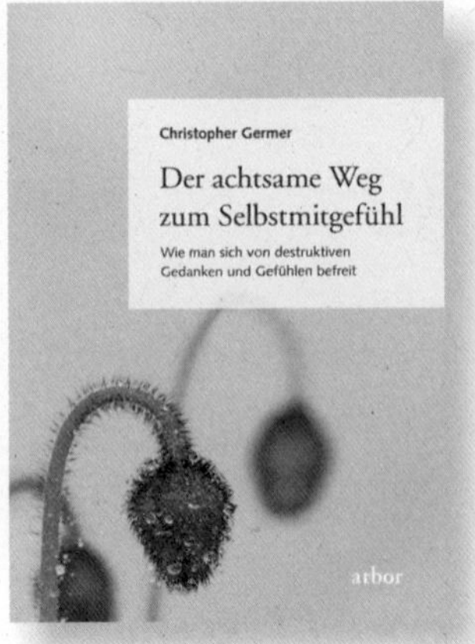

ISBN 978-3-86781-145-3

CHRISTOPHER GERMER

Der achtsame Weg zum Selbstmitgefühl

Wie man sich von destruktiven Gedanken und Gefühlen befreit

Das Leben ist hart, vieles kann enorm schieflaufen. Oft schämen wir uns dann und werden selbstkritisch. Wir fragen uns: »Warum schaffe ich es nicht?« oder »Warum ich?«. Vielleicht setzen wir auch alles daran, uns selbst wieder »in Ordnung zu bringen«, und machen damit alles nur noch schlimmer.

Doch wir können lernen, mit Kummer und Leid auf eine andere, gesündere Art und Weise umzugehen. Anstatt schwierigen Gefühlen mit erbittertem Widerstand zu begegnen, können wir unseren Schmerz anschauen, beobachten und mit Freundlichkeit und Verständnis darauf reagieren. Erfahren Sie, wie Sie sich dieses Mitgefühl und diese Liebe entgegenbringen können, wenn Sie sie am dringendsten brauchen.

»In diesem wichtigen Buch erhellt Christopher Germer die unendliche Vielzahl von Synergien, die zwischen Achtsamkeit und Mitgefühl bestehen. Er zeigt effektive Wege auf, wie wir auf geschickte Weise sicherstellen können, dass wir uns selbst einladen, im liebevollen Herzen des Gewahrseins selbst zu verweilen.«

JON KABAT-ZINN

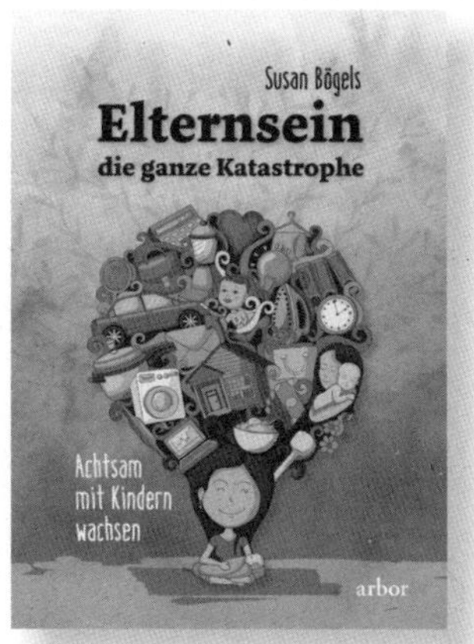

ISBN 978-3-86781-212-2

SUSAN BÖGELS

Elternsein –
die ganze Katastrophe

Achtsam mit Kindern wachsen

Eltern zu sein erscheint manchmal als eine endlose To-do-Liste: die Kinder vom Kindergarten oder von der Schule abholen, einen Babysitter finden, ihre Hausaufgaben betreuen... Oft finden Sie sich als Eltern in einem engen Zeitplan aus dringlichen Aufgaben wieder, ohne dass irgendwo die Position erscheint: »Die Zeit mit Ihren wunderbaren Kindern genießen«.

Die Kombination aus Theorie und einfach im Alltag anzuwendenden Übungen macht dieses Buch zu einem idealen Leitfaden für achtsame Elternschaft

Arbor Verlagsprogramm

Umfangreiche Informationen zu unseren Themen, ausführliche Leseproben aller unserer Bücher, einen versandkostenfreien Bestellservice und unseren kostenlosen Newsletter. All das und mehr finden Sie auf unserer Website.

www.arbor-verlag.de

Mehr von Susan Pollak

www.arbor-verlag.de/susan-pollak

Arbor Seminare

Die gemeinnützige *Arbor-Seminare gGmbH* organisiert regelmäßig Seminare und Weiterbildungen mit führenden VertreterInnen achtsamkeitsbasierter Verfahren. Zudem informiert sie über aktuelle Entwicklungen in diesem Bereich und trägt Achtsamkeit auf diese Weise nachhaltig in die Gesellschaft. Nähere Informationen finden Sie unter:

www.arbor-seminare.de

Arbor Online-Center

Mit dieser Plattform hat Arbor einen virtuellen Ort der Inspiration und des Lernens rund um das Thema Achtsamkeit geschaffen. Lernen Sie die AutorInnen unserer Bücher und die ReferentInnen unserer Veranstaltungen kennen: in Interviews, Vorträgen, Meditationsübungen, Webinaren, Podcasts sowie Online-Kursen und zahlreichen weiteren Ressourcen.

www.arbor-online-center.de